18

WALTHER SCHNEIDER / SCHOPENHAUER

SCHÄFERSCHE PHOTOGRAPHIE VOM APRIL 1859
ANDERTHALB JAHRE VOR ARTHUR SCHOPENHAUERS TODE
NACH EINER KOPIE AUS DEM SCHOPENHAUER-
ARCHIV IN FRANKFURT A. M.

WALTHER SCHNEIDER

SCHOPENHAUER

EINE BIOGRAPHIE

VERLAG WERNER DAUSIEN
HANAU

Die erste Auflage erschien 1937 im Verlag
Bermann-Fischer, Wien

Walther Schneider
ARTHUR SCHOPENHAUER

VERLAG WERNER DAUSIEN · HANAU
ISBN 3-7684-4552-6

INHALT

ERSTER TEIL

ZWEITER TEIL

DRITTER TEIL

ERSTER TEIL

Hänschen ist ein schmächtiges Mädchen, mit klaren blauen Augen und hellbraunem Haar. Mit mehr anmutigen als schönen Gesichtszügen. Mit vier Jahren geht sie schon in die Schule. Ihr Leben spielt sich in den Geschäftsräumen des Vaters und in der anschließenden Wohnung ab. Ein paar Leute sind auf diesem Schauplatz die handelnden Personen. Die polnische Kinderfrau Kascha, von ihr lernt Hänschen polnisch, noch bevor es die eigene deutsche Muttersprache spricht, der Diener Adam, eine treue Seele des Geschäftes, der sonderbare Buchhalter Moser, ein komischer Kauz. Dieser führt gern merkwürdige Gespräche mit der Mutter, über die Welt im allgemeinen und den Sinn des Lebens im besonderen, über Politik und über interessante Dinge, die nicht immer unbedingt glaubwürdig anmuten. Der Vater, Christian Trosiener, ehemaliger Quartiermeister, was dem Range eines Unteroffiziers entsprach, hat es aus eigener Tüchtigkeit zum selbständigen Kaufmann gebracht. Er ist nicht reich, hat aber etwas von einem Neureichen. Er führt sogar den Titel eines Ratsherrn von Danzig, wegen seiner strammen republikanischen Gesinnung. Danzig ist damals noch selbständige Republik, von Polen garantiert, obzwar der Preußenkönig, Friedrich der Große, begehrende Blicke nach der reichen, freien Hafenstadt richtet. In dieser kleinen glücklichen Republik der Wohlhabenheit betreibt Christian Trosiener ein wenig Opposition, steht auf Seiten des Volkes, ist allgemein geachtet, ein Stolz des Kleinbürgertums, klug ohne viel Wissen, ehrlich, anständig, klassenbewußt und unbedingt verläßlich in seiner Solidarität mit den Amtsgenossen. Er hat nur einen Fehler, er wird leicht zornig. Die Mutter, eine geborene Lehmann, eine kleine, zierliche Person mit einer zarten weißen Haut, ist ein wenig putzsüchtig und sehr phlegmatisch und keine sehr gute Hausfrau.

Kaum geht Hänschen zur Schule, erhält sie auch einen eigenen Hauslehrer. Das kleine Mädchen ist nämlich sehr aufgeweckt, und der Vater hält viel auf Bildung, wie alle Menschen, die selbst wenig gebildet sind. Der Hauslehrer ist ein gelehrter Herr, der Prediger der englischen Kolonie in Danzig, Doktor der Theologie Richard Jameson aus Edinburg. Er wird bald Freund, Lehrer, Führer und Berater des Kindes. Mit unmäßiger Wißbegierde und einem fabelhaften Gedächtnis nimmt das Mädchen alles auf. Als eines Tages der berühmte Chodowiecki in Danzig zu Besuch weilt und in der Schule seiner Mutter einer Unterrichtsstunde beiwohnt, um die Kinder zu zeichnen, kriecht Hänschen unter den Bänken zu ihm hin, um nachzusehen, was der fremde Mann macht. Sofort faßt sie den Entschluß, diese merkwürdige Kunst, durch die man die Dinge der Welt noch einmal hervorzaubern kann, auch zu erlernen. Entschlüsse im kleinbürgerlichen Leben sind bindend, tatsächlich pflegt Johanna ihr ganzes Leben lang diese Kunst. Da aber kein Zeichenlehrer in Danzig aufzutreiben ist, muß ihr Doktor Jameson darin Unterricht geben, soweit er diese Fertigkeit selbst beherrscht.

Mit sechs Jahren bekommt Johanna noch einen Hauslehrer. Der Wissensdurst des Kindes ist kaum zu stillen. Der Kandidat Kuschel, ein befangener junger Mann, eröffnet ihr die Welt der heiß umschwärmten römischen

Helden, er unterrichtet sie in Geographie, Geschichte und Mythologie. Mit Unterricht aller Art ist der Tag Johannas bis an den Rand ausgefüllt. Am Vormittag hat sie Stunden bei Doktor Jameson und Kandidat Kuschel, bei einem Tanzlehrer, bei einer alten Frau, die sie im Wäschenähen und Stopfen unterweist. Am Nachmittag ist Johanna bei Fräulein Ackermann, die ihr und elf anderen Töchtern aus den besten Häusern Danzigs feines Benehmen, Konversation und Teetrinken beibringt. Am Abend kommt noch einmal Doktor Jameson, um mit ihr vor dem Hause den Sternhimmel zu studieren. Schon als halbwüchsiges Mädchen versteht es Johanna, die Welt um sich in Bewegung zu setzen.

Jetzt wird sie zu Hause und bei der Ackermann Jeanette genannt. Jeanette ist auch empfindsam und ein wenig gefallsüchtig. Ihr übertriebener Wissensdurst, ihre lebhafte Phantasie bergen die Gefahr, ein überspanntes Persönchen aus ihr zu machen. Sie hat auch schon ein richtiges Innenleben und ist ein klein wenig zu viel mit sich selbst beschäftigt. Als eines Tages der Kandidat Kuschel zu dem von ihm angebeteten Fräulein Jeanette zärtlich wird, unbeholfene Menschen machen das etwas plump, versteht sie sofort die Situation, fällt in Ohnmacht und fordert von der Mutter das Versprechen, nie mehr mit dem Lehrer allein gelassen zu werden. Aber neben dieser leichten Geziertheit bewahrt sie doch einen gesunden klaren Blick, eine grenzenlose Vorurteilslosigkeit, ist zu jedermann entgegenkommend und zeigt die ersten Spuren von Witz und Mutwillen.

In den Stunden bei Fräulein Ackermann wird nur französisch gesprochen. Bei ihrem großen Sprachentalent, mit sieben Jahren sprach sie bereits fließend englisch mit Doktor Jameson, glänzt sie auch in der französischen Konversation. Die gleichaltrigen Mädchen aus den vornehmen Kreisen eröffnen Johanna eine neue, unbekannte Welt. Eine ganz andere als daheim, wo ihre drei jüngeren Schwestern kein Umgang mehr für sie sind. Johanna macht über Nacht die Bekanntschaft einer neuen Gesellschaftsklasse. Ein Wendepunkt in ihrer Lebensgeschichte tritt ein. Das besondere Exemplar eines kleinbürgerlichen Milieus ist reif, in die höhere Klasse emporzusteigen. Die erste Distanz zum Elternhaus ergibt sich. Die gesellschaftliche Ordnung wird unmerklich durchbrochen. Johanna betritt diese Welt nicht zaghaft. Mit den vorzüglichsten Manieren, bei der Ackermann erworben, mit einer scharfen Beobachtungsgabe, mit Aufsehen erregenden Sprachkenntnissen, mit reichem Schulwissen, neugierig und selbstsicher, mit allen Reizen der Jugend ausgestattet, betritt sie das Haus ihrer Freundin Sally Cramp. Sally Cramp ist die Tochter eines steinreichen Bankiers in Petersburg, Engländerin der Abstammung nach, und lebt im Hause ihrer Schwester, der Generalin von Petersen, der Gattin des russischen Ministerresidenten in Danzig. Eine recht bunte internationale Welt mit zahlreicher Dienerschaft, Equipagen und Kammerfrauen eröffnet sich. Daheim bei Johanna spielt sich das Leben sozusagen auf der Straße ab, jeder Nachbar sieht dem anderen ins Schlafzimmer, wie das in Danzig in den unteren Klassen üblich ist. Daheim ist deshalb Johanna jetzt etwas hochnasig. Sie hat nur noch geistige Interessen, liest mit Vorliebe Lavater, schwärmt für die nordamerikanischen Freiheitskriege, spricht viel über die Antike, spielt ein wenig Klavier und singt. Sie geht nicht mehr zur Schule, liest mit Doktor Jameson Shakespeare, heimlich im Bett „Werthers Leiden", in Kleists „Frühling", einem Buch, das man ihr zu Hause geschenkt hat, nur die für sie unpassenden durchgestrichenen Stellen, und sehr viele englische Romane.

Ganz anders beträgt sie sich im vornehmen Haus der gleichaltrigen Sally. Hier ist sie Revolutionär, der jugendliche Enthusiasmus für Freiheit und Gerechtigkeit wird durch die konventionelle Atmosphäre gesteigert. Sie bewahrt ihren kritischen Sinn, wenngleich man ihre Talente hier bewundert. Ihr lebhafter Geist findet reiche Nahrung, ihr Benehmen erhält den letzten Schliff. Sie ist kein Eindringling in der höheren Gesellschaftsschicht, denn alle Vorzüge, die hier gefordert und anerkannt werden, sind bei Johanna tatsächlich vorhanden. Nur ihr überschwengliches Gefühl unterliegt dem Zauber der neuen Umgebung. Das Leben verläuft mitunter sehr trivial. Was nun Johanna erlebt, ist ärgste Sentimentalität. Sie verliebt sich eines Tages in einen schönen, reichen jungen Mann. Mit der ganzen Romantik, dem Heroismus und der Hingabe, die ihre Jugend aufzubringen vermag. In der Gegenwart des personifizierten Romanhelden, der alle Vorzüge und Meriten seines vornehmen Standes in sich zu vereinen scheint, wird ihr Wesen zum Spiegel des seinen. Der Luxus um sie herum gibt ihrem stürmischen Gefühl eine diskrete Folie. Ihr Gefühl ist sogleich ein einmaliges und ewiges. Liebe ist ihr die Quelle unaussprechlicher Seligkeit, ohne Hoffnung, ohne Erwartung, ohne Wunsch, denn sie bleibt im stärksten Ansturm der Empfindungen nüchtern. Entsagung ist entweder eine heroische oder eine kleinbürgerliche Qualität.

Als sich die große Enttäuschung einstellt, sie muß kommen, weil der Klassenunterschied für beide Teile unüberbrückbar ist, ist sie vollkommen gefaßt. Gefaßt und niedergeschmettert, denn sie lebt in Gegensätzen. Sie betrachtet ihr Leben als abgeschlossen, nie wieder wird sie das Gefühl der Liebe empfinden. Sie ist so konsequent, sich sogleich ins Unvermeidliche zu fügen. Mit zusammengebissenen Zähnen. Sie nimmt es auf sich, den Trennungsschmerz voll auszukosten, sich den Erschütterungen des Gemüts willig zu überlassen. Um diese Zeit verbreitet sich eine böse Influenza von Rußland aus über Europa bis nach Paris, wo sie „la gripe" genannt wird. Auch Johanna erkrankt an dieser Grippe. Physische Erkrankungen sind ein Antitoxin gegen psychische. Johanna übertaucht beide. Die Genesende hat ihre volle Gemütsruhe wieder.

Um dieselbe Zeit hat Danzig eine preußische Besetzung zu erdulden. Ein einzigartiger Vorfall erregt allgemeine Aufmerksamkeit und wird für Johanna von entscheidender Bedeutung. Er kommt für Johannas Gemüt zur rechten Zeit. Ein preußischer General, der Kommandant der unerwünschten und verhaßten fremden Truppen, hat sich im Hause eines angesehenen Handelsherrn in einem Vorort von Danzig einquartiert. Der General ist ein Pferdeliebhaber, der Sohn des reichen Handelsherrn ist es auch. Der General bewundert den Stall, die Haltung und Pflege der Pferde des jungen Mannes. Über Danzig ist die Blockade verhängt, das Futter für diesen prachtvollen Stall wird knapp. Der

General, dem beim Anblick der Pferde das Herz bricht, bietet dem jungen vornehmen Kaufmann freie Futtereinfuhr an. Dieser aber lehnt mit den kurzen Worten ab: „Ich danke dem preußischen General für seinen guten Willen, wenn mein Vorrat zu Ende ist, lasse ich meine Pferde totstechen." Der junge republikanische Preußenhasser heißt Heinrich Floris Schopenhauer, hat eine selbstbewußte Haltung, ist ein Elegant, hat ein charaktervolles, häßliches Gesicht und wird im Augenblick von ganz Danzig wegen dieser knappen Worte maßlos bewundert. Johanna erblickt in ihm ein Ideal der Antike.

Durch ihren Onkel Lehmann, den Bruder ihrer Mutter, lernt sie den Mann persönlich kennen. Sie ihrerseits, das junge, blasse, interessante Fräulein – das schmerzliche Erlebnis steht noch wie ein leuchtendes Zeichen auf ihrer Stirn –, das so gar nicht wie die Nichte des Lehmann aussieht, macht einen tiefen Eindruck auf Heinrich Floris. Seinem strengen Sinn gemäß bewirbt er sich sogleich um Johanna, die ohne Bedenken ebenso gleich ihr Jawort gibt. Niemals hat ein Paar so ohne äußere Hindernisse zueinander gefunden. Er ist zwar nicht mehr so jung, er ist 38 Jahre, und sie genau 18, ein Altersunterschied, der in der damaligen Zeit als eine Ungeheuerlichkeit erscheint, aber Johanna ist vollkommen einverstanden. Sie erwartet nichts mehr vom Leben, sie achtet ihn, sie ist auch viel reifer als andere junge Mädchen ihres Alters. Zweifellos spielt auch der vornehme Stand des Bewerbers eine ausschlaggebende Rolle. Der Großkaufmann ist ein kultivierter, gebildeter Stand zu dieser Zeit, der an Reichtum und

Luxus sogar den Adel übertrifft. Dieser Mann bietet ihr daher in gewissem Sinne eine Genugtuung, die verschlossene Welt der Aristokratie wird ihr durch die eines gepflegten Wohlstandes ersetzt. So vollzieht sich Johannas Aufstieg aus ihrem kleinbürgerlichen Milieu endgültig. So begeht Johanna vollkommen besonnen eine Unbesonnenheit.

Die Brautzeit ist durchaus glücklich. Der Bräutigam ist von ausgesuchter Aufmerksamkeit. Täglich am Morgen sendet er ihr einen großen Blumenstrauß. Mit vielen kostbaren Geschenken überhäuft er sie. Und Johanna unterschätzt materielle Werte nicht. Die Brautzeit dauert knapp einen Monat. Vom halben April bis zum halben Mai. Der Bräutigam drängt zur Hochzeit, es besteht kein Grund, zu zögern.

Dieser Winter, es ist das Jahr 1785, ist von einer sibirischen Kälte heimgesucht worden. Menschen und Tiere waren erfroren, in den Nächten sind die Wölfe bis vor die Tore der Stadt gekommen. Am Hochzeitstag, um fünf Uhr Nachmittag, ist es bereits dunkel. Fackeln erleuchten die Auffahrt der unzähligen Wagen. Die Hochzeitsfeier findet im Hause der Schopenhauer, in ihrer Stadtwohnung, statt, die auch in der Heiligengeiststraße, wo Johannas Eltern wohnen, gelegen ist. Denn die Wohnung der Trosiener ist zu klein, um die ganze Verwandtschaft bis zum vierten Grad zu beherbergen. Die Trauung selbst wird in der protestantischen Kirche „Zu allen Engeln Gottes“ vollzogen. Das Hochzeitssouper dauert mehrere Stunden, Ströme von Wein fließen. Aber das junge Paar fährt gleich nach der kirchlichen Zeremonie in das Landhaus in Oliva, wo

Heinrich Floris meist lebt. Es ist eine idyllisch melancholische Landschaft in der Nähe von Danzig.

Die Ehe beginnt mit einem eintönigen Sommer. Zwischen Stieß, dem nächstliegenden Ort, und dem eigentlichen Oliva liegen sieben Landhäuser, in großen Abständen voneinander, das vierte ist das der Schopenhauer. Hier verbringen die reichsten Handelsleute von Danzig den Sommer, der in der tiefer gelegenen Stadt mit ihren schmalen Gassen unerträglich ist. Anhöhen werden hier von einem endlosen Wald eingesäumt. Das große, elegante, mit englischem Komfort eingerichtete Gebäude besitzt eine eigene stattliche Bibliothek. Sie ist der erste Gewinn der Ehe für Johanna. Sie liest hier vor allem Voltaire und Rousseau, die beiden Lieblingsautoren ihres Gatten. Aber es ist schrecklich einsam in Oliva. Heinrich Floris ist über die Woche in der Stadt, in seinem Büro, nur zum Wochenende kommt er aufs Land.

Was für ein Mensch ist Heinrich Floris Schopenhauer? Er ist ein Weltmann, gebildet, grundanständig, von feinen Sitten, er ist aber auch hintergründig. Man kann seinen Charakter nie ganz ergründen, das ist ein Schopenhauerscher Familienzug. Er hat lebhafte, unruhige Augen, die etwas hervortreten, das Gesicht ist breit, statischer Typ, die Nase kurz, der Mund groß und der Unterkiefer vorspringend. Er ist ein Anglomane. Er ist ein vollkommener Gentleman. Sein Gerechtigkeitsgefühl ist unerschütterlich. Seine republikanische Gesinnung verbietet ihm, den Titel eines Hofrates zu tragen, den ihm der Schutzherr der freien Stadt Danzig, der König von Polen, verliehen hat. Aus demselben

Grund macht er auch keinen Gebrauch von einem preußischen Patent, das ihm der Große Fritz persönlich angeboten hat. Bei einer Parade in Potsdam nämlich war dem Preußenkönig ein distinguierter Fremder aufgefallen, der sich unter den Zuschauern befand. Die Majestät befahl den vornehmen Herrn zur Audienz, die zwei Stunden währte und in der Heinrich Floris Schopenhauer dem Monarchen über die Handelsverhältnisse in Danzig, der „Kornkammer Europas", berichten mußte. Sehr huldvoll wurde ihm darauf ein Patent auf freie Niederlassung im preußischen Staatsgebiet überreicht. Der Republikaner aber lehnte ab, denn das Wappen der Schopenhauer trug die Inschrift: „Point de bonheur sans liberté." Die Familie stammt aus Holland. „Schopen" bezeichnet im Niederdeutschen ein Schöpfgefäß, „Hauer" den Verfertiger eines solchen. Der Großvater des Heinrich Floris, Johann Schopenhauer, hatte sich als Großkaufmann in Danzig niedergelassen. Drei frühere Vorfahren, ein Johann, ein Simon, ein Salomo Schopenhauer, werden in der holländischen Familienchronik verzeichnet. Die Großmütter hießen Sara Hintz und Marie Pfeiler. Der Vater von Heinrich Floris, Andreas Schopenhauer, hatte die Tochter des gleichfalls aus Holland eingewanderten Ministerresidenten in Danzig, Wilhelm Ernst Friedrich Soermans, geheiratet. Die Mutter von Heinrich Floris, die geborene Anna Renate Soermans, ist im Alter wahnsinnig geworden. Mütterlicherseits liegt also offenbar eine erbliche Belastung vor. Tatsächlich waren auch die drei Brüder von Heinrich Floris von dem Erbe nicht verschont: der eine, Michael Andreas, war geistesschwach, der andere, Karl Gottfried, wurde wie die Mutter wahnsinnig, und der dritte blieb ohne Nachkommenschaft. Heinrich Floris selbst hatte eine schwer zu zähmende Heftigkeit des Charakters, die jedoch erst in späteren Jahren hervortritt.

Heinrich Floris ist eine verschlossene Natur, er sagt Johanna nie ein Wort des Vorwurfs, wenn sie, das junge Mädchen, mit den Freunden, die er am Wochenende mit nach Oliva bringt, umhertollt. Aber in seiner bloßen Gegenwart liegt eine Mahnung, die Johanna durchaus nicht zu Bewußtsein kommt, die sich auch nicht in die gewöhnliche Umgangssprache übersetzen ließe, die aber Johanna bedrückt. Was fordert dieser Mann von ihr? Sie weiß es nicht, aber sie spürt zuweilen in seiner Gegenwart einen eisigen Hauch, der aus der Tiefe einer menschlichen Natur mit ihren unerkennbaren Widersprüchen in ihren verwöhnten Alltag emporsteigt.

Spät am Abend steht dann Johanna nachdenklich, schwermütig, sehnsüchtig, so wie sie es in ihren gefühlvollen englischen Romanen gelesen hat, am Fenster des Korridors in ihrem Hause und schaut auf das Meer. Und das Leben hält es mit der Literatur, auf der ewig bewegten, unübersehbaren Wasserfläche gleiten Schiffe vorüber, die auf einer schwarzen Tafel mit Kreide geschriebene Aufschriften tragen: „Will's Gott, nach Königsberg!“ oder „Will's Gott, nach Petersburg!“ Dann folgt eine laue nordische Sommernacht, in der die Sonne nur für wenige Stunden untertaucht.

Johanna führt ein ausgesprochenes Luxusleben. Sie hat zwei Pferde zum Ausfahren, zwei winzige spanische

Hündchen, acht gepflegte, zutrauliche, schneeweiße Lämmer mit Glöckchen am Hals. Der alte Doktor Jameson kommt regelmäßig nach Oliva und unterrichtet sie weiterhin. Sie kann ihrer Liebhaberei, dem Malen, unbeschränkt frönen. Johanna ist in der Ehe ein sehr behütetes Mädchen, viel mehr behütet als im Elternhaus. Aber es ereignet sich nichts. Das ist schädlich für ein junges Wesen. Als einmal Heinrich Floris die aufregende Nachricht vom Tode Friedrichs des Großen bringt, ganz Danzig jubelt, weil der König eine ständige Gefahr für die freie Stadt war, ist auch sie aufgeregt, liest Zeitungen und debattiert über Politik. Aber dann verebbt auch dieses welthistorische Tagesereignis wieder.

Es ist eine fast unerträglich vorbildliche Ehe. Gatte und Gattin langweilen einander nicht gerade, beide haben zu viel geistige Interessen, aber sie führen das Leben alter Leute. Ein höheres, kultiviertes Leben des Wohlstandes. Auch die Resignation verbraucht sich. Johanna ist zu nüchtern. Zu viel Beschaulichkeit umgibt sie. Zu Abenteuern bietet diese Einsamkeit keine Gelegenheit. Und die Geselligkeit der vornehmen Kreise, das Rätselraten in neuen Gesichtern, das reizvolle Spiel des gegenseitigen Distanzhaltens und Sich-einander-Näherns entbehrt sie. Sie hat die Welt erst in geringem Umfang außerhalb ihres Elternhauses kennengelernt. Sie verlangt stürmisch nach der Welt, nach der ganzen, ausgebreiteten, nach der großen Welt, was man darunter zu verstehen pflegt und die sie nur aus ihren Büchern kennt.

An diesem gefährlichen Wendepunkt schlägt ihr Heinrich Floris eines Tages eine Reise nach England vor.

Vielleicht verfolgt er nur geschäftliche Zwecke mit dieser Reise. Oder er hat andere, ganz bestimmte Absichten. Jedenfalls treffen hier äußere Umstände mit einer inneren Notwendigkeit nach Veränderung im Leben Johannas zusammen. Zufall und zwingende Folge treten ein, wie man es nennen will. Wie manchmal eine Verdichtung der Atmosphäre dem Anblick einen Teil der Landschaft entzieht, so bleibt hier eine entscheidende Wendung verborgen. Es ist nicht ausgeschlossen, daß Heinrich Floris in diesem Augenblick an eine dauernde Übersiedlung nach England denkt. Das ist eine alte Lieblingsidee von ihm. Er liebte England mit jenem Respekt, der in den intellektuellen Kreisen Mitteleuropas häufig anzutreffen ist. Sein Haus ist mit englischem Komfort ausgestattet, in seinem Park wird die englische Gartenkunst gepflegt, seine Pferde behandelt er nach der typischen englischen Art. Möglicherweise will er durch diese Reise Vorbereitungen für eine endgültige Übersiedlung treffen. Vielleicht hat er noch einen ganz anderen, verborgenen Grund. Denn tatsächlich verläßt das Paar am Johannistag des Jahres 1787 Danzig, genau acht Monate vor der Geburt Arthurs.

Johanna tritt die Reise in Unkenntnis ihrer Schwangerschaft an. Man fährt über Berlin zuerst nach dem mondänen Badeort Pyrmont. In Hannover, auf der Durchreise, konsultiert Heinrich Floris seines schlechten Gehörs wegen (das sich später auch auf den Sohn vererbt) den berühmten Arzt Friedrichs des Großen, Ritter von Zimmermann, einen nebenbei bemerkt nicht unbekannten Schriftsteller. Johanna steht das erste Mal einem richtigen Schriftsteller gegenüber. Sie ist fasziniert. Sie ist alles eher als eine leichtfertige Frau, aber Berühmtheit übt auf sie einen unwiderstehlichen Zwang. Sie ist im tiefsten Gemüt erregt. In Pyrmont findet ihr Heißhunger nach der Welt, die Namen trägt, reiche Nahrung, hier lernt sie eine Menge literarischer Tagesgrößen persönlich kennen. Die junge Frau verwandelt sich in einen regelrechten Backfisch, der zu diesen Publikumsgöttern schwärmerisch emporblickt. Aber auch dieser Snobbismus ist bei ihr nicht ohne Kritik. Als die regierende Herzogin von Braunschweig, die zur selben Zeit in Pyrmont weilt, die auffallend vornehme Dame Johanna persönlich kennenzulernen wünscht, lehnt diese die Bekanntschaft ab, weil ihr die unvermeidliche Zeremonie des Handkusses und des Kusses auf den Saum des Kleides der Herzogin nicht paßt.

Über Süddeutschland, Belgien geht die Reise nach Paris. Paris steht unmittelbar vor dem Ausbruch des gewaltigen Orkans der großen Revolution. Am 25. August feiert es das Namensfest des Königs, in Glanz und Rausch, wie nie zuvor. In Paris bleibt man vier Wochen. Ein Wiedersehen mit der Schwester ihrer Jugendfreundin Sally Cramp gibt es hier. Es ist ein seltsam berauschendes Gefühl, einem Jugendideal gleichberechtigt entgegenzutreten.

Heinrich Floris drängt zur Abreise. Er fürchtet, ohne es zu sagen, sein Sohn könnte zur Welt kommen, bevor sie den Kontinent verlassen haben. Er ist in Unkenntnis eines genauen Termins, und er ist überzeugt, das zu erwartende Kind müsse ein Knabe sein. Johanna dagegen ist noch immer ahnungslos über ihren Zustand.

In Calais wird die Überfahrt in einem Paketboot angetreten. Endlich erreicht man London.

Ein überwältigender Eindruck für Johanna. Mitten in der Fülle und Bewegung neuer Bilder dieser Umwelt wird sie sich ihrer gesegneten Umstände bewußt. Ihr erster Gedanke ist, abzureisen, ins Elternhaus zurückzukehren, zur Mutter. Heinrich Floris enthüllt ihr seine Absicht, der Sohn solle durch Geburt Engländer werden und damit nicht zu erkaufende Vorrechte erwerben, die dem späteren Kaufmann unschätzbar sein würden. Johanna ist im ersten Augenblick über den hinterhältigen Plan des Gatten empört, aber dann schließt sie sich um so enger an Heinrich Floris, den einzigen Schutz in der großen fremden Stadt. Und der Gatte ist tatsächlich von der größten ritterlichen Besorgnis. In diesen kurzen Augenblicken scheint sogar ihre Ehe restlos glücklich zu sein. Als die ersten feuchten Novembernebel über London hereinbrechen, wird auch er von der Angst gepackt. Nach langem Hin und Her sucht man den teuersten und berühmtesten Arzt von London auf. Heinrich Floris ist immer von der größten Noblesse gegen Johanna, und für sie ist ihm kein Arzt gut genug. Doktor Hunter erklärt, daß die Heimreise der angehenden Mutter nicht schaden könne. Also wird die Abreise sogleich angetreten.

In Dover läßt der Gatte die Schwangere in einem Lehnstuhl ins Boot befördern. Er selbst läßt sich vorher in dem breiten, bequemen Stuhl ins Boot hinaufseilen, um die Sicherheit der Tragseile zu erproben. Die Matrosen lachen laut und scherzen über diese seltsame Art des Transportes. Aber der komische Herr im Lehnstuhl bleibt tiefernst, unbekümmert um die lachende Menge, er ist nur von einem Gedanken besessen, von der Sorge um seine Nachkommenschaft. Die Rückfahrt über den Kanal ist stürmisch. Es ist November. Johanna ist oft der Ohnmacht nahe. Aber nun rollt für Johanna das Leben von selbst ab. Ohne eigenes Dazutun, in rascher, sich überstürzender Folge. Sie ist bloß passiver Teil. Sie hat das Kind nicht gewollt, doch ist sie jetzt ganz von ihrer natürlichen Aufgabe erfüllt. Heinrich Floris, von undeutlicher Furcht getrieben, drängt immer wieder zur Eile. Man reist, so rasch es geht. Über Calais, Lille, Lüttich, wo Johanna vor Erschöpfung einen Tag liegen muß. Über Aachen, Düsseldorf. In Düsseldorf sieht sie in der Bildergalerie das weltberühmte Gemälde von Rubens „Das Jüngste Gericht". Ein furchtbarer Eindruck für sie: die ineinander verschlungenen nackten Leiber verzweifelnder und in ekstatischer Seligkeit befangener Gestalten. Wilde Teufelsfratzen und holde Engelsbilder. Johanna kann den Anblick kaum ertragen, aber sie vermag auch keinen Blick von dem kolossalen Bildwerk abzuwenden. Lange noch verfolgt das Gemälde die Schwangere im Traum.

Die Fahrt durch Westfalen ist äußerst beschwerlich. Unaufhörlicher Regen, die Straßen sind entsetzlich schlecht, man kommt nur langsam vorwärts. Hinter Osnabrück bricht die Achse des Wagens. Johanna, zum Glück unverletzt, muß ohnmächtig in ein leerstehendes Schloß getragen werden. Ein großer starker Mann hält sie im Arm, er ist der Verwalter des Schlosses, strotzend von Kraft und schwachsinnig. Spürt die zu Tode erschrockene, zarte junge Frau, halb bewußtlos, die unüberwindliche Kraft der Natur in den harten Armen des Kretins? Das leere Schloß hat eine penetrante Atmosphäre. Hier steht die Zeit seit einem Jahrhundert still. Die tote Ruhe ist beängstigend. Dann geht es weiter. Hastend, beschwerlich und mit dem Gefühl, jeden Augenblick todübel umzusinken. Am Silvesterabend wird endlich Danzig erreicht. Ermattet, gerädert, ein plötzlicher Abschluß eines Fiebertraums.

Danzig ist noch die alte, unveränderte Stadt. Hier nimmt das Leben seinen gewohnten Lauf. Johanna ist jetzt ein vornehmer Besuch im Elternhaus. Alles dreht sich um sie, sie ist der Mittelpunkt, die Hauptperson in der Handlung des Spiels der Zeit. Eine zweite, vergoldete Kindheit eröffnet sich. Alles ist ihr noch so vertraut, aber eine merkliche Distanz liegt doch schon zwischen ihr und der bekannten Umgebung. An irgend einer Kleinigkeit merkt man, daß sich die Welt allmählich verändert. Zum Beispiel daran, daß ihre neue Frisur, tief ins Gesicht reichende, bis zu den Schultern herabhängende Locken, statt der altmodischen, lästigen Einlagen, von der Frauenwelt ihrer Kreise nachgeahmt wird. Oder daß der Reifrock nach ihrem Vorbild in dem sie umgebenden Kleinbürgertum verschwindet.

Die Schwangerschaft scheint endlos zu dauern. Johanna hat keinerlei Anhaltspunkte für einen Termin. Aber das Warten ist mitunter beseligend. Dieser Zustand ist eine Unterbrechung der Ehe. Es ist wieder das Elternhaus, dem man leider schon längst entwachsen ist. Aber manchmal scheint es, als wäre die Ehe nur ein Ausflug in die Welt gewesen, um wieder zurückzukehren. Der winterliche Schnee draußen ruft Frieden im Gemüt hervor. Da überläßt man sich leichter der nahenden Bewußtlosigkeit. Die Wehen treten nach fast zwei Monaten endlich ein. Kurz und heftig. Am 22. Februar 1788, an einem Freitag, wird Johanna eines Sohnes entbunden. Im Elternhaus, in der Heiligengeiststraße 112. Es gibt keine Komplikationen. Es ereignet sich nichts Außergewöhnliches. Die Geburt vollzieht sich wie ein normaler organischer Vorgang.

Warum wird zu einem bestimmten Zeitpunkt an einem bestimmten Ort ein Genie geboren? Unternimmt man es, die Antwort ohne jede Metaphysik zu geben, so ist in diesem besonderen Fall ein sehr geringfügiger Anlaß zu konstatieren. Die Ehe, der Arthur Schopenhauer seine Zeugung verdankt, ist eine konventionelle Verbindung ihrer Zeit. Mit einer kleinen Abweichung. Der Vater ist Bankier, die Mutter paßt nicht ganz zu ihm, denn sie ist zwanzig Jahre jünger und stammt aus einem kleinbürgerlichen Milieu. Das ist alles.

Am 22. Februar wird Arthur geboren, am 3. März findet die Taufe statt. In der protestantischen St. Marien-Kirche. Die Taufpaten sind der kinderlose Bruder des Vaters, die jüngere Schwester der Mutter und ein Onkel aus der Soermansschen Familie, dem Hause der väterlichen Großmutter, Wilhelm Ernst Friedrich Soermans.

Heinrich Floris gibt seinem Sohn den Namen Arthur, weil dieser Name in allen Sprachen der gleiche ist und die Unterschrift des Sohnes einst dadurch vor jedem Mißbrauch geschützt werden soll. Schon bei der Taufe denkt der Vater vorsorglich an die Firma des Sohnes. Heinrich Floris denkt in unverrückbaren Vorstellungen.

Im Frühjahr zieht Johanna mit dem Kind wieder nach Oliva. Arthur verlebt seine ersten Jahre auf dem Lande. Wie es sich für das Kind eines wohlhabenden Mannes in Danzig gehört. Das Leben in Oliva beginnt wieder von vorne. Eine Englandreise und die Geburt des Kindes waren eine Unterbrechung des begonnenen Einerleis für Johanna, jetzt läuft die eheliche Gemeinschaft wieder unverändert weiter.

Die häusliche Umgebung, die Landschaft treten diesmal stärker in Johannas Bewußtsein. Die Mutterschaft bringt ihr die Wirklichkeit näher. Sie ist eine ausgezeichnete Mutter, sie pflegt ihr Kind so vortrefflich, wie sie alles macht. Sie ist die perfekte Schülerin auch als Erzieherin ihres Sohnes. Aber sie ist eine Mutter ohne Sentimentalität. Sie ist nicht maßlos verwundert über das Kind, sie findet vielleicht dieses Stadium des Menschen sogar langweilig. Sie ist nicht ausschließlich Mutter, sie ist erfüllt von noch viel unverausgabter Jugend.

Das Kind wächst auf wie alle Kinder. In einem gepflegten bürgerlichen Milieu. Seine ersten Eindrücke sind das Mobiliar der Wohnung. Kupferstiche in goldenen Rahmen an den Wänden, es sind die Bilder, die uns das Leben lang verfolgen, auch wenn wir sie längst vergessen haben. Abgüsse antiker Statuen und Büsten in den Zimmerecken, es sind die ersten geheimnisvoll-vertrauten Dinge dieser Welt. Die Bücherschränke aus Mahagoni sind mit Spiegelgläsern versehen, in denen man sich selbst erblickt. Am offenen Fenster hört man Vogelgezwitscher, das Plätschern der Fische im großen

Teich, das Rauschen der Blätter, wenn der Wind über die mächtigen alten Buchen streicht. Mitten im Teich rieselt endlos ein Springbrunnen. Eine bunt bemalte Gondel schaukelt auf der Wasserfläche. Der Park breitet sich über eine terrassenförmige Erhöhung aus, und der angrenzende Hügel ist mit Obstbäumen bepflanzt. Es ist eine vollkommene Idylle.

Im Juli 1789 platzt in diese Idylle ein großes Ereignis. Die Nachricht von der Französischen Revolution versetzt alle Welt in lebhafte Begeisterung. Auch Johanna ist sogleich leidenschaftlicher Revolutionär. Die Erstürmung der Bastille bedeutet für sie den Anbruch der menschlichen Freiheit. Ihre Phantasie wird von dieser großen Illusion heftig bewegt. Heinrich Floris schenkt ihr einen Fächer mit dem Bildnis Mirabeaus und ein Armband mit einem Relief, das den Kopf Lafayettes darstellt. Beinahe alle Damen in Danzig tragen jetzt solchen Schmuck mit Bildern der Revolutionshelden. In Mainz sollen sogar rote Jakobinermützchen für die Frauen die große Mode sein.

Das ferne politische Ereignis hat auch bald sehr nahe Folgen. Die neue Zeit macht sich mit einem Male in allen Fugen des Lebens bemerkbar. Johannas Vater hat mit wachsenden Schwierigkeiten im Geschäft zu kämpfen. Er faßt deshalb eines Tages den Entschluß, sein Geschäft aufzugeben, seine Ämter niederzulegen, aufs Land zu ziehen und die Stadtdomäne Stutthof zu pachten, eine ausgebreitete Wirtschaft, die, wie sich später herausstellt, für seine Vermögensverhältnisse noch immer zu umfangreich ist. Zur selben Zeit verliert Johanna ihren langjährigen Lehrer und väterlichen

Freund Doktor Jameson. Nach dreißigjährigem Aufenthalt muß er nach Schottland zurückkehren, weil die fortschreitende wirtschaftliche Verschlechterung in Danzig ihm keine Existenzmöglichkeit mehr bietet.

Heinrich Floris erlaubt Johanna, jedes Jahr im Mai mit dem Kinde die Eltern in Stutthof zu besuchen. Das ist für beide, Mutter und Kind, ein ganz großes Glück. Das bedeutet eine Bekanntschaft mit der Natur, nicht mit einer melancholischen, gepflegten wie in Oliva, sondern mit der echten, unverfälschten, ländlichen, unmittelbaren, schmucklosen Natur. Eine ganz vertrauliche, enge Bekanntschaft ohne Pathos und Literatur. Zwei große geräumige Höfe gibt es auf dem Stutthof, ein Herrenhaus und mehrere Nebengebäude. Der Fichtenwald zieht sich bis hart an das Meeresufer. Kühe weiden unter den großen Bäumen. Oft liegt noch Reif und Schnee auf den Knospen, wenn Johanna eintrifft. Aber der Frühling ist hier sehr kurz, der Kampf zwischen Sonne und Erde wird über Nacht ausgetragen. Bald erwacht die Natur, alles grünt, die Bauernhäuser und Dörfer liegen dann in der Sonne.

Das ländliche Leben setzt ein. Lebhaft und farbig. Da sind Kühe und Pferde, da gibt es Gelächter der Knechte und Mägde, ein ewiges Kommen und Gehen, Fahren und Reiten. Da ist das Nest eines Storchenpaares auf dem Giebel einer Scheune. Hier ist Behagen und Gedeihen. Johanna ist hier ein kleines Mädchen, das mit den Schwestern schwätzt, ihnen so viel und so wenig zu erzählen hat. Johanna ist hier wieder daheim. Und um den kleinen Arthur kümmert sie sich nicht viel. Der macht seine ersten Entdeckungsfahrten im

Leben auf eigene Faust, genießt seine volle Ungebundenheit und treibt sich bei den Mägden umher. Er spielt mit Geräten und Tieren, kriecht überall hin. Als einmal sein Schuh in ein großes Milchgefäß fällt, bittet er ihn recht herzlich, wieder herauszuspringen. Den komischen Vorfall erzählt eine Magd der Mutter, die Mutter später dem Sohn und er wieder im hohen Alter einem Freunde. Auf dem Stutthof gibt es auch einen alten hundertjährigen Knecht, der bereits im Dienste des Großvaters gestanden hat und der Heinrich Floris, wenn dieser hier kurz zu Besuch kommt, Andreas nennt, weil er ihn für den erwachsenen Sohn seines ehemaligen Herrn hält. Sein altersschwaches Gedächtnis hatte eine ganze Generation übersprungen.

So unbeschwert und sorglos auf dem Stutthof das Leben verläuft, in Danzig sinkt inzwischen gegen das Ende des Jahrhunderts der Wohlstand immer schneller. Einzelne Handelshäuser sind noch aktiv, aber Mittelstand, Kleinbürger, Ladenhändler und Handwerker verarmen. Die Krise greift bis ins Herz der Stadt. Viele Häuser stehen in Danzig leer. Verschämte Arme tauchen auf. Selbst auf der „Speicherinsel“, in der Mitte Danzigs, von der Mottlau umgrenzt, macht sich die Verarmung fühlbar. Die Speicherinsel war bisher die Schatzkammer der Danziger Bürger. Mehrere hundert Speicher stehen auf dieser Insel, wegen Feuersgefahr darf auf ihr niemand wohnen. Deshalb werden seit undenklichen Zeiten über Nacht die Speicher zugesperrt, die Zugbrücke wird hochgezogen, und niemand betritt die Insel. Bis zum Morgen liegt der Reichtum in tiefer Einsamkeit. Der Bürger fürchtet bei Nacht die Nähe seines Eigentums. In der guten alten Zeit sollen sogar auf der Speicherinsel wilde Bluthunde bei Nacht aus ihren Käfigen gelassen worden sein, die jeden Eindringling zerfleischten.

Im März 1793 schlägt die Entscheidungsstunde für Danzig. Friedrich Wilhelm II., Neffe und Nachfolger des großen Preußenkönigs, blockiert die Stadt, die ihren letzten Schimmer von Freiheit und Wohlstand zu verlieren droht. Ehe die preußischen Truppen Danzig besetzen, verlassen 40.000 Einwohner ihre Heimat. Auch Heinrich Floris ist unter den Emigranten. Binnen 24 Stunden, sobald man die Gewißheit der künftigen preußischen Oberherrschaft hat, verläßt er, um nicht Bürger einer Monarchie zu werden, seinen Wohnsitz und begibt sich mit Johanna und dem fünfjährigen Arthur durch das schwedische Pommern nach der freien Schwesterstadt Hamburg. Unter den schwersten materiellen Opfern, ein Zehntel seines Vermögens muß er allein an Auswanderungssteuer zahlen.

Von diesem Augenblick an ändert sich das Schicksal der Familie des Bankiers Schopenhauer. Der gewöhnliche Fall einer bürgerlichen Existenz wird ein besonderer. Äußere Umstände und wirtschaftliche Verhältnisse beeinflussen in erhöhtem Grad die fernere Gestaltung des Lebens. Eine normale, alltägliche und für ihre Zeit charakteristische Lebensgemeinschaft innerhalb der bürgerlichen Sphäre wird in ungewöhnliche Situationen versetzt, die unmittelbar durch die Entwicklung der Zeit hervorgerufen werden. In einem stabilen Wohlstand wird der Wandel der Zeit fühlbar. Der einzelne wird vom Schicksal der Gesamtheit betroffen. Das ist mitunter die Wirkung geschichtlicher Ereignisse. Hamburg, der Schauplatz der Kindheit Arthurs, ist der erste Handelshafen des Kontinents. Ein Zentrum kaufmännischen und geistigen Lebens. Diese deutsche Hansestadt ist der Sammelpunkt fast aller Danziger Emigranten. Zwölf Jahre bleibt Heinrich Floris in Hamburg, bis zu seinem Tod. Er gründet hier ein neues Handelshaus, und die führenden Kreise der freien Stadt öffnen sich ihm bereitwillig. Nicht alle Flüchtlinge aus Danzig finden so freundliche Aufnahme. Heinrich Floris lehnt es ab, Hamburger Bürger zu werden. Auch seinen großen Grundbesitz in Danzig veräußert er nicht. Er hofft noch immer auf eine baldige Rückkehr in eine neue Republik Danzig.

Johanna hat schreckliches Heimweh. So emanzipiert sie ist, die Kleinbürgerin steckt ihr noch im Blute. Heinrich Floris respektiert dieses Gefühl seiner Gattin und verspricht ihr alle vier Jahre einen Besuch bei ihren Verwandten in Danzig. So ordnet er alles im Leben durch klare, festgesetzte Bestimmungen. Schon im nächsten Jahr bietet sich Johanna eine Gelegenheit, nach Danzig zu reisen. Der Vater von Heinrich Floris, Andreas Schopenhauer, stirbt, und Johanna muß die Erbschaftsangelegenheiten persönlich ordnen. Ein Vierteljahr später stirbt auch der Bruder, Johann Friedrich Schopenhauer, der frühere Geschäftsteilhaber, die Erbschaft vergrößert sich beträchtlich, Haus und Landbesitz müssen endgültig verkauft werden. Johanna besorgt das alles schlecht und recht, wie es eben unter den ungünstigen politischen und wirtschaftlichen Verhältnissen zu machen ist.

Schopenhauers sind jetzt reicher als früher, aber das Geschäft in Hamburg geht schlecht. Die Todesfälle in der Familie, die zunehmende Taubheit drücken auf das Gemüt von Heinrich Floris. Seine Reizbarkeit nimmt zu, das Geschäft ist trotz des unvorhergesehenen Vermögenszuwachses im Verfall begriffen. Der Bankier ist verbittert, etwas stimmt nicht in seinem Leben. Er tut mit moralischer Pedanterie seine Pflicht und doch fühlt er sich vom Leben in irgend einer Weise geprellt. Er ist zu sehr in seine bürgerliche Existenz eingesponnen, als daß er für die veränderten Gegebenheiten der Zeit Verständnis hätte. Er ist ein kurzsichtiger Bürger, der sicher auf seinen beiden Beinen steht, aber dessen Sicherheit sich nur auf den engsten Umkreis beschränkt. Züge von Tücke treten jetzt in seinem Charakter auf. Doch ist es eine Tücke der Rechthaberei, der Rechtschaffenheit, der Moral, eine Tücke, bei der er juristisch durchaus im Recht ist. Es ist teilweise ein übersteigertes Gerechtigkeitsgefühl, er beharrt auf dem Buchstaben, weil er als Deutscher alles buchstäblich nimmt und sich gegen das Schicksal nicht anders wehren zu können vermeint. Als seine Mutter, die Witwe des Andreas Schopenhauer, auf Betreiben der Soermansschen Familie wegen Geistesschwäche entmündigt wird, ist er darüber sehr aufgebracht. Aus der Ferne vermag er nichts gegen den Gerichtsbeschluß zu unternehmen. Er schiebt die Schuld der ganzen Angelegenheit auf seinen jüngeren Bruder Michael Andreas, dessen notorischer Schwachsinn das Gericht zu einem übereilten Beschluß gegen die Mutter verleitet haben soll. Auch die Berichte über den neuesten Danziger Stadtklatsch, der von seinem anderen Bruder, Karl Gottfried, einem „durch Ausschweifungen halb wahnsinnig gewordenen Menschen“, die unsinnigsten Dinge erzählt, bringen ihn zur Verzweiflung. Daß die Soermanssche Familie, durch die die Schopenhauersche von dem unheilvollen Erbe heimgesucht wurde, jetzt die Entmündigung der Mutter betreibt, empfindet er wohl unbewußt als doppeltes Unrecht.

Auch auf die Erziehung des Sohnes färbt diese Charakteränderung von Heinrich Floris ab. Er ist dem Kinde ein stereotypes mustergültiges Vorbild. Er übernimmt sklavisch die Tageseinteilung seines ehemaligen eigenen Chefs Bethmann, bei dem er in seiner Jugend Volontär war. „So hat es Herr Bethmann gehalten“, ist eine ständige Redewendung gegen den Sohn. Arthur leidet sehr unter der Strenge des Vaters, aber er hängt dennoch am Vater, er empfindet einen unendlichen Respekt vor ihm. Das Abhängigkeitsgefühl des Kindes wird auf diese Weise künstlich gesteigert. Als eines Tages die Eltern nach Hause kommen, finden sie das Kind in Tränen, aus Furcht, die Eltern wären fortgegangen, um nie wiederzukehren. Bei der offenbar ererbten Labilität des kindlichen Gemütes übt die erzieherische Strenge des Vaters die ersten unheilvollen Wirkungen. Die damalige Zeit kennt noch keine individuelle Kinderbehandlung, die menschliche Natur entfaltet sich schutzlos gegen die Eingriffe des Schicksals. Das Studium einer Lebensgeschichte aus dieser Zeit ist daher noch aufschlußreich. Das Leben von damals ist ein richtiges Experiment.

Als Gatte wünscht Heinrich Floris seiner Frau alles zu bieten, was er vermag. Unerbittlich gegen seinen

Sohn, von größtem Entgegenkommen gegen die Mutter. Gegen den Sohn fühlt er eine Verantwortung, gegen die Mutter nicht. Je mehr er fühlt, daß er Johanna kein vollwertiger Ehepartner sein kann, daß beider Gemeinschaft keinen inneren Halt hat, desto mehr beabsichtigt er, Johanna Gutes zu erweisen. Seine Güte übt aber keine Wirkung auf sie, denn diese Güte ist dem Starrsinn zum Verwechseln ähnlich. Die steigende Unruhe Johannas, die ihrerseits weder Häuslichkeit noch Abenteuer findet, versucht er durch viele Reisen zu besänftigen. Bald sind die Gatten in Holstein, bald in Dresden, bald in Karlsbad, dem großen Modekurort dieser Zeit, bald in Berlin. Johanna läuft allen berühmten Zeitgenossen nach, lernt Klopstock, Tischbein, Reimarus, Baron Stael, Feldmarschall Kalkreuth, Nelson und Lady Hamilton persönlich kennen. Ihre Ehe empfindet Johanna als eine begangene Unbesonnenheit, sie strebt aus dieser Gemeinschaft heraus, die ihrem freiheitlichen Sinn ein ungreifbarer Zwang, eine unsichtbare, bedrückende Fessel bedeutet. Jeder neue Mensch, der genügend berühmt ist, scheint ihr die Welt zu eröffnen. Diese Bekanntschaften sind unbewußte Fluchtversuche, und ihre Reiselust ist ein unterbewußter Protest. Übertrieben, wie sie immer ist, spricht sie später, nachträglich, von „den Schrecknissen" ihrer Ehe.

Im Jahre 1797, Arthur ist jetzt neun Jahre alt, stirbt Johannas Vater und hinterläßt eine Witwe mit drei unversorgten Töchtern in so ärmlichen Verhältnissen, daß sie von Schopenhauers unterstützt werden müssen. Diese erhöhte materielle Abhängigkeit ihrer Familie vom Gatten fällt zeitlich zusammen mit der Geburt einer Tochter. Das zweite Kind bringt Johanna in einem Abstand von zehn Jahren zur Welt. Sie wird Luise Adelaide Lavinia genannt, ihr Leben lang aber Adele gerufen.

Sobald die Gewißheit besteht, daß sich Mutter und Tochter wohl befinden, tritt Heinrich Floris mit seinem Sohn eine Reise nach Frankreich an. Heinrich Floris kennt jetzt nur noch einen einzigen Lebenszweck, die Ausbildung seines Sohnes zum Kaufmann. Arthur hat bisher eine Hamburger Privatschule besucht. In solchen Schulen für Kinder begüterter Eltern ist der Unterricht sehr oberflächlich. Deshalb soll Arthur nun in Frankreich französisch lernen, denn Sprachen muß ein Kaufmann beherrschen. Auch soll der Sohn „im Buche der Welt zu lesen“ verstehn, wie der Vater sagt. Arthur macht also seine erste Reise.

Arthur sieht Paris, den Schauplatz der großen Weltgeschichte, die eben eines ihrer spannendsten Kapitel, das der großen Revolution, beendet hat. Arthur sieht nicht viel von Paris, nur den Schatten einer Großstadt im Augenblick ihrer dunkelsten Nacht. Auf der Rückreise bleibt Arthur in Havre im Hause eines Geschäftsfreundes seines Vaters, während Heinrich Floris über England nach Hamburg heimkehrt. Zwei Jahre verbringt Arthur in Havre bei dem reichen Kaufmann Grégoire. Ein Hauslehrer unterrichtet ihn. Der gleichaltrige Sohn des Hauses, Anthime, ist sein unzertrennlicher Freund. Es sind nach seiner eigenen Aussage die beiden glücklichsten Jahre seines Lebens. Arthur ist plötzlich von der Strenge des Vaters frei und er findet ein richtiges Heim vor, dessen ein Kind aus bürgerlichen

Kreisen so sehr bedarf. Der ungewöhnliche Verstand des Knaben tritt das erste Mal zutage und verblüfft den Lehrer. Eine brennende Wißbegierde erwacht in Arthur, er lernt, was er nur zu erlernen vermag. Die tote lateinische Sprache ist ihm willkommen, er lernt alles. In kurzer Zeit spricht er perfekt französisch. Auch französische Sitten und Lebensformen eignet sich der Knabe mit beängstigender Anpassungsfähigkeit an. Er scheint alles Talent seiner Mutter geerbt zu haben. Als er, elfjährig, nach Hamburg zurückkehrt, ist er ein vollkommener Franzose. Nur schwer vermag er sich in der deutschen Muttersprache zu verständigen. Er hat die Schiffsfahrt von Havre nach Hamburg ganz allein zurückgelegt, er ist weltmännisch gewandt, weit über sein Alter gereift.

Der Vater ist über den jungen Franzosen beglückt. Solche Fortschritte und Fähigkeiten hat er beim Sohne nicht zu erwarten gewagt. Arthur besucht jetzt die vornehmste Hamburger Unterrichtsanstalt, die des Doktor Runge. Aber es gibt in dieser Luxusschule nur eine Stunde Latein in der Woche und das ist dem lernhungrigen Schüler zu wenig. Arthur macht seinem Vater die erste Andeutung, daß ihn dieser Schulbetrieb nicht befriedige. Der Vater läßt ihm zur Beschwichtigung Privatstunden im Flötenspiel geben. Mit Eifer stürzt sich Arthur auch auf dieses neue Studium. Die Leidenschaft zur Musik ist bei ihm eine Liebe auf den ersten Blick.

Im Sommer wird der Zwölfjährige auf eine dreimonatige Ferienreise mitgenommen. Johanna ist jetzt 30 Jahre, hat zwei Kinder, und nach den damaligen Ansichten war damit der Lebenszweck einer Frau erfüllt. Johanna ist aber noch immer ein unbefriedigtes junges Mädchen. Sie ist deshalb jetzt maßlos vergnügungssüchtig und vernarrt in die Welt der guten Kleider und des äußeren Glanzes. Man fährt selbstverständlich nach Karlsbad, wo sich die vornehme Welt von damals Rendezvous gibt. Auf der Hinreise sieht man in Weimar Friedrich Schiller. Der falsche Snobbismus schlägt bei Johanna in eine echte Entzündung des Gefühls um. Sie spürt durch den Tagesruhm hindurch das Genie. Ihre Witterung ist untrüglich. Johanna ist berauscht. Weimar ist von nun an der heimliche Traum ihres verspäteten Backfischtums. Immer wieder kehrt ihre Sehnsucht nach dieser Stätte zurück, an der ein Dutzend Zelebritäten des Jahrhunderts versammelt sind.

Nach vielen Reiseerlebnissen und neuen Bekanntschaften kehrt man nach Hamburg zurück. Jetzt wird auch für Arthur der Alltag unerträglich. Und gar der Schulbesuch bei Doktor Runge ist qualvoll. Der unmittelbare Anschauungsunterricht der Welt hat ihn anspruchsvoll gemacht. In der Rungeschen Schule muß man sich schrecklich langweilen, weil auf den geringen Lerneifer gutzahlender Schüler nur zu viel Rücksicht genommen wird. Arthur spricht sich offen gegen seinen Vater aus. Er will das Gymnasium besuchen. Die Absicht des Sohnes erscheint dem Vater als ein Protest. So wie ungefähr das Verlangen eines Bürgersohns, ein Handwerk zu ergreifen. Der Gelehrtenberuf ist nämlich in den Kaufmannskreisen dieser Zeit mit dem Begriff des Hungerleidens untrennbar verbunden. So nahe dem Vater die Sache geht, er macht sich doch schweren

Herzens mit dem Gedanken einer anderen Zukunft Arthurs vertraut. Besorgt um das künftige Auskommen des Sohnes, will er ihm eine Stiftspfründe sichern. Doch über der Erwägung der Einkaufsbedingungen verzögert sich die Entscheidung. Übertriebenes Mißtrauen und eine Art Verfolgungswahn äußern sich bei Heinrich Floris, wenn es sich um eine so große Sache handelt. Für den Sohn muß er das vorteilhafteste Geschäft abschließen, das er je gemacht hat. Das Zeugnis der Lehrer über die hohe Befähigung Arthurs und die drängenden Bitten des Knaben bewegen ihn endlich, dem Besuch des Gymnasiums zuzustimmen. Heinrich Floris verhandelt über die Stelle eines Kanonikus in Hamburg, die Arthur nach absolviertem Studium erhalten und die ihm eine sichere Versorgung auf Lebensdauer gewähren soll. Aber über die Höhe der Geldaufwendung ist nicht so rasch eine Einigung zu erzielen.

Nach langem Schwanken wendet Heinrich Floris gegen den eigenen Sohn eine List an. Er stellt dem Vierzehnjährigen ein Ultimatum. Entweder das Gymnasium zu besuchen oder mit den Eltern eine zweijährige Reise durch Europa zu unternehmen und nachher in das Büro eines Hamburger Geschäftsfreundes einzutreten. Auch seinen geliebten Freund Anthime in Havre könnte er in diesem Fall wiedersehen.

Arthur steht am Scheidewege. Seine „edle Unentschlossenheit“, wie es die Mutter nennt, tritt das erste Mal zutage. Es ist eine furchtbare Qual für den Knaben. Auf der einen Seite ein Entschluß, der für das ganze Leben bindet, auf der anderen eine unwiderstehliche Verlockung. Arthur hat schon zu viel von der Welt gesehen, seine Sinne sind verwöhnt, er ist blasiert und lebenshungrig, anspruchsvoll und begierig. Er hat kein richtiges Elternhaus, er hat keine richtige Heimat. In Hamburg fühlt man sich nie recht zu Hause. Er verspürt eine kleinbürgerliche Sentimentalität, die die Ferne wunderbar erscheinen läßt, verführerisch und anziehend. Die Tücke des Vaters trifft unfehlbar. Der Vater ist unmenschlich gerecht gegen seinen Sohn, er läßt ihm die freie Wahl. Arthur entscheidet sich für die Reise. Aber die Freude der Erwartung wird von einem großen Schatten getrübt, der sein ganzes künftiges Leben zu verdunkeln droht.

Genau besehn hat das Ultimatum des Vaters, so anfechtbar es ist, einen guten Sinn. Frühzeitige Anschauung des Lebens und Verzögerung der wissenschaftlichen Ausbildung bis zu einer reiferen Lebensepoche, in der die zu gewinnenden Kenntnisse gründlicher und tiefer erfaßt werden, sind richtige Vorbedingungen für einen Philosophen. Alles im Leben Arthur Schopenhauers zielt mit klarer Eindeutigkeit darauf ab, ihn zu veranlassen, ein paar unsterbliche Bücher abzufassen. Alles ordnet sich diesem einzigen Zweck unter. Mit der strengen Ökonomie der Natur, sobald sie eine bestimmte Absicht verfolgt, richtet sich das Schicksal danach ein. Freilich kann man für diese merkwürdige Fügung auch eine andere Erklärung finden. Denn das menschliche Leben ist vielseitig, und von welchem Standpunkt man auch ausgeht, jedesmal ergibt es einen Sinn. Das Leben ist ein Prozeß, bei dem am Schluß jeder recht behält.

Die Reise durch Europa ist ein gründlicher Anschauungsunterricht für Arthur. Die Welt bietet sich ihm dar. Zu keinem anderen Zeitpunkt hätte Europa so unverhüllt die Kehrseite seiner Zivilisation zeigen können als in dem Augenblick, in dem Napoleon sein erstes Auftreten feiert. Die glorreiche Weltherrschaft, die eben begründet wird, sieht in der unmittelbaren Nähe höchst unromantisch aus. Sie wird auf einem Trümmerfeld des Elends und der Not errichtet. Um dieselbe Zeit stirbt in Königsberg ein Mann namens Kant, dessen Schriften im Geistesleben von Europa keine geringere Umwälzung hervorgerufen haben, als es die große politische Revolution in Frankreich getan hat, die mit jener parallel läuft. Es ist derselbe Autor, der auch auf Arthur den entscheidenden Einfluß üben wird. Wie in einem Musikstück, mit dem sich das Schicksal des Menschen vorzüglich vergleichen läßt, treffen hier zwei verschiedene Themen im gleichen Grundton zusammen. Eine äußere Welt des Augenscheins und eine innere Welt der Gedankenspekulation. Sie ergeben im Leben Arthurs die ersten dunkeln Akkorde eines Weltschmerzes, der ebenso fruchtbar für die Menschheit werden soll wie die Melancholie manch eines großen Geistes.

Für Heinrich Floris bedeutet die Reise, die zweijährige Abwesenheit vom Geschäft, zweifellos ein großes Opfer, das er schweren Herzens Johanna und Arthur bringt. Ein vermindertes Pflichtbewußtsein läßt ihn diese kostspielige Vergnügungsreise in einem Augenblick ungünstiger geschäftlicher Aussichten unternehmen. Die durch die Reise erkaufte Gewähr für Arthurs Zukunft und für die Erhaltung der alten Schopenhauerschen Firma scheint ihm aber ein vorteilhafter Gewinn zu sein. Was er auf dieser Reise zu sehen bekommt, ist für ihn belanglos, weil die Umwelt keine Bedeutung mehr für ihn hat.

Ganz anders ergeht es Johanna. Ihr ermöglicht die Fahrt die Ausbildung zur Reiseschriftstellerin. Sie gibt ihr Weltweite und Weltkenntnis, ordnet ihr Weltbild, reguliert ihr Gemüt, sättigt ihren Lebenshunger und weckt, bei allem Anblick von Elend und Not, ihren starken Optimismus und ihre gesunde Lebenszuversicht. Auf Mutter und Sohn üben die gleichen Bilder der Außenwelt, von beiden mit dem gleichen Verstand aufgenommen, konträre Wirkungen. Arthur bedrücken sie, Johanna befreien sie von der Enge ihrer bürgerlichen Welt. Arthur wird sich nachher von der Welt abschließen, Johanna wird in der Welt in ihrem Element sein. Denn die Außenwelt vermag bloß den inneren Kern der Menschen zu erschließen.

Nachdem die kleine fünfjährige Schwester Adele bei Verwandten in Danzig untergebracht ist, treten also Arthur und die Eltern im eigenen Wagen die große Reise an. Nach zweitägiger Fahrt durch eine ewig schwarze Heide, ohne Laub, ohne Blume, ohne Vogellaut – auf dieser Reise ist alles etwas schemenhaft geordnet, die trostlose Landschaft zu Beginn der Fahrt ist eine sinnvolle Einleitung – wird zuerst Holland, das Stammland der Schopenhauer, besucht. Schon an der Grenze wechselt mit einem Male die Szenerie. Fruchtbares, helles Land, zierliche Ordnung. Reinliche Zimmer, alle Fensterläden sind frisch gestrichen. Ein Land der Anstreicher. Alles sieht aus, als wäre es eben erst fertiggestellt worden. Jede Stadt hat einen Turm und ein Glockenspiel. Holland atmet Wohlhabenheit ohne übertriebenen Luxus. Alle Männer tragen lockige Perücken und rauchen lange Pfeifen. Sie sind altmodisch und phlegmatisch. Das ist der erste, äußere, flüchtige Eindruck.

In den großen Städten, wie in Amsterdam, ist schon mehr zu sehen. Breite Straßen, großartige Häuser, zahlreiche Wasserkanäle und schöne Brücken gibt es hier. Reichtum, Ordnungsliebe und weiser Gemeinsinn herrschen. Das Leben geht still und fleißig dahin, es ist eine lautlose Betriebsamkeit wie in einem Bienenstock. Reges Hafenleben, aber aus den Kanälen steigt eine üble Luft, und wegen der allgemeinen Feuchtigkeit wird ewig gescheuert, gewaschen, gestrichen. Es ist ein täglicher Kampf um die Reinlichkeit. Metall wird sofort schwarz, Eisen rostig, wenn nicht unausgesetzt gerieben und geputzt wird. Die Natur ist hier eine Erzieherin zur Sauberkeit. Wegen der Moräste rauchen alle Männer und auch die Frauen der unteren Klassen. Wegen des Klimas trinkt man viel Branntwein. Der Mangel an Trinkwasser ist eine Plage. Das gesetzte, bedächtige Wesen der Holländer kennt keine Eile, das Gewühl ist zwar groß, aber nicht hastend. Da man alle Waren auf dem Wasser befördert, sind die Straßen besonders rein. Jedes reiche Privathaus besitzt Kunstschätze, unter denen sich immer ein Rembrandt befindet. Ungezählte Meisterwerke von Dürer, Potter, Miris, Ruisdael sind zu sehn. Die Kunstliebe und der Vaterlandsstolz in Holland sind groß. Wundervoll sind die Blumenmärkte, eine Spezialität des Landes. Die Holländer, mit denen man in Berührung kommt, sind nicht sehr höflich und zeigen eine ruhige Unbekümmertheit gegen alles, was sie nicht berührt. Nur für Musik scheinen sie empfänglich zu sein. Denn als einmal Arthur in einer Herberge auf seiner Flöte spielt, tauen die steifen Männer, die sich vorher um die vornehmen Fremden nicht gekümmert haben, mit einem Male auf. Die Sparsamkeit der Holländer ist sprichwörtlich, aber sie sind auch sehr genügsam. Das einfache Volk braucht nur seinen dünnen Kaffee, Tabak und Branntwein. Die Sucht, alles aufzubewahren, ist eine Nationaleigenschaft. Ungeheure Vorräte feinster Wäsche finden sich in allen Schränken, während man sich im täglichen Gebrauch mit schlechter, schadhafter Wäsche begnügt. Die Kleidung muß dauerhaft sein, die äußere Form ist gleichgültig. Das Geld genießt größte Wertschätzung, aber die Leute sind nicht geizig. Es ist das Land der Liebhabereien, der Sammler und der Gartenpflege. Man lebt vor allem häuslich.

Neben diesem Grundcharakter des Landes, das die Bewohner einst mühsam den Wellen abgerungen haben, lernen die drei Reisenden auch seltsame Einzelheiten kennen. Da gibt es ein kleines merkwürdiges Dorf, in dem nur steinreiche Kapitalisten wohnen. Gemeinsam führen sie das Leben von Einsiedlern. Sie pflegen keinen Umgang untereinander. Die Straßen sind leer, und wenn ein Fremder den Ort betritt, verschwinden sie auch von ihren Fenstern, aus denen sie sonst herauszuschauen pflegen. Wie Schnecken ziehen sie sich in ihre Häuser zurück. Keine Wohnungstür öffnet sich, so sehr man auch pocht. Überall neigen die Holländer zu Extremen.

In einem Waisenhaus ist die Reinlichkeit so übertrieben, daß auf der Schwelle jedes Zimmers ein weißes Tuch ausgebreitet liegt, auf dem man die Spur des Trittes sieht. Ohne vorherigen Fußabdruck ist der Eintritt ins Zimmer verboten.

In Haarlem und Gorcum, wo einst die Soermansschen Großväter lebten, sieht man in alten Kirchen Bilder einiger Soermans. Es sind ernste Männer mit Knebelbärten, die hier Prediger waren. Einer der Kirchenbesuche regt Arthur zu seinem ersten schriftstellerischen Versuche an. Es sind kindliche, schwulstige Sätze. Im Haag wird ein merkwürdiges Gemälde besichtigt. Es besteht aus einem großen Saal, dem Tanzsaal des Schlosses, in dem es alle Wände und selbst die übermalten Türen umspannt. Nur die Fenster der Dachkuppel lassen Licht in den Raum. Lebensgroße Figuren schlingen sich unter- und übereinander, Weiber, Greise, Kinder, Pferde, Totengerippe, Könige, Krieger, Götter, Heilige, Engel und Teufel. Das Ganze ist von ausgesuchter Geschmacklosigkeit, ein Fiebertraum ohne Anfang und Ende, voll Grausen und Wahnsinn. Die Auftraggeberin des Gemäldes, eine alte Prinzessin, hat sich selbst an der Spitze der Kuppel mit einem Totenkopf unter dem Arm abbilden lassen. Ein scheußliches Gegenstück zum „Jüngsten Gericht" von Rubens, die Ausgeburt einer geisteskranken Fürstin. In den höheren Gesellschaftsschichten findet man nicht selten religiöse Schwärmerei in krankhaften Formen. Irgendwie neigen diese Holländer zu geistiger Anormalität. Dieses Holland, wie es die Reisenden sehen, gleicht einem Album, in dem die Möglichkeiten ausgebreitet sind, die im einzelnen Individuum dieses Volkes beschlossen sind. Manche Züge im Wesen des Vaters, Pedanterie, Beschaulichkeit, undurchdringliche Verschlossenheit, sind hier wiederzuerkennen.

Auf der weiteren Strecke durch Flandern nähert man sich dem historischen Schauplatz. Tote Städte durchquert man. Dunkle Paläste, sinkende Pracht, überall Verfall. Man begegnet ungestümen Bettlern auf menschenleeren Straßen. In den größten Orten wächst Gras vor den Häusern. Hier fehlen die kleinen wohlhabenden Bürgerhäuser, denn hier gab es einst nur großen Reichtum. Jetzt aber hat die Zeit überall ihre Spuren hinterlassen. So ist die berühmte Kathedrale von Antwerpen völlig ausgeplündert. Arthur schreibt in seinem Tagebuch über das Erhabene eines Gottesdienstes in dieser Kathedrale. Er vergleicht die Andacht hier mit dem Gefühl in einer protestantischen Kirche, „wo der gellende Gesang der Menge Ohrweh macht und die mit aufgesperrten Mäulern blökende Gemeinde oft zum Lachen zwingt". In Brügge schleichen auf dem Jahrmarkt die Einwohner in altmodischem Putz durch die Straßen, als kämen sie geraden Wegs aus einem vergangenen Jahrhundert. Die Melancholie der flachen Landschaft mit ihren schnurgeraden Wegen und ihrer ermüdenden Eintönigkeit bewegt das Gemüt des Knaben. Alles ist gespensterhaft, unwirklich und doch so unmittelbar nahe, die Zeit hat hier etwas Verborgenes an die Oberfläche gekehrt. Aber jetzt geht der Weg der drei Reisenden mit einem Male wieder ab von diesem Schauplatz, man begibt sich nach Calais, um nach England zu gelangen.

Nach dem ersten Abschnitt der Reise folgt der zweite: England, die engere Welt des Westens, der Zivilisation, der Zweckmäßigkeit, das Ideal aller vornehmen Europäer. Schon Calais ist eine ganz andere Welt, in der Internationalität und freiere Bewegung herrschen. Man steigt im größten Hotel ab. Es ist das größte Hotel der Welt überhaupt. Eine verfehlte Spekulation auf den Snobbismus reicher Engländer. Ein paar spleenige Engländer waren in Calais geblieben, um den Kontinent zu besuchen und sich doch nicht zu weit vom Mutterlande zu entfernen. Sie hatten aber wenig Nachahmer gefunden, Calais blieb Durchgangsstation, und das Hotel erwies sich über den Bedarf zu groß. Der ausgebreitete Hotelpark besitzt ein eigenes kleines Theater, in dem kleine französische Operetten gespielt werden. Alles ist von größtem Luxus, von den größten Maßstäben. Calais kann mit London und Paris konkurrieren. Im Augenblick ist die Stadt überfüllt, denn man erwartet stündlich den Kriegsausbruch zwischen Frankreich und England. Hunderte von Engländern harren auf die Heimkehr. Man wartet auf die Abfahrt der beiden segelfertigen Fahrzeuge, die, wie es heißt, die letzten vor der Schließung der Grenzen sein sollen. Aber es herrscht Gegenwind. Alles ist mißvergnügt, niemand vermag sich zwei Schritte vom Hotel zu entfernen, weil die Abreise jeden Augenblick erfolgen kann. Um Mitternacht reist man ab. Gedränge, Finsternis, Visitation, Unhöflichkeiten.

Es ist eine fürchterliche Überfahrt. Das Innere des Bootes ist ein mit Teppichen belegtes Zimmer. In den Betten an den Wänden liegen angekleidete Damen. Am

Tisch sitzen ein paar Herren. Einer liest bei dem spärlichen Licht seelenruhig Voltaire. Das Schiff ist nach wenigen Minuten überfüllt. Es ist eine kühle, regnerische Mainacht. Einige Passagiere sind schon jetzt, noch vor der Abfahrt, seekrank. Alles ist entsetzlich aufgeregt. Jeden Augenblick taucht eine falsche Nachricht auf. Im letzten Moment trifft die Meldung von dem tatsächlichen Kriegsausbruch ein. Jetzt müssen noch einige englische Fahrgäste des anderen Segelbootes, des französischen, das in Calais bleibt, übernommen werden. Ohne Gepäck natürlich, das die neuen Passagiere zurücklassen müssen. Der Kapitän hebt von ihnen erhöhte Preise für die Überfahrt ein. Darüber ist alles empört, und es entwickeln sich endlose Debatten. Um zwei Uhr Nachmittag erreicht man endlich Dover.

Nach Dover, von der Anhöhe Shooters Hill aus, erblickt man die Riesenstadt London. London zählt gegenwärtig fast eine Million Einwohner. Aus dem Steinkohlendunst, der über der Stadt lagert, erheben sich unzählige Kirchtürme, der mächtige St. Pauls-Dom, der gotische Doppelturm der Westminsterabtei. Die Themse ist mit Schiffen übersät.

Anderthalb Monate bleibt man in London. Die Weltstadt wird mit der Gründlichkeit deutscher Touristen studiert. Das Gewühl der Wagen und Fußgänger auf den breiten Straßen betäubt die Fremden, die sich inmitten eines Verkehrs von solchen Ausmaßen wie Provinzler vorkommen. Ungeheuer groß ist die Zahl der Mietwagen, durch die auch den weniger Bemittelten der Luxus eines eigenen Wagens ermöglicht wird. Jeder Fiaker ist numeriert, was eine unerhört moderne Einrichtung ist. Ungezählte Läden bieten die kostbarsten Waren zum Verkauf, Magazine, die Vorläufer der Warenhäuser, Obstläden mit Früchten aller Jahreszeiten und aller Zonen, Kupferstichhandlungen. In goldenen Buchstaben prangen auf den Häusern die Namen der Kaufleute und Handwerker. Geht man aus der City über die Themse in den anderen Teil der Stadt, so betritt man ein wahres Paradies. Hier herrscht kein Gedränge arbeitender Menschen, hier wohnen die reichen Leute, alles hat hier mehr Zeit, es herrscht ein bequemes, genießendes Leben. Die Waren sind teuerer, schöner, moderner; raffinierter Luxus wird feilgeboten. Die großen Plätze sind mit Bosketts geschmückt, zu denen die Bewohner der umliegenden Häuser einen Schlüssel haben. Die Häuser sind hier groß, schön, rein, solid. Equipagen, Mohren, Livreen, geputzte Damen und Herren, viel angehäufter verschwenderischer Reichtum. Jeder Londoner hat sein eigenes Heim. Die Wohnungen sind bescheiden, im allgemeinen, die Treppen eng, die Zimmer klein, die Fenster schmal. Aber auf dem Boden und auf Treppen liegen Teppiche, die Möbel sind zierlich und kostbar, innerhalb einer gewissen Bescheidenheit herrscht noch ein richtiger Aufwand. Der Londoner ist ebenso wie in seinem Heim auch auf eine peinliche Reinheit seiner Kleidung bedacht. Alle Einrichtungen des täglichen Lebens sind von der Vernunft diktiert.

Aber Arthur interessiert an diesem vorbildlichen Straßenbild vor allem etwas anderes. Er betrachtet die verschiedenen Arten von Bettlern, die es in London gibt. Da sind Matrosen mit einem fehlenden Bein oder einem fehlenden Arm. Sie singen laut die Geschichte ihrer Leiden. An vielen Straßenecken steht ein Mann, der unausgesetzt wie ein Automat den Fußsteig fegt. Gelegentlich fragt er einen besser gekleideten Passanten, ob er nicht ein paar Pence für ihn übrig habe. An ruhigeren Plätzen malen zerlumpte Männer auf dem Trottoir Bibelsprüche mit Kreide. Überhaupt wird in London ein schwunghaftes Geschäft mit der Frömmigkeit getrieben.

Nicht nur die Stätten der Armut werden aufgesucht, auch die Stätten des Vergnügens. Johanna ist theaterwütig, also besucht man fast alle Theater. Das Theater von Coventgarden, die italienische Oper, den Stolz der englischen Nation. Im Theater von Drurylane sieht man Shakespeares „Viel Lärm um nichts". Das Spiel der englischen Schauspieler wird zwar natürlicher, aber auch viel übertriebener als das der deutschen Akteure gefunden. In einem Amphitheater werden die halsbrecherischen Kunststücke von Menschen und Pferden bewundert. Auch für die urkomische Pantomime, die diesen Abend beschließt, haben die deutschen Touristen viel Verständnis.

Selbstverständlich werden sämtliche Sehenswürdigkeiten absolviert. Vom Britischen Museum bis zum Westminsterpalast. Vasensammlungen, Münzkabinett, die weltberühmte St. Pauls-Kirche, der Tower mit der Schatzkammer und mit den wilden Tieren, nichts wird versäumt. In der historischen Briefsammlung wird ein Schreibheft Rousseaus und ein Brief der Königin Elisabeth an den Grafen Essex mit zweideutigem Inhalt bestaunt. Im Poetenwinkel der Westminsterabtei, der mit

Monumenten ohne Wahl und Ordnung überladen ist, als wären die steinernen Figuren vor irgend einem Unheil hieher geflüchtet, macht das Standbild Shakespeares mit der bekannten Inschrift: „So werden die wolkenhohen Türme, die Paläste, die hehren Tempel, selbst der große Globus, ja, was daran nur Teil hat, untergehen; spurlos verschwinden. Wir sind solcher Zeug, wie der zu Träumen, und dies kleine Leben umfaßt ein Schlaf" tiefen Eindruck auf Arthur. Er notiert die Frage, ob Dichter, Helden und Könige, die hier versammelt sind, Glanz und Größe ins Jenseits mit hinübergenommen haben? Noch mit dem Ewigkeitsgefühl im Herzen geht man in Merlins Museum der mechanischen Kunstwerke, wo man ein Krankenbett mit beweglichem Tisch, eine Uhr über einer Tür, die durch das Öffnen und Schließen der Türe aufgezogen wird, oder seltsame Spiegel mit Geistererscheinungen und ein chinesisches Feuerwerk bewundert.

Die märchenhaften Gärten in der Umgebung der Stadt, an denen England so reich ist, erregen das Entzücken der Deutschen. Vauxhall, Ranelagh und Windsor wird besucht. Der St. James Park mit dem alten rostigen Palast, der große Hydepark, die Gärten von Kensington, der Greenpark. Hampton-Court, der größte Palast des Königs, mit seinen altmodischen Gärten, der Park von Wimbleton. Auf der Schloßterrasse in Windsor sieht man an einem schönen Sonntag den König und die Königin, begleitet von vielen blassen Prinzessinnen. In dem kleinen Dorf Slough sucht man den berühmten Landsmann Herschel auf. In einem bescheidenen Haus, das der König dem großen Astronomen und Entdecker des Uranos geschenkt hat, wohnt der Gelehrte mit seiner fast gleichaltrigen Schwester in stiller Zurückgezogenheit. Ein Empfehlungsbrief verschafft den Reisenden Eintritt. Doktor Herschel ist liebenswürdig, heiter und anspruchslos. Das Riesenteleskop im Hof benütze er selten, seine wichtigsten Entdeckungen habe er, wie er sagt, mit den kleineren Fernrohren gemacht. Denn nicht die Größe der Gläser, sondern unablässige Aufmerksamkeit, Fleiß und Treue in den Beobachtungen hätten seinen Erfolg bewirkt, erklärt er in einem etwas stereotypen Lesebuchstil den Besuchern.

Neben all dieser Vielfalt, neben allen diesen kleinen und großen Dingen, aller Pracht des Südens und Westens fesselt die Aufmerksamkeit des Knaben auch der viel weniger sehenswerte Norden von London. In der Grafschaft Kent ist tausendfache Arbeit im vollen Gange. Hier ist das Riesenwerk der dem westindischen Handel gewidmeten Docks ausgebreitet. Zwei unübersehbare Bassins sind mit Schiffen bedeckt, die mit den kostbarsten Waren beladen sind. Hier pulst das Leben am heftigsten. Und gegenüber den Docks liegt die endlose, einsame, berüchtigte, durch Straßenräuber unsicher gemachte Heide von Blackheath. Welch ein übersichtliches Bild, in dem alle Charakterzüge der damaligen Zivilisation eingezeichnet sind, ergibt London!

Gesättigt mit den Londoner Eindrücken, unternehmen die Eltern eine Vergnügungsfahrt nach Schottland, Arthur bleibt währenddessen, ganze drei Monate, in einer Erziehungsanstalt in Wimbleton bei London. Um die englische Sprache gründlich zu erlernen. Es ist für ihn eine lehrsame, aber wenig ermutigende Unterbrechung der komfortablen Wanderschaft durch die Welt. Er lernt hier eine andere Seite des englischen Charakters kennen. Er erfährt, welchen praktischen Zwecken das Christentum dienen kann. Er ist bisher ein frommes Kind, im Glaubenseifer bisweilen zu streng, weshalb er manchmal in Hamburg mit der Mutter in Konflikt geraten war, die eine oberflächliche Beziehung zu Gott hat. Aber in diesem Internat erregt die kaufmännische Verwertung der Frömmigkeit seinen heftigen, kindlich-ungestümen Widerwillen. In etlichen Briefen an die Mutter, mit der er während dieser Zeit ununterbrochen korrespondiert – wir leben im Zeitalter des vielen Briefschreibens –, macht sich seine gerechte Empörung gehörig Luft. Er klagt in ihnen über diese „infame Bigotterie", er wünscht mit kindlichem Pathos, „daß doch die Fackel der Wahrheit die ägyptische Finsternis in England durchbrenne!", und in einem Brief resümiert er: „Ich finde mich durch meinen Aufenthalt in England bewogen, die ganze Nation zu hassen." Der nachfolgende Bericht über die Anstalt des Herrn Lancaster in Wimbleton, in der Arthur untergebracht wird, stammt aus der Feder der Mutter:

„Gewöhnlich sind es Landprediger, die irgendein großes schönes Lokal, unfern der Kirche, in welcher sie predigen, mieten oder kaufen und neben ihren Berufsgeschäften dieses Erziehungsgeschäft treiben, wobei sich die sehr ehrwürdigen Herren ungemein wohl befinden.

Wir hatten Gelegenheit, die Erziehungsanstalt des Herrn Lancaster in Wimbleton, acht englische Meilen von London, genau kennenzulernen. Sie gilt für eine der besten, selbst Lord Nelson ließ zwei seiner Neffen da erziehen. Im Grunde gleichen sich alle; nur die Zahl der Zöglinge, die größere oder beschränktere Einrichtung des Ganzen unterscheidet sie voneinander.

Der sehr ehrwürdige Herr zu Wimbleton befaßte sich gar nicht mit dem Unterrichte; unsichtbar für die Schüler, saß er den Tag über in seinem Studierzimmer, wo er eine Anzahl junger Fremder, die bloß als Kostgänger, nicht als Schüler in seinem Hause lebten (ein solcher Kostgänger ist auch Arthur), im Englischen unterrichtete. Nur mittags nach vollendeten Schulstunden erschien er auf einem Katheder im Schulzimmer, um sich von den Lehrern Rapport abstatten zu lassen. Vier Lehrer, die im Hause wohnten und von denen wechselweise einer jede Woche die Spezialaufsicht über die Schüler hatte, gaben den notwendigen Unterricht, und zwar alle zugleich in dem nämlichen großen Zimmer. Jeder steht auf einem kleinen Katheder, und die Schüler gehen wechselnd, pelotenweise von einem zum anderen. Dies währt vier Stunden lang ununterbrochen, von acht bis zwölf.

Die Schule wird mit Gebet eröffnet und geschlossen, ganz nach der englischen Liturgie, wobei auch des Königs, seines Hauses, der Schwangern und Säugerinnen und so weiter von den Knaben christlich gedacht werden muß.

Die Knaben erhalten Unterricht in den alten Sprachen, in Geographie, Geschichte, Schreiben, Rechnen und der französischen Sprache. Wer Fechten, Musik, Tanzen und Zeichnen lernen will, muß es besonders bezahlen; die Lehrer dazu kommen wöchentlich einige

Male von London herüber; an alles übrige Wissenswerte, was unsere Kinder in Deutschland lernen, wird nicht gedacht.

Die Zöglinge essen zusammen, ziemlich schlecht, unter Aufsicht des die Woche habenden Lehrers, werden zu bestimmten Zeiten auf der Gemeinhut des Dorfes spazieren getrieben, spielen unter seiner Aufsicht auf dem großen Hofe und werden täglich in einem großen Bassin gebadet, auch im Winter, wo dann erst das Eis aufgehauen werden muß.

Alles, Lehre, Strafe, die ganze Behandlung der Kinder wird nach angenommenen Gesetzen mechanisch betrieben, ohne Rücksicht auf Alter, Charakter und Fähigkeit. Wie könnte es anders sein, ihrer sind sechzig, zwischen sechs und sechzehn Jahren; alle Wochen wechselt der die Aufsicht habende Lehrer und dankt Gott, daß er auf drei Wochen der Last los ist und sich bei der sehr reichlich besetzten Tafel des sehr ehrwürdigen Herrn mit den Kostgängern und der übrigen Gesellschaft von der in der Woche ausgestandenen Not und Mangel erholen kann. Kein Lehrer lernt die Kinder genauer kennen, da jeder sie nur ungefähr zwölf Wochen im Jahre in so verschiedenen Zeiträumen unter seiner Aufsicht hat.

Die Kostgänger haben dagegen ein herrliches Leben, denn sie bringen dem ehrwürdigen Herrn dreimal so viel Guineen als die Schüler. Nur einige Schüler, deren Eltern es zu bezahlen vermögen, gehören auch dazu. Diese nehmen zwar an den Schulstunden teil, essen aber an dem gut besetzten Tische, können nach Herzenswunsch im Lustgarten und im Obstgarten ihr Wesen treiben, während ihre Kameraden auf dem öden Hofe bleiben müssen und entsetzlich geprügelt werden, wenn sie sich einmal in jene ihnen verbotenen Reviere eingeschlichen haben. So müssen die Kinder schon in der Jugend lernen, daß dem Reichen alles erlaubt und Geld daher das höchste Ziel ist, wonach man zu trachten habe.

Hat ein Knabe einen Fehler begangen, seine Lektion nicht gelernt oder beim Spiel Unordnung gemacht, so wird ihm vom Lehrer zur Strafe aufgegeben, eine Seite Griechisch oder Latein auswendig zu lernen. Wenn er diese zur bestimmten Zeit nicht auswendig weiß, so schreibt der Lehrer seinen Namen auf und legt den Zettel aufs Katheder des Herrn Lancaster. Abends werden dann die so Verklagten zu ihm ins Studierzimmer gerufen, so viele ihrer sind, alle zugleich. Er redet sie mit Sir oder Gentleman an und fragt, ohne fernere Untersuchung ihres Vergehens, ob sie ihre Aufgabe gewußt haben? Sie müssen natürlich mit nein! antworten. Ohne sich auf etwas Weiteres einzulassen, fragt er: was sie dafür verdient hätten? Sie antworten: geprügelt zu werden, und ohne Aufschub vollzieht der sehr ehrwürdige Herr an ihnen das Urteil mit eigener Hand, oft an sieben oder acht nacheinander, ohne Rücksicht, ob der Knabe sechs oder sechzehn Jahre alt ist, und dazu auf die beschimpfendste Weise.

Sonntags morgens werden die Schüler im Schulzimmer versammelt. Herr Lancaster ist nicht Prediger in Wimbleton, sondern in Murton, einem eine halbe Stunde weit entlegenen Dorfe; aber zu seiner Übung hält er seinen Schülern die Predigt, die er mittags dort halten wird, erst einmal in der Frühe. Damit verbindet er den in der englischen Liturgie vorgeschriebenen Gottesdienst, so daß das Ganze eine starke Stunde dauert. Um elf Uhr werden sie in saubern Sonntagskleidern paarweise auf dem Hofe rangiert und treten dann, in Begleitung der vier Lehrer, den Marsch nach der Kirche in Murton an, wo sie bei Predigt, Gesang und Litanei zwei Stunden verweilen müssen. Nachmittags werden sie wieder auf die nämliche Weise zur Kirche getrieben, und abends um acht Uhr wird abermals in der Schulstube großer Gottesdienst gehalten, wobei wieder des Königs und seines Hauses gedacht wird. Zwischen allen diesen Andachtsübungen müssen sie in der Bibel lesen und dürfen in Begleitung der Lehrer einen Spaziergang machen; alle Spiele aber und alle lauten Ausbrüche der Freude sind hoch verpönt und werden streng bestraft."

Noch den Greis Arthur Schopenhauer überkommt die Lust, dreinzuschlagen, wenn er in den „Pickwickiern" liest, wie der alte Weller dem „frommen" Mister Stiggens seinen Lohn schließlich in Prügeln bezahlt. Nach diesen Erfahrungen in der Erziehungsanstalt des sehr ehrwürdigen Herrn Lancaster ist Arthur tief enttäuscht. Die weitere Fahrt unternimmt er als jugendlicher Nihilist.

Im Oktober kehren die Eltern nach London zurück, im November erfolgt die Abreise aus England. War Holland der erste Teil der Reise, England der zweite, so wird Frankreich mit seinen Revolutionsgreueln der dritte und Österreich bis zur Heimkehr in Arthurs Geburtsstadt Danzig der vierte und letzte sein. Das Land der Väter, dann das Gelobte Land des Westens, dann der Süden und schließlich der Osten.

England, der Wunschtraum seines Vaters, in dem die menschliche Vernunft in einem Grade nüchtern und konsequent ist wie in keinem anderen Lande, in dem normales Denken und Vollsinnigkeit herrschen, dieses England hat Arthur gegen die Welt mißtrauisch gemacht. Mißtrauen ist eine magische Gewalt, sie lockt alle kleinen Tücken und Übel an die Oberfläche, überall wo der Mißtrauende hintritt. Der folgende Teil der Reise bestärkt den Knaben noch in seinem Mißtrauen. Denn die Fahrt durch Frankreich, das eben seine blutige Revolution hinter sich hat und sich anschickt, mit nicht weniger Blutvergießen den Kontinent zu erobern, ist eine höchst anschauliche Gesellschaftsreise durch eine Hölle von menschlichem Elend, von Not und Grausamkeit.

Ist das Paris, la capitale du monde? fragen sich die Reisenden, als sie über die kotige Landstraße in den von Schmutz strotzenden Gäßchen einfahren und schlecht bekleideten und schlecht beschuhten Fußgängern begegnen. Nach der Reinlichkeit Englands macht dieser Schmutz einen niederschlagenden Eindruck. Man steigt in einem der größten und elegantesten Hotels der Stadt ab. Aber diese Eleganz ist ein richtiges Sinnbild für Frankreich, in dem ein Parvenü sein ruhmreiches, aber schäbiges, verelendetes Weltreich begründet. Die Hotelzimmer sind mit geplünderten, entwerteten Wertgegenständen vollgestopft. Es ist eine übertriebene, zweitklassige Eleganz, ein unbehaglicher Komfort, ein nutzloser Reichtum.

Der weltberühmte Pariser Straßenkot, es fehlt an Menschenkräften, ihn zu beseitigen, macht das Gehen jetzt im Winter unmöglich. Einmal wird der Kutscher des eigenen Wagens verhaftet, weil er einen alten Mann überfährt. Dabei herrscht fieberhaftes Leben in Paris. Ein größeres als in London. London ist groß durch seine Ausdehnung, fast jede Familie hat dort ihr eigenes kleines Haus, die Straßen sind breit. In Paris gibt es schmale Gassen, alles wohnt beisammen in Riesenhäusern, Paris ist groß durch seine Enge. Paris besteht aus drei, vier übereinandergetürmten Städten. Unter demselben Dach herrscht lächerlicher Luxus und bitterste Armut. Im dritten Stock werden prasserische Feste gefeiert, im fünften haust Hunger und Kälte. In solch einem Haus wird man geboren, lebt, stirbt, genießt das Leben oder verzweifelt an ihm, ohne daß der eine vom anderen etwas weiß.

Johanna studiert hier mit hastigem Eifer die aus ganz Europa zusammengetragenen und gestohlenen Kunstschätze. Der ganze Kunstbesitz Europas ist in diesem Augenblick in Paris angehäuft. Es sind unveräußerliche unsterbliche Schätze, das hungernde Volk hat für diesen sinnlosen Reichtum sein Blut vergossen. Die Zeit der „Neuen Reichen", schon damals so genannt, ist angebrochen. Ohne Takt und Geschmack wird falsche, verschwenderische Gastfreundschaft geübt. Die Zeit, in der es guter Ton war, von der Luft zu leben, ist vorüber. Überall sind die Zehn-Minuten-Visiten eingebürgert. In den Vorzimmern drängen sich unverschämte Bediente der Gäste, in den Salons mustern die Frauen gegenseitig ihren Putz, und die Männer taxieren nach diesem Putz untereinander ihren Geldwert.

Die Fremden werden durch Paris von dem berühmten Verfasser des Buches „Tableau de Paris“, Louis Sebastian Merciers, geführt, dessen Bekanntschaft die Eltern machen und der dieses Sündenbabel in effektvollen Farben geschildert hat. Viele Theater werden wieder besucht. Auch in Arthur ist jetzt eine Leidenschaft für diese doppelgründige zweite Wirklichkeit erwacht, die aus Lichtschein, Seele und Schminke besteht. Eine Molière-Aufführung im Théatre Français übt eine tiefe Wirkung auf ihn, im Theater der Nation sieht man den großen Talma. Die Komische Oper, die kleinen Komödien und die Feenpracht des Balletts entzücken ihn. Johanna vermißt schmerzlich die Toilettenpracht, da der Zuschauerraum der Pariser Theater, im Gegensatz zu London, unbeleuchtet bleibt.

Neben dem Theater gibt es in Paris eine sehr grelle Wirklichkeit. Auf der Place de la Bastille tritt eine große Proletarierin, ein Mannweib, auf die Schaulustigen zu und fordert energisch ein Almosen, so daß man nicht weiß, ob es Bettelei oder Überfall ist. Überall begegnet man hier Erzählungen von den Revolutionsgreueln, die honoriert werden wollen. Die sadistischen Revolutionsschilderungen bilden einen eigenen Erwerbszweig. Im Jardin des Plantes und im Schloßgarten von Luxembourg trifft man immer wieder Kranke, Verwundete und Greise.

Augenblicklich bietet Paris auch auf dem Gebiet der pathologischen Anatomie viele Sehenswürdigkeiten. Im Taubstummeninstitut des Abbé Sicard befindet sich eine menschliche Kuriosität, der „Wilde von Arveicon". Es ist ein neunjähriger Knabe von ungeheueren Körperkräften, den man ohne Kenntnis irgend einer Sprache in einem Walde, wie ein Tier lebend, aufgefunden hat. Fünf Stunden lang stehen die Schopenhauer in einem langen Korridor angestellt, bis die Besichtigung des Instituts gestattet wird. Den „Wilden von Arveicon" bekommt man jedoch nicht zu sehen. Aber der Anblick der übrigen Taubstummen erschüttert Arthur, er ist überrascht von ihrem „auffallend ruhigen, heiteren und milden Gesichtsausdruck". Ein namenloses Mitleid, das sich schon für die Schüler des Herrn Lancaster in Wimbleton rührte, überfällt ihn. Aber dieses Mitleid, so stark und heftig es empfunden ist, ist ganz ungetrübt. Arthur betrachtet die Übel der Welt ohne Sentimentalität. Er betrachtet Mißstände und menschliche Leiden mit einer sachlichen Neugierde. Ein unausgesprochenes und darum um so sichereres Bewußtsein, daß er von vornherein der Partei der Leidenden und Unterdrückten angehört, ermöglicht es ihm, das menschliche Übel schonungslos objektiv zu betrachten. Diesen Zug seines Wesens, gefühlsmäßig stark bewegt zu werden und dabei gleichzeitig die ganze Verstandesschärfe zu bewahren, erklärt später Arthur Schopenhauer als den springenden Punkt seines Genies. Auf der weiteren Reise durch Südfrankreich wird Arthur noch stärkere Belastungsproben dieses Gefühls zu ertragen haben.

Alle Gasthöfe hinter Orléans sind schlecht, die Dörfer an der Loire wimmeln von zerlumpten Greisen, bleichen Frauen und halbverhungerten Kindern. Die Väter sind in der Großen Armee. Überall wird gebettelt und gejammert. Man begegnet hier keinen fremden Reisenden mehr. Das Interesse der europäischen Touristen hat seine Grenzen, nur die Schopenhauer machen darin eine Ausnahme. Deshalb wird auch der Wagen dieser verirrten Vergnügungsreisenden von ganzen Schwärmen von Bettlern überfallen. Mit nackten Füßen steigen zudringliche, um Almosen flehende Kinder auf die Rädersprossen, sobald der Wagen hält. Schreiende Weiber, weinende Kinder verfolgen an einem Ort die Fremden bis ins Schlafzimmer des Gasthofes.

Alles ist hier mit einer Kruste von Schmutz überzogen. Die Wohnungsnot ist allgemein. Kleine Lehmhütten reihen sich aneinander. In Felshöhlen und Steinbrüchen hausen Menschen, mit kläglichem Hausrat und provisorisch eingerichteten, versperrbaren Türen. Denn das arme Volk bestiehlt sich untereinander. Geschichten von ausgesuchter Grausamkeit kursieren. Die Loire soll zeitweise von menschlichem Blut rot gefärbt gewesen sein. In Kähnen mit eigenen Falltüren wurden die Gefangenen gruppenweise in den Strom befördert. Liebespaare wurden aneinandergebunden und ins Wasser gestürzt. Die Greuelerzählungen wuchern hier üppig. Die Ruinen eines zerstörten Klosters, das eingeäschert wurde, sind in der stimmungsvollen abendlichen Landschaft ein gigantisches Wahrzeichen dieser Zeit.

Inmitten des namenlosen Elends, in einem großen Gebäude, das wie ein Viehstall aussieht, ist eine Erziehungsanstalt für junge Mädchen der höheren Stände aus aller Welt untergebracht. Schmutz und Not in unmittelbarer Nähe der Töchter reicher Leute, ohne daß es diese berühren würde. Auch das ist charakteristisch für diese Zeit.

Von den folgenden Städten, ein immer neuer Anblick der gleichen Not und des gleichen Schmutzes bietet sich in ihnen dar, verweilt man länger nur in Bordeaux. Hier ist die Landschaft berauschend und das Leben bewegt. Die Gascogner sind ein arbeitsames und lärmendes Volk. Wie ein Tier arbeitet der Einheimische, und er ist auch in seinem Betragen wie ein solches, er tobt, lacht und schreit. Die Marktweiber stehen ihren berühmten Schwestern in Paris, den „Dames des halles", an Roheit nicht nach. Ihre Umgangssprache besteht ausschließlich aus Zoten, Flüchen und Schimpfworten. Die Bevölkerung hier ist das lebhafteste Volk Frankreichs. Tanz und Spiel gibt es tagein, tagaus. Gegen Armut oder Reichtum ist man gleichgültig. Man lebt zu sehr für den Tag. Man ist anspruchslos und unordentlich. Die Mädchen sind auffallend hübsch und meistens leichtfertig. Unter einem der schönsten Himmelsstriche der Erde scheint der Mensch exaltiert geworden zu sein.

Alles riecht nach Knoblauch, der Lieblingsspeise in Südfrankreich. Im Schauspielhaus gibt man eine Posse von Terenz in modernem Pariser Kostüm, wodurch das laszive Stück um so frivoler wirkt. Eine seltsame Einrichtung ist das große Findelhaus, in dem man, ohne daß man sich zu legitimieren braucht, bei Tag und Nacht in einem Bretterverschlag vor dem Haus Findlinge ablegen kann. Man zieht einfach an einer Glocke, worauf der Säugling geholt wird, während sich der Abgebende diskret entfernt.

Der Jahrmarkt in Bordeaux ist der Inbegriff südlichen Lebens. Die Verkaufsbuden sind angefüllt mit wertlosem Plunder, aber dieser Plunder setzt alles in Bewegung. Matrosen aus allen Weltgegenden, Mädchen vom Lande drängen sich in buntem Treiben durcheinander. Man spricht laut und schreiend, die Drehorgel geht unausgesetzt, in einem Winkel spielen abgerichtete Hunde Komödie, dressierte Ziegen tanzen Ballett, ein Bär dreht sich graziös-vierschrötig zu den Klängen eines polnischen Dudelsacks. Dudelsacktöne haben etwas ungemein Aufregendes. Geigen, Pfeifen, Trompeten und Tamburin hört man ununterbrochen. Dieser Jahrmarkt hat die Anziehungskraft einer um einen Punkt kreisenden gleichförmigen Bewegung. Alles Leben wird hier zur fixen Idee, im wörtlichen Sinn gemeint. Guckkastenmänner verheißen schreiend diskrete Einblicke in ungewöhnliche Szenen des Lebens, ein Wunderdoktor in goldbesticktem Scharlachmantel verkauft Zaubermittel, unfehlbare Schönheits- und Verjüngungsmedikamente. Kinder haben fliegende Wettbüros aufgeschlagen, in denen man Makronen, Zuckerplätzchen und überzogene Mandeln gewinnen kann. Erwachsene drängen sich heran, streiten mit den Kindern, jeder Altersunterschied, der Unterschied von Stand und Nationalität ist aufgehoben.

Dann, als man Bordeaux verlassen hat, tauchen am Horizont die Pyrenäen auf. Ruinen aus uralter Zeit verzieren die Landschaft, geben ihr ein pittoreskes Aussehen. Sieht man näher hin, sind es nur durch die jüngsten Feuersbrünste vernichtete Gebäude. Einmal begegnet man einem Trupp junger Männer, die zwei zu zwei mit Ketten um den Hals aneinandergeschmiedet sind. Es sind keine Verbrecher, sondern Konskribierte, Krieger, Helden einer andersverstandenen Idee des Vaterlandes. Die Gegend wird zum Teil fruchtbarer und uninteressant. Mitten in der Armut und Dürftigkeit gibt es immer wieder Luxus und modisch gekleidete Mädchen und Frauen. In dem Theater einer dieser Städte, in denen der Knoblauchgeruch kaum auszuhalten ist, muß man die Vorstellung wegen des Publikums und des Stückes verlassen. Einmal bleibt man in einer Stadt eingesperrt, weil Napoleon in ihr Verschwörer suchen läßt.

Als das Gebirge näherrückt und die Wege steiler werden, stößt man auf eine einsame Hütte, in der ein eisgrauer Invalide haust. Er erwartet hier den Tod. Er hat sein eigenes Alter vergessen, erinnert sich nur noch, unter dem alten König Feldzüge mitgemacht zu haben. In der einsamen Vergessenheit der Welt und des eigenen Lebens genießt er ein stilles Glück.

Wechselnde Bilder folgen. Überfluß der Natur und menschliche Armut nebeneinander. An einem Ort ist der Wein so billig, daß der Bediente der Schopenhauers ständig betrunken ist. Orangen, Feigen, Rosinen, Öl und Wein gibt es hier in ungeheueren Mengen. Ostern werden in Montpellier gefeiert. Diese Handelsstadt ist ohne Leben, weil das geschäftliche Treiben in dem am Hafen gelegenen kleinen Cette konzentriert ist. Das ist eine seltsame, unheimliche Stadt mit dumpfen engen Gassen, in denen nur Matrosen und Lastträger zu sehen sind. Der Ort versorgt die halbe Welt mit Likören. In dem riesengroßen antiken Amphitheater in Nimes sind

5*

unzählige schmutzige Hütten errichtet, in denen ungefähr fünfzig verarmte Familien hausen. Architektonische Trümmer aus der Römerzeit gibt es überall, wo man hintritt. Die Welt sieht auch mitunter sehr trivial aus, um einen alten Brunnen sitzen drei stumme Weiber und spinnen Seide auf langen Spindeln. Wie die Nornen sehen sie aus.

Die ganze Pracht der Landschaft zieht an den Augen der Reisenden vorüber. An Sonntagen begegnet man in den Ortschaften unter den ärmlich gekleideten Bewohnern ständig katholische Geistliche in prunkvollen Ordenstrachten. Ein absurdes Bild, diese bitterste Armut inmitten des fruchtbarsten Bodens. Neben der Zitadelle von Marseille, einem umfangreichen unterirdischen Gefängnis, steht eine Kapelle, die einst ein wundertätiges Marienbild aus Silber enthielt. Das Silber wurde in die Münze getragen, damit sich die Wunderkraft recht wirksam entfalten konnte, das Bild ist fort, und nur der Glaube ist geblieben. Ohne den Glauben in diesen Gegenden hätte das arme Volk keinen Trost in seinem Schicksal, ärgstes Ausbeutungsobjekt zu sein. In den von der Regierung in Marseille errichteten privilegierten Spielhäusern, die ihr jährlich große Summen Pacht einbringen, sind viele berüchtigte Mädchen anzutreffen.

Dann folgt der furchtbarste Anblick dieser Reise. Das berühmte Arsenal von Toulon, das eingehend besichtigt wird. Es ist gewöhnlichen Reisenden nicht zugänglich. Es ist Kriegsfabrik und Gefängnis in einem. Richtige Verbrecher stellen hier das Werkzeug für das legale Verbrechen her. Es ist eine ganz moderne Ökonomie. Durch ein mächtiges Portal mit Säulen, Statuen und Basreliefs betreten die bevorzugten Europareisenden die Stätte regster Arbeit, tiefsten Jammers, furchtbarsten Verbrechens. Lasciate ogni speranza, voi ch'entrate! In diesem ausgedehnten Arbeitskomplex sind nur Sträflinge beschäftigt. Das Arsenal grenzt unmittelbar an eine Schiffswerft, auf der Tag und Nacht Schiffe gebaut werden. Napoleon stellt im Augenblick wieder seine Flotte her. Galeerensklaven, tief gebückt unter der schweren Last, tragen unausgesetzt Eisenstücke und Balken herbei. Der Stock der Aufseher droht jeden Augenblick. Die massiven Ketten der Sträflinge vermehren unnötigerweise die Last, aber der Strafvollzug geht über die ökonomische Auswertung der Menschenkräfte. Rhythmisch klirren die Ketten zu dem ewigen Hämmern der Arbeiter. Es ist eine grandiose, monotone, pochende Musik. In den Werkstätten wird alles, vom Mast bis zu den blechernen Leuchtern, hergestellt. Eigene Magazine mit Hanf, Holz, Eisen und Kupfer gibt es. In der Bäckerei wird für 6000 Menschen täglich schlechtes, ungenießbares Brot zubereitet. In einem Gebäude verfertigen Bildhauer Figuren und Verzierungen für die Schiffe. In einer besonderen Tischlerei werden hölzerne Beine und Krücken hergestellt. Sie finden um diese Zeit reißenden Absatz in Europa. In der Nagelschmiede reihen sich 24 große Öfen aneinander, ungezählte Ambosse stehen davor, auf die dröhnende Hammerschläge im Takt niedersausen. Ein neues Gebäude wurde für die Mastbäume errichtet, weil das alte von den Engländern bei ihrem letzten Besuch niedergebrannt wurde. Auf der Seilerbahn werden Seile bis zum stärksten Ankertau gedreht. Der Eintritt ins Zeughaus mit seinen Kanonen und Waffen ist auch den Schopenhauers verboten. Am Ufer des Hafens, dicht neben dem Arsenal, liegen die Galeeren. Es sind unbrauchbar gewordene Kriegsschiffe mit roten Dächern. In jeder Galeere sind 500 Gefangene untergebracht. Die restlichen Sträflinge befinden sich in Kerkern. Wenn die Glocke schlägt, ist das mühselige Tagwerk beendet. Mit ihren ewigen Ketten betreten sie ihr schreckliches Nachtlager, das aus Holzbänken besteht. Überall herrscht präzise Ordnung.

Die Galeerensklaven, in rotbraunen Kleidern, die in Lumpen herabhängen, kahl geschoren, mit roten Kappen, haben furchtbar verzerrte Gesichter, in denen sich alle Arten des menschlichen Leidens spiegeln. Scham, Verzweiflung, Gram, Mord, Hoffnungslosigkeit, Erniedrigung. Einzelne lachen auch, pfeifen oder singen unanständige Lieder. Ist der Lärm zu groß, so werden sie geschlagen und ausgepeitscht. Die Kost besteht aus Wasser und Brot. Zum Frühstück vor der Arbeit gibt es noch Wassersuppe mit eingebrannten Bohnen. Für schnelle Arbeit erhält man ein Glas Wein als Lohn. Die schwersten Verbrecher arbeiten im Kerker, an ihre Bank angeschmiedet, ohne Licht und Luft, sie können sich keinen Schritt fortbewegen. So sieht die Werkstätte der Weltgeschichte aus. Nach dieser Reise ist Arthur ein unerträglicher Knabe, der ständig über das Elend der Welt brütet.

Was Südfrankreich auf der ferneren Reise zu bieten hat, ist voller Kontraste. Ein dunkelblauer reiner Himmel, das schöne Tal der Rhone. Viel Schmutz, ein eigennütziges, falsches Volk. Orangen- und Zitronenbäume. Eine Prozession in der von der Natur so reich beschenkten Landschaft. Viel religiöser Glaube und viel Verbrechen. Lyon, die schönste und häßlichste Stadt zugleich. In dem palastartigen Spital liegen – wegen Überfüllung – die Patienten zu zweit in einem Bett. Manchmal ein Genesender neben einem Sterbenden. Die Barmherzigen Schwestern kennen keine Reinlichkeit. Das Spital wurde von den Republikanern mit Vorliebe beschossen. In der Stadt gibt es viel Elend und Armut und viel Wohltätigkeit. Napoleon versucht jetzt, die Lyoner Fabriken, die ehedem Europa bekleidet und mit Putz versehen haben, wieder zu beleben. Die Industrie besteht vorwiegend aus Heimarbeit. Bänder, Stickereien, Tressen, Knöpfe, Gaze, Samt werden hier hergestellt. Kümmerliche Existenz der Leute, unter deren Händen die größte Pracht der Stoffe entsteht. Der Fleiß der Bevölkerung hat eine große Tugend hervorgerufen. Die Leute sind durchwegs königstreu. 8000 Bürger der Stadt wurden deshalb hingerichtet, die Männer wurden gruppenweise erschossen, die Frauen kamen unter die humanere Guillotine. Der Luxus in Lyon ist gesunken, die Frömmigkeit gestiegen.

Freundliche Dörfer mit veränderter Bauart und bemerkenswerter Reinlichkeit künden die Nähe der Schweiz. Hier wimmelt es jetzt von Fremden. Die Berge des Jura erheben sich, die Fahrt geht durch Felslandschaft, die gepflegte Kunststraße steigt steil an. In Collonge ist Paßrevision. Die Vergnügungsreisenden aus aller Welt, die hier aus ihren Wagen steigen, geben ihrem Entzücken über die Landschaft lauten

Ausdruck. Aber der kleine Unteroffizier, der hier stationiert ist, erklärt, er werde demnächst aus purer Langeweile sterben.

Außer der Natur mißfällt Arthur in der Schweiz alles. Er haßt die Wohlhabenheit, das häusliche Glück, die satte Zufriedenheit, die hier das Leben des goldenen Mittelweges ausströmt. Die ländliche Zurückgezogenheit, das milde Klima, der glatte silberne Genfer See, der stille Friede und die unaussprechliche Anmut erscheinen ihm als trügerische Außenseite. Die wegen des ewigen Regens hölzerne Bedachung der Brücken in Genf findet er lächerlich, daß die Hirten Regenschirme tragen, für die Schweiz charakteristisch.

Aber der Montblanc ist doch ein überwältigender Eindruck. In Chamonix, wohin man sich begibt, um den gigantischen Bergriesen in der Nähe zu sehen, bittet Arthur den Vater, allein zurückbleiben zu dürfen. Im Anblick der majestätischen Natur überfällt den Sechzehnjährigen eine ausgesprochene Melancholie. Johanna mahnt ihn wiederholt, nicht so viel „über das Elend der Menschen zu brüten“. Aber für das empfängliche Herz des Knaben bietet diese Welt zu starke Effekte. Nach der Hölle der Galeerensklaven von Toulon jetzt die grandiose Erhabenheit der Natur. Das durch Mitleid bewegte Gemüt spürt mit einem Male die religiöse Verbundenheit des deutschen Menschen mit der Landschaft. Die Außenwelt hat sein Inneres im tiefsten berührt. Vielleicht liegt hier ein entscheidender Punkt, eine entscheidende Wendung seiner Lebensgeschichte: eine endgültige Abkehr von der Welt.

Der letzte Abschnitt der programmäßigen Aufklärungs- und Erforschungsreise für den zukünftigen Philosophen ist ohne große Bedeutung. Wie das Gebiet, das jetzt durchfahren wird, abseits der Zeit liegt, deren unmittelbarster Schauplatz Frankreich war. Es ist ein Stück ewig unveränderlicher Welt, ein Gegenstück zu der Zivilisation des Westens, ein toter Buchstabe, der für die nüchternen deutschen Reisenden keine Sprache spricht.

Durch Schwaben und Bayern betritt man in der kleinen Grenzstadt Braunau österreichischen Boden. Das Leben ist zuweilen pointierter als der witzigste Reiseschriftsteller. In Braunau ereignet sich ein Zwischenfall, der mit einem Male wie eine Anekdote das österreichische Wesen enthüllt. Die wörtliche Tagebucheintragung Arthurs schildert den Vorfall: „Wir ließen vor der Grenzfestung Braunau an der Salza das Land der ehrlichen Baiern hinter uns und fuhren durch den häßlichen finstern schwarzgelben Schlagbaum, nicht ahnend das Unheil, welches uns jenseits von der chikanösesten aller chikanösen Polizeien und der impertinentesten aller impertinenten Accisen bevorstand. Ein halbes Dutzend Kanzeley- und Polizeidiener buchstabirten, sobald wir angekommen waren, mit der scrupulösesten und wichtigsten Miene von der Welt an unserem Passe und es ward befunden, daß derselbe, obwohl vom Senate der unter kaiserlichem Schutz stehenden Reichsstadt ausgestellt, von keinem österreichischen Gesandten visiert, folglich ungültig sei. Der Paß, der überall gut gewesen war, der in Ländern gegolten hatte, wo des Krieges und der schwankenden

Regierung wegen die Vorsicht in diesem Stück nothwendiger ist, wie in dem unbedeutenden verarmten und ausgesogenen Österreich, dessen Regierung dem Himmel danken sollte, wenn ein Fremder sein Geld dort verzehren kommt – der Paß war hier nicht gut.“ Nach langem Debattieren, der englische Reisewagen erregt gehöriges Aufsehn, er wird durchsucht, ein paar Zigarren, ein Roman, etliche Malpinsel und Farben werden nach stundenlanger Visitation konfisziert, wird die Erlaubnis erteilt, auf Kosten der Reisenden selbstverständlich, eine Estafette um einen neuen Paß nach Wien zu schicken. Mehrmals ist man nahe daran, umzukehren und Österreich unbesucht zu lassen, denn es dauert eine Woche, bis die „bezahlte Stafette zu Fuß, in Gestalt eines alten Weibes, mit dem Passe aus Wien ankam“. In der Zwischenzeit wird Arthur noch einmal, als er vor dem Tor spazieren geht, verhaftet. Er wird gefragt, wer er sei, woher er komme, wohin er gehe, ob er einen Paß habe, und „dergleichen österreichische Fragen mehr“ werden an ihn gerichtet. Arthur beweist dem Kommissar, daß er, wenn er ohne Paß, der ihm weggenommen worden war, aus dem Tor gelassen werde, nicht mit Paß zurückkehren könne. Aber das einfache logische Argument macht keinen Eindruck auf die Behörde.

Endlich geht es fort. Die Kaiserstadt Wien empfängt die Fremden mit einem Hagelwetter. Die Gassen sind gut gepflastert, die innere Stadt ist klein, die Vorstädte sind groß, die Wohnungen mittelmäßig. Das Theater ist unter dem Durchschnitt. Der Wurstelprater mit Schaukeln und Karussells und schrecklicher Musik bietet ein fröhliches, bewegtes Bild. Unermüdliche Genußsucht und viel vergnügte Leute scheint es hier zu geben. Der Reichtum der Großen ist immens, und die Bettelei kennt die verschiedensten Spielarten.

Dann geht es in die tiefe Wildnis von Mähren und Böhmen. Arme, zerlumpte Bevölkerung, in einem schmutzigen Dorf muß man ohne Bettücher schlafen. Die Straßen sind zum Teil unbefahrbar. Stellenweise kann man infolge des Kotes nicht einmal neben dem Wagen zu Fuß gehen. Dann wird über Königgrätz, hinter Trautenau, die schlesische Grenze passiert. Das erste Mal wieder in reinen Betten übernachtet. Arme, fromme, bleiche, genügsame Weber fristen in dieser Gegend mit unermeßlich vieler Arbeit ihr kümmerliches Dasein. Auf einem Marktplatz stehen wohlgenährte Kaufleute und verhandeln persönlich mit den zerlumpten Heimarbeitern, deren Lumpen sorgfältig geflickt sind. Unter Seufzen nehmen sie die angebotene Kleinigkeit als Lohn.

Nach einer Fußtour ins Riesengebirge, die Schneekoppe wird nicht bestiegen, weil es zu beschwerlich wäre, man bewundert aber aus der Höhe den Sonnenaufgang, und Arthur erleidet durch die lange Wanderung in der Sonnenhitze ein Anschwellen der Ohren, begibt man sich über Breslau nach Dresden. Im September 1804 trifft man in Berlin ein, wo den Vater Nachrichten erwarten und von wo er geradenwegs nach Hamburg zurückkehrt. Denn es ist höchste Zeit. Durch die lange Abwesenheit des Chefs hat das Handelshaus beträchtlich gelitten. Mutter und Sohn aber fahren von Berlin gemeinsam nach Danzig, um die kleine Adele von den

Verwandten, bei denen sie während der großen Reise untergebracht war, abzuholen.

Arthur sieht seine Geburtsstadt wieder. Er hat nur eine ganz dunkle Erinnerung an sie. Von der Seite der See aus sieht man von der Stadt, die in einem halb geöffneten Kessel liegt, tiefer als der Meeresspiegel, nur die hohen Türme von Danzig. Nur die höchsten Spitzen ragen empor und legen Zeugnis ab, daß es hier am Ufer eine Stadt gibt, daß diese Türme nicht bloß Luftspiegelungen sind. Daß hier verdeckt Straßen und Leben existieren, Tore, Dome, Baudenkmäler des Mittelalters in verschwenderischer Fülle. Unsichtbar, in einer Schale verborgen, ist diese Stadt, geheimnisvoll wie die Herkunft des Lebens selbst.

Ortsveränderung ist ein Medikament gegen Gemütserkrankung. In Hamburg entbehrt nun Heinrich Floris dieses prophylaktische Mittel und sein labiler Gemütszustand tritt in ein akutes Stadium. Johanna und Arthur erfahren vorderhand noch nichts davon, denn die Briefe des Vaters zeigen keine Spuren seiner erhöhten Reizbarkeit.

In Danzig wird Arthur in der Marienkirche durch Diakonus Blech konfirmiert. Danzig ist der Abschluß der Reise. Letzte Station mit Konfirmation. Und der Ausgangspunkt seines Lebens. Jetzt erst lernt er Danzig richtig kennen. In Danzig hatte sich sein Urgroßvater als reicher Kaufmann gegen das Ende des 17. Jahrhunderts niedergelassen. Die Familiengeschichte erzählt von ihm, er habe einst Zar Peter und Zarin Katharina beherbergt. Im Schlafzimmer gab es weder Ofen noch Kamin, der Winter war streng, so ließ Johann Schopenhauer in dem mit holländischen Fliesen ausgelegten Raum mehrere Fäßchen Branntwein ausgießen und anzünden. Mit großer Zufriedenheit bezogen hierauf die hohen Gäste das auf so originelle Art geheizte Schlafgemach. Die Legende ist nicht ganz neu. Ein französischer Autor hat eine ähnliche Geschichte schon einmal erzählt. Aber es kann sich so zugetragen haben. In der Überlieferung verbindet sich mitunter Weltgeschichte mit Familienchronik.

Über diese Danziger Zeit Arthurs geben die beiden letzten Briefe des Vaters an den Sohn einigen Aufschluß. Heinrich Floris ermahnt Arthur, schön zu schreiben, perfekt rechnen zu lernen, sich im Französischen und Englischen zu üben und wie andere Menschen aufrecht zu gehen, damit er keinen krummen Rücken bekomme. Er lobt, daß Arthur bei seinem Freund Kabrun auf dem Kontor Wechselbriefe und Fakturen schreibt, daß er sich durch sein Flötenspiel in Danzig Sympathien erwirbt, und er erklärt sich bereit, die Kosten zu tragen, wenn Arthur die Reitschule besuchen oder bei einem guten Korporal durch Exerzieren eine bessere Maintien des Körpers erwerben wolle. „Die Mutter schreibt mir gar, daß du mit eins ein besserer Jüngling geworden, da man ihr von deinem ordentlichen Betragen erzählt.“

Und in des Vaters letztem Brief, auf den Tag fünf Monate vor seinem Tod geschrieben, heißt es:

„Ich wollte daß du lernest, dir den Menschen angenehm zu machen; denn so würdest du auch gar leicht den Herrn Kabrun bei Tische zu mehreren Reden veranlassen. Und was dem Geradegehen und -sitzen betrifft: so rathe ich dich Jedweden, der mit dir umgeht zu bitten, dir einen Schlag zu reichen, wenn du gedankenlos ob dieser grossen Sache dich antreffen läßt. So haben Fürstenkinder verfahren und nicht den Schmertz gescheut für wenige Zeit, bloß nicht als Tölpel ihr Leben lang zu erscheinen. Nichts kann als dieses helfen und ich corrigire dermalen den jungen Lehmann mit Success von diesem Erziehungsfehler. Du wirst mit deiner lieben Mutter und Schwester in der Mitte des Decembers das gute Dantzig verlassen und so noch mehr als drei Monate darinnen verlebt haben. Vom Tantzen und reiten kann man nicht leben als Kaufmann, dessen Briefe gelesen werden sollen und folglich gut geschrieben werden müssen. Hin und wieder finde ich großen Buchstaben deiner Schreiberey noch immer wahre Mißgeburthen, besonders im Teutschen, welches als deine Muttersprache dir keines einzigen Fehlers in der Handschrift zeihen müßte. Es ist gantz gut, daß du in Dantzig confirmirt worden bist, hier aber noch Morgens die Vorlesungen des Herrn Runge in der Theologie anhören und dich stets bescheiden, sittlich und fleißig betragen. Adieu. Heinrich Floris Schopenhauer."

Im Dezember kehrt also Arthur mit Mutter und Schwester nach Hamburg zurück. Mit Beginn des neuen Jahres tritt er bei dem Großkaufmann Senator Jenisch als Handlungsgehilfe in die Lehre. Arthur befleißt sich eines tadellosen Betragens. Mit Widerwillen geht er seinem Beruf nach, aber das gegebene Versprechen ist ihm heilig.

Der Vater ist äußerlich ein fester, verschlossener Charakter. Der Sohn sieht ihm bereits frappant ähnlich. Aber der Vater steht unmittelbar vor seinem Zusammenbruch. In der letzten Zeit hat seine Taubheit bedenklich zugenommen, Gedächtnisstörungen sind aufgetreten, geringe Anlässe regen ihn schrecklich auf. Als ihn eines Tages ein Freund aus London aufsucht, empfängt er ihn mit den heftigen Worten: „Ich kenne Sie nicht! Es kommen so viele, die sagen, ich bin der und der. Ich will nichts von Ihnen wissen!“ Ein anderes Mal alteriert er sich über die zu hohe Rechnung eines Möbelschreiners so sehr, daß er tags darauf die Gelbsucht bekommt. Der schlechte Geschäftsgang erzeugt bei ihm eine Hypochondrie. Er fürchtet fortwährend große Verluste.

Seit einigen Jahren wohnt die Familie im eigenen Haus Neuenwandrahm Nr. 92, in dem sich auch das Geschäft befindet. Hinter dem Haus steht ein Speicher. Am 20. April 1805 stürzt sich Heinrich Floris aus einer Luke dieses Speichers in den Kanal. Ein geradliniges, aber undurchsichtiges Leben findet ein plötzliches Ende.

Die unmittelbare Ursache des Selbstmordes bleibt unaufgeklärt. Aus Geschäftsrücksichten wird ein Unfall des siebenundfünfzigjährigen Chefs der Firma vorgeschützt. Der freiwillige Tod des Vaters ist aber durch das Zeugnis des Freiherrn von Hornstein nachgewiesen. Diesem jüngeren Freund gegenüber hat Arthur Schopenhauer den Selbstmord seines Vaters ausdrücklich zugegeben. Nach der Beerdigung auf dem Neuen Begräbnisplatz zu St. Georg erstattet Johanna im „Hamburger unparteiischen Correspondenten“ folgende Todesanzeige:

„Ich erfülle hierdurch die traurige Plicht, meinen Verwandten und Freunden den Todesfall meines Mannes, Herrn Heinrich Floris Schopenhauer, durch einen unglücklichen Zufall verursacht, anzuzeigen, unter Verbittung aller Beileidsbezeugungen, die meinen Kummer nur vermehren würden.“

Der Schmerz des Sohnes ist lautlos. Die Liebe zu seinem Vater, von dem er kurz und bündig sagte: „Er war ein braver Mann mit feinen Sitten“, verklärt sich ansteigend zu einer tiefen Bewunderung, zu einer peinlich geübten Pietät, zu einer grenzenlosen Dankbarkeit und Anhänglichkeit. Dieser Kult erstreckt sich über das ganze Leben Arthurs. Er schreibt über den Tod die kurzen Worte: „Durch diesen Schmerz wuchs meine Traurigkeit so sehr, daß sie von wirklicher Melancholie kaum mehr entfernt war.“

Die Witwe übernimmt ohne jede gerichtliche Einmischung für sich und die beiden Kinder die Erbschaft. Sie fungiert als der alleinige Vormund von Arthur und Adele. Sie beschließt eine allmähliche Liquidation des Geschäfts und betraut damit den ersten, langjährigen Kommis ihres Gatten, Wilhelm Gansland. Im selben Jahr wird das Haus an die Firma Schiller & Co. verkauft, und Johanna zieht mit den Kindern nach den Kohlhöfen Nr. 87. Ein weitläufiger Verwandter ihrer Familie, ein Doktor Trosiener, ist Johanna in der ersten Zeit behilflich und bewohnt im neuen Haus ein eigenes Zimmer.

Johanna hat keinen Blick auf das Antlitz des Toten geworfen. Sie schob das Rätsel des Todes von sich. Sie wehrte sich instinktiv gegen die Betrachtung dieses

Pater meus, circa quadragesimum vitae annum.

A. S.

SCHOPENHAUERS VATER, HEINRICH FLORIS SCHOPENHAUER
MINIATUR IN AQUARELLMALEREI
AUS WILHELM V. GWINNERS „SCHOPENHAUERS LEBEN“
VERLAG F. A. BROCKHAUS, LEIPZIG

neuen Phänomens. Den Tod des Gatten nimmt sie als eine gegebene Tatsache hin. Er beendet einen Zustand, der von ihr Selbstverleugnung verlangt hat. Selbstverleugnung ihrer eigenen starken Persönlichkeit. Sie ist jetzt 37 Jahre alt, sie hat ihre erste Jugendkraft in einem Familienleben vertan, in das sie fast ohne ihr eigenes Dazutun hineingeraten war. Durch einen Schritt im Leben, als sie kaum noch zur Besinnung gekommen war. Was konnte sie dafür? Der Tod des Gatten geht spurlos an ihr vorüber. Er beendet für sie eine Ehe, die mißraten, die bloß eine gesellschaftliche Einrichtung, aber keine tiefer motivierte Gemeinschaft war. Ein getreulich erfülltes Übereinkommen, von dem sie jetzt wieder ohne ihr Dazutun befreit wird. Das plötzliche Ende dieser lastenden Ehe macht sie zu einer vermögenden jungen Witwe, der die Welt offen steht. Es war also für sie ein Glücksfall, sie kennt keine falsche Sentimentalität. Erfahrung und Welteinsicht, Reife und viel unverbrauchte Jugendkraft, Lebenswille und ein offener Sinn sind jetzt in ihr vereint. Ihr Trachten ist zu sehr dem Leben zugewendet, als daß das schmerzliche Ereignis ihre Lebenskraft und Umsicht vermindern könnte. Sie ist frei, alle Voraussetzungen sind vorhanden, das Leben in vollen Zügen in sich aufzunehmen. Ihre Konstellation ist günstig, das Schicksal war gerecht gegen sie. Ihre Natur ist wahrheitsliebend, ihr Gewissen, von Haus aus robuster als das der Schopenhauer, ist unbeschwert, zu rein, als daß sie sich einer falschen Trauer, einem unechten Gefühl hingeben könnte. Eine starke, gesunde Natur rettet sich hier unbeschädigt aus einer Familienkatastrophe auf den festen Boden des Lebens.

Schon zwei Wochen nach dem Tode von Heinrich Floris tritt sie mit dem Vetter und ihrer kleinen Tochter eine Informationsreise nach Weimar an. In Hamburg will sie auf keinen Fall bleiben. Weimar ist ihr geheimer Traum, Deutschlands berühmtester Mann lebt dort: Goethe. Warum soll sie nicht nach den höchsten Sternen greifen? Am 14. Mai trifft sie in Weimar ein, bleibt 14 Tage und mietet, kurz entschlossen, eine große kostspielige Wohnung am Theaterplatz. Möbel werden gekauft und bestellt. Neben einflußreichen Freunden, die sie in Weimar hat, lernt sie den Bibliothekar der Großherzogin, den berühmten Gelehrten und Schriftsteller Carl Ludwig Fernow, kennen. Auch die Bekanntschaft des greisen Wieland macht sie bei diesem ersten Besuch. Dann kehrt sie beglückt nach Hamburg zurück, um die definitive Übersiedlung so rasch als möglich zu bewerkstelligen.

Während der Abwesenheit der Mutter geht Arthur seinem dem Vater gegebenen Versprechen gemäß ins Kontor zu Jenisch. Zwischendurch besucht er die Vorlesungen des gegenwärtig in Hamburg weilenden berühmten Doktor Gall über Schädellehre. Das ist damals eine neue moderne Wissenschaft, und Arthur treibt diese Liebhaberei wie ein Abtrünniger, der im geheimen seinen Glauben behalten hat. Der ihm auferlegte äußere Zwang der regelmäßigen Büroarbeit, seine tiefe innere Verzweiflung, der Abscheu vor seinem Beruf machen ihn zu einem mürrischen, unausstehlichen jungen Menschen. Er hat hintereinander zu viel verloren, Schlag auf Schlag, durch den Anblick der Welt den Glauben an das Glück, durch den Selbstmord des

Vaters den natürlichen Halt seines jugendlichen Alters, durch sein eingelöstes Versprechen die Freiheit des Geistes. Mit dem Vater hat er im Grunde auch die Mutter verloren, die nun ihren eigenen Weg geht. Es ist nicht verwunderlich, daß er ein unnatürlicher junger Mensch ist, an allem etwas auszusetzen hat, mißtrauisch ist, überall das Schlimmste wittert. Der Doktor Trosiener, der selbst noch ein junger Mann ist, paßt ihm nicht. Arthur quält die Mutter mit Eifersucht. Er ist jetzt ohne Halt, ohne Stetigkeit, ohne Heim. Er ist Waise in einem erschreckend umfassenden Sinne. Das Leben hat ihm mit dem ersten Beginn so viel genommen, als es nur nehmen konnte. Mit reichen geistigen Anlagen ausgestattet, sieht er sich in seiner Lebensfähigkeit sofort und mit einem Male auf die schwerste Probe gestellt. Welches bürgerliche Kind hatte ein so unmenschliches Schicksal? Es ist durchaus verständlich, daß er ein frühzeitig untaugliches Glied der Gesellschaft ist, ein Desperado in Kinderschuhen. Dieses bevorzugte Einzelwesen der menschlichen Gemeinschaft, dem alle erdenklichen Schäden zugefügt wurden. Sein Fall ist ein Paradoxon der bürgerlichen Gesellschaft: ein Kind mit einem Schicksal. Was soll aus einem solchen Kinde werden?

Was macht eine Mutter mit einem solchen Kind? Sie überläßt es sich selbst. Das ist das Weiseste, was hier geschehen konnte. Die Mutter verläßt ihn. Das bereitet ihm zwar augenblicklich neuen Schmerz, aber an diesem kritischen Punkt müßte jeder Eingriff einer bedachten Erziehungskunst fehlschlagen. In der entscheidenden Krise muß die ärztliche Hilfe aussetzen. Hier krankt die bürgerliche Gesellschaft in einer einzelnen Zelle an ihrer tiefsten Unzulänglichkeit. Hier kann der übrige Organismus nichts helfen. Wer könnte sagen, wen hier die Schuld trifft? An diesem verlorenen Kind, an dieser schief gegangenen Ehe? Moralisch betrachtet, ist das Problem kaum zu lösen. Wahrscheinlich sogar ist es nur moralisch zu lösen.

Johanna ist durchwegs eine begabte Person. Darum ist sie auch eine begabte Mutter. Sie benimmt sich gegen ihren Sohn vorzüglich. Ohne sich einer Autorität zu bedienen, schlägt sie einen kameradschaftlichen Ton an, wenn sie mit ihm zu tun hat. Unausgesprochen begreift sie es, daß Arthur in ihr auch die Mutter verloren hat. Mit „Lieber Freund" redet sie ihn in ihren Briefen an. Sie erweist sich vorurteilslos und hilfsbereit, soweit es eben in ihren Kräften steht, sie beträgt sich wie eine ältere Schwester. Sie gibt ihm Ratschläge und behandelt ihn immer als ihresgleichen. Und sie ist, wenn es sein muß, sehr resolut gegen ihn. Auch ihr warmes, zärtliches Gefühl für ihn verbirgt sie nicht. Es ist ein Zettel erhalten, den sie in der Nacht vor ihrer endgültigen Abreise aus Hamburg an Arthur geschrieben hat. Dieser kleine Abschiedsbrief, mit ein wenig Sentimentalität, die sich selbst nicht ernst nimmt, und nicht ohne echten Trennungsschmerz, klingt wie an einen Geliebten gerichtet:

„Du bist eben fortgegangen, noch rieche ich den Rauch von deinem Zigarro, und ich weiß, daß ich dich in langer Zeit nicht wiedersehen werde. Wir haben den Abend recht froh miteinander verbracht, laß das der Abschied sein. Lebe wohl, mein guter lieber Arthur, wenn du diese Zeilen erhältst, bin ich vermutlich nicht mehr hier, ich kann das Abschiednehmen nicht aushalten. Wir können einander ja wiedersehen, wenn wir wollen, ich hoffe, es wird nicht gar zu lange währen, so wird auch die Vernunft uns erlauben, es zu wollen. Lebe wohl, ich täuschte dich zum ersten Mal, ich hatte die Pferde halb sieben bestellt, ich hoffe, es wird dir nicht zu wehe tun, daß ich dich täuschte: ich tat es um meinetwillen, denn ich weiß, wie schwach ich in solchen Augenblicken bin, und wie sehr mich jede heftige Rührung angreift. Lebe wohl, Gott segne dich.

Schreibe mir doch ja nächsten Mittwoch."

Als Johanna am Abend des 28. September in Weimar eintrifft, findet sie bereits einen Brief von Arthur vor, mit einer Einlage an die kleine Schwester.

Vierzehn Tage vor der verhängnisvollen Schlacht bei Jena kommt Johanna mit der siebenjährigen Adele und ihren aus Hamburg mitgenommenen beiden Dienstleuten in Weimar an. In Weimar packt alles, um vor den Franzosen zu flüchten. Johanna aber packt im Gegenteil seelenruhig aus. Sie erwartet den Krieg mit Fassung.

Das militärische Treiben fesselt sie. Die Musenstadt beherbergt zur Zeit das sächsische Hauptquartier. Den ganzen Tag ertönt militärische Musik, immer neue Truppen durchziehen die Stadt. In den kritischen Tagen vom 7. bis zum 18. Oktober schreibt sie an Arthur ununterbrochen ein paar Zeilen, denn man weiß nicht, ob die Post noch ankommt.

Die Tage werden immer bewegter. 100.000 preußische und sächsische Soldaten liegen in Weimar. Im „Erbprinzen“ ist alles mit Fürsten und Generälen überfüllt. Eine große Teuerung nimmt überhand. Johanna denkt jetzt zuweilen an Flucht, aber es sind keine Pferde mehr zu haben. Das große Lager reicht bis zum Weimarer Park. Man hört von fern Kanonendonner. General Kalkreuth, dessen Bekanntschaft Johanna einst gemacht hat, trifft ein, sie schickt ihren Bedienten zu ihm, um ihn zu Tisch zu bitten. Der General sagt zu. Die bestürzende Nachricht von der Niederlage des Prinzen Louis Ferdinand bei Rudolstadt wird bekannt.

Flüchtende Verwundete passieren Weimar. Der Kanonendonner wird täglich stärker. Wilde, einander widersprechende Gerüchte tauchen auf, Napoleon wäre da und wäre dort. Aber die Begeisterung ist noch groß. Am 12. Oktober läßt sich bei Johanna ein Unbekannter melden. Ein älterer, stattlicher, ernster Herr in schwarzem Rock, der sich mit Anstand tief verbeugt und sich mit den Worten einführt: „Erlauben Sie mir, Ihnen den Geheimrat Goethe vorzustellen.“ Johanna ist über den Antrittsbesuch des großen Mannes tief bewegt. Der Maler Wilhelm Tischbein in Hamburg, Goethes Freund seit Italien, hatte ihm kurz vorher geschrieben, daß die reiche junge Witwe Goethes wegen nach Weimar komme. Am Abend kommt auch General Kalkreuth, bittet aber, mit Johanna allein zu sein. Er rät ihr, in Weimar zu bleiben, ist jedoch mit dem Gang der Dinge unzufrieden. Mitten während des Besuches wird er von seinem Adjutanten abberufen.

Am nächsten Tag, an einem Montag, herrscht herrliches Wetter. Johanna zieht ihr bestes Kleid an und geht mit Adele und dem jungen Legationsrat Conta, der im selben Hause ihrer Wirtin, der alten Hofrätin Ludekus, mit seiner Schwester wohnt, ins Lager. Der Sonnenschein, der schöne Park, das bunte Treiben, die allgemeine gegenseitige gesteigerte Freundlichkeit in den Stunden der nahen Gefahr geben ein erregendes Gefühl. Auf dem Rückweg sind alle Offiziere am Frauenplan vor des Königs Haus versammelt. Die elegante Dame mit dem kleinen Mädchen in der geräumten Stadt ruft nicht wenig Aufsehen hervor. Eitelkeit trotzt selbst der Furcht. Zu Hause erfährt sie, daß General Kalkreuth vorgesprochen habe. Er reise um zwei Uhr ab. Johanna sendet ihm ein paar Zeilen und fragt, ob sie flüchten solle und ob ihr der General Pferde verschaffen könne. Am Abend wird das Lager abgebrochen, alles macht sich marschbereit. Aber Johanna ist noch nicht zur Flucht entschlossen.

Die abziehenden Truppen, die Abreise des Königs lassen die eigene Gefahr vergessen, die niemand so nahe vermutet. Am Nachmittag kommt noch einmal Kalkreuth. Er ist sehr bewegt. Ahnt er die großen Ereignisse, die ihn erwarten? Der Abschied ist erschütternd. Für den Fall der Flucht hinterläßt er Johanna die Aufzeichnung einer sicheren Route.

Der Wirrwarr dieses Tages war so groß, daß Johanna ihr Mädchen mit Adele in die Komödie schickt, um am Abend allein zu sein. Sie liegt im leeren Zimmer auf dem Sofa, die Totenstille nach all dem Lärm ist beängstigend. Weimar ist jetzt fast vollkommen geräumt.

Wie dramatisch das Leben ist. Johanna lebt im Zentrum einer bewegten Weltgeschichte, und sie ist gleichfalls agierende Person. Das nahe Beisammensein mit den Hauptpersonen dieser Zeit gibt Mut, lustvolle Lebensbejahung und eine seltsame Beruhigung. Man spürt fast körperlich die Schauer der Seele. Um 7 Uhr wird die Bewegung auf der Straße wieder größer. Johanna läßt es keine Ruhe. Sie läßt sich zu dem befreundeten Kammerrat Ridel, dem ehemaligen Erzieher des Weimarer Erbprinzen, führen. Nach langer Beratung bringt sie der Kammerrat nach Hause, wo Adele mit dem Mädchen seelenruhig aus der Komödie zurückgekehrt war.

Am 14. Oktober um sechs Uhr morgens hat die Schlacht bei Jena begonnen. Auf der steil abfallenden Straße von Weimar nach Jena sind die Preußen in besserer Position, aber dic Franzosen im Tal, mit dem Kaiser an der Spitze, sind in der Übermacht. Erst um neun Uhr erfährt man, daß eine Schlacht in unmittelbarer Nähe stattfindet. Johanna zieht ihr Korsett an, in das ihr Schmuck eingenäht ist, Sophie nimmt um den bloßen Leib einen Gürtel, in dem 100 Louisdor in Gold verborgen sind. Wertgegenstände werden in einer Holzkammer und im Keller versteckt. Alle helfen einander. Bei Johanna versammeln sich die übrigen Bewohner des Hauses, die Hausfrau, Hofrätin Ludekus, eine ältere geistreiche Dame, die als Schriftstellerin unter dem Namen Amalie Berg bekannt ist, und Mademoiselle Conta, die Schwester des hilfsbereiten jungen Legationsrats. Die Herzogin läßt durch einen Boten sagen, sie reise in einer Stunde nach Erfurt, wenn Johanna Pferde habe, so solle sie sich ihr anschließen. Aber Johanna hat keine Pferde. Die Ludekus rät, zur Gräfin Bernsdorff zu gehen, die als Dänin einen sicheren Schutz biete, aber Johanna will ihre aus Hamburg mitgebrachten Dienstleute nicht allein lassen. So wartet man gemeinsam in einem Zimmer des oberen Stockwerks der kommenden Dinge und zupft Scharpie, worum die Regierung hatte bitten lassen.

Die Straße vor dem Haus ist menschenleer. Der Kanonendonner rollt näher und näher, und draußen ist glühender Sonnenschein. Die alte Ludekus ist vollkommen gelassen, wie es sich für eine Schriftstellerin, die das Leben kennt, geziemt. Der befreundete Bertuch kommt mit der Nachricht, die Preußen hätten gesiegt. Conta, der aufs Schloß geht, erhält dieselbe Nachricht. Aber um 12 Uhr mittag hört man keine Kanonen mehr, und eine bange, unheimliche Stille herrscht. Wenige Minuten nachher ertönen von der Straße Schreie: „Die Franzosen kommen!“

Hunderte Menschen strömen jetzt nach dem Markt. Johanna öffnet das Fenster. Es werden einige feindliche Kriegsgefangene vorübergeschleppt. Ein über und über mit Blut überströmter französischer Chasseur wird von einem braven sächsischen Kürassier unter eigener Lebensgefahr gegen die Insulten der Straßenpassanten verteidigt. Nun folgen fliehende Sachsen und Preußen, im Laufschritt eilend, unzählige Bagagewagen poltern über die Straße. Ein Bild der Unordnung und der Auflösung. Alles Hoffen ist jetzt vorbei. Der Kanonendonner setzt neu ein, ganz in der Nähe, und ist unheilvoll. Conta kommt zurück, die Wachen vor dem Schloß sollen schon abgelöst sein. Schwere Kanonen rasen am Haus vorbei, der Fußboden bebt, die Fenster klirren. Durchdringendes Pfeifen und Zischen und Knattern der Kugeln und Haubitzen, die über die Häuser fliegen. Jetzt ist man in unmittelbarster Gefahrenzone. An dem ganz feinen Zittern leichtbeweglicher Gegenstände im Zimmer kann man die Nähe der Detonationen ermessen. In Johannas Herz ist mit einem Male Ruhe und Frieden, sie nimmt Adele auf den Schoß und wartet. Ohne Furcht, im Bewußtsein der Nähe des Todes. Johanna fühlt die zarten Glieder Adelens zittern und hört, wie die Zähne der Kleinen aneinanderschlagen. Die alte Ludekus ist noch immer ganz gelassen, und Mademoiselle Conta versucht ihre Angst zu verbergen. Dann verstummen die Kanonen, das Musketenfeuer in den Straßen hört man ganz deutlich. Vom Markt her dringt stärkerer Lärm, das Trotten der flüchtenden Soldaten erschüttert die Luft. Dann folgt eine endlose Stille. Contas jüngerer Bruder, ein ganz junges Bürschchen, bringt aufgeregt die Nachricht, er hätte Generäle, voll Gold und Silber, vor dem Schloß absteigen sehen, die Franzosen hätten bereits die Stadt besetzt. Auf dem Marktplatz liegen tote Preußen und tote Franzosen durcheinander. Man verkaufe schon erbeutete Pferde.

Gleich darauf meldet Sophie, daß unten fünf Husaren der französischen Armee Einlaß begehren, weil sie im Hause Quartier nehmen wollten. Etwas ungestüm betreten diese fünf Husaren auch schon das Zimmer, werden aber von Conta und Sophie, die als geborene Französin sich leicht mit ihnen verständigen kann, beschwichtigt und schließlich reichlich bewirtet. Kaum sind die Husaren im Hause untergebracht, rufen zwei Frauen von der Straße mit gellender Stimme, die Stadt werde geplündert. Da es schon Abend und dunkel ist, raten die Husaren, durch Sophiens Geistesgegenwart nun schon ganz gewonnen, alle Lichter auszulöschen und das Haustor zu versperren. Das Aufbrechen von Türen sei nämlich bei Todesstrafe verboten, nur Speise und Trank dürfe frei gefordert werden. Verschiedenen vorbeiziehenden Truppen gibt Sophie Brot und Wein durchs Fenster. Aber ein paar polternde Soldaten dringen doch ein. Sophie zähmt sie, indem sie sie in der Diele zu bleiben auffordert, damit sie nicht die Herren Offiziere, die sie im Hause habe, störten. Die groben Männer folgen der zierlichen Sophie. Sophie hat auch ihren Gatten, obwohl er als Franzose nichts zu fürchten hat, in einer Kammer eingesperrt, damit er nicht zu viel Wein bei den Soldaten trinke. Denn Duguets Räusche sind „von der schlimmsten Art". Aber auch den Soldaten gefällt es bei Sophie so gut, daß sie nicht gehen wollen. Da holt Sophie entschlossen die kleine Adele, die perfekt französisch spricht und die die Soldaten bittet, doch ja zu gehen, weil sie schon so schläfrig sei. Da gehen also die Männer. Eine Feuersäule am Horizont weckt die Befürchtung, die ganze Stadt könnte angezündet worden sein, aber der Brand ist auf die Vorstadt lokalisiert. Einige Male wird noch ans Tor gepocht, doch gehen jedesmal die Soldaten unverrichteter Dinge weiter. Dann wird es allmählich still. Johanna legt sich mit Adele in den Kleidern aufs Bett. Sophie ebenso. Dann bricht die Nacht herein. Der Tag der berühmten Schlacht von Jena ist vorüber.

In der Stadt war gehörig geplündert worden. Das Elend ist groß. Auf dem Markt hatte man ein großes Wachtfeuer angezündet, an dem Ochsen, Gänse und Hühner gebraten worden waren. Der schöne Park von Weimar ist verwüstet, die Bäume sind für das Feuer umgeschlagen worden. Der größte Teil im französischen Lager wußte nicht, daß unten noch eine Stadt liege. Sonst wären auch sie im ersten Siegesrausch plündern gekommen. Diejenigen Weimarer, die ihre Häuser verlassen hatten, haben alles verloren. Die Zurückgebliebenen, wenn sie Offiziere ins Quartier bekommen hatten, waren einigermaßen geschützt. Und das war fast in jedem besseren Haus der Fall.

Die Herzogin hatte viel Mut bewiesen. Der ganze Hof war geflüchtet, nur sie war geblieben. Napoleon, voll Zorn gegen Karl August, hatte nach dem Herzog gefragt. Nach einem zweistündigen Gespräch mit der Herzogin hatte der Kaiser ihrem Gemahl verziehen, um ihretwillen. Goethe hatte in seinem Haus die Rolle Sophiens gespielt, weil er als einziger der französischen Sprache mächtig war. Die Witwe Herders war ins Schloß geflüchtet, in ihrem Haus wurde alles zerstört. Viele nachgelassene Manuskripte ihres berühmten Schwiegervaters sind bei dieser Gelegenheit vernichtet worden. Zum Leidwesen der deutschen Philologie. Wieland, als Mitglied des Nationalinstituts in Paris, erhielt sogleich eine Schutzgarde ins Haus. In der folgenden Zeit wurden den weltberühmten Notabilitäten Weimars Sicherheit der Person und ihres Eigentums zugesichert.

Marschall Ney verbringt, sobald er eine freie Minute hat, seine Zeit in Goethes Haus am Frauenplan.

Auch Goethe erhält natürlich sofort eine eigene Sauvegarde. Alle Militärs machen bei ihm ihre Aufwartung. So der neue Stadtkommandant von Weimar, General Dentzel, ein Bewunderer Goethes. Als Einquartierung bekommt Goethe den angenehmsten Feind, Monsieur Denon, Generalinspektor der Künste und des Museums in Paris, mit Goethe seit Italien eng befreundet. Dieser gezeigte Respekt des Siegers vor seiner Person macht auf Goethe nicht wenig Eindruck.

Johanna ist bei jeder Gelegenheit von größter Hilfsbereitschaft. Sie schickt Wein ins Lazarett und hilft nach allen Seiten. Am Abend versammeln sich die Bekannten bei Johanna zu einer Tasse Tee. Auch französische Offiziere werden bei ihr eingeführt, die sich freuen, nach dem strapaziösen Leben an der Front wieder ein wenig Geselligkeit und Konversation zu genießen. In Johannas Haus beginnt ein reges gesellschaftliches Leben, es ist der Anfang ihrer später so berühmten Teeabende. Sie schreibt auch gelegentlich den fremden Offizieren die Namen ihrer Freunde in den benachbarten, noch nicht eroberten Städten auf, damit sie deren Häuser schützen. Goethe erklärt Johanna feierlich als Weimarerin, und viele Leute wünschen bei ihr eingeführt zu werden. In wenigen Tagen hatte die bindende Gewalt gemeinsamer Gefahren und ihre eigene gewahrte Fassung sie mit allen Berühmtheiten der Stadt befreundet. Das Leben scheint sie jetzt mit allem überschütten zu wollen, wonach sie sich in ihrer unglücklichen Ehe so sehr gesehnt hatte. Alles, selbst das Unglück des Vaterlandes, schlägt zu ihren Gunsten aus.

Am 19. Oktober heiratet Goethe nach jahrelangem

Zögern Christiane Vulpius, weil man, wie er meint, in Friedenszeiten wohl an den Gesetzen vorbeigehen könne, in Zeiten wie den unseren sie ehren müsse. Am nächsten Tag bereits besucht er mit seiner Frau die Schopenhauer. In kein anderes Haus führt Goethe die Vulpius, aber Johanna traut er genügend Takt und Welterfahrung zu, über das Peinliche sich hinwegzusetzen. Er bleibt zwei Stunden und ist in bester Laune. Johanna behandelt die Vulpius wie ihresgleichen, diese ist zwar etwas verlegen, aber die Hausfrau „hilft ihr durch".

Und die Zeiten beruhigen sich rasch. Die Herzogin Mutter Amalie kehrt zurück, Karl August, der sich mit seinem Korps in die Mark zurückgezogen hatte, wird vom König aus den preußischen Diensten in Ehren entlassen. So kommt es bald zu Friedensverhandlungen, die Weimar die Verpflichtung auferlegen, dem Rheinbund beizutreten, Heeresfolge und 2,200.000 Francs Kontribution zu leisten. Notgedrungen fügt sich der Herzog den schweren Bedingungen. Aber so kritisch die Zeiten sind, der Johanna zeigt das Leben die sonnige Seite. Arthur, der die ausführlichen Berichte der Mutter erhält, liest aus ihnen nur die Not und das Elend eines neuen Kapitels der Geschichte, auch hier üben die gleichen Ereignisse konträre Wirkungen auf Mutter und Sohn.

Johanna bildet ein Zentrum in einer Stadt, die alle großen Geister der Epoche vereinigt. Was will sie mehr? Die Regelmäßigkeit von Goethes Besuchen, der durch seine Heirat von Hof und Gesellschaft fast ausgeschlossen ist – die illegale Verbindung mit der Vulpius hatte man ihm verziehen, die legale verzeiht man ihm nicht –, erregt in Weimar Neid und Aufsehen. Johanna fesselt in kurzer Zeit den berühmtesten Mann Deutschlands an ihr Haus, sie, die Fremde, das ist ein großer Triumph. Das hätte das kleine Mädchen in Danzig nicht einmal in seinen kühnsten Träumenzu hoffen gewagt. Das Leben überschüttet sie mit Romantik.

Anders ergeht es dem Sohn. Arthur, den Johanna als Pensionär in der Familie des Assekuranzmaklers Gisbert Willink am Maria Magdalenen Kirchhof Nr. 68 untergebracht hat, lebt trotz vieler Freunde in Hamburg einsam. Völlig isoliert. Er klagt in seinen Briefen immer wieder über seinen Beruf, der ihm bis ins Herz zuwider ist. Er schreibt jetzt in seiner freien Zeit Reflexionen. Und während sich Johanna immer mehr dem Leben zuwendet, verdüstert sich sein Gemüt vollends. „In meinem siebzehnten Jahre", schreibt er über diese Hamburger Zeit, „ohne alle gelehrte Schulbildung, wurde ich vom Jammer des Lebens so ergriffen, wie Buddha in seiner Jugend, als er Krankheit, Alter, Schmerz und Tod erblickte. Die Wahrheit, welche laut und deutlich aus der Welt sprach, überwand bald die auch mir eingeprägten jüdischen Dogmen, und mein Resultat war, daß diese Welt kein Werk eines allgütigen Wesens sein könnte, wohl aber das eines Teufels, der Geschöpfe ins Dasein gerufen, um am Anblick ihrer Qual sich zu weiden: darauf deuteten die Data, und der Glaube, daß es so sei, gewann die Oberhand."

Goethe ist für Johanna das große Erlebnis ihres ersten Weimarer Winters. Dieser Winter bringt ihr große Erfolge. Bei dem ersten literarischen Teeabend in ihrem

Haus waren nur Männer anwesend. Es werden ernste Gespräche geführt, und Johanna kommt kaum zu Wort. Fernow, Meyer, Ridel, die Freunde Goethes, der Schriftsteller Schütze hatten sich eingefunden. Aber bereits bei der zweiten Gesellschaft sind auch Frauen da. Johanna ist sehr geschickt im Arrangement und in der Pflege der Geselligkeit. Für sich und Adele nimmt sie einen Klavierlehrer, sie malt fleißig und macht alles, um sich ihrer geistig anspruchsvollen Umwelt anzupassen. Fernow, der in schlechten finanziellen Verhältnissen lebt, aber sehr angesehen ist, findet sich leicht in die Rolle eines väterlichen Freundes. Er gibt auch jeden Morgen Johanna italienischen Unterricht. Johanna braucht immer solch einen väterlichen Freund, so wie es Doktor Jameson schon in ihrer Kindheit und in den ersten Jahren ihrer Ehe war, einen Mann, zu dem sie emporblicken und an den sie sich anlehnen kann. Um zwei Uhr ist das Essen, um sechs Tee, um halb neun geht jeder nach Hause, und um elf geht Johanna zu Bett. So vergeht jeder Tag. Aber einmal ist ein ganz anderer Tag, da speist Johanna mit Adele zum ersten Male bei Goethe zu Mittag. Hier lernt sie Major Knebel und seine Frau kennen, die bereits am selben Abend bei ihr zum Tee sind. Solche Bekanntschaften und Freundschaften gehen sehr schnell, denn Goethe wirkt auf seine Umgebung beschleunigend.

Einmal wird Johanna zwei Stunden lang von der Herzogin-Mutter empfangen. Die Malerin Bardua malt sie mit Adele in Öl für die Ausstellung. Das sind alles Wege zum Ruhm. Bertuchs, Fernow, Meyer, der Kunschtmeyer, wie Goethe sagt, Riemer, der bekannte

JOHANNA UND ADELE SCHOPENHAUER
ÖLBILD VON KAROLINE BARDUA, GEMALT 1806
ORIGINAL IM GOETHE NATIONALMUSEUM IN WEIMAR

Mitarbeiter Goethes, Schütze, Falks, Ridels, die Ludekus, Conta und seine Schwester sind die ständigen Gäste. Einer ihrer Freunde schlägt eines Tages vor, regelmäßig jeden Sonntag und Donnerstag von fünf bis neun zu kommen und alle interessanten Freunde mitzubringen. So begründet Johanna einen richtigen Salon. Auch Goethe ist mit dem Vorschlag einverstanden. Tatsächlich kommt er jedesmal pünktlich. Instinktiv spürt sie die große Attraktion Goethes in ihrem Haus. Sie weiß, daß ihr literarischer Salon im letzten Grund ihm seine Existenz verdankt.

Mit einer Laterne leuchtet er sich selbst den Weg, wenn er zu Johanna kommt. Die Idylle ist damals die Ausdrucksform der herrschenden Klasse. Goethe spricht gewöhnlich erst bei Sophie vor. Er kommt immer unangemeldet und verweilt gern in Sophiens Zimmer, deren außerordentliche Gewandtheit und Zuverlässigkeit bald in der Stadt nicht weniger bekannt sind als der Salon ihrer Herrin. Popularität setzt sich aus unendlich vielen kleinen Zügen zusammen. In der Ecke des Empfangszimmers wird für Goethe ein eigener Tisch mit Zeichenutensilien aufgestellt. Dorthin setzt er sich nach Belieben, auch mitten während der Gesellschaft. Wenn er einmal nicht mehr reden will. Alles wird zu seiner Bequemlichkeit eingerichtet. „Er ist immer ein wenig stumm“, lautet Johannas Bericht, „und auf eine Art verlegen, wenn er kommt. Bis er die Gesellschaft recht angesehen hat, um zu wissen, wer da ist. Er setzt sich dann dicht neben mich, etwas zurück, so daß er sich auf die Lehne von meinem Stuhl stützen kann.“ Er ist immer „sehr sorgfältig gekleidet, immer schwarz oder ganz dunkelblau, die Haare sind recht geschmackvoll frisiert und gepudert". Als ihm einmal Johanna seine Tasse zuträgt, wie es in Hamburg üblich ist, küßt er ihr gar die Hand, und Johanna, die selbstsichere Hausfrau, ist darüber ganz bestürzt.

„Wir trinken Tee, plaudern; neue Journale, Zeichnungen, Musikalien werden herbeigeschafft, besehen, belacht, gerühmt, wie es kommt. Alle, die was Neues haben, bringen es mit; die Bardua zeichnet irgendeine Karikatur, Goethe sitzt an seinem Tischchen, zeichnet und spricht. Die junge Welt musiziert im Nebenzimmer." Goethe ist nicht immer gleich, einmal „sanft-ruhig", dann „verdrießlich-abschreckend", sich absondernd, schweigsam, wieder beredt, ja redselig, bald „episch-ruhig", bald aufgeregt, begeistert, „ironisch-scherzend", „schalkhaft-neckend", „zornig-scheltend", bisweilen sogar übermütig. Wenn er verstimmt die Gesellschaft betritt, geht er aus einem Winkel in den anderen, da wird den übrigen ängstlich zu Mute. Wenn er schweigt, weiß man nicht, wer reden soll. Schnelle Kreuz- und Quersprünge im Gespräch kann er nicht leiden. Er liebt es, etwas ruhig durchzusprechen, wobei die andern nur beipflichten oder fragen. Stundenlang kann er oft erzählen, während die anderen gebannt zuhören. Ruhe, Klarheit, Lebendigkeit ist in seiner Rede, die komische Seite der Dinge hebt er gern hervor. Seine Lieblingsworte sind „mehr heben" – er meint damit, einer Sache mehr Niveau geben: er möchte zum Beispiel die Claurenschen Lustspiele „mehr heben" – und „etwas Verruchtes", als Lob gemeint. Im Lob ist er überhaupt immer übertrieben, das macht Goethe so beliebt. Er achtet auf das

Förmliche, wenn er eintritt. Er schreitet da in der Regel, ohne rechts und links zu sehen, in steifer Haltung durch alle Personen geradewegs auf die Hausfrau zu, macht ihr ein ernstes Kompliment und verneigt sich dann mit sanfter Verbeugung gegen den übrigen Kreis. Er spricht nie über etwas schnell hinweg, sondern tut es eher mit einem halb gesprochenen Wort ab. Er spricht in der Regel ein wenig langsam, hält immer Distanz, und ständige Wendungen wie „Das ist nun so" und „Das wird sich machen lassen" wiederholt er gern.

Der Baron Einsiedel, Oberhofmeister der Herzogin Amalia und Dichter, als Übersetzer von Terenz ist er bekannt geworden, wird für Johannas Salon gewonnen. Ein Kammerherr Schardt verspricht der Bardua einen Ring, wenn sie ihn bei Johanna einführt. Viele Leute drängen sich an Johanna heran. Ein Kaufmann aus Frankfurt hält um ihre Hand an, denn auch als Frau übt Johanna noch ihre Reize, er wird selbstverständlich abgewiesen. Sie denkt nicht daran, ihre teuer erkaufte Freiheit aufzugeben. Was könnte ihr, in ihrer Position, eine Ehe auch bieten? Der erwähnte Kammerherr von Schardt stellt sich schließlich als ein lächerlicher Verehrer heraus, der gar nicht ernst genommen wird. Mit der Bardua wird übrigens immer „heillos umgegangen", sie ist eine beliebte Zielscheibe für Goethes Neckerei. Goethe fühlt sich immer mehr daheim bei der Schopenhauer. Er freut sich über einen Scherenschnitt und feuert sie an, auf die gleiche Weise einen Ofenschirm herzustellen. Er ist ihr dann beim Kleben behilflich. Vor dem fertigen Ofenschirm sitzt er eine halbe Stunde und bewundert ihn. Einmal geht Goethe mit Adele, die er besonders liebt, in Sophiens Zimmer und läßt sich Adelens Puppen zeigen. Ein anderes Mal quält er die Bardua, die sich entsetzlich fürchtet, mit Gespenstergeschichten. Den ersten Weihnachtstag und den Silvesterabend verbringt er gleichfalls bei Johanna in großer Gesellschaft. Und an einem Abend spricht Goethe etwas melancholisch von seinem Alter. So fließt das Leben in Belanglosigkeit und Bedeutung dahin.

Fernow, der Freund und Lehrer, ordnet Johannas ungeregelte Kenntnisse, vertieft ihre Neigung zur Antike, bildet ihren Kunstverstand sorgfältig aus. Ältere Herren haben immer ein eingehendes Interesse für Johanna. Von Fernow ging, wie sie bekennt, „jeder Halt und jeder Schmuck ihres späteren Lebens" aus. Wegen Fernows fürchtet Arthur, der in Hamburg für Johanna bald ein Korsett, bald ein Buch oder Zeichenstifte besorgen muß, er könnte einen Stiefvater bekommen. Aber die Mutter beruhigt ihn, kokett und geschmeichelt, Fernow wäre kein hübscher junger Mann, sondern einige vierzig Jahre alt und habe überdies eine kranke Frau.

Sensationen folgen aufeinander in diesem Winter. Ein kleines Konzert für die adeligen Häuser Weimars bei Johanna. Die ersten Sänger der Oper sind anwesend, drei Musici von der Kapelle des Herzogs spielen, und nur die Bardua ist aus dem bürgerlichen Kreis zugelassen. Die Gesellschaft dauert bis zwölf. Goethe, der sich nicht ganz wohl fühlt, kommt erst später nach. Es ist ihm vielleicht nicht ganz recht, daß Johanna mit dem Adel anbindet, von dem er sich selbst wegen der Vulpius fernhalten muß. Johanna findet ihn etwas hypochondrisch, er fürchtet sich so sehr vor Krankheit, er schont sich ängstlich. Aber „seine Krankheit verschwindet, wenn er nur ein wenig warm in der Gesellschaft wird". Dann ist die Premiere des „Tasso". Die Komödie „Das Gespenst" von Plautus in der Übersetzung Einsiedels wird bei Johanna vorgelesen. Goethe ist ganz entzückt und nimmt als Intendant das Stück zur Aufführung in Weimar an. So verbindet sich gelegentlich reine Geselligkeit mit dem reinen Geschäft. Jeder Besuch Goethes bringt etwas Neues. Er verfertigt auch mit Johanna gemeinsam eine Zeichnung, sie entwirft die Figuren, er die Landschaft. Die Reliquie ist heute noch erhalten. Ebenso wie andere Zeichnungen Goethes, in Johannas Salon hergestellt. Etwa 50 solche Blätter hat Johanna gesammelt. An vier Abenden liest Goethe seinen geliebten und bewunderten „Standhaften Prinzen" von Calderon vor. „Er hat ihn standhaft vorgelesen", er spielt zugleich ein wenig jede Rolle, die er liest. Und das Tragische trägt er ein wenig zu pathetisch vor, aber das Komische macht er „unvergleichlich".

Ganz erfüllt von Goethe, der sich im Umgang mit Johanna von seiner privatesten Seite zeigt, trifft sie wieder einmal bei dem Fräulein von Göchhausen den alten Wieland. Goethes wegen will er nicht zu Johanna kommen, denn die beiden Päpste der deutschen Literatur vertragen sich naturgemäß untereinander schlecht. Er will aber zu Johanna einmal kommen, da kein Tee ist. Er ist diesmal sehr gesprächig. Er ist ein aufrichtiger mürrischer Mann, der gern klagt und sich selbst nicht überschätzt, denn er ist ein guter Menschenkenner. „Niemand", sagt er wörtlich zu Johanna, als er sie in ihrem Weimarer Glück sieht, „hat mich gekannt oder verstanden. Man hat mich in den Himmel erhoben, man hat mich in den Kot getreten; beides verdiente ich nicht. Nie hatte ich einen Freund, mit dem ich meine Arbeit teilen oder darüber sprechen konnte; immer war ich allein, niemand verstand mich, niemand kam meinem Herzen nah. Hernach kam ich hieher ins vornehme Leben, und da mußte alles eben bleiben, wie es war.“ So spricht der greise Wieland auf der Höhe seines Ruhms. Der andere große Mann Weimars.

In diesem ersten Weimarer Winter Johannas werden in den Briefen Arthurs die Klagen über seinen Beruf und über sein allgemeines Unbehagen immer lauter und dringender. Es sind Hilferufe eines jungen Menschen, der vereinsamt und dem die Beziehungen zur Umwelt verlorengehen. Johanna hatte ihm sehr zärtlich geschrieben: „Daß dir in der Welt und in deiner Haut nicht wohl ist, würde mir bange machen. Freilich mein armer lieber Arthur, dir wird in deiner isolierten Lage der Übergang ins wirkliche Leben schwerer als anderen, ich allein vielleicht verstehe dich, und könnte dich geduldig anhören und dir raten und dich trösten, und fehle dir gerade jetzt, da du ein Wesen, an das du dich mit vollem Vertrauen wenden kannst, am nötigsten hast, aber das ist nicht zu ändern, habe Geduld, es kommen dir schönere Zeiten. Gerade in der Zeit, in der du jetzt lebst, lieber Arthur, schwindet die bunte Kinderwelt, die erste Frühlingszeit des Lebens; in der neuen Welt, die sich dir öffnet, weißt du noch nicht Bescheid, du schwankst und weißt selbst nicht recht, wohin du gehörst, das wird sich ändern, dein Unmut wird schwinden, und du wirst gern und froh leben."

Die Entfernung von Arthur steigert ihr zärtliches Gefühl und befruchtet ihren Stil. Während die Mutter einmal bedauert, ihm nicht wie früher Bonbons zustecken zu können, hat Arthur in Hamburg seine ersten Liebeserfahrungen gemacht. Ohne jede Romantik, ohne Illusion, in Abenteuern vulgärer Art. Nachdem er auf seiner Reise durch Europa als Halbwüchsiger die Prostitution in ihren verschiedensten Spielarten gesehen hatte, bot das als sittenlos bekannte Hamburg leichte Gelegenheit, solche Frauen auch aufzusuchen. In seinem Freunde Anthime aus Havre, der im Herbst in Allermöhe bei Hamburg bei einem Geistlichen weilt, um deutsch zu lernen, findet der Achtzehnjährige einen Gefährten für solche Wege. (Diese Jugendsünden hat die spätere Schopenhauer-Forschung durch einen Brief von Anthime an Arthur zu belegen vermocht; Düntzer darüber im „Neuen Reich": „Mit Anthime führte Schopenhauer ein lockeres Leben, gab sich auch dem sinnlichen Genusse hin.") Arthur reagiert auf diese ersten Erfahrungen mit Ekel und Pathos. Seine Verse „O Wollust, o Hölle!", um diese Zeit geschrieben, bezeugen es. Um diese Zeit verliert er auch seinen religiösen Glauben. Nirgends mehr findet er einen Halt. Die letzte Bindung ans Dasein ist abgeschnitten. Aus diesem Zustand gibt es nur einen Ausweg: die geistige Auseinandersetzung mit dem Problem des Lebens. Aber dazu gehört Wissen und völlige Hingabe an das Studium. Seine unstillbare Wißbegierde ist der einzige Weg, auf dem sein Leben weiterzugehen vermag. Er hat zu wählen zwischen dem völligen Zusammenbruch seiner Persönlichkeit und der völligen Aufopferung zur Erforschung des Sinnes des Lebens. Am 28. März 1807 schreibt er der Mutter, trotz des vor vier Jahren dem Vater gegebenen Versprechens, daß er nicht Kaufmann werden könne.

Johanna antwortet ihm darauf entschlossen und entschieden, daß sie einverstanden sei. Sie versagt nie, wenn es zu einer Entscheidung kommt. Sie holt auch sogleich bei allen ihren Freunden in der Sache Rat ein. Meyer und Fernow haben auch erst sehr spät ihr Studium begonnen. Es ist also noch nichts versäumt. Nur möge Arthur Arzt oder Jurist werden, denn ein Brotstudium müsse er ergreifen. Er werde nie reich genug sein, von seinen Renten allein zu leben. Ihrem mehrere Seiten langen Brief legt sie einen Aufsatz von Fernow bei, in dem dieser ein umfangreiches Gutachten über das gelehrte Studium abgibt. Es ist eine richtige kleine Broschüre. „Als ich diesen Aufsatz gelesen hatte", bekennt Schopenhauer, „vergoß ich einen Strom von Tränen." Die Zustimmung der Mutter ist für ihn eine Absolution. Er nimmt ohne Zögern seine Entlassung bei Senator Jenisch, unterzieht sich noch einer Ohrenoperation, da er, wie der Vater, an Gehörsschwäche des linken Ohres leidet, und bereitet sich zur Abreise nach Weimar vor. Ende Mai trifft er bei der Mutter ein.

Nach ein paar Tagen Aufenthalt in Weimar, Goethe ist bereits nach Karlsbad abgereist, fährt Arthur in Begleitung von Fernow nach Gotha. Dort soll der Neunzehnjährige das Gymnasialstudium absolvieren. Bei dem Gymnasialprofessor Lenz wird Kost und Logis genommen. Der Direktor des Gymnasiums selbst, der durch seine Horaz- und Catull-Ausgaben berühmte Philologe Döring, erteilt Arthur täglich zwei Stunden Lateinunterricht.

Arthur macht in allen Gegenständen rasche Fortschritte. Döring prophezeit dem Schüler eine glänzende Laufbahn als Gelehrter. Auch im deutschen Aufsatz erregt er die Bewunderung seines Lehrers, des berühmten Humanisten Friedrich Jacobs. Daneben beschäftigt sich Arthur bereits mit eigenen philosophischen Spekulationen. Einige metaphysische Aufzeichnungen von laienhafter, aber tiefsinniger Vorstellung stammen aus dieser Zeit. Das Unsichtbare in der Natur interessiert ihn brennend. Ein paar dieser Sätze sind von einer Vorahnung der Kantischen Weltauffassung erfüllt. Arthur tastet sich bereits an das Thema heran, das einst der Inhalt seines Lebenswerkes sein wird.

Unter den Mitschülern findet er hier in Gotha drei Freunde, die immer wieder in seinem Leben auftauchen werden. Der eine ist Friedrich Osann, der andere Karl John, der dritte Lewald. Ein wenig spielt Arthur auch den jungen Weltmann, und die Kameraden erkennen bald die Überlegenheit des älteren Kollegen an. Arthurs satirische Ader regt sich, und er beginnt Verse zu schmieden, in denen sich sein Spott entladet. Auf die Gothaer Kleinstädter reimt er:

„Sie spähen, lauschen, geben acht
auf alles, was geschieht,
was jeder treibt, was jeder macht,
was jeder redet laut und sacht,
nichts ihnen sich entzieht.“

Und einmal schreibt er gar Verse über einen unbeliebten Professor, der einen Tadel über die Selekta geäußert hat, der auch Arthur angehört:

„Der Kanzel Zierde, des Katheders Freude,
Der Stadt Erzähler und der Loge Sprecher,
Vollkommner Christ, vollkommner Jude, Heide,
Der morgens Bücher trägt und abends Fächer,
Der sieben freien Künste aller Meister,
Der Mann, der alles kann und alles kennt,
Die Blüht' und Krone aller schönen Geister,
Der Tausende von Freunden hat und – nennt."

Die harmlosen schlechten Verse kommen dem Professor zu Ohren und haben furchtbare Folgen. Der Direktor kündigt Arthur darauf aus kollegialen Rücksichten den Privatunterricht, was gleichbedeutend mit dem Ende seines Gymnasialstudiums in Gotha ist. Noch ehe es recht begonnen hat.

Johanna nimmt die Angelegenheit nicht tragisch. Aber sie schreibt Arthur einen langen Brief, in dem sie den betroffenen Professor Schulz zwar als Narren bezeichnet, doch ihrem Sohn Vorwürfe macht, nicht vorsichtiger und in seinem Urteil zurückhaltender gewesen zu sein. Sie bezeichnet den Fall als eine Lektion, die ihm das Leben erteilt habe, und sie prophezeit ihm, daß es noch schlimmer kommen werde, wenn er sich nicht ändere. Die Strafpredigt verwandelt sich, je länger sie wird, in eine Verteidigungsrede für ihn: „Du bist kein böser Mensch, du bist nicht ohne Geist und Bildung, du hast alles, was dich zu einer Zierde der menschlichen

Gesellschaft machen könnte, dabei kenne ich dein Gemüt und weiß, daß wenige besser sind." Erst als sie auf die Möglichkeit zu sprechen kommt, Arthur könnte sein Gymnasialstudium in Weimar beenden wollen, erinnert sie sich wieder an seine Fehler: „Du bist überlästig und unerträglich, und ich halte es für höchst beschwerlich, mit dir zu leben: alle deine guten Eigenschaften werden durch deine Superklugheit verdunkelt und unbrauchbar gemacht." In der Folge gibt sie geradezu eine vollständige Charakteristik des jungen Schopenhauer, indem sie seine Gewohnheiten aufzählt: alles besser wissen, überall bessern und meistern zu wollen, überall Fehler zu finden, in absprechender Weise zu tadeln, und sie beschließt ihre Epistel mit den Worten: „Genug, Arthur, du bringst die Menschen gegen dich auf, ohne Notwendigkeit, sie mißhandeln dich dafür, das ist in der Regel und geschieht dir recht, du magst unter Philistern oder schönen Geistern leben; niemand wird ein Betragen wie das deine dulden und du mußt dich entweder ändern oder du gehst zu Grunde." Die goldenen Worte fruchten aber bei Arthur anders, als sie beabsichtigt sind. Er wird nun vollkommen verschlossen, zurückhaltend und ablehnend.

Lange Beratungen folgen jetzt. Johanna will Arthur nach Altenburg geben, wo Messerschmidt und Matthiä wirken. Arthur selbst schwankt zwischen Göttingen, München, dort ist jetzt sein Lehrer Jacobs, den er heiß verehrt, und Braunschweig. Aber die Anziehungskraft von Weimar ist dann doch zu groß. Vielleicht spricht da auch eine unbewußte Sehnsucht nach dem früh verlorenen und niemals richtigen Elternhaus mit. Johanna gibt schließlich nach, sie will ihn nach Weimar nehmen. Ein besonderer Grund spricht außerdem für Weimar. Goethe hatte nämlich einen vielversprechenden neunzehnjährigen Philologen, Franz Passow, an das Weimarer Gymnasium gebracht. Den interessanten, etwas anspruchsvollen jungen Mann, im Wesen Arthur nicht unähnlich, hatte Goethe auch bei Johanna eingeführt, sich jedoch kurz darauf seine Anwesenheit wegen eines Stadtklatsches wieder verbeten. Aber Johanna hält viel von dem Verstande des jungen, Arthur fast gleichaltrigen Gelehrten und entdeckt in ihm den geeigneten Lehrer für ihren Sohn. Nur soll Arthur nicht mehr bei ihr wohnen, sondern im Hause des Lehrers, der ihm Privatunterricht geben mag. Sie will sich auch nicht von einem halberwachsenen Sohne schulmeistern lassen, sie, um deren Teetisch sich ein Kreis versammelt, „wie ihn vielleicht Jahrhunderte nicht wieder zusammenbringen werden“.

Als Arthur Ende Dezember in Weimar eintrifft, wird ihm ein Zimmer im Hause Passows gemietet. Täglich zwischen eins und drei darf er bei Johanna speisen, am Abend kommt er nicht, ausgenommen die beiden Teeabende. Sechs Stunden in der Woche nimmt Arthur bei Passow in Latein und Griechisch. Die übrigen Fächer muß er allein studieren, weil das Weimarer Gymnasium nach Passows und seiner Mutter Ansicht für ihn unzureichend ist. An drei Abenden geht er ins Theater.

Mit übertriebenem Eifer stürzt er sich jetzt auf das Studium. Er arbeitet oft die halbe Nacht durch. Geographie, Geschichte und Mathematik absolviert er durch angestrengtes Bücherstudium. Dennoch bleiben diese drei Gegenstände Stiefkinder in Schopenhauers Bildung. Später nimmt er auch Lateinunterricht bei dem Direktor des Gymnasiums, dem berühmten Latinisten Lenz. Arthurs Sprachtalent ist exorbitant und erregt immer wieder Aufsehen.

In Johannas Haus verkehren jetzt viele berühmte Namen: Goethe, Wieland, Fernow, Falk, der Schriftsteller, Meyer und Riemer, die beiden Bertuch, Froriep, Grimm, Fürst Pückler, die beiden Schlegel, Bettina Brentano, die Familie Savigny. An einem der ersten Teeabende sieht Arthur Goethe. Der Eindruck auf ihn ist überwältigend. Goethe spricht den jungen Mann nie an, und Arthur, schweigsam und schüchtern in großer Gesellschaft, ist voll Respekt, wagt es nie, das Wort an Goethe zu richten.

Nur einer noch vermag ihm in dieser Gesellschaft zu imponieren, das ist Zacharias Werner. Ein langer, knochiger Mensch mit geschlitzten Augen, langer Nase und dunkel-gelblicher Haut, der immer übertrieben tiefe Verbeugungen macht. Dieser Mann gibt sich zynisch, was Arthur sofort imponiert, ist nicht immer sauber gewaschen und spricht gern mit Arthur, gelegentlich sogar sehr ernst über philosophische Fragen. Seine humoristischen Sonette liest er meisterhaft vor, und seine burlesken Fabeln und Schnurren amüsieren die Gesellschaft. Bei einer Faust-Vorlesung erschüttert er alle. Nach der erfolgreichen Aufführung seines Stückes „Wanda“ gibt es ein Fest bei Johanna, Goethe ist in bester Laune und nimmt während der Mahlzeit die Lorbeerblätter von dem Schweinskopf, der auf dem

Tisch steht, setzt sie Werner auf den Kopf mit den Worten: „Zwei gekrönte Häupter an der Tafel, das geht nicht.“ Werner fällt übrigens bald in Ungnade in Weimar. Er verläßt nämlich eines Tages den Gasthof „Zum Schwan“, ganz in der Nähe von Goethes Hause, um die Gastfreundschaft einer reichen Familie anzunehmen, die nicht zur Weimarer Gesellschaft zählt.

Arthur wird von diesem neuen Leben ganz absorbiert. Neben seinem übereifrigen Studium erübrigt er noch Zeit, um zu reiten, zu fechten, zu musizieren. Er besucht Theater, Konzerte, macht ab und zu einen Ball oder eine Schlittenfahrt mit. In der besseren Jahreszeit geht es zu Pferde nach Jena, nach Rudolstadt, nach Lauchstädt, nach Halle. Doch sind das alles mißlungene Versuche zur Geselligkeit. Unmittelbar in der Nähe dieses Zentrums geistig bewegten Lebens, mitten in all dem Weimarer Glanz lebt Arthur dennoch in tiefster Einsamkeit. Er sieht die Zelebritäten des Jahrhunderts, im Studium erschließen sich ihm die großen Autoren des Altertums, sein Leben ist über Nacht reich geworden, dennoch bleibt er unzugänglich. Immer mehr richtet sich sein Interesse auf das Metaphysische. „Tief im Menschen liegt das Vertrauen, daß es etwas außer ihm sich seiner bewußt ist wie er selbst“ schreibt er. Die Eindrücke des Lebens, die er bisher in Fülle aufgenommen hat, beginnt er allmählich zu verarbeiten. Ein unbestimmtes Schuldgefühl regt sich in ihm, und er quält sich, es zu fassen. Er wird sich mit einem Male bewußt, daß seine Person mit etwas beschwert ist, das er sein bisheriges Leben hindurch in sich aufgenommen hat und das nun verdaut werden muß. Dieses Etwas ist noch dunkel und wird als Last empfunden. Oft überfällt ihn mitten in der Nacht, ohne Anlaß, eine panische Angst. Solche Angstgefühle werden ihn noch lange Zeit im Leben verfolgen. Jetzt flüchtet er damit in seine unbeholfene Reimerei und schreibt sich die Furcht von der Seele:

„Mitten in einer stürmischen Nacht,
Bin ich mit großen Ängsten erwacht,
Hört' es sausen und hört' es stürmen
Durch Höfe, Hallen und an den Türmen;
Ströme gossen von Dächern und Rinnen,
Platschten im Graben und peitschten die Zinnen;
Fenster klirrten und Wetterfahnen,
Eulengeschrei schien ängstlich zu mahnen.
Fühlt' mich so bang, so allein und verlassen."

Im Juli besucht Arthur im Bad Liebenstein am Fuße des Thüringer Waldes die Mutter und Adele, die sich mit Fernow dorthin zur Brunnenkur begeben hatten. Im September fährt er nach Erfurt zum Fürstenkongreß. Das ist eine der größten weltgeschichtlichen Sensationen jener Zeit. Johannas Sorge um Fernow, seine Pulsadergeschwulst an der rechten Brust hatte sich im letzten Winter so sehr verschlimmert, daß er nicht mehr ohne Hilfe aufrecht gehen konnte, hält sie davon ab, dem Ereignis gleichfalls beizuwohnen. Arthur, der in Gesellschaft von Falk nach Erfurt reist, steigt im Hotel des Gothaischen Hofes ab. Alles, was Namen hat, ist jetzt in Erfurt versammelt. Zwei Kaiser, Napoleon und der russische, 34 Fürsten, Hofleute, Generäle,

Minister. Die Schauspieler vom Théatre Français mit dem berühmten Talma sind eigens aus Paris gekommen. Napoleon, der große Akteur der Geschichte, liebt die Akteure der erdichteten Geschichten. Wo man hintritt, erstrahlt Glanz und offenbart sich weltgeschichtliche Bedeutung. Erst gegen Ende des Monats trifft auch Goethe ein, der Monarch der deutschen Literatur. Auf den ausdrücklichen Wunsch des Herzogs von Weimar, denn Goethe hat soeben die Nachricht vom Tode seiner Mutter erhalten und zieht im Augenblick eine zurückgezogene Trauer den lärmenden Festen vor. Am 2. Oktober bittet ihn Napoleon zur Audienz. Die Begegnung der beiden populärsten Männer ihrer Zeit dauert eine Stunde. Die Geschichtsschreibung berichtet reichlich über das denkwürdige Zusammentreffen. Napoleon gibt sich, seiner Halbbildung bewußt, einfach und anspruchslos gegen Goethe. Dieser hört lächelnd die literarischen Ansichten des Kaisers an. Er ist geschmeichelt, als er vernimmt, daß Napoleon den „Werther" einige Male gelesen habe. Napoleon bedauert „das Abweichen des französischen Theaters von Natur und Wahrheit", er interessiert sich sehr für das Theater und kommt auch auf das Schicksalsdrama zu sprechen, wobei er die mißbilligende Bemerkung macht: „Was will man jetzt mit dem Schicksal? Die Politik ist das Schicksal." Bei einer folgenden Begegnung gibt der Kaiser Goethe zu verstehen, daß dessen Wesen seinem gemäß sei, und fordert den Dichter schließlich auf, ein Stück zu schreiben, in dem gezeigt wird, was Julius Cäsar geleistet hätte, wenn er nicht ermordet worden wäre. „Kommen Sie nach Paris, ich fordere es durchaus von

Ihnen! Dort gibt es größere Weltanschauung!“ sind des Kaisers Worte. Goethe, dem ebenso wie dem anwesenden Wieland einige Tage danach das Kreuz der Ehrenlegion verliehen wird, erklärt später, Napoleon habe ihm das Tüpfelchen auf das i seines Lebens gesetzt, und er bezeichnete den Kaiser als den „größten Verstand, den je die Welt gesehen“. Aber Arthurs große Abneigung gegen Napoleon, die keinem nationalen Ressentiment entspricht – denn sie datiert vom Besuch des Arsenals in Toulon – und der er sein Leben lang schonungslosen Ausdruck gibt, wird hier nicht geändert.

Arthur ist angewidert von den endlosen Huldigungen für den Mann, der Europa ins Unglück stürzt. Er schreibt die Worte: „Das Leiden, welches ich von mir weg und auf einen anderen schiebe, wird dadurch vergrößert: darum die große Masse des Übels auf der Welt, die entstanden ist, indem das ursprüngliche Übel, die Schuld der Welt, durch dies egoistische Weiterschieben vermehrt wurde.“ Arthur zieht aus allem, mag es sich noch so glanzvoll in Szene setzen, ein pessimistisches Fazit.

Und die Welt scheint ihm darin immer mehr recht zu geben. Um diese Zeit blickt das mittlere und nördliche Deutschland, unter französischer Oberherrschaft, auf den vielumstrittenen Imperator, ob er neue Siege und neues Unheil bringen wird. Auch in Weimar flackert gelegentlich eine nationale antifranzösische Propaganda auf, aber von ihr bleiben die Weimarer Intellektuellen unberührt, die ihr ästhetisches Dasein wie unter einer Glasglocke weiterführen.

Im Herbst beginnt wieder das Studium. Und bei Johanna nehmen die Teeabende ihren gewohnten Fortgang. Wieland besucht nun endlich auch diese Gesellschaftsveranstaltung, die von den aristokratischen Kreisen Weimars mit immer größerer Geringschätzung betrachtet wird. Erscheint ihnen doch der Tee als ein Symbol für einen Luxus, der sich durch Sparsamkeit selbst desavouiert. Aber Wieland kommt nur zweimal, denn gleich das erste Mal ist auch Goethe da, der eben in „Weinlaune“ vom Hofe gekommen ist und den alten Mann in „böslicher Weise“ reizt, der die Scherze des Olympiers ernst nimmt, wodurch eine peinliche Atmosphäre entsteht.

Im Dezember dieses Jahres stirbt Fernow. Arthur betrauert den väterlichen Freund, der mit großer Sorgfalt sich des jungen Mannes angenommen hatte. Fernow war im Sommer mit Johanna nach Weimar zurückgekehrt. Seine Frau fand er im Sterben, seine Kinder vernachlässigt und verwildert. Nach dem kurz darauf eingetretenen Tode seiner Frau räumt ihm Johanna bei sich ein Zimmer ein. Nur ein paar Bücher nimmt der verarmte Todkranke mit. Er liest heimlich, ohne daß es die anderen wissen, in Scarpas Buch über die Pulsadergeschwulst, um sein eigenes Leiden wissenschaftlich zu beobachten. Er fürchtet nicht mehr den Tod. Er nährt sich nur noch von Weintrauben und läßt sich häufig zur Ader. Er ist ruhig, heiter und gefaßt. Bis zu seinem letzten Tag arbeitet er an einer Ausgabe des Tasso, die erst nach seinem Tod erscheint. Als man ihn eines Morgens tot auffindet, ist die in letzter Zeit bis zur Größe eines Kinderkopfes angeschwollene Erhöhung an der Brust verschwunden. Die Pulsader war nach innen geplatzt.

Um die Schulden des verstorbenen Fernow zu tilgen und seine verwaisten Kinder zu versorgen, sendet Johanna Bittbriefe an die ehemaligen Freunde. Aber ihre eigene Hilfsbereitschaft findet wenig Nachahmung, nur der Erbprinz zu Mecklenburg-Strelitz gibt einen lächerlich geringen Betrag. Passow als einziger fertigt unhonoriert einen Index zu Fernows Schriften an, „damit sich wenigstens einer von Fernows Weimarschen Freunden nach seinem Tode anders als gemein zeige“, wie er in einem Brief schreibt. Die große hinterlassene Bibliothek übernimmt später der Großherzog Karl August, er gewährt dafür den Kindern ein Erziehungsgeld bis zum zwanzigsten Lebensjahre. Aber auch diese Regelung geht nicht glatt vonstatten, weil eine beträchtliche Forderung des Verlegers Heinrich Cotta durch den Verkauf der Bibliothek befriedigt werden soll. Cotta benimmt sich übrigens generös: er schlägt Johanna vor, Fernows Lebensgeschichte zu schreiben, wofür er seine Forderung an die Erben gänzlich erlassen will. Unter dieser Aussicht, ihrem toten Freunde eine letzte finanzielle Hilfe zu leisten, entschließt sich Johanna, die bis dahin nur ein paar kleine Beiträge in Zeitschriften publiziert hat, nach vielem Bedenken zu der Arbeit. Sie ist der Beginn ihrer später so erfolgreichen und einträglichen schriftstellerischen Tätigkeit. Und so trägt einmal eine Wohltat richtige Zinsen.

Das neue Jahr, in dem Arthur sein Gymnasialstudium beendet, bringt einen engeren Verkehr mit dem Theater und viele Vergnügungen. Die beiden Stars der Weimarer Bühne, das berühmte Ehepaar Wolff, von Goethe hochgeschätzt, Tieck bezeichnet Wolff als den einzigen lebenden Schauspieler Deutschlands – verkehren viel im Hause Johannas. Adele, noch ein halbes Kind, verliebt sich abwechselnd in die beiden Gatten. An einem Abend rezitiert Wolff den Tasso, Zacharias Werner den Mephisto. Beides sollen hohe künstlerische Leistungen gewesen sein. In einer Aufführung der „Antigone" gibt die Wolff die Titelrolle, ihr Gatte den ersten Chorführer. Arthur verfaßt einen Aphorismus über die Tragödie, in dem der philosophische Ausdruck bereits erstaunliche Reife zeigt. Auch die Vorbereitungen zu einem Maskenzug auf der diesjährigen Redoute, an dem Adele und Arthur mitwirken sollen, bringt eine engere Berührung mit dem Theater. Es ist einer der unzähligen Maskenzüge in Weimar, für die Goethe viele Verse geschmiedet hat.

Die Redoute findet im Stadthaus in den ersten Tagen des Februar statt. Man versammelt sich in einem von Goethe persönlich bestimmten Zimmer, der große Mann selbst ist in Uniform mit Ordensband, ist „überall und sorgt". Die Herzogin erscheint, die Masken nehmen Aufstellung, der Zug des Theaters beginnt. An der Spitze die strahlend schöne Jagemann als Thekla. Sie ist die Geliebte des Herzogs und erscheint mit einem ungewöhnlich kostbaren Schmuck angetan, einem Geschenk des Herzogs, das sie auf diese wenig taktvolle Weise der Herzogin präsentiert. Das gibt beinahe einen Skandal. Sie ist es auch, die später gegen Goethe beim Herzog intrigiert, bis schließlich der Dichterfürst von der Leitung des Weimarer Theaters zurücktritt. Zur Stunde wird sie von dem als Fischer verkleideten Arthur Schopenhauer angehimmelt. „Dieses Weib würde ich heimgeführt haben und wenn ich sie Steine klopfend auf der Landstraße gefunden hätte“, gesteht er nachher in jugendlichem Überschwang seiner Mutter. Auch das einzige Liebesgedicht, das sich in Schopenhauers Nachlaß gefunden hat, war an sie gerichtet. All den berühmten Schauspielern Weimars, in den verschiedensten Rollen zusammengewürfelt, folgt die Gesellschaft im Kostüm. Die Heiligen Drei Könige werden von Johanna, Adele und Frau Falk dargestellt und sprechen Verse, die Werner verfaßt hat. Goethes Frau als Bäuerin tändelt „in wilder Lustigkeit“ mit einem jungen Offizier, der Champagner fließt, der allgemeine Trubel ist groß. Goethe steht ernsthaft in einer Ecke und äußert sich befriedigt über die Masken. Er bleibt lange auf, weil er „zu froh über das Ganze ist“. So endet schließlich das Fest, das Arthur eine aufgeregte Jugendschwärmerei für die üppige blonde Schauspielerin brachte, an die er sich sein Leben lang mit etwas spießerhaftem Stolz erinnert. Bis er ihr schließlich im hohen Alter einmal wiederbegegnet und ihr eines seiner berühmtesten Gleichnisse, das von den Stachelschweinen, erfindet.

Im Hause der Mutter ist es jetzt sehr bewegt. Goethe versäumt keinen Teeabend, sein Sohn wird bei ihr eingeführt und übt auf die weibliche Jugend einige Attraktion, und selbst Arthur schreibt ein paar freundlichere Verse. So verfaßt er ein „Vater unser“ auf Homer, das mit den Worten beginnt:

„Unser Vater Homer, der du jetzt mit dem edlen Achilleus
Wallst in Elysions Hain, geheiliget werde dein Name!“

Oder er besingt holprig die geliebte Musik:

„Es bauet sich im unruhvollen Leben
Ein neues Leben voller Ordnung auf,
Der Menschen plan- und grenzenloses Streben,
Der Zeiten eisern schonungsloser Lauf,
Die bösen Geister, die uns rings umschweben
Und tückisch jedem Glücke lauern auf,
Das alles ist gebannet und gewichen,
Durch einen Strom von Wohllaut ausgeglichen."

Ende April besucht Goethe noch einmal Johanna und geht nach Jena, wo er sich den ganzen Sommer über einer neuen größeren Arbeit widmet, den „Wahlverwandtschaften". Der zwischen Österreich und Frankreich ausgebrochene Krieg läßt es nicht ratsam erscheinen, den böhmischen Kurort Karlsbad in diesem Sommer aufzusuchen. Johanna besucht Goethe in Jena, ein zweites Mal begleitet sie Arthur auf dieser Fahrt. Während der paar Tage des Aufenthalts in Jena unternehmen Johanna und Arthur häufige Spaziergänge mit Zacharias Werner, der nun größeres Interesse für Arthur zeigt. Im selben Sommer verfertigt der Maler Karl Friedrich Kaas ein Ölporträt von Arthur. Das Bild, das lange Zeit dem berühmten Maler Kügelgen zugeschrieben wurde, zeigt einen blondgelockten, blauäugigen hübschen jungen Mann mit einem kleinen Schnurrbärtchen. Es ist ganz gewiß geschmeichelt, wie es damals Mode war.

Am 9. Oktober verläßt Arthur Weimar. Seine Lehrer Passow und Lenz erklären ihn zum Universitätsstudium reif. Er wird sich in Göttingen als Medizinstudent immatrikulieren. Der Ruhm der Göttinger Lehrstätte hatte die Wahl des neuen Studienortes entschieden. Johanna wendet sich an Goethes Frau um einen Empfehlungsbrief des Olympiers an die Göttinger Professoren. Goethe, der anfangs, wie immer, zugesagt hatte, reagiert darauf nicht, auch als durch Riemer reklamiert wird. Johanna ist darüber nicht ungehalten, sie trägt nie etwas nach, sie bleibt voll Verehrung für Goethe, auch als er im kommenden Winter ihre Gesellschaftsabende nicht mehr regelmäßig besucht, weil er seinen Verkehr mit dem Hof und mit seinen früheren Bekannten wieder aufnimmt, von denen er sich wegen seiner Heirat ferngehalten hatte. Der Sechzigjährige, der in den zwei Jahren des Weimarer Aufenthaltes kein Wort mit Arthur gewechselt hatte, benützte den Salon Schopenhauer, um ein wenig mit Johanna gegen Adel und Hof zu frondieren und um manche unangenehme Geselligkeit an Johanna abzuschieben. Doch alle Dinge haben eben zwei Seiten. Es bleibt dem einzelnen überlassen, eine zu wählen. Johanna bevorzugt die lichte, Arthur die dunkle.

Arthur steht vor der Vollendung seines einundzwanzigsten Lebensjahres. Damit wird er großjährig und erhält von der Mutter sein väterliches Erbteil ausgezahlt. Johanna schreibt ihm: „Die Verwicklung, in der dein Vater uns ließ, die traurigen Umstände bei seinem Tode, die uns zwangen geheimnisvoll und leise zu handeln (auch diese Briefstelle spricht für den freiwilligen Tod des Vaters), und die nachherigen bösen Zeiten tragen die Schuld, daß wir nicht reicher sind. Doch haben wir genug, um anständig zu leben und können wohl zufrieden sein. Du siehst auf der Rechnung, wir besitzen jetzt bar 109.875 Mark Banco, hiervon kommt dir der dritte Teil zu." Unter Berücksichtigung seines weiteren Anteils am Mobiliarvermögen werden ihm 19.000 Taler ausgezahlt, die in Staatspapieren solid angelegt sind. 6000 Taler, also ein Drittel seines Vermögens, leiht Arthur der seiner Mutter befreundeten Danziger Großhandlung Muhl & Co. zu 8 Prozent auf jederzeit kündbare Wechsel. Der vom Großvater stammende Grund- und Hofbesitz in Ohra und Niederfeld, auf 40.138 Gulden geschätzt, kann derzeit nicht veräußert werden, er ist parzellenweise verpachtet, wurde während den Belagerungen von Danzig geplündert und vernichtet und erst allmählich wieder von den verarmten Pächtern urbar gemacht. Seinen Anteil aus diesem Grundbesitz tritt Arthur, den bestehenden Zustand unverändert lassend, an die in tiefer Armut lebende Mutter Johannas ab. Mit bescheidenem Vermögen, aber materiell doch völlig unabhängig, bezieht er die Universität.

Es sind andere Mächte der Außenwelt, mit denen sich von nun an Schopenhauer auseinanderzusetzen hat. Nicht mehr das Milieu seines Elternhauses und die Eindrücke, die die erste Bekanntschaft mit der Welt vermittelt hat, sondern geistige Mächte, Zeitströmungen, Geltungen, Wertungen allgemeiner Art, ein Weltbild, eine Weltanschauung, die er zu revidieren unternimmt. Dem bisherigen Konflikt mit seiner näheren, häuslichen Umgebung folgt jetzt eine tiefere Auseinandersetzung zwischen seinem Charakter und dem Leben in seinem weitesten Umfang. Ein harter Kampf, der sich an der sichtbaren äußeren Oberfläche als ein Dasein in Einsamkeit abspielt. Als ein Sichverschließen vor der Außenwelt, um in dieser entscheidend zu Worte zu kommen. Als ein mühseliger, langwieriger, hartnäckiger Versuch, die eigene Persönlichkeit zu allgemeiner Geltung zu bringen. Als eine leidvolle Existenz, die für die Erkenntnis der Wahrheit eingetauscht werden will.

Die vier Jahre des Universitätsstudiums sind ein wichtiger Teil seines Lebens. An ihrem Ende ist Schopenhauer ein fertiger Mensch, mit unveränderlichen Gewohnheiten, mit seinem endgültigen Glauben an Kant und mit seinem einzigen Lebenszweck, der Philosophie. An ihrem Ende schreibt er eine Doktorarbeit, in der, wenn auch noch schwer greifbar, seine pessimistische Weltanschauung fast zur Gänze bereits enthalten ist. Eine merkwürdige Ordnung, ein Schema, eine Übersicht herrscht in Schopenhauers Leben, das in seinen einzelnen Begebenheiten als eine Reihe von Donquichotterien erscheint.

So erfüllt mit Arbeit seine Göttinger Zeit ist, seine leidenschaftliche Liebe zur Natur treibt ihn immer wieder in die umgebende Landschaft. Einsame Spaziergänge und größere Wanderungen unterbrechen das tagelange Studium. Auch der Geselligkeit verschließt er sich nicht – immer wieder regt sich der von der Mutter ererbte Trieb – seine Studentenzeit umfaßt tiefe Einsamkeit, enorme Arbeit, Naturschwärmerei und allerlei Vergnügungen, ohne jeden Zusammenhang. Er besucht einen Bauchredner und wohnt einer nichtöffentlichen Hinrichtung bei. Seine Sensationslust, aus der Entbehrung aufbegehrend, schreckt vor nichts zurück. Er pflegt sein Flötenspiel und lernt Gitarre. Er nimmt an dem zwanglosen Zusammenleben jenes Studentenkreises teil, der nach seinem Abgang die berühmte Göttinger „Philologische Sozietät" gründet.

Zu Beginn wohnt er mitten in der Stadt, in der Langen Geismarstraße 64. Aber schon zu Ostern des ersten Studienjahres zieht er in die Dienstwohnung des Professors Schrader im Botanischen Garten. Mit großem Ehrgeiz betritt er Göttingen, ein wissenschaftliches Zentrum Deutschlands wie kein anderes. Er läßt sich in die medizinische Fakultät einschreiben, nicht um Arzt zu werden und einen Broterwerb zu finden, wie es seine Mutter gewünscht hat, sondern weil ihm das Studium der Naturwissenschaften als breite stoffliche, anschauliche Grundlage eines Weltbildes besonders am Herzen liegt. Mit richtigem Instinkt wendet er sich den Naturwissenschaften zu, die ein Jahrhundert später den leer gewordenen Platz der Philosophie ausfüllen sollen.

Unter seinen Lehrern übt zuerst Blumenbach einen großen Einfluß auf ihn aus. Blumenbach, der Stern von Göttingen, ein Patriarch der guten alten Zeit, Ehrenmitglied von 78 gelehrten Gesellschaften, ist auf allen Gebieten der beschreibenden Naturwissenschaften lehrend und schreibend tätig. Hinter der neueren Forschung ist er etwas zurückgeblieben. Die Spezialfächer dieses letzten universellen Naturwissenschafters waren vergleichende Anatomie und Anthropologie. Er machte keine eigentlichen eigenen Entdeckungen, wirkte aber als Lehrer anregend und hatte auf allen Gebieten bedeutende Nachfolger. Noch bevor Lavoisier festgestellt hatte, daß die Grundstoffe der organischen und der anorganischen Chemie dieselben sind, führte er den Keim des Lebens auf eine chemische Stoffverbindung zurück. Er stellte sich die Zeugung ähnlich wie die Ernährung vor. Auch lenkte er als erster sein Augenmerk auf die damals noch nicht erkundete fossile Vorwelt, indem er aus den Versteinerungen Schlüsse auf die Zeiträume der organischen Gebilde zog. Die vergleichende Anatomie gründete er, im Gegensatz zur bestehenden Methode, auf die Beobachtung der inneren Organe. Von ihm stammt ferner das bekannte Wort, der Mensch sei „das vollkommenste aller Haustiere", und er verkündete, daß Neger und Wilde dem Europäer in ihren Anlagen nicht nachstehen, weshalb er das gleiche Recht für alle Bewohner der Erde forderte. Schopenhauer führte er auf das eingehende Studium der Physiologie, die von dem Philosophen später als der „Gipfelpunkt der gesamten Naturwissenschaft" bezeichnet wird. Eine auch nach heutigen Begriffen moderne Auffassung.

Der andere Lehrer, der noch größeren Einfluß auf Schopenhauer übt, ist Gottlob Ernst Schulze, der schließlich den Schüler bestimmt, die Medizin endgültig mit der Philosophie zu vertauschen. Schulze tritt ihm auch persönlich näher, er überwacht die Privatlektüre des Schülers und lenkt seine Aufmerksamkeit auf Plato und Kant, die beiden Autoren, auf die Schopenhauer sein späteres Weltbild aufbaut. Dieser Lehrer, selbst Gegner Kants, ermahnt den Schüler, „keine anderen

Philosophen vorerst anzusehen, namentlich nicht den Aristoteles und den Spinoza". Worauf Schopenhauer sofort die Ethik des Aristoteles liest, aber im Vergleich zu Plato von den vielen Klassifikationen und Worten enttäuscht ist. Unter Schulzes Leitung liest er – außer seinen griechischen und lateinischen Klassikern (Herodot, Horaz, Lukrez, Tacitus) – von den neueren Philosophen Schellings „Weltseele", „Ideen zu einer Philosophie der Natur", Tennemanns „Geschichte der Philosophie" und Schulzes eigene „Kritik der theoretischen Philosophie". Eine kurze Übersicht der Kollegien, die Schopenhauer in den vier Semestern in Göttingen belegt, zeigt, wie sich der Schüler allmählich immer mehr dem philosophischen Studium zugewendet hat:

Wintersemester 1809/10:

Blumenbach:	Naturgeschichte und Mineralogie,
Hempel:	Anatomie,
Thibaut:	Mathematik,
Heeren:	Staatengeschichte.

Sommersemester 1810:

Schulze:	Philosophie (hospitierend),
Stromeyer:	Chemie,
Tobias Mayer:	Physik,
Schrader:	Botanik,
Heeren:	Geschichte der Kreuzzüge,
Kirsten:	Latein (Privatunterricht).

Wintersemester 1810/11:

Schulze:	Psychologie und Metaphysik,
Blumenbach:	Vergleichende Anatomie,

Tobias Mayer: Physik, Astronomie, Meteorologie,
Heeren: Alte Geschichte.

Sommersemester 1811:

Schulze: Logik,
Blumenbach: Physiologie,
Heeren: Alte Geschichte und Ethnographie,
Lüder: Reichsgeschichte.

Unter seinen Studiengenossen verkehrt Schopenhauer vor allem mit Osann und Lewald, den beiden Schulkollegen aus Gotha, und mit zwei nachmals sehr berühmten Männern, dem amerikanischen Millionär Astor und dem Freiherrn von Bunsen. Bunsen nimmt eine führende Rolle unter den Studenten ein, er gilt als Genie, übertrifft alle an Schnelligkeit der Auffassung, Weitblick, Empfänglichkeit und Klarheit des Geistes. Er ist ohne Überhebung und freundet sich bald mit Schopenhauer an. Unter den übrigen interessanten jungen Leuten erwirbt sich der bedeutend ältere Schopenhauer bald ein zuweilen umstrittenes Ansehn. Da ist Karl Lachmann, ein Kritiker und Spötter, fein, witzig, geistvoll, Karl Reck, Jurist, treuherzig, sonderbar, sehr anhänglich, seine Schrift „Goethe und seine Widersacher" machen ihn später bekannt, Ernst Schulze, ein melancholischer Philologe, der gerne dichtet, der Theologe Lücke und das Wunderkind Karl Witte, das mit zehn Jahren die Universität bezieht. Durch Bunsen lernt Schopenhauer auch Ludwig Ruhl kennen, mit dem er noch einige Male im Leben zusammentreffen soll. In diesem Kreis wird viel über die Antike, über Poesie, über Philosophie gesprochen, und Schopenhauer wird in der Diskussion bald allgemein gefürchtet. Sein Temperament, die Sucht, recht zu behalten, kostet ihn manche Flasche Wein für eine verlorene Wette. Sein Freund Bunsen gibt folgende Charakteristik von dem damaligen Schopenhauer: „Sein Disputieren ist rauh und eckig und sein Ton trotzig wie seine einzige Stirn, sein Absprechen im Eifer und seine Paradoxie furchtbar."

Im zweiten Studienjahr liest Schopenhauer Kants Schriften. Genügend vorbereitet durch die eigenen Zweifel an der Welt, genügend vorgebildet im philosophischen Studium, scheint ihm dieser Autor die verschlossenste Kammer der Wahrheit zu öffnen. Hier findet er den Gegenstand, den er selbst dunkel suchte, das Thema, um das sich sein eigenes Trachten und Forschen drehte, die Gedanken, die sein eigenes Mißtrauen gegen das Leben zu rechtfertigen scheinen. Hier ist der Nerv aller Erkenntnis, der angebohrt wird, hier entzündet sich sein eigener Verstand, seine Phantasie, tausend Erwägungen, Einwände, Fragen, Bestätigungen überstürzen ihn. Schopenhauer erlebt persönlich die große Vernichtung und Entlarvung der Wirklichkeit, die kurz vorher die deutsche Aufklärung auf ihren Höhepunkt durch Kants Schriften der Menschheit gebracht hat. Hier ist eine große Umkehr des menschlichen Geistes, die Welt wird als unerkennbar erkannt und die greifbare Realität zerfällt als ein fadenscheiniger Plunder, den sich das einzelne Individuum selbst vorgezaubert hat. „Die Kritik der reinen Vernunft könnte der Selbstmord des Verstandes genannt werden", schreibt der überraschte Schopenhauer über Kants

Hauptwerk bei der ersten Lektüre. Ein anderes Mal ist er voller Zweifel: „Kants regulativer Gebrauch der Vernunft ist vielleicht die ärgste Mißgeburt des menschlichen Verstandes." Aber dann ist er hingerissen, überwältigt von den unwiderlegbaren Argumenten dieser Verstandesschärfe. Sein Leben lang nennt sich Schopenhauer einen Schüler Kants und in den Augenblicken größten Stolzes bezeichnet er sich als seinen Thronerben. Auch erklärt Schopenhauer später, daß keine seiner eigenen Schriften ohne die vorherige Lektüre von Kant verstanden werden kann.

Die moderne Naturwissenschaft hat nicht vermocht, die Realität zu erfassen. Die Realität zerrinnt unter den schärfsten Meßinstrumenten in ungewisse Atome, Elektrone, Ione usw. Der paradoxe Fall tritt hier ein, daß wir um so weniger die Dinge erfassen, je fester wir sie ergreifen, und umgekehrt, je weniger wir nach ihnen fassen, wir sie desto mehr begreifen. Einen solchen Weg ist Kant gegangen und es ist ihm damit tatsächlich gelungen, die Wirklichkeit zu ertappen. Kant geht scheinbar in der entgegengesetzten Richtung auf sein Ziel los. Er untersucht das menschliche Urteil und gelangt auf diesem Wege zu dem Wesen der Dinge.

Kant geht analysierend vor. Was ist ein Urteil? Eine Verbindung von Begriffen. Was ist ein Begriff? Die Zusammenfassung mehrerer Einzelvorstellungen. Was ist eine Einzelvorstellung? Wieder die Summe unzähliger Eindrücke, des Lichtes, der Farbe, der Form usw. Eindrücke sind Empfindungen, die ursprünglich und nicht weiter auflösbar sind. Wie die Körper aus ungezählten Atomen zusammengesetzt sind, so bauen sich unsere Erkenntnisse aus Eindrücken und Empfindungen auf. Die Empfindungen, die unsere Sinne durchströmen, sind zahllos. Sie sind ein wogendes Meer, ein ewiges Chaos, von außen in Bewegung gesetzt, in uns enthalten und erst in der einzelnen Erkenntnis zu Gestalt und Form geworden.

Wie entsteht aus diesem Chaos von Empfindungen die Erkenntnis? Das geordnete Bild der Welt? Dadurch, daß die einzelnen Eindrücke durch ihre räumliche und zeitliche Beziehung zueinander eine feste Ordnung erhalten. Was aber sind Raum und Zeit? Die landläufige, vulgäre Auffassung stellt sich den Raum als einen unbegrenzten Behälter vor, in dem alles, was es in der Welt wirklich gibt, enthalten ist. Die Vorstellung eines einzelnen Gegenstandes kann man haben oder nicht – die Vorstellung des Raumes haftet uns an. Wir können uns die gesamte Materie wegdenken, den Raum aber nicht. Das Nichtvorhandensein des Raumes ist eine unvollziehbare Vorstellung. Es ergibt sich also, daß der Raum als solcher nicht notwendig den Dingen angehört, sondern nur uns. Unserer Anschauung, unserer Sinnlichkeit. Wir können nichts anschauen ohne Raum, denn der Raum ist die äußere Form unserer Anschauung. Selbst bis in den Traum tragen wir unsere Raumvorstellung mit. Ohne die Raumanschauung würden unsere Eindrücke ein Chaos bleiben. Mit der Fähigkeit, Eindrücke zu empfangen, ist gleichzeitig der Zwang verbunden, diese Eindrücke räumlich und zeitlich miteinander zu verbinden. Wir müssen daher logisch unterscheiden zwischen den Dingen, die von außen Eindrücke in uns hervorrufen, und Raum und Zeit, die bereits von vornherein in uns beschlossen sind. „Raum und Zeit sind die reinen Formen unserer Anschauung“ – so daß alles, was erscheint, sich für uns in Raum und Zeit befindet – mit diesem Satz hat Kant die Wirklichkeit auf den Kopf gestellt.

Nach dieser Entdeckung von Kant, Schopenhauer nennt sie „einen der glänzendsten Edelsteine in der Krone des Kantischen Ruhms“, ist der einzelne Mensch nicht nur ein Bestandteil der Welt, sondern auch diese Welt ihrerseits ist bloß ein Bestandteil des Menschen, dem sie angehört. Die Welt hat demnach eine entfernte Ähnlichkeit mit einer Schlange, die das Kunststück zusammenbringt, sich vom Schwanz aus selbst aufzufressen. Unendlichkeit und Ewigkeit, die Grenzenlosigkeit von Raum und Zeit, verlieren durch Kant ihre Dimensionen. Denn Raum und Zeit sind in uns begründet, sie sind deshalb grenzenlos, weil wir andauernd mit ihnen und durch sie die Dinge anschauen. Die Dinge selbst wissen vielleicht gar nichts von Raum und Zeit. Die Dinge der Welt sind möglicherweise ohne unsere Anschauung gar nicht räumlich und zeitlich geordnet. Ohne Ohr gibt es keinen Ton, ohne Auge kein Licht. Die moderne Wissenschaft hat längst bewiesen, daß Ton, Licht, Wärme und Elektrizität Wellenbewegungen sind, die sich untereinander bloß durch ihre Schwingungszahlen unterscheiden. Das menschliche Bewußtsein könnte man sonach mit einem Bildhauer vergleichen, der auf Grund einer Photographie ein Relief herstellt. Das außer uns Vorhandene übersetzen wir uns durch den Raster unserer Sinnlichkeit von Raum und Zeit in unsere Wirklichkeit, an die wir gebunden sind, die uns nicht losläßt. Aber unergründlich und unerforschlich bleibt uns deshalb, was außerhalb und ohne diese unsere Wirklichkeit übrigbleibt. Die Wirklichkeit wäre demnach eine Falle, aus der wir nicht herauskönnen, die wir nur als solche erkennen können. Die Kantische Auffassung berührt sich hier mit einer alten indischen Lehre, nach der eine übelgesinnte Gottheit dem Menschen einen Schleier, den Schleier der Maja, übergeworfen habe, damit er die Dinge in ihrem wahren Wesen nicht sehen könne.

Die entscheidende Folgerung aus der Kantischen Untersuchung ist, daß die menschliche Vernunft bloße Erscheinungen wahrnimmt und das Ding an sich – das die Vielfalt der Empfindungen in uns und damit die Vielfalt der Erscheinungen hervorruft – für die Vernunft gänzlich unerkennbar ist. Die Empfindungen finden sich in uns erst vor, wenn gewisse Dinge vorhanden sind, die diese Empfindungen von außen im Ich hervorrufen. Mag es auch vielleicht eine Wirklichkeit unabhängig von unserer Wahrnehmung geben, die Welt jedoch, in der wir leben und uns bewegen, ist durchaus ideal – im philosophischen Sinne ideal, d. h. überwirklich, unwirklich – und von uns selbst vorgestellt.

Schopenhauer erfaßt sogleich die ganze Bedeutung und den vollen Umfang dieser Kantischen Entdeckung. Er schreibt ein paar Sätze nieder, die durch den in ihnen aufgestellten treffenden Vergleich ein richtiges und tiefes Verständnis für Kant bezeugen: „Einer erzählt eine Lüge. Ein anderer, der die Wahrheit weiß, sagt, dies ist Lug und Trug und hier habt ihr die Wahrheit. Ein dritter, der die Wahrheit nicht weiß, aber sehr scharfsinnig ist, zeigt Widersprüche und unmögliche Behauptungen in jener Lüge auf und sagt, darum ist es Lug und Trug. Die Lüge ist das Leben, der Scharfsinnige ist allein Kant.“ Wobei der Scharfsinnige, der die Wahrheit nicht weiß, aber die Lüge widerlegt, überzeugender ist als der, der die Wahrheit weiß, doch die Lüge nicht zu widerlegen vermag.

In diesem Zeitpunkt eignet sich Schopenhauer eine studentische Lebensform an, die er sein Leben lang nicht mehr ablegt. In seinem Zimmer finden sich Kants und Platos Werke, eine Büste von Sokrates und ein Porträt Goethes, die ihn künftig überallhin begleiten. Eine lange Pfeife und ein Pudel, für diesen ein Bärenfell als Lager, werden angeschafft und bleiben eine ständige Einrichtung. Er beginnt gelegentlich mit kleinen Beträgen in der Lotterie zu spielen, eine Gewohnheit, die er gleichfalls sein Leben lang beibehält. Und schon damals hängt er eine scharf geladene Waffe neben sein Bett. Das sind kleine Züge, in denen sich seine Neigungen, seine Einsamkeit, seine Unstetigkeit, sein Aberglaube, sein Mißtrauen ausprägen. In den Semesterferien zu Ostern des zweiten Studienjahres besucht er seine Mutter in Weimar. Seinen Freund Bunsen nimmt er mit und bezahlt Reise und Aufenthalt für ihn. Der nachmalige Gesandte ist um diese Zeit ohne Geld. Beide wohnen in Johannas Haus und Bunsen wird auch Goethe vorgestellt. Der Ruhm der Mutter ist in Weimar inzwischen gestiegen, nur Goethe kommt nicht mehr regelmäßig. Alles drängt sich in den Salon der Hofrätin Schopenhauer. Sie führt jetzt den von ihrem Gatten abgelehnten Titel, weil es in Weimar von Räten wimmelt. In ihrem Haus wird deutsch, französisch, englisch und italienisch gesprochen. Arthur ist wenig ergriffen von all dem Glanz. Nur nach einer Aufführung von Calderons „Standhaftem Prinzen" ist er so erschüttert, daß er nachher unfähig ist, in Gesellschaft zu gehen. Hier in Weimar schreibt er: „Einen Trost gibt es, eine sichere Hoffnung, und diese erfahren wir vom moralischen Gefühl." „Aber kein Versprechen gibt dem Gebote Gottes Kraft, sondern sein Gebot ist statt des Versprechens." „Diese Welt ist das Reich des Zufalls und des Irrtums: darum sollen wir nur nach dem streben, was kein Zufall raubt, und nur das behaupten und nach dem handeln, worin kein Irrtum möglich ist."

In die Zeit dieses Weimarer Besuchs fällt auch ein oft zitiertes Gespräch Schopenhauers mit dem alten Wieland. Auf die Bitte Johannas empfängt ihn der berühmte Greis, um ihm durch seine Autorität von dem alleinigen philosophischen Studium abzuraten. Arthur gibt dem wohlmeinenden Ratgeber die klassische Antwort: „Das Leben ist eine mißliche Sache. Ich will es damit verbringen, über dasselbe nachzudenken." Wieland hat zu viel Einsicht in Leben und Menschen, als daß er nicht am Ende des Gesprächs von Arthurs richtiger Entscheidung vollkommen überzeugt gewesen wäre. Und kurz nachher bei Hofe tritt Wieland auf Johanna zu, die gerade im Gespräch mit Goethe begriffen ist, und sagt ihr: „Es war mir sehr lieb, diesen jungen Mann kennenzulernen, aus dem wird noch einmal etwas

Großes werden.“ Aus dieser Bemerkung Wielands stammt übrigens die spätere Aufmerksamkeit Goethes für den jungen Schopenhauer.

Der unabänderliche Entschluß, Philosophie zu studieren, ist es, der Schopenhauer nach dem 4. Semester in Göttingen, im Herbst des Jahres 1811, Berlin aufsuchen läßt, um dort Fichte zu hören. Die Reise geht über den Harz, in Ellrich schreibt er, von dem Anblick der Natur angeregt: „Die Philosophie ist eine hohe Alpenstraße, zu ihr führt nur ein steiler Pfad über spitze Steine und stechende Dornen: er ist einsam und wird immer öder, je höher man kommt, und wer ihn geht, darf kein Grausen kennen, sondern muß alles hinter sich lassen, und sich getrost im kalten Schnee seinen Weg selbst bahnen. Oft steht er plötzlich am Abgrund und sieht unten das grüne Tal! dahin zieht ihn der Schwindel gewaltsam hinab; aber er muß sich halten und sollte er mit dem eigenen Blut die Sohlen an den Felsen kleben. Dafür sieht er bald die Welt unter sich, ihre Sandwüsten und Moräste verschwinden, ihre Unebenheiten gleichen sich aus, ihre Mißtöne dringen nicht hinauf, ihre Rundung offenbart sich. Er selbst steht in reiner, kühler Alpenluft und sieht schon die Sonne, wenn unten noch schwarze Nacht liegt.“ Heroismus und Resignation, Erhabenheit und Schmerz sprechen aus dieser Metapher, in der seine schriftstellerische Begabung stärker zum Ausdruck kommt als in seinen bisher geschriebenen schlechten Versen.

In Berlin, das Schopenhauer ebenso wie Goethe immer mißfallen hat, beendet er sein Universitätsstudium. Er hört neben den philosophischen Vorlesungen vorwiegend Naturwissenschaft und antike Literatur. Fichte, der berühmte Mann, von Gestalt klein, mit rotem Gesicht und borstigem Haar, ist für Schopenhauer eine große Enttäuschung. Zwar schreibt Schopenhauer seine Vorlesungen sorgfältig mit, die erhaltenen Skripten bilden einen dickleibigen Folianten, aber die eigenen Randbemerkungen enthalten bald Geringschätzung und Spott. In einem Kolloquium kommt es sogar zu einer längeren Diskussion zwischen dem Hörer und dem berühmten Philosophen. Wenn Fichte, den Schopenhauer übrigens in Ton und Gebärde täuschend zu kopieren vermag, vom Katheder herab verkündet: „Das Ich ist, weil es sich setzt, und es setzt sich, weil es ist“, so zeichnet Schopenhauer neben diesen Satz einen Stuhl. Oder zu Fichtes Worten: „Sichanschauen des Seins als Sichanschauens, wozu das Anschauende im Schauen sich wieder anschauen muß“, schreibt Schopenhauer: „Um ihm das Kunststück zu erleichtern, würde ich vorschlagen, es zwischen zwei Spiegel zu stellen.“ Mitunter schreibt er seine beißenden Angriffe in französischer Sprache, um mehr in einem weltmännischen Ton den weltmännischen Gedankenblitzen Fichtes zu begegnen, die in dieser Zeit das deutsche Publikum verblüffen. Schopenhauers Polemiken sind damals schon geistvoll, exakt und sachlich. Er konstatiert, wie unverstanden Kant geblieben ist. Im zweiten Semester hört er Fichte nicht mehr, doch verfolgt er in den Skripten eines Studiengenossen das Kollegium über Rechtslehre.

Nicht anders als mit Fichte ergeht es Schopenhauer mit dem anderen berühmten Philosophen in Berlin, mit Schleiermacher. Er hört diesen im zweiten Semester, und die kritischen Glossen über dessen Vorlesungen füllen in Kürze ein dickes Heft. Von den übrigen Lehrern zeigen zwei ein besonderes Wohlwollen für den Schüler. Lichtenstein, den Schopenhauer bereits im Salon seiner Mutter in Weimar flüchtig kennengelernt hatte, und F. A. Wolf, an den er durch einen Brief Goethes persönlich empfohlen wurde. Es ist jene verzögerte Empfehlung, um die Johanna bereits für Göttingen gebeten hatte und zu der sich Goethe vermutlich erst durch Wielands anerkennende Worte veranlaßt gefühlt hat.

Der Umfang des großen Arbeitspensums ist erstaunlich, wenn man bedenkt, daß Schopenhauer nebenbei eine gründliche Privatlektüre pflegt. Er liest in den drei Semestern in Berlin, in denen er Vorlesungen nach dem folgenden Verzeichnis hört, außerdem 24 Bücher der Allgemeinen Geschichte von Johannes von Müller (auf Anraten seines früheren Lehrers Heeren), Kant, Plato, einige neuere Philosophen, viele antike Autoren und Montaigne und Rabelais.

Wintersemester 1811/12:

Fichte:	Das Studium der Philosophie,
Fichte:	Die Tatsachen des Bewußtseins,
Fichte:	Wissenschaftslehre,
Klaproth:	Chemie,
Klaproth:	Magnetismus,
Klaproth:	Elektrizität,
Erman:	Einzelfächer der Zoologie: Ornithologie, Amphibiologie, Ichthyologie,

Lichtenstein: Über weißblütige Tiere und über Haustiere,
Rühs: Nordische Poesie.

Sommersemester 1812:

Schleiermacher: Geschichte der Philosophie zur Zeit des Christentums,
Lichtenstein: Zoologie,
Lichtenstein: Entomologie,
Weiß: Geognosie,
Wolf: Geschichte der griechischen Literatur,
Wolf: Über die Wolken des Aristophanes,
Wolf: Über die Satiren des Horaz.

Wintersemester 1812/13:

Fischer: Physik,
Bode: Astronomie,
Horkel: Allgemeine Physiologie,
Rosenthal: Anatomie des menschlichen Gehirns,
Lichtenstein: Zoologie,
Wolf: Griechische Altertümer.

Die Vorlesungen Boeckhs „Über das Leben und die Schriften Platons“, die Schopenhauer nicht besuchen kann, weil sie zeitlich mit einem anderen Kolleg zusammenfallen, studiert er in den Skripten eines Freundes. Mehrere Bände „Anmerkungen“ über Kant und Locke und über die nachkantischen Philosophen befinden sich heute noch gesammelt in der Staatsbibliothek in Berlin. Die ersten eigenen philosophischen Gedanken Schopenhauers tauchen in ihnen auf. In diese arbeitsreiche Zeit fallen auch die ersten Anfänge zu seiner Doktordissertation.

Nur eine ungestörte Abgeschlossenheit ermöglicht es Schopenhauer, diese große Arbeitsleistung zu bewältigen. Berlin bietet damals in gesellschaftlicher Beziehung das Beste, was Deutschland zu bieten hat. Und dem jungen Schopenhauer, der drei Weltsprachen spricht, durch Weimar und seine Mutter über die besten Beziehungen verfügt, stehen alle Türen offen. Aber er widmet sich nur seinem Studium, willensstarker, ausdauernder, zäher, harter Arbeit. Nur einmal, in den letzten Herbstferien, besucht er Mutter und Schwester in Teplitz und Dresden. Allerdings verschließen sich auch vor ihm die Menschen, mit denen er in Berührung kommt. Sie merken instinktiv, daß hier ein im Aufbrechen begriffener Geist alles vernichtet, was ihm in die Nähe kommt. So meidet man ihn, und er verstreut seine kostbarsten Gedanken, die bei diesem immensen Arbeitsprozeß abfallen, an zufällige Tischgenossen. Er hat nur drei Universitätsfreunde, drei wunderliche Gesellen, die er immer wieder dem bürgerlichen Umgang mit seinesgleichen vorzieht. Helmholtz, den Vater des großen Physikers, Karl Iken, ein „passives Genie“, sehr empfänglich, aber unfähig zu eigener Leistung, und den anhänglichen, treuen, ihm ergebenen und ihn bewundernden jüdischen Studenten Josef Gans. Während Schopenhauer in Berlin bei aller unumgänglichen Berührung mit Menschen durch sein Universitätsstudium wie ein Einsiedler lebt, zieht es ihn doch gelegentlich aus eigenem Antrieb in die Nähe unbekannter Leute. So besucht er häufig in der Melancholischen Station der „Charité“ zwei Geisteskranke. Dem einen schenkt er einmal eine Bibel, sie wird nachträglich in Amerika mit Schopenhauers Widmung wieder aufgefunden. Dem anderen erweist er Dienste, und dieser verfaßt ein Gedicht auf ihn, in dem er Schopenhauer „den leidenden Menschenfreund" nennt.

Knapp vor der Beendigung zwingen ihn die Zeitereignisse, das Studium in Berlin abzubrechen. Berlin, von 1806 bis 1808 von den Franzosen besetzt, hatte seither seine Selbstverwaltung wieder. Aber das Jahr 1813, in dem wir uns befinden, ein entscheidendes Jahr in der Geschichte Deutschlands, rückt auch Berlin in die Nähe der blutigen Ereignisse. Die Napoleonische Zeit hat ein rasches Tempo. Fünf Jahre zuvor war Napoleon mit dem Zaren verbündet, vier Jahre zuvor kämpfte er gegen Kaiser Franz, drei Jahre vorher heiratete er die Tochter desselben Kaisers Franz und eben hat er sich seine große Niederlage in Rußland geholt. Eine sich überstürzende, wechselvolle dramatische Handlung. Nun erhebt sich das kleine Preußen gegen den großen Herrscher. Die vernünftigen Leute beurteilten den bevorstehenden Befreiungskrieg mit seinem überraschenden ruhmreichen Ausgang für Preußen pessimistisch. Und als am 2. Mai die Verbündeten mit zweifelhaftem Erfolg die Schlacht bei Lützen gegen Napoleon geschlagen haben und Berlin bedroht scheint, zieht es Schopenhauer vor, sich in Sicherheit zu bringen und Berlin zu verlassen.

Er entrichtet eine Spende für die Freiwilligen, um seiner Pflicht gegen das Vaterland Genüge zu tun, aber er hat kein nationales Gefühl. Er haßt Napoleon und fühlt sich durch seine internationale Erziehung als Weltbürger. Goethe hat nach der Schlacht bei Jena gesagt: „Daß jeder Narr jetzt seine eigene Geschichte hat, das eben ist keine der geringsten Plagen der jetzigen bösen Zeit." Schopenhauer wünscht keine Geschichte zu haben, er ist arrogant gegen die Zeit, er beabsichtigt, selbst Geschichte zu machen, dadurch, daß er den Geist der Geschichte vorschreibt. Was er niederzuschreiben hat, erscheint ihm wichtiger als Krieg und Napoleon. „Dem Philosophen", äußert er, „wird in diesem Strom der einzelnen Erfahrungen angst und bange; er hat nicht die Geduld, das einzelne zu betrachten, bevor er weiß, was er aus dem Ganzen zu machen hat." Schopenhauer ist zu sehr Sonderling, als daß er auf die Ereignisse des Tages, mögen sie noch so heroisch sein und alle Welt mitreißen, wie jeder andere reagieren würde. Durch solches anormales Verhalten unterscheidet sich das Genie von den übrigen Menschen. Es sondert sich von der Menschheit ab, damit sie um so größeren Nutzen aus ihm zu ziehen vermag.

Auf der zwölftägigen Flucht nach Dresden gerät er einmal ins Kriegsgetümmel, in einer Stadt, die von französischen Truppen besetzt wird, muß er notgedrungen als Dolmetsch fungieren. Anfang Juni trifft er in Weimar ein. Während eines vorübergehenden Aufenthaltes studiert er mit Eifer Spinoza und nimmt bei seinem alten Lehrer Lenz einige lateinische Sprachstunden. Dann flüchtet er vor der Zeit, die so aufgeregt ist, in das friedliche, verschlafene, abgeschiedene Tal nach Rudolstadt, um sich auf seine Promotion vorzubereiten und in dem ereignisreichen Sommer voll Ruhe seine Dissertation abzufassen. Er wohnt in Rudolstadt im Gasthof „Zum Ritter“, zwei Treppen hoch, genießt den Frieden der Natur und schreibt.

„Meine Phantasie spielt oft“, schwärmt er, „besonders bei Musik, mit dem Gedanken, aller Menschen Leben und mein eigenes seien nur Träume eines ewigen Geistes, böse und gute Träume, und jeder Tod ein Erwachen.“ Über seine Arbeitsweise berichtet er: „Wenn mir ein Gedanke nur undeutlich entsteht und als ein schwaches Bild vorschwebt; so ergreift mich unsägliche Begierde, ihn zu fassen; ich lasse alles stehen und liegen und verfolge ihn, wie der Jäger das Wild, durch alle Krümmungen, stelle ihm von allen Seiten nach und verrenne ihm den Weg, bis ich ihn fasse, deutlich mache und als erlegt zu Papier bringe. Bisweilen entrinnt er mir doch: dann muß ich warten, bis ein anderer Zufall ihn einmal wieder aufjagt: gerade die, welche ich erst nach mehreren vergeblichen Jagden fing, sind gewöhnlich die besten.“

Der sonderbare Sommergast, der den ganzen Tag in seinem Zimmer zubringt, eine oder zwei Stunden ins Freie läuft und sich über jedes Tiergeschrei schrecklich aufregt, schreibt eine 148 Seiten umfassende Abhandlung, die den sonderbaren Titel führt: „Über die vierfache Wurzel des Satzes vom zureichenden Grunde.“ Die ganze Welt wird bei Kant zur bloßen Erscheinung, hinter der nur ein sehr dunkler, unbekannter Rest zurückbleibt, der ihr objektiver Teil sein mag, ein unbekanntes Etwas, „das Ding an sich“. Der junge Schopenhauer, ehe er selbständig zu philosophieren beginnt, nimmt das Ganze als eine ausgemachte Tatsache an. Das Auseinandertreten der Welt in Subjekt und Objekt sieht er als die menschliche Erkenntnisweise an. Möglich, daß Subjekt und Objekt eins sind, mit Bestimmtheit läßt sich nur sagen, daß unsere Anschauung tatsächlich die Welt in Subjekt und Objekt trennt. Also muß unser erkennendes Bewußtsein in Subjekt und Objekt zerfallen, alle unsere Vorstellungen sind Objekte des Subjekts. Nach der verschiedenen Art der Objekte muß unsere Erkenntnisweise auch verschiedene Gestalten annehmen. „Da nichts ohne Grund ist, warum es sei", muß sich dieser Satz vom zureichenden Grunde, der für alle unsere Erkenntnisse gilt, in verschiedenen Gestalten präsentieren, je nach den verschiedenen Arten der Objekte, auf die er anzuwenden ist. Schopenhauer beginnt deshalb seine philosophische Auseinandersetzung im allgemeinen mit der besonderen Aufgabe, den Satz vom Grunde in seine verschiedenen Gestalten zu zerlegen.

So trocken das Thema seiner Dissertation erscheint, so schwierig, langwierig und reizlos die Spekulation auf diesem Gebiet ist, seine Abhandlung, die auf den ersten Blick für den Laien kaum lesbar anmutet – man muß sogar die Schrift zweimal lesen, weil die späteren Kapitel durch die ersten und diese ersten Kapitel wieder erst durch die folgenden ganz verständlich werden –, diese schwere Lektüre, die vom Leser ein eigenes Studium erfordert, birgt mitten in diesem Geflecht scharfsinniger Folgerungen Überraschungen. Von überwältigender Überzeugungskraft und einer restlosen Klarheit sind seine Darlegungen über die Zeit, über den Begriff der Gegenwart, seine Erklärungen des Traumes, die Feststellung der vier Arten der Wahrheit, die Definitionen von Wunsch und Entschluß, von Phantasie und Gedächtnis, deren Wesen er zerlegt, die Andeutungen über das Geheimnis der Willensfreiheit. Tiefste Zusammenhänge im Wesen der Welt werden hier berührt. Seine Unterscheidungen sind delikat, es herrscht hier höchste Ordnung des Denkens. Es ist eine Arbeit von unsagbarer Schönheit, eine Sammlung der großartigsten Entdeckungen und der feinsten Erwägungen. Sie faßt in systematischer Form die bleibenden Elemente der Kantischen Philosophie zusammen, befreit sie mit großer Sauberkeit von unhaltbaren Auswüchsen und bildet das Fundament, auf dem Schopenhauer später sein Lehrgebäude aufbaut. Das ganze grandiose spätere Lebenswerk zeigt sich hier bereits im Keim.

Der Satz vom zureichenden Grunde scheidet sich aufs erste in Urteile, die, um wahr zu sein, immer einen Grund, und in die Veränderungen der realen Objekte, die immer eine Ursache haben müssen. Diese Trennung in Grund und Folge und Ursache und Wirkung haben schon frühere Philosophen vorgenommen. In beiden Fällen berechtigt der Satz zu der Frage Warum, die das gemeinsame Merkmal des Satzes vom zureichenden Grunde in allen seinen Gestalten ist. Aber nicht alle Fälle der Anwendung des Satzes lassen sich bei genauerer Betrachtung auf diese rohe Einteilung zurückführen. Der Satz ist nämlich nur der gemeinsame Ausdruck für die Tatsache, daß alle unsere Vorstellungen in einer gesetzmäßigen Verbindung zueinander stehen. Dieses über alle unsere Vorstellungen herrschende Gesetz ist die Wurzel des Satzes vom Grunde. Es ist ein vierfaches Gesetz, daher ist auch die Wurzel vierfach. Es sind vier Gesetze unseres Erkenntnisvermögens, die den vier verschiedenen Grundbeschaffenheiten unseres Geistes entsprechen. Unsere Vorstellungen nämlich lassen sich in vier Klassen einteilen. Die eine Klasse umfaßt alle Gegenstände unseres Vorstellungsvermögens, die in ihrer Gesamtheit die objektive reale Welt genannt werden. In ihr herrscht der Satz vom Grunde als das Gesetz der Kausalität, von Ursache und Wirkung im engsten Sinn. Eine andere Klasse sind die Vorstellungen aus Vorstellungen, die Begriffe, ihre Verknüpfungen ergeben die Urteile, die wieder zu einem Schluß verknüpft werden können. Hat ein Urteil einen zureichenden Grund, so ist es wahr. In dieser Klasse erscheint der Satz als Grund des Erkennens. In einer dritten Klasse tritt der Satz als Grund des Seins auf, in ihr sind die von vornherein gegebenen Anschauungen von Raum und Zeit enthalten. Auf dem Zusammenhang der Teile der Zeit beruht alles Zählen, also die Arithmetik. Auf dem Zusammenhang der Teile des Raums die Geometrie. Die vierte Klasse umfaßt nur ein Objekt, das unmittelbare Objekt, den eigenen Leib. Hier herrscht der Satz vom Grunde als das Gesetz des Handelns, als das Gesetz der Motivation (Bestimmung durch Beweggründe). Es ist das Subjekt des Willens, das hier für das erkennende Subjekt Objekt ist, es erscheint nur in der Zeit, nicht im Raum, als Wollen. Die Identität des erkennenden Subjekts mit dem wollenden Subjekt, so gewiß sie uns ist, ist unergründlich.

Diese Vierteilung der Gründe gesteht Schopenhauer nicht durch logische Folgerung gefunden zu haben.

Aber sie erweist sich, nach den vier Gemütskräften: im Verstand liegt das Gesetz der Kausalität, in der Vernunft der Grund des Erkennens, in der Sinnlichkeit der Grund des Seins, im Willen das Gesetz der Motivation, als ausreichend. Die vier Gesetze unserer Erkenntnisweise entspringen, so wie sie in einem gemeinschaftlichen Ausdruck zusammentreffen, aus ein und derselben Urbeschaffenheit unseres ganzen Erkenntnisvermögens als ihrer gemeinschaftlichen Wurzel. Die als der innerste Keim der Objekte unseres Bewußtseins anzusehen wäre. Oder als der Ursprung derjenigen Welt, die Plato als die „immer nur entstehende und vergehende, in Wahrheit aber nie seiende" bezeichnet und das Christentum, in Übereinstimmung mit der einfachsten Gestaltung des Satzes vom Grunde, die Zeitlichkeit nennt.

Sobald Schopenhauer die Schrift beendet hat, und da der Krieg im Herbst noch nicht zu Ende ist, beschließt er, nicht nach Berlin zurückzukehren, um dort zu promovieren, sondern im benachbarten Jena um seine Promotion in absentia anzusuchen. Das Manuskript sendet er an den Dekan der philosophischen Fakultät, Professor Eichstädt, in einem in lateinischer Sprache abgefaßten Gesuch fügt er eine kurze Lebensbeschreibung bei und bittet um schonungslose Kritik der Irrtümer, wenn ihm solche unterlaufen sein sollten.

Auf Grund dieser Doktorarbeit, von deren Bedeutung für die deutsche Literatur sich keiner von den Professoren eine Vorstellung macht, erhält Schopenhauer das am 2. Oktober 1813 ausgestellte Doktordiplom. Auf eigene Kosten läßt er jetzt die Abhandlung „in Kommission der Hof-, Buch- und Kunsthandlung" in Rudolstadt drucken. Die beiden ersten der in 500 Exemplaren erschienenen Schrift sendet er an Goethe und den Verlagsbuchhändler Frommann in Jena, dessen Haus in enger freundschaftlicher Beziehung zu seiner Mutter steht und der ihm das notwendige Quellenmaterial zur Abfassung der Abhandlung zur Verfügung gestellt hatte. Dann begibt er sich, seiner Leistung voll bewußt, unverzüglich nach Weimar.

Das Buch – 7 Reichstaler zahlt Schopenhauer dem Buchdrucker für den Bogen – wird an weitere sieben Personen übersendet: an seine einstigen Lehrer Schulze in Göttingen, Schleiermacher, Lichtenstein und Wolf in Berlin, an den Kantianer Reinhold in Kiel, an Böttiger in Dresden, die beiden letzten hatte er im Salon seiner Mutter kennengelernt, und an den Freund seines verstorbenen Vaters, Herrn Kabrun in Danzig, bei dem er selbst zur Zeit seiner Konfirmation vorübergehend in die kaufmännische Lehre gegangen war.

Schulze in Göttingen antwortet mit einem sehr ausführlichen Brief, voll Bewunderung, aber nicht ohne Kritik. Außerdem verfaßt er für die „Göttinger gelehrten Anzeigen“ eine günstige, konventionelle und anonym erschienene Rezension. Zwei weitere Besprechungen erscheinen noch im Laufe eines halben Jahres. Eine in den Marburger „Theologischen Annalen“, in der auf die Absicht des Verfassers hingewiesen wird, „die Ethik zum Schlußstein der ganzen Philosophie zu machen“, und eine zehn Spalten umfassende sehr lobende Würdigung, die offenbar durch die Vermittlung Frommanns zustande gekommen ist. So wenig üblich es zu dieser Zeit war, eine Doktordissertation überhaupt drucken zu lassen, das Erscheinen des schmalen Buches bleibt im allgemeinen unbeachtet. Niemand erkannte Wert und Bedeutung dieser Untersuchung.

Goethe, im allgemeinen gegen Philosophie recht mißtrauisch und ohne systematische Kenntnis des Gegenstandes, liest die Schrift sogleich und spricht sich lobend über sie aus. Ihm mußte wenigstens der Stil und die klare Darstellung aufgefallen sein. Johanna aber fragt spöttisch, ob die „Vierfache Wurzel“ etwas für Apotheker sei? Worauf sich zwischen Mutter und Sohn ein Gespräch entwickelt, das ein Jahrhundert überdauert hat. Er entgegnet nämlich: man werde die Abhandlung noch lesen, wenn von ihren Schriften kaum mehr ein Exemplar in einer Rumpelkammer zu finden sein werde. Er hat zu guter Letzt recht behalten. Aber auch ihre folgende Erwiderung bewahrheitet sich nicht weniger: sie meint, dann werde von der seinigen noch die ganze Auflage zu haben sein. Diese erste Auflage der „Vierfachen Wurzel des Satzes vom zureichenden Grunde“ war nicht einmal mehr zu haben, denn sie wurde kurze Zeit nachher Makulatur. Aus Versehen wurde nämlich die ganze unverkaufte Auflage, obzwar sie wegen des bezahlten Druckes Eigentum des Verfassers war, zur Konkursmasse der bald liquidierenden Rudolstädter Kommissionsbuchhandlung geworfen. So fällt der Grundstein einer neuen Philosophie dem Irrtum eines Buchhalters zum Opfer.

Man muß bedenken, daß es die Zeit der größten patriotischen Opferwilligkeit in Deutschland ist. Die Zeit des „Gold gab ich für Eisen“, in der der Turnvater

Jahn unmittelbar unter der strengsten französischen Zensur und Überwachung die preußische Erhebungsidee mit Erfolg propagiert hatte und in der unter den Freiwilligen sich selbst Mädchen und Frauen am Kampfe beteiligt hatten. Die achtzehnjährige Eleonore Prohaska erlitt als Lützower Jäger den Heldentod. Einer der ersten Freiwilligen war der berühmte Dichter de la Motte-Fouqué gewesen, und selbst die Professoren der Berliner Universität ließen sich in die Liste des Landsturms eintragen. Fichte, der den französischen Bajonetten zum Trotz seine Reden an die deutsche Nation gehalten hatte, war, mit einem Ledergürtel, in dem zwei Pistolen steckten, und einem schweren Reitersäbel abenteuerlich ausgerüstet, auf dem Exerzierplatz erschienen. Schleiermacher als Lanzenträger und die Berliner Schauspieler unter Ifflands Führung sogar mit Bühnenschwertern und dem Harnisch der „Jungfrau von Orleans" bewaffnet.

Auch in Weimar war vor allem die Jugend von dem nationalen Enthusiasmus ergriffen. Im Salon Johannas wurden zwar politische Gespräche, die überall an der Tagesordnung standen, möglichst vermieden, weil die Prominenten, die durch ausländische Beziehungen gebunden waren, zu verschiedene Ansichten hatten. Aber die sechzehnjährige Adele, Arthurs Schwester, schwelgt in ihrer heroischen Periode. Sie bewundert die Preußen, so wie die Mutter in ihrer Jugend die Preußen gehaßt hatte. Adele und ihre Freundin Ottilie von Pogwisch, Tochter einer Hofdame, selbst Preußin, die spätere Schwiegertochter Goethes, ein schönes Mädchen mit einer leicht entzündlichen Seele, gründeten sogar in ihrer geheimen Schwärmerei einen „Orden der Hoffnung", auch „Schwesternbund“ genannt, der durch Geldsammlungen und Handarbeiten Invalide und Kriegswitwen unterstützte. Dieser Schwesternbund, in der Person von Adele und Ottilie, findet eines Tages im Weimarer Park einen verwundeten Leutnant, der auf unerklärliche Weise von den französischen Dragonern bis hierher versprengt worden ist. Für beide Mädchen das Mannesideal an Tapferkeit und Edelmut, wird er von ihnen gepflegt, und beide Freundinnen verlieben sich in schwesterlicher Eintracht in ihn. Diese Liebe zu dem aufgefundenen Kriegshelden, Ferdinand Heinke, einem gut aussehenden und gutmütigen Leutnant im Schlesischen Landwehr-Kavallerieregiment, dem Sohn eines Breslauer Pelzhändlers, ist bei den Mädchen kein flüchtiges Gefühl. Ihr ganzes Leben lang tragen sie das Idealbild ihrer frühesten Jugend im Herzen. Die empfindsamen, romantischen jungen Mädchen kommen von dieser Jugenderinnerung nicht mehr los, weil die allgemeine nationale Begeisterung, die sie verursacht hat, ein übermächtiger Eindruck dieser Zeit war.

In dieser Situation kehrt der junge Doktor Schopenhauer, der in seinem Doktorgesuch bekannt hatte, daß „sein Vaterland größer als Deutschland“ sei, nach Weimar zurück. Der Salon der Mutter, der nun schon den neunten Weimarer Winter zählt, steht im vollen Glanz, obwohl Goethe nicht mehr regelmäßig kommt und Wieland eben gestorben ist. Die abfälligen, verurteilenden und paradoxen Bemerkungen des jungen Schopenhauer erregen hier natürlicherweise allzu oft Anstoß. In einer Welt des hell lodernden nationalen Siegesbewußtseins befindet sich dieser Fünfundzwanzigjährige.

Kühl, nüchtern, ohne Anerkennung und sich seines Wertes doch bewußt. Diese Zeit hat keine Zeit, von ihm Notiz zu nehmen. Das Einzelindividuum und seine Umwelt stehen zueinander im denkbar größten Gegensatz.

Was nun dem jungen Schopenhauer widerfährt, ist deshalb durchaus verständlich. Eine zwangsläufige Auseinandersetzung mit der Familie, die in ihrem trivialen Verlauf fast programmäßig gegeben ist, und die nunmehr unausweichliche engere Bekanntschaft mit Goethe. Das kontemplative Wesen Goethes und Schopenhauers, beide sind der Zeit abgewendet, bringt sie einander näher, bis die Gegensätze ihres Charakters gegenseitig fühlbar werden und auch diese persönliche Beziehung des jungen Schopenhauer mit einer Enttäuschung endet.

Der hauptsächliche Anlaß der häuslichen Zerwürfnisse ist, abgesehen von der Verständnislosigkeit Arthurs für Kriegsbegeisterung und Vaterland, eine dritte Person. Vor vier Jahren hatte Johanna bei einem Besuch in Ronneburg einen jungen Stadtsyndikus kennengelernt, der kurz nachher als Regierungsassessor in Weimarische Dienste trat. Dieser inzwischen zum Geheimen Archivar avancierte Friedrich von Gerstenbergk, nebenbei auch ein wenig belletristischer Schriftsteller, lebt seit einem Jahr in Johannas Hause und wird von Arthur als ein unberechtigter, das vaterlose Familienleben störender, die Mutter kompromittierender Eindringling angesehen. Es ist der Fall einer nur allzu natürlichen Eifersucht eines erwachsenen Sohnes. Schon beim vorhergegangenen Aufenthalt Arthurs, bevor er nach Rudolstadt gefahren war, hatte es zwischen den beiden jungen

Männern heftige Auseinandersetzungen gegeben. Gerstenbergk, in Sachsen-Altenburg als Sohn des Justizrates Müller geboren, nach dem Tode seines Vaters von seinem Onkel Konrad von Gerstenbergk adoptiert, ist nur um acht Jahre älter als Arthur und um zwölf Jahre jünger als Johanna. Dieser schmiegsame, seiner Natur nach weiche junge Mann, der auch an den gemeinsamen Mahlzeiten teilnimmt, hatte das Herz Johannas erobert, zu deren aktiver Natur er die richtige Ergänzung bedeutete. Arthur hingegen durchschaut sogleich die vielen Schwächen des Liebhabers seiner Mutter und findet genügend Anlaß, gegen das unbürgerliche Verhältnis zu opponieren.

Es ist in der Tat einiges gegen den Mann einzuwenden. Er schreibt recht belanglose Novellen und schwülstige Gedichte, die er unter seinem ursprünglichen Namen Friedrich Müller in Taschenbüchern und Almanachen unterbringt. Ein eigenes schmales Bändchen „Kaledonische Erzählungen“ hat er auch publiziert, wohl mehr dank seinen gesellschaftlichen Beziehungen denn als Folge der Durchschlagskraft seines bescheidenen Talents. Er kommt sich verkannt vor, posiert gelegentlich Weltschmerz und lebt überhaupt etwas über seine geistigen Verhältnisse. Immer ängstlich bestrebt, Karriere zu machen, erreicht er doch wegen seines schwankenden Charakters fast nie etwas und zählt eigentlich zu den Pechvögeln und Stiefkindern des Lebens. Er ist ein sächsischer homme des femmes, der nach jeder Frau begehrende Blicke wirft und im Grunde einer Vollnatur wie Johanna recht unwürdig ist. Auch der gesellschaftlichen und geistigen Kapazität Johannas, die bereits, nachdem 1810 ihre Fernow-Biographie erschienen war und Erfolg hatte, eine angesehene Schriftstellerin ist, entspricht diese Beziehung nicht ganz. Die vielumworbene Frau hätte leicht eine andere Wahl für die Bedürfnisse ihres Herzens finden können. Aber es ist gewiß auch für Johanna bezeichnend und spricht für ihre Großzügigkeit, daß sie ihre Neigung an einen so unbedeutenden Menschen verschenkt.

Das Zusammenleben mit dem Liebhaber der Mutter ist Arthur, der im praktischen Leben ein kleinlicher Bürger ist, unerträglich. Die äußeren Umstände, das offene Geheimnis, das jeder in Weimar kennt, aber stillschweigend respektiert, weil sich Johanna dieses Verhältnis leisten kann, die halberwachsene Schwester im Hause, die gleichfalls eine natürliche Abneigung gegen den fremden Mann empfindet, all das widerspricht Arthurs konservativem Sinn zu sehr, als daß er nicht laut und offen Einspruch erheben müßte. Er sieht in dem Hausfreund einen schwermütigen Wirrkopf mit einem tiefen geistigen Niveau, der sich vergeblich als gleichwertig in die Familie einzufügen versucht. Jedes Gespräch mit ihm, das bei den Mahlzeiten unvermeidlich ist, empfindet Arthur als eine Beleidigung. Er ist darum gegen den Hausgenossen besonders hochfahrend und unduldsam. Die Schwester ergreift in solchen Fällen die Partei des Bruders, und so erfährt das Familienleben empfindliche Störungen.

Zudem hält Arthur, der sich zu Beginn des neuen Jahres den wenig repräsentativen Universitätsfreund Josef Gans aus Berlin nach Weimar hat kommen lassen, der auf Arthurs Kosten gleichfalls bei der Mutter einquartiert ist und an den gemeinsamen Mahlzeiten teilnimmt, nicht mit Ratschlägen zurück. Er mahnt die Mutter, sie möge mit dem väterlichen Erbteil sparsamer verfahren, weil er, zum Gelderwerb nicht geeignet, ihre Sorge später einmal nicht übernehmen könnte. Das sind zwar sachlich berechtigte, aber von seinem Widerstand gegen Gerstenbergk diktierte Vorwürfe, in denen sich ein ähnlicher, aber vergröberter Charakterzug seines Vaters Heinrich Floris kundgibt, und die zu Auftritten führen, die Johannas Gemütsruhe, auf die sie sorgsam bedacht ist, immer wieder gefährden.

Deshalb ist Johanna eines Tages entschlossen, diesen häuslichen Zwistigkeiten ein jähes Ende zu bereiten. Arthurs Verlangen nach der Entfernung Gerstenbergks beantwortet sie mit der Kündigung der Pension des Sohnes und seines Freundes Gans, bei der sie angeblich auch nicht auf ihre Rechnung gekommen sei. Arthur ist sofort bereit, den Beitrag für die eigene und des Freundes Verköstigung zu erhöhen. Aber Johanna ist der Auseinandersetzungen müde. Sie schreibt ihm tags darauf einen langen Brief: „Ich halte es nicht für gut“, heißt es darin, „daß eine Mutter mit ihrem erwachsenen unabhängigen Sohne in einem Hausstande lebt; es kommt für beide nie etwas Gutes dabei heraus. Dagegen, wenn der Sohn im Orte lebt, ist ein Besuch für beide eine Freude und Erholung. Ich sehe nicht ein, wohin du diesen Sommer gehen willst. In Dresden ist's traurig, in Tübingen und Stuttgart ist's noch nicht geheuer, nach Berlin magst du nicht. Ich würde dir raten, dich hier einzurichten, wo du angenehmer leben und für dich studieren kannst, wie an jedem andern Ort .... Gerstenbergk verdrängt dich nicht, er weiß nichts von dem, was wir jetzt miteinander verhandeln; denn es ist meine Art, nie von dem, was ich tue oder lasse ohne Not zu sprechen. Ich spreche überhaupt fast nie von dir mit ihm, obgleich er nie sich so über dich ausdrückt, daß du es nicht selbst anhören könntest, weil er weiß, es würde mir weh tun, wenn er es täte. – Von jenen unangenehmen Vorfällen zwischen dir und Gerstenbergk haben wir so viel gesprochen, daß es endlich genug sein könnte. Ich war damals nicht mit dir zufrieden, mit ihm aber auch nicht, ich sagte es ihm wie dir, er erkannte sein Unrecht, in meiner Gegenwart sich so vergessen zu haben, bat mich um Vergebung und die Sache war zwischen mir und meinem Freunde abgetan. Er war fest entschlossen, nie wieder in den gleichen Fehler zu fallen; aber es ging nicht: ihr seid ein Paar einander so entgegengesetzte Elemente, daß es knallen und brausen muß, wenn ihr zusammenkommt, ohne daß jeder deshalb an sich schlecht wäre. Das sah ich deutlich, ihr könnt nicht nebeneinander existieren, daher traf ich die Einrichtung, nach welcher wir jetzt ganz friedlich leben und uns wohl dabei befinden. Gerstenbergk hat jetzt keinen Grund, dich fern zu wünschen. Er haßt dich nicht, wie du ihn, er ist darin gerechter als du. Das Alleinsein mittags ist ihm recht, da er jetzt viel zu tun hat, und es ist möglich, daß diese Einrichtung bleibt, selbst wenn du fort bist; im übrigen genierst du ihn gar nicht. Dein Treiben und Wesen gefällt mir freilich nicht immer und ganz. Du scheinst mir zu absprechend, zu verachtend gegen die, die nicht sind wie du, zu aburteilend ohne Not und predigst mir zuweilen zu viel. Deswegen aber wünsche ich nicht, daß du ein tüchtiger Husar wärst, wenn auch deine Weise zu sehen und dein Eifer, anderen diese Ansicht aufdrängen zu wollen, mir nicht gefällt. . . . . Besonders aber verdrießt es mich, wenn du auf die schimpfst, die, ergriffen von der großen Zeit, in der wir leben, das Schwert zur Hand nehmen, selbst wenn die Natur sie nicht dazu bestimmte. Du sollst anderen ihre Weise lassen, wie man dir die deine läßt, denke ich. Gans ist dann froh, seine angeborene Feigheit hinter dir zu verbergen und pappelt dir nach, ohne deinen Geist zu haben. Das ist gar nicht erfreulich zu hören; lieb wär's mir, wenn du solche Unterhaltung in Zukunft vermiedest. Warum unser Familienband dir zerrissen erscheint, begreife ich nicht. Laß nur Gelegenheiten zur Teilnahme kommen, du wirst sie bei mir und Adelen nicht vermissen. Schon unsere Bereitwilligkeit, deinen israelitischen Freund aufzunehmen, sollte dir ein Beweis davon sein. Wollte ich dir meinen Freund opfern, weil ihr euch nicht miteinander vertragt, so täte ich Unrecht an ihm und mir. Du hast mir oft bei anderen Gelegenheiten mit Recht gesagt: wir beide sind zwei – und so muß es auch sein. Genug, ich habe dafür gesorgt, daß ihr einander wenigstens nie in den Weg treten könnt; da ich die Unmöglichkeit einsehe, daß ihr euch je erkennen könntet. Ich aber kenne euch beide, jeder ist mir lieb nach seiner Art und keiner tut dem anderen bei mir Eintrag, keinen werde ich dem anderen opfern. Da ich aus Gründen, die ich einsah, eh' ich ihn kannte, weiß, daß du selbst dies nie wünschtest, warum soll ich mich von einem Freunde losreißen, der mir treu ist und helfend, so wie's

Not tut, der mir meine Existenz angenehmer macht und den ich und viele achtungswerte Menschen für gut und rechtlich anerkennen? Bloß weil er sich, hingerissen von Zorn, Empfindlichkeit und Hitze unartig gegen dich betrug, der auch nicht artig war? Besonders da ich die natürliche Antipathie zwischen euch anerkenne, für welche ihr beide nicht könnt. Da wäre ich sehr ungerecht gegen mich und ihn. Laß ihn nur immer, wo er ist, er tut dir keinen Eintrag. Sei mild, gut, teilnehmend gegen mich und Adelen, sitze nicht immer auf dem Richterstuhl uns gegenüber und du wirst sehen, ob wir dich lieben. Antworte mir nicht, es ist unnötig."

So unerfreulich dieses Familienzerwürfnis ist, das ein typischer Kleinstadtkonflikt ist, das große Erlebnis für Arthur ist Goethe. Was bedeuten ihm schließlich Mutter und Schwester, da ihm sein Leben eine besondere Aufgabe stellt. Er ist überzeugt und spricht es auch aus, „der Philosoph seines Jahrhunderts" zu werden. Wichtig ist also für ihn nur, wie sich innerhalb seiner Umwelt das Genie Goethe zu ihm verhält.

Am 6. November, als Schopenhauer den Salon seiner Mutter betritt, erhebt sich Goethe von seinem gewohnten Platz, geht auf ihn zu, drückt ihm die Hand und spricht Schopenhauer das erste Mal an. Goethe hatte zwei Tage vorher die „Vierfache Wurzel" gelesen und hält nun mit seinem Lob nicht zurück. In einem regelrechten Gespräch mit dem jungen Doktor rühmt der große Mann die Ableitung der Geometrie aus der reinen Anschauung in der Schrift und kommt schließlich auf sein Steckenpferd, die Farbenlehre, zu sprechen. Für den folgenden Tag ladet er Schopenhauer zu sich ein, um ihm einige optische Experimente persönlich vorzuführen.

Goethe, der schon 1792 seine „Beiträge zur Optik" und 1810 seine „Farbenlehre" herausgegeben hatte und auf eine ziemlich allgemeine Ablehnung der Fachleute gestoßen war, sah im Gegensatz zu Newton in den Farben nicht Arten des Lichtes, die durch Brechung und Teilung des Lichtstrahls entstehen, sondern Produkte aus Licht und Finsternis. Durch die Finsternis werde das Licht getrübt und die Finsternis werde durch das Licht erhellt. Beide Prozesse in verschiedenen Graden ergäben die Farben. Das durch die dünnste Finsternis getrübte Licht erzeuge die gelbe Farbe, das durch das Licht erhellte dünnste Dunkel die blaue Farbe. Darin bestehe das „Urphänomen" der Farbe. Goethe hatte die Farben deshalb sehr poetisch als „die Taten und Leiden des Lichtes" bezeichnet. Wenn demnach das Phänomen der Farbe nach Goethes Auffassung außerhalb des Auges lag, so erkannte er damit die Farben doch nicht als gesonderte Wesenheiten der Realität an und näherte sich mit dieser Auffassung bis zu einem gewissen Grad der philosophischen Idealität. Beinahe im Gegensatz zu seiner eigenen sonstigen Meinung in philosophischen Fragen. Er stellte nämlich, von Schiller vergeblich zu Kant bekehrt, überall die Natur als das ursprünglich Gegebene in den Vordergrund. Goethe mußte also in der reinen philosophischen Auffassung Schopenhauer, dem Anhänger Kants, widersprechen, obzwar er ihm gerade auf dem Gebiete der Farbenlehre wiederum näherkam. Aus dieser seltsamen zwiespältigen Einstellung Goethes erklärt sich folgerichtig die Annäherung zwischen Goethe und Schopenhauer im Anfang ihrer Beziehung und ihres Gedankenaustausches und schließlich der unausweichliche Bruch zwischen beiden.

Goethes Tagebuch verzeichnet drei Besuche Schopenhauers in unmittelbarer Aufeinanderfolge am 7., 10. und 14. November 1813. Der junge Schopenhauer stürzt sich sogleich mit Eifer auf das Studium der Farbenlehre, nicht allein durch Goethes Interesse für den Gegenstand angeregt, sondern auch weil ihm gerade das Phänomen der Farbe die nutzbringende praktische Anwendung seiner philosophischen Grundanschauungen versprach. In der Farbenlehre mußte sich die Richtigkeit seiner Philosophie auf die Probe stellen lassen. Aber je mehr er sich dabei seinen Resultaten näherte, desto mehr mußte er sich auch von Goethes Ansichten entfernen, wenngleich Schopenhauer dabei voll kindlicher Ehrfurcht bemüht war, diese Gegensätze zu überbrücken und den vierzig Jahre älteren Freund von seinen Argumenten zu überzeugen. Hatte schon Locke die Farben als Gesichtsempfindungen zu erklären versucht, so fand Schopenhauer bald, daß erst die eigene Aktion des Auges die Farbenempfindung auf der Netzhaut hervorrufe. Die Farbe bestehe, nach seiner Erkenntnis, allein „in der organischen Fähigkeit der Retina“, der Netzhaut des Auges.

Schon am 24. November schreibt Goethe an Knebel: „Der junge Schopenhauer hat sich mir als ein merkwürdiger und interessanter Mann dargestellt; du wirst weniger Berührungspunkte mit ihm finden, mußt ihn aber noch kennenlernen. Er ist mit einem gewissen scharfsinnigen Eigensinn beschäftigt, ein Paroli und Sixleva in das Kartenspiel unserer neueren Philosophie zu bringen. Man muß abwarten, ob ihn die Herren vom Metier in ihrer Gilde passieren lassen; ich finde ihn geistreich, und das übrige lasse ich dahingestellt." Die vorsichtig-skeptischen Worte Goethes zeigen seine sichere Menschenkenntnis und das treffende Urteil über die Fachwelt der Philosophie, die ihm selbst relativ fremd ist. Die Worte bezeugen aber auch den Gegensatz zwischen ihm und Schopenhauer von allem Anfang an. Am 29. November verbringt Schopenhauer den Abend bei Goethe. Wie weit nun schon der Verkehr zwischen beiden vorgeschritten ist, geht aus der Tatsache hervor, daß ihm Goethe jetzt seinen gesamten optischen Apparat zur Verfügung stellt und ihn ihm am nächsten Tag übermittelt, um Schopenhauer ein selbständiges Studium zu ermöglichen.

Vierzehn Tage arbeitet Schopenhauer intensiv und experimentiert. Erst am 17. Dezember kommt es wieder zu einer Begegnung mit Goethe. An diesem Abend wird eine Liebhabervorstellung im Hause Johannas veranstaltet, bei der Adele – worauf diese sehr stolz ist – jenen Brokatrock trägt, in dem Goethe einst in Straßburg promovierte. Den nächsten Abend trägt Schopenhauer bei Goethe seine neuen Ergebnisse vor. Drei Wochen nachher, am 8. Januar, ruft ihn Goethe am Vormittag wieder zu sich, um persönlich dem Schüler einige schwierige Experimente vorzuführen. Anknüpfend an „jenen lehrreichen Morgen" bittet Schopenhauer vier

Tage später durch ein Billett, „diesen Abend aufwarten zu dürfen“. Tags darauf verfaßt Goethe folgendes Gedicht, das sich zweifellos auf Schopenhauer bezieht:

„Was Gutes zu denken, wäre gut,
Fänd' sich nur immer das gleiche Blut;
Dein Gutgedachtes, in fremden Adern,
Wird sogleich mit dir selber hadern.
Ich wär' noch gern ein tätig' Mann,
Will aber ruh'n;
Denn ich soll ja noch immer tun,
Was immer ungern ich getan.

Trüge gern noch länger des Lehrers Bürden,
Wenn Schüler nur nicht gleich Lehrer würden.“

Goethe hat nun die Absicht aufgegeben, in Schopenhauer einen geeigneten Interpreten seiner Farbenlehre heranzuziehen. Goethe hatte ja schon längst alle Aussichten auf einen Erfolg seiner Farbenlehre aufgegeben. Nach zwei Wochen empfängt er wieder den etwas schwierigen jungen Mann, aber man verhandelt diesmal nicht mehr ausschließlich über die Farben, sondern auch über allgemeine philosophische Gegenstände. Als Schopenhauer im Gespräch den für ihn unumstößlichen Satz aufstellt, daß die Objekte als solche nur da seien, insofern sie von dem erkennenden Subjekt vorgestellt werden, antwortet ihm der Realist Goethe: „Was, das Licht sollte nur da sein, insofern Sie es sehen? Nein, Sie wären nicht da, wenn das Licht Sie nicht sähe!“

Mit dieser ebenso temperamentvollen wie laienhaften Äußerung des fünfundsechzigjährigen Goethe scheint der engere Verkehr abgebrochen. Die letzten Besuche halten sich in konventionellen Grenzen. Am 22. Februar, Schopenhauers Geburtstag, ist er bei Goethe eingeladen, am 2. März verbringt er den Abend bei ihm, am 3. April ist er zum Mittagessen eingeladen. Am 8. Mai, als Schopenhauers Entschluß feststeht, Weimar zu verlassen, überreicht er nach der damaligen Sitte Goethe zum Abschied ein Album, in das der Olympier, als erster und einziger, die von Schopenhauer nicht befolgte Widmung einträgt:

„Willst du dich deines Wertes freuen,
So mußt der Welt du Wert verleihen.
Im Gefolg und zum Andenken mancher vertraulicher Gespräche. Goethe.“

Am 15. Mai verabschiedet er sich von Goethe in Berka. In den „Tag- und Jahresheften“ hat Goethe resümierend über ihn geurteilt: „Dr. Schopenhauer trat als wohlwollender Freund an meine Seite. Wir verhandelten manches übereinstimmend miteinander, doch ließ sich zuletzt eine gewisse Scheidung nicht vermeiden, wie wenn zwei Freunde, die bisher miteinander gegangen, sich die Hand geben, der eine jedoch nach Norden, der andere nach Süden will, da sie denn sehr schnell einander aus dem Gesicht kommen.“

Aus dieser Zeit berichtet auch Dr. Hermann Frommann aus Jena eine mündliche Äußerung Goethes über Schopenhauer, die oft zitiert wird, deren Echtheit aber mehr als zweifelhaft ist. Als in einer Gesellschaft in Jena einige junge Mädchen über den „in mürrischer

Absonderung in der Fensternische stehenden“ Schopenhauer kicherten, soll der eintretende Goethe gerufen haben: „Kinderchen, laßt mir den dort in Ruhe, der wächst uns noch einmal allen über den Kopf!“ Schon das Zusammentreffen in Jena ist nicht nachweisbar, sollte es früher gewesen sein, so fehlt jede Veranlassung zu der Äußerung Goethes, der Schopenhauer früher nicht beachtet hat. Auch entsprach sie nicht der Ansicht Goethes, wie dessen gleichzeitige schriftliche Mitteilungen beweisen. Die Anekdote dürfte ihren Ursprung in den Worten Wielands haben, der als einziger sogleich Schopenhauers Genie erkannte und eine ähnliche Äußerung getan hat, wogegen Goethe mit sicherem Instinkt den Widerstand vorausahnte, den Schopenhauer sein Leben lang bei den Universitätsphilosophen finden sollte.

Zweifach enttäuscht, durch die Mutter und durch Goethe, verläßt Schopenhauer Weimar. Nur noch vorübergehend, in Abwesenheit seiner Familie, besucht er gelegentlich die Musenstadt. Ende Mai übersiedelt er nach Dresden, wo er vier Jahre bleibt. Am 17. Mai erhält er das väterliche Erbe ausbezahlt, worüber er eine Quittung ausstellt. Damit ist das letzte Bindeglied zwischen ihm und seiner Mutter aufgehoben. Er geht jetzt unbeirrt seinen eigenen Weg.

Aber die Auseinandersetzung mit Goethe hat noch einen seelischen Protest hinterlassen. Binnen einem Jahr, bereits mit reinen philosophischen Erwägungen beschäftigt, schreibt Schopenhauer in Dresden eine Abhandlung „Über das Sehn und die Farben“, in der er von Goethe ausgehend und von ihm abweichend die eigene Theorie entwickelt. Mit vielem Scharfsinn übersetzt er darin Goethes Märchen von den Farben ins Mathematisch-Abstrakte. Der Theorie Goethes unterschiebt er eine subjektive Auffassung. Farben sind dunkler als Weiß, heller als Schwarz. Die Grade des Hellen und des Dunkeln sind endlos, darum gibt es zahllose Farben. Aber es gibt auch ausgesprochene reine Farben, Merkpunkte einer Skala, es sind dies die hellen oder positiven Farben Gelb, Orange, Rot und die dunkeln oder negativen Grün, Blau, Violett. Schopenhauer unterscheidet nämlich, da die Farbe bei ihm nur in der Tätigkeit des Auges besteht, zwischen einer qualitativ und quantitativ geteilten Tätigkeit der Retina, quantitativ auch intensiv und extensiv geteilten Tätigkeit, durch die erst die Farbempfindung – und nicht nur die Unterscheidungen zwischen Weiß, Grau und Schwarz – zustandekommt. Die volle Tätigkeit der Retina setzt er gleich 1, die Untätigkeit gleich 0 und drückt die einzelnen Farben in den folgenden Zahlenbrüchen der Tätigkeitsteilung der Netzhaut aus:

Weiß	= 1,	Grün	= $^1/_2$,
Gelb	= $^3/_4$,	Blau	= $^1/_3$,
Orange	= $^2/_3$,	Violett	= $^1/_4$,
Rot	= $^1/_2$,	Schwarz	= 0.

Rot und Grün, auf einer Scheibe rotierend, ergeben nämlich Weiß, ebenso die jeweiligen Komplementärpaare. Die verschiedenen Farben sind aber auch von verschiedener Helligkeit und Dunkelheit, was Schopenhauer eben mit der verschiedenartigen Teilbarkeit der

Retinatätigkeit zu erklären versucht. Man könnte sagen, erst die Müdigkeit des Auges erzeuge die bunte Welt des Farbenreiches.

Diese Abhandlung, die Schopenhauer noch als Manuskript, bevor sie zwei Jahre später bei Johann Friedrich Hartknoch in Leipzig erscheint, Goethe zusendet, ist der Anlaß einer Korrespondenz zwischen beiden, in der sich die Physiognomie Goethes und Schopenhauers bis in die kleinsten Züge enthüllt. Die Korrespondenz, eine Fundgrube für den Psychologen, die 17 Briefe umfaßt, von denen 15 erhalten sind, und die sich über drei Jahre erstreckt, zeigt das werdende Genie, wie es sich durchzusetzen bemüht, und das anerkannte Genie, wie es sich von seinem Standpunkt aus dazu verhält. Schopenhauers Briefe, in denen er Goethe vergeblich vorschlägt, die Abhandlung herauszugeben und immer wieder ein Urteil Goethes, mit dem dieser säumt und spart, urgiert, sind eine seltsame Mischung von Treuherzigkeit und Hochmut, von rührender Ehrfurcht und eigensinniger Dringlichkeit und einem verborgenen Mißtrauen, das sich geradezu bis zu unpassenden Verdächtigungen versteigt, als Goethe ihm vorschlägt, das Manuskript seinem Freunde Dr. Seebeck, einem bewährten Fachmann, zur Begutachtung vorzulegen. Dabei stilistisch von größter Finesse, versucht Schopenhauer mit einer hartnäckigen Ausdauer immer wieder, Goethe von der Richtigkeit der eigenen Theorie zu überzeugen. Schopenhauers Metaphern in diesen Briefen, von denen einer den Umfang einer kleinen Abhandlung hat, sind großartige schriftstellerische Leistungen. So vergleicht Schopenhauer einmal den Philosophen mit Ödipus – das Gleichnis kommt auch schon bei Schiller vor, was Schopenhauer vermutlich unbekannt war – „der Aufklärung über sein eignes schreckliches Schicksal suchend, rastlos weiter forscht, selbst wenn er schon ahndet, daß sich aus den Antworten das Entsetzlichste für ihn ergeben wird". „Der Mut, keine Frage auf dem Herzen zu behalten, ist es, der den Philosophen macht."

Mit unerschütterlichem Gleichmut und freundlicher Ruhe antwortet Goethe auf diese Briefe, ohne von seiner ablehnenden Haltung abzugehn. Deutlich treten die Gegensätze zweier Charaktere, die sich in dieser Korrespondenz spiegeln, zutage: Jugend und Alter, die Leiden eines Individuums, das an einem zu scharfen Verstand krankt, und die weltmännische Gelassenheit eines konzilianten Wesens, kleinbürgerlicher Starrsinn und großzügige Oberflächlichkeit, Konsequenz und Konvention, zwei verschiedene Arten von Takt, die der Sachlichkeit und die der Verbindlichkeit. Und seltsamerweise kehrt sich die Wirkung, liest man diese Korrespondenz, um: die unaufrichtige Höflichkeit Goethes ist sympathisch, die unwiderlegbare Logik Schopenhauers ist es mitunter nicht.

Wie mit der Erscheinung der Farbe ist Schopenhauer mit allen Erscheinungen der Außenwelt verfahren. Hatte man bisher, wie Newton, die Farben aus der Teilbarkeit des Lichtes abgeleitet, weil das Experiment es zuließ, den Lichtstrahl in verschiedene Farben zu zerlegen, so verlegte Schopenhauer diese Teilbarkeit in die der Tätigkeit des Auges. Schopenhauers Theorie war keine endgültige Lösung des Phänomens der Farbe, sondern eine bessere Art der Erklärung des Phänomens. Übrigens hat das 88 Seiten umfassende Buch Schopenhauers, dessen erstes Kapitel die ästhetisch glanzvolle Darstellung des reinen philosophischen Begriffs der Anschauung enthält, eines der merkwürdigsten Schicksale erlebt. Sein Einfluß auf die physiologische Optik, die vieles bei Schopenhauer später bestätigt hat, wird geleugnet, weil diese allein durch die empirische Forschung zu ihren Resultaten gelangt ist. Ein neuerer Forscher, Professor Ostwald, hat seine Verwunderung darüber ausgesprochen, „daß in dem Jahrhundert, welches nach Veröffentlichung von Schopenhauers Schrift verflossen ist, sein Gedanke keinerlei Resonanz hervorgerufen und keine Entwicklung erfahren hat“. Ostwald sagt in diesem Zusammenhang über Schopenhauers Farbenlehre: „Es handelt sich vielmehr hier um eine Voraussage von der Art, wie sie die griechischen Orakel von sich gaben.“ Vierzig Jahre nach dem Erscheinen hält der damals größte lebende Physiologe Hermann Helmholtz in Königsberg einen Vortrag „Über das Sehen des Menschen“, in dem er, ohne Schopenhauer zu zitieren, eine Gleichheit der Auffassung und sogar des Ausdrucks zeigt. Der Fall rief eine der langwierigsten Plagiatsaffären der deutschen Literaturgeschichte hervor. Schopenhauer selbst konstatierte zuerst ein Plagiat, widerrief aber später seine Ansicht. Der Streit dauerte bis in unser Jahrhundert und ist heute noch nicht völlig entschieden. Zuerst erklärte man die Übereinstimmung aus der Anlehnung an Kant bei Schopenhauer und bei

Helmholtz, als aber nachgewiesen wurde, daß diese Kantischen Elemente bei Schopenhauer höchst eigenwillig ausgelegt wurden, mußte man gestehen, daß Helmholtz also zufällig die gleiche eigenwillige Auslegung von Kant angewendet hatte. Außerdem erscheint die Behauptung von Helmholtz, Schopenhauers Schrift nicht gekannt zu haben (bei der Ähnlichkeit des Titels seines Vortrages), wenig glaubwürdig, da sein Vater ein Universitätsfreund Schopenhauers in Berlin war, wie oben erwähnt wurde, und im Hause der Helmholtz viel philosophisches Interesse herrschte.

Ebenso wie Schopenhauer die Farbe als Teilbarkeit der Netzhauttätigkeit erklärt hat, erklärt er jetzt die Welt auch wieder nur subjektiv. Er nennt das Buch, das er jetzt schreibt und das der erste Teil seines Hauptwerkes wird, ausdrücklich „Die Welt als Wille und Vorstellung" und nicht „Die Welt ist Wille und Vorstellung". Schopenhauer unternimmt es, die Welt zu erklären, unter der Voraussetzung, als bestehe sie aus Wille und Vorstellung. Dadurch vermag er die Welt im weitesten Maße zu erklären und zu begründen, ohne sie mit Wille und Vorstellung zu identifizieren. Selbst angenommen, Kants Lehre von der Idealität wäre grundfalsch, so könnte dabei doch noch ein richtiges Bild von der Welt herauskommen, auch wenn dieses Bild bei ihm auf den Kopf gestellt erscheint. Diese Einschränkung ist wichtig, weil die Klarheit darüber, wie weit die Sache Geltung hat, die Bedeutung dieser Geltung erhöht. Schopenhauer hat klipp und klar ausgesprochen, daß er in der Philosophie keine Wissenschaft, sondern eine Kunst sieht. „So arm und dürftig ist alle Wissenschaft, und ihr Weg ohne Ziel. Aber die Philosophie verläßt ihn und tritt zu den Künsten über." „Eben dies nun wird der Fall sein mit meiner Philosophie; denn sie wird eben Philosophie als Kunst sein."

Schon während Schopenhauer seine Doktorarbeit schrieb, äußerte er, daß er das Embryo eines völlig originellen Systems in sich trage. In Dresden schreibt er es nun nieder. Mit großem Arbeitsaufwand und äußerster Sorgfalt. Das System wird eine Darstellung des Wesens der Gesamtheit unserer Wahrnehmungen, wie sie in solchem Umfang und in solcher Geschlossenheit bisher nicht aufzuweisen war. Man könnte sagen, ununterbrochen spiegelt sich die Welt in der Erkenntnis der Wahrheit einzelner Individuen. Aber gerade nur zu einem bestimmten Zeitpunkt der europäischen Geschichte, bei einem bestimmten Stand der Entwicklung des naturwissenschaftlichen und technischen Wissens war es möglich, daß bei einem einzelnen ein so komplettes und präzises Spiegelbild zustandekam. Denn das Genie ist nur zur einen Hälfte ein organisches Phänomen, zur anderen Hälfte ist es ein Geschichtsphänomen. Kein überflüssiges – nicht ein bloßer Luxus, den sich die Natur ab und zu leistet, indem sie dem einzelnen die Wahrheit offenbart – weil sich nicht das allgemeine Weltbild nach der jeweiligen Welt bildet, sondern die Welt dem jeweiligen Weltbild nachhinkt. Es scheint fast, als würde die Natur, deren Produkte letzten Endes die Kunstwerke sind, selbst wieder zu einem Produkt des von ihr hervorgebrachten höchsten Kunstwerks, der Philosophie. In diesem Sinne ist bei Schopenhauer Philosophie als Kunst aufzufassen.

Kant hatte als die beiden Angelpunkte der Metaphysik die Idealität der Welt und die Realität der Willensfreiheit bezeichnet. Auf diese Feststellung Kants baut Schopenhauer sein System auf. Die Idealität läßt voraussetzen, daß sich die Welt das eine Mal als unsere Vorstellung präsentiert, die Willensfreiheit, daß ein Wille real vorhanden ist, sich also die Welt das andere Mal als Wille kundgibt. Da der Wille hiebei das Primäre und die Vorstellung das Sekundäre ist, weil der reale Wille die Vorstellung erst bedingt, wenngleich die Vorstellung den Willen leitet, nennt Schopenhauer sein Buch „Die Welt als Wille und Vorstellung“ und nicht umgekehrt „Die Welt als Vorstellung und Wille“. Damit hat Schopenhauer, Kant folgend, den Begriff der Seele aufgehoben. Der Intellekt, unser Verstand, als der Träger der Anschauung, ist nicht mehr ein selbständiges, ursprüngliches Wesen, sondern eine Äußerung des Willens, und alle Erkenntnis ist ein Produkt unserer leiblichen Organisation. Woher aber stammt unser Leib und sein Dasein? Schopenhauer beantwortet die Frage nicht wissenschaftlich – wie es der Materialismus getan hat, indem er den Leib in unzählige Atome zerlegte und dabei auf keinen grünen Zweig kam –, sondern philosophisch. Der Leib ist ein Körper, ein Teil der Körperwelt, die sich als unsere Vorstellung entpuppt hat. Der Leib ist eine Erscheinung wie jede andere. Was allen Erscheinungen zugrunde liegt, nämlich das wahrhaft Reale dieser Welt, nennt Kant das „Ding an sich“. Kant hatte sich geweigert, wie bereits erwähnt, diesen letzten Rest, der nach allem Erkennen als letzte Ursache der Erscheinungen unerkennbar zurückbleibt, weiter zu beachten. Schopenhauer, unerschrocken, setzt dieses Ding an sich dem Willen gleich. Der Vorgang, der etwas an das Ei des Columbus erinnert, ist die eigentliche Erfindung oder besser: der eigentliche Trick seiner Philosophie. Kant war so vorsichtig, das Ding an sich und die Realität der Freiheit nicht miteinander in Verbindung zu bringen, weil kein logischer Schluß das von vornherein zuließ. Schopenhauer macht den Sprung und versucht es im nachhinein durch die Erfahrung logisch zu beweisen. Die Sache war auch, einmal getan, sehr plausibel: alles zurückzuführen auf einen Willen, zu leben, wie wir ihn unmittelbar wahrnehmen und überall antreffen, zu leben auf eine bestimmte Art, unter bestimmten Bedingungen. Das hatte sogar schon ein anderer Schriftsteller, der französische Naturforscher De la Marck, in seiner 1809 erschienenen „Zoologie philosophique" geschildert, so daß Schopenhauer zur Rechtfertigung für den kühnen Eingriff in das Kantische System sogar mit dem Verdacht eines Plagiats, der auf ihn fiel, aufwarten konnte. Vierzig Jahre nachher hat übrigens kein Geringerer als Darwin in seiner „Entstehung der Arten" das Vorherrschen eines solchen Lebenswillens in der Natur überzeugend belegt.

Schopenhauer leitet nun von diesem Willen, dessen Erkenntnis er nicht aus der Überlegung, sondern aus der Erfahrung geholt hat, sein ganzes philosophisches System ab. Wohl zu seiner eigenen Verwunderung mit größtem Erfolg. Der Wille bringt, nach seiner Annahme, das Erkenntnisorgan, den Leib, und die Erkenntnis hervor. Der Leib ist sonach das unmittelbare Willensprodukt, der Intellekt das mittelbare. Da der Wille sonach unabhängig vom Intellekt, seinem Produkt, ist, das erst die Formen der Anschauung, Raum, Zeit und Kausalität, enthält, so ist der Wille auch unabhängig von der Vielheit der Erscheinungen. Demnach muß unser eigenes Selbst auch das innerste Selbst jeder anderen Erscheinung sein. Damit ist der Einzelwille, der Egoismus des einzelnen, als Irrtum entlarvt, als Täuschung, und die Selbstverleugnung des Willens als höchstes Ziel gegeben. „Durch den Willen wird die Welt von Unheil und Übel beherrscht", in der Verneinung des Willens liegt die wahre Erlösung. Das Gute ergibt sich aus der Wahrheit. „Die Ethik gründet sich auf die Metaphysik."

Hat Schopenhauer, als er in seiner neuen Theorie auf das Gebiet der Ästhetik kam, bei Plato eine Bestätigung gefunden, so findet er jetzt auf dem Gebiete der Ethik eine Bekräftigung in der Weltreligion des Buddha, die ein Drittel der gesamten Menschheit zu ihren Bekennern zählte. Die Resultate seines eigenen Systems stimmen mit diesem Glauben überein, daß in der Welt das Unheil herrsche und eine Erlösung vom Dasein und von dem endlosen Wechsel der Wiedergeburten in der Weltabwendung, in der Selbstverleugnung mit allen ihren Tugenden liege. Daß nur ein Weg aus der Welt des Verlangens und der Gelüste in die des Nichts, der Ruhe und Stille, aus dem Sansara ins Nirwana führe. Somit findet Schopenhauer den Pessimismus durch sein System begründet.

Also ist die Selbsterkenntnis des Willens das Thema der Welt. In diesem Satz will Schopenhauer ausdrücklich seine Lehre zusammengefaßt wissen. Um diesen

Satz zu beweisen, schreibt er ein sehr dickes Buch, das er folgerichtig in vier Teile gliedert: in die Erkenntnislehre und in die Metaphysik, in die Ästhetik und in die Ethik. Oder wie er es selbst bezeichnet, erster und dritter Teil betrachtet die Welt als Vorstellung, zweiter und vierter die Welt als Wille. Die Bedeutung dieses Werkes hat Schopenhauer selbst ohne falsche Bescheidenheit später durch ein treffendes Gleichnis dargelegt: er vergleicht die Kantische Philosophie mit der Staroperation eines Blinden, sein eigenes Werk mit der Starbrille, die erst wieder das Sehen ermöglicht.

Mit seinem System hat Schopenhauer tatsächlich mit sämtlichen Behauptungen der bisherigen Philosophie gründlich aufgeräumt. Durch seine Starbrille besehen, erweisen sich alle Resultate der philosophischen Weltliteratur als Irrtümer. Schopenhauer hat mit seiner Lehre das unleugbare Kunststück zusammengebracht, allen gegenüber anderer Meinung zu sein und jeden zu widerlegen. Selbst seinem geliebten Kant hängt er als Zusatz zu seiner „Welt als Wille und Vorstellung“ einen gründlichen Sündenzettel, in Gestalt einer stattlichen Abhandlung an, die er nach Kants „Kritik der reinen Vernunft“ „Kritik der Kantischen Philosophie“ nennt. Macht man mit Schopenhauers System die Probe auf das Exempel der verschiedenen Lehren, wie das Kuno Fischer in schöner Ordnung durchgeführt hat, so kommt jedesmal eine zwingende Widerlegung heraus. Die verschiedenen Irrtümer werden aus Schopenhauers Philosophie geradezu als notwendig nachgewiesen. Ist nämlich die Materie nur Objekt unserer Vorstellung, so verhält sich der Intellekt zu ihr wie Subjekt zu Objekt.

Intellekt und Materie sind daher, wie Subjekt und Objekt, unzertrennlich, eines das andere bedingend, Korrelata, eines ohne das andere unmöglich. Aus dieser Beziehung zwischen Intellekt und Materie, wie sie sich durch Schopenhauers System ergibt, können der Reihe nach alle Irrtümer aufgeklärt werden. Falsch ist es:

1. den Intellekt aus der Materie abzuleiten – was der Materialismus versucht,

2. die Materie aus dem Intellekt – was der Spiritualismus unternimmt,

3. Intellekt und Materie zu trennen – was im Dualismus geschieht,

4. Intellekt und Materie zu identifizieren – was Spinoza getan hat,

5. das vorstellende Subjekt aus dem Objekt als seinen Urgrund zu folgern – was der dogmatische Realismus will, indem er einen vierfachen Irrtum begeht, je nachdem er das Objekt ansieht als:

a) Materie (in der altionischen Philosophie des Thales Element und bei Demokrit, Epikur und Bruno Atom genannt),

b) Zahl – wie in der pythagoreischen Philosophie und in der chinesischen Philosophie,

c) beharrliche Substanz – wie bei den Eleaten,

d) Motiv und Zweck, von Gott gesetzt – was die Scholastiker lehrten;

6. das Objekt aus dem Subjekt zu folgern – was sich Fichte in der Übertrumpfung Kants geleistet hat,

7. die beiden letzten Irrtümer zu vereinigen, indem man Subjekt und Objekt als identisch zum Urgrund aller Dinge macht – was in der Identitätsphilosophie

Schellings geschehen ist, die sich wieder in zwei weitere Irrtümer gespaltet hat, nämlich:

a) in den transzendentalen Idealismus, der, durch Fichte aufgemuntert, das Objekt geradezu aus dem Subjekt entstehen läßt,

b) in der Naturphilosophie, die umgekehrt das Subjekt aus dem Objekt hervorgehen läßt.

Schopenhauers Philosophie, die sich ihrem Bekenner quasi als ein Großreinemachen im Reiche der Philosophie darstellen muß, war, historisch betrachtet, ein großes Vernichtungswerk aller Wahrheiten, aller mühsam im Verlauf der Geschichte gewonnenen Erkenntnisse. Aus dieser Philosophie spricht vor allem ein revolutionärer Geist. Neben ihren Vorzügen an Gedankenschärfe, Witz, ästhetischer Schönheit, Sorgfalt und Sauberkeit. Aber die Einstellung des Autors dieser Philosophie zur Wahrheit würde falsch beurteilt werden, wollte man die Schlußworte seiner Vorrede übersehen, die er nach Fertigstellung des Manuskripts geschrieben hat: „Und so, nachdem ich mir den Scherz erlaubt – Schopenhauer hatte dem Leser, der das Buch nicht lesen will, empfohlen, es zu rezensieren – welchem eine Stelle zu gönnen in diesem durchweg zweideutigen Leben kaum irgend ein Blatt zu ernsthaft sein kann, gebe ich mit innigem Ernst das Buch hin, in der Zuversicht, daß es früh oder spät diejenigen erreichen wird, an welche es allein gerichtet sein kann, und übrigens gelassen darin ergeben, daß auch ihm in vollem Maße das Schicksal werde, welches in jeder Erkenntnis, also um so mehr in der wichtigsten, allezeit der Wahrheit zuteil ward, der nur ein kurzes Siegesfest beschieden ist, zwischen den beiden langen Zeiträumen, wo sie als paradox verdammt und als trivial gering geschätzt wird. Auch pflegt das erstere Schicksal ihren Urheber mitzutreffen. – Aber das Leben ist kurz und die Wahrheit wirkt ferne und lebt lange: sagen wir die Wahrheit.“ Zuerst paradox und dann trivial zu sein ist das Schicksal aller Wahrheit.

Im Sommer 1814 beginnt Schopenhauer seine Gedanken niederzuschreiben, in unzähligen kleineren und größeren Aphorismen, ohne rechten Zusammenhang, im März 1817 beginnt er die losen Blätter zu einem geordneten Ganzen zusammenzustellen, im März 1818 fängt er an, aus der ersten Niederschrift die Reinschrift für den Druck herzustellen. Das Buch, dem er die Worte Goethes als Motto voransetzt: „Ob nicht Natur zuletzt sich doch ergründe?“ umfaßt 742 Seiten.

Dazwischen liegt eine Zeit reicher Arbeit. Wie er arbeitet, hat er selbst bekannt: „Unter meinen Händen und viel mehr in meinem Geiste erwächst ein Werk, eine Philosophie, die Ethik und Metaphysik in einem sein soll, da man sie bisher trennte, so fälschlich als die Menschen in Seele und Körper. Das Werk wächst, konkresziert allmählich und langsam, wie das Kind im Mutterleibe: ich weiß nicht, was zuerst und was zuletzt entstanden ist. Ich werde ein Glied, ein Gefäß, einen Teil nach dem anderen gewahr, d. h. ich schreibe auf, unbekümmert, wie es zum Ganzen passen wird: denn ich weiß, es ist alles aus einem Grund entsprungen. So entsteht ein organisches Ganzes, und nur ein solches kann leben.“

Er wohnt in Dresden in einem Gartenhaus in der Ostra-Allee. Während der täglichen Spaziergänge an den Ufern der Elbe kommen ihm seine besten Gedanken. Manchmal wird er für einen Narren gehalten, weil er mit sich selbst spricht. Ein Aufseher im Botanischen Garten fragt ihn eines Tages, wer er sei? Schopenhauer antwortet: „Ja, wenn Sie mir das sagen könnten, wer ich bin, dann wäre ich Ihnen vielen Dank schuldig." Und einmal sagt ihm die Hauswirtin, als er nach Hause kommt und eine Frühlingsblüte an seinem Rock haftet: „Sie blühen, Herr Doktor!" „Ja, wenn die Bäume nicht blühen, wie sollten sie Früchte tragen!" antwortet er jubelnd. Nur zweimal in den vier Jahren verläßt er Dresden, eine neuntägige Reise zu Pferde nach Teplitz unternimmt er im Sommer 1816, einen fünftägigen Ausflug in die sächsische Schweiz im Sommer 1817.

Sein Verkehr ist sehr beschränkt, aber die geringe Zeit, die ihm seine Arbeit zur Erholung läßt, verwendet er ohne Wahl. Der große Schaffensprozeß läßt ihn in seinen Vergnügungen und Unterhaltungen nicht peinlich sein. Er taucht in einem literarischen Zirkel auf, dem die drei damals populärsten deutschen Romanschriftsteller angehören. Der berüchtigte vielgelesene Kitschproduzent Clauren, der nebenbei Kommissar der preußischen Regierung ist und mit dem richtigen Namen Karl Gottlieb Samuel Heun heißt, er wurde von Hauff im „Mann im Mond" kopiert, dann der weniger berühmte Laun, der sich mit seinem bürgerlichen Namen Friedrich August Schulze nennt, und der gleichfalls vergessene, aber beste der drei Schriftsteller, Friedrich Gustav Schilling, dessen Schriften Schopenhauer gerne liest. Laun hilft Schopenhauer einmal aus einer galanten Affäre, in die nicht weniger als vier Personen verwickelt sind. Er wird in diesem Kreis wegen seines ungestümen und groben Wesens Jupiter tonans genannt. Die Harmonie zwischen allen diesen äußerst fruchtbaren Autoren ist häufig gefährdet. Von sämtlichen diesen schreibenden Gefährten seiner Dresdner Zeit liegen mehr oder weniger gelungene Schilderungen von dem damaligen Schopenhauer vor, aus denen zu schließen ist, daß er und Clauren die tonangebenden und gefürchteten Elemente waren.

Daneben trifft Schopenhauer auch auf Menschen, die sich ihm trotz des Spotts und der Überheblichkeit in seinem Verkehr enger anschließen. Zwei Lebensfreundschaften schließt er hier, mit Johann Gottlieb von Quandt, der ihn sehr bewundert und von ihm immer wieder angezogen wird, später auch in engerer Beziehung zur Familie Schopenhauer steht, und mit dem Maler Ludwig Sigmund Ruhl, den er bereits in Göttingen kennengelernt hat. In dieser Zeit hat Schopenhauer auch ein Liebesverhältnis mit einer Kammerzofe, von der ihm ein unehelicher Sohn geboren wird, der noch im Säuglingsalter stirbt. Über diese Beziehung hat sich Schopenhauer selbst fast nie geäußert, so daß angenommen werden darf, daß sie keine andere Bedeutung als die der bei Schopenhauer üblichen Liebesangelegenheiten hatte. Ein zu seiner Bequemlichkeit geregelter Geschlechtsverkehr. Man gibt der eigenen Natur, was sie verlangt, um einen freien Kopf für seine Arbeit zu behalten. Eine Tagebuchaufzeichnung seiner Schwester bezieht sich auf eine Mitteilung Arthurs über die Geburt seines unehelichen Sohns. Darin schreibt die zwanzig-

ARTHUR SCHOPENHAUER
STICH NACH EINEM BILDNIS VON LUDWIG RUHL
GEMALT WAHRSCHEINLICH 1818
AUS LUDWIG SCHEMANNS „SCHOPENHAUER-BRIEFE“
VERLAG F. A. BROCKHAUS, LEIPZIG

jährige Adele, Arthurs Brief (er ist nicht erhalten) enthalte „das Erhabenste und das Gemeinste", und sie vermerkt später noch, der Bruder habe sich in der Angelegenheit „rechtlich und gut" benommen. Schopenhauer pflegt in diesen Dingen immer den Kavalier zu spielen und sich großzügig zu benehmen, da er die Geschlechtsliebe als ein Unrecht ansieht. Daß in diesem Fall kein edleres Gefühl im Spiele war, verbürgt seine Diskretion, die er in reinen Herzensangelegenheiten nicht übte. Bemerkenswert allein ist an diesem Verhältnis, daß Schopenhauer auch hier eine Neigung zur tieferen Gesellschaftsklasse, zu einer Kammerzofe, beweist, die, wie so häufig bei geistigen Persönlichkeiten, psychologisch aus einem unbewußten Trieb zur ungeistigen Natur erklärt werden mag.

Schopenhauer ist jetzt im Vollgefühl seiner Kräfte. In seinen Gedanken setzt er sich mit Jahrhunderten auseinander, mit dem größten Zeitgenossen, mit Goethe, führt er eine hartnäckige Korrespondenz, mit einer Kammerzofe geht er zu Bett und im täglichen Umgang ist er ungebunden. Er ist materiell unabhängig und arbeitet „wie ein verhungerter Abschreiber", wie er in einem Briefe bemerkt. Es gibt für ihn nur eine Aufgabe, eines der wichtigsten Bücher der Weltliteratur abzufassen. Aber nachdem er diese Aufgabe mit peinlichster Sorgfalt erfüllt hat, meldet sich wieder die Umwelt, der er und die ihm feindlich gesinnt ist. Der Konflikt, der nun folgt, enthüllt sowohl diese Umwelt als auch seinen eigenen Charakter.

Schopenhauer findet für sein Buch den besten und geeignetsten Verleger, den er zu dieser Zeit in Deutschland hätte finden können. Ein zufälliger Bekannter Schopenhauers, ein Herr von Biedenfeld, macht den Verleger Brockhaus auf ihn aufmerksam. Brockhaus steht bereits in geschäftlicher Verbindung mit Johanna Schopenhauer, außerdem ist Brockhaus ein äußerst rühriger Verleger. Friedrich Arnold Brockhaus hat als Manufakturenhändler begonnen, zweimal bankrott gemacht, einmal war er auch kurze Zeit verhaftet, er ist ein kühner und phantasievoller Kaufmann, der in Leipzig vor einem Jahrzehnt einen Verlag gegründet hat, der schnell zu Große und Ansehen gelangt ist. Für ein Spottgeld hatte er das später berühmte „Konversations-Lexikon" von dem bankrotten Verleger Leupold übernommen, das Werk vollendet und damit ein großes Geschäft gemacht. Die Herausgabe der „Deutschen Blätter", des offiziellen Organs des Hauptquartiers, sicherte Brockhaus auch eine führende Position im deutschen Zeitungswesen. Kurz nach Napoleons Niederlage führt der Verlag bereits sechs literarische Zeitschriften, eine Fülle von patriotischen, kriegsgeschichtlichen, zeitgeschichtlichen und populär-enzyklopädischen Broschüren. Das Buchgeschäft verbindet er als erster geschickt mit seinem Zeitungsvertrieb, so daß er die Propaganda für jenes im eigenen Hause betreibt. Daneben gewinnt Brockhaus Ansehen durch einen mutigen und offenen Kampf für Preßfreiheit und Schutz des Urheberrechts, durch viele Konflikte mit der Zensur, durch Preß- und literarische Fehden. 1814 hatte er die Schrift „Deutschland in seiner tiefsten Erniedrigung" neu herausgegeben, derentwegen ein paar Jahre vorher der Buchhändler Palm in Nürnberg auf Napoleons Befehl erschossen worden war. Dieser junge, erfolgreiche, vielseitige und nicht immer seriöse Verlag übernimmt Schopenhauers Buch.

Vierzehn Tage, nachdem Baron Biedenfeld an Brockhaus geschrieben hatte, er möge den Artikel über die Farbenlehre im Lexikon von Schopenhauer umarbeiten lassen und sich an diesen wegen eines großen philosophischen Werkes, das Schopenhauer gerade in Arbeit habe, wenden, fordert Brockhaus Schopenhauer auf, einen Artikel über die Farbenlehre einzusenden. Am 28. März 1818, postwendend, antwortet Schopenhauer mit einem mehrere Seiten langen Brief. Zwar lehnt er jede Mitarbeit am Lexikon ab, dagegen bietet er dem Verleger sein neues Buch ausführlich an. „Da mir Herr von Biedenfeld“, heißt es darin, „gesagt hat, daß Sie, auf eine vorläufige Anfrage, nicht abgeneigt wären, ein Manuskript von mir zu drucken; so nehme ich mir die Freiheit Ihnen näher anzugeben, wovon die Rede ist. Ich will nämlich zur nächsten Michaelis-Messe ein philosophisches Werk erscheinen lassen, an welchem ich hier seit vier Jahren unablässig gearbeitet habe. – Es wäre nun einerseits sehr am unrechten Ort, dem Verleger gegenüber als Schriftsteller den Bescheidenen zu spielen; anderseits ist es überall unrecht, den Scharlatan zu machen. Daher will ich Ihnen zugleich offen und gewissenhaft über mein Werk dasjenige sagen, woran Ihnen meines Erachtens gelegen sein kann. Zugleich aber nehme ich Ihnen, als einem Mann von Ehre, hiemit das Versprechen ab, das Gesagte streng zu verschweigen, sogar den Titel des Buches, welchen niemand früher als aus dem Meßkatalog erfahren soll. Mein Werk ist also ein neues philosophisches System: aber neu im ganzen Sinn des Wortes: nicht neue Darstellung des schon Vorhandenen: sondern eine im höchsten Grad zusammenhängende Gedankenreihe, die bisher noch nie in irgendeines Menschen Kopf gekommen. Das Buch, in welchem ich das schwere Geschäft, sie andern verständlich mitzuteilen, ausgeführt habe, wird, meiner festen Überzeugung nach, eines von denen sein, welche nachher die Quelle und der Anlaß von hundert andern Büchern werden. Jene Gedankenreihe war, dem Wesentlichen nach, schon vor vier Jahren in meinem Kopf vorhanden: aber um sie zu entwickeln und sie durch unzählige Aufsätze und Studien mir selber vollkommen deutlich zu machen, bedurfte es ganzer vier Jahre, in welchen ich mich ausschließlich damit und mit den dazu gehörigen Studien fremder Werke beschäftigt habe. Vor einem Jahr fing ich an, das Ganze in zusammenhängendem Vortrag für andere faßlich zu machen, und bin eben jetzt fertig geworden. Dieser Vortrag selbst ist gleich fern von dem hochtönenden, leeren und sinnlosen Wortschwall der neuen philosophischen Schule und vom breiten platten Geschwätz der Periode vor Kant: er ist im höchsten Grade deutlich faßlich, dabei energisch, und ich darf wohl sagen nicht ohne Schönheit: nur wer echte eigene Gedanken hat, hat echten Stil. Der Wert, den ich auf meine Arbeit lege, ist sehr groß: denn ich betrachte sie als die Frucht meines Daseins. Der Eindruck nämlich, welchen auf einen individuellen Geist die Welt macht, und der Gedanke, durch welchen der Geist, nach erhaltener Bildung, auf jenen Eindruck reagiert, ist allemal nach zurückgelegtem 30. Jahre da, vorhanden und geschehn: alles Spätere sind nur Entwicklungen und Variationen desselben."

Von verblüffender Klarheit und Richtigkeit ist die Selbstbeurteilung in diesem Brief. Sein ferneres Leben und Schaffen bestätigt sie. Die Zahl der Bücher, die einst über dieses fertiggestellte Buch geschrieben werden, hat Schopenhauer sogar unterschätzt: die Schopenhauer-Literatur zählt heute gegen 400 Schriften. In demselben Brief fordert er auch, mit Rücksicht darauf, daß sein Name noch sehr wenig bekannt sei und ein philosophisches Werk kein allzu großes Publikum finden könne, ein sehr geringes Honorar. Einen Dukaten für den gedruckten Bogen, also ungefähr 440 Goldkronen für das ganze Buch, was fast ein Geschenk an den Verleger war.

Brockhaus, für jede neue Sache Feuer und Flamme, nimmt sofort an. In acht Tagen ist der Kontrakt geschlossen. Drei Monate später liefert Schopenhauer zwei Drittel des Manuskriptes, die sogleich in Druck gegeben werden. Die ersten Korrekturbogen einen Monat nachher kreuzen sich bereits mit dem ersten Mahnbrief Schopenhauers, denn er verlangt einen pedantischen Ablauf des Geschäftes. Ein zweiter Mahnbrief, als die nächsten Bogen wieder nicht pünklich eintreffen, ist etwas höflicher. Aber der dritte Brief Schopenhauers ist wieder energischer und sogar grob. Er beruft sich auf den Kontrakt, fordert ohne Verzögerung sein Honorar, hauptsächlich zum Beweis, daß es dem Verleger Ernst ist, zu drucken, und erklärt, es sei ihm überhaupt von mehreren Seiten zu Ohren gekommen, daß Brockhaus mit dem Honorar meistens warten ließe.

Von einem jungen unbekannten Autor in solchem Ton behandelt zu werden, ist für den temperamentvolle Verleger zu viel. Brockhaus antwortet noch viel wenige höflich, verwahrt sich gegen alle von Schopenhauer er hobenen Anwürfe und lehnt es ab, sein Ehrenwort zu geben, daß er das Honorar zahle, wie es der andere ver langt hatte. Brockhaus schreibt: „Es bedarf bei mir nich der Gebung meines Ehrenwortes. Dem wahren Mann von Ehre genügt das Wort, das einfache. Meine Erfahrung hat mich gelehrt, daß es nur Windbeutel sind, die etwas bei ihrer Ehre oder auf Ehre beteuern. Wenn Sie anführen, daß Sie allgemein dort hörten, ich lasse au das Honorar gegen Kontrakt warten, so werden Sie mir erlauben, daß so lange Sie mir nicht wenigstens einen einzigen Autor namentlich anführen, den ich darüber zur Rede stellen kann, ich Sie für keinen Ehrenmann halte."

Jetzt antwortet Schopenhauer nicht mehr, sondern sendet das restliche Manuskript an den ihm bekannten Dr. Wiesand in Leipzig, der bei Ablieferung am 18. August 1818 das Honorar übernimmt. Nachdem Schopenhauer die letzten Korrekturbogen gelesen hat, teilt er Brockhaus mit, daß er sich nach Italien begeben werde und alle weiteren Dispositionen Herrn Quandt übergeben habe. Auch lehnt er den Vorschlag des Verlegers, das Werk in zwei nacheinander erscheinenden Bänden herauszubringen, ab, indem er sich auf seinen Kontrakt beruft. Im letzten Brief von Brockhaus, der sich um diese Zeit über Schopenhauer zu einer dritten Person mit den Worten geäußert hat: „Ich muß mich mit diesem Menschen sehr zusammennehmen, er ist ein wahrer Kettenhund", heißt es: „Ich hatte in Ihrem Brief vom 22. (September) vor allem andern einen Beweis für Ihre injuriösen Behauptungen oder einen Widerruf derselben erwartet, und da sich weder das eine noch das andere darin befindet, und ich Sie nach meiner Erklärung also fortan für keinen Ehrenmann halte, so kann deshalb auch künftig kein Briefwechsel weiter zwischen uns stattfinden, und werde ich daher Ihre etwaigen Briefe, die ohnehin in ihrer göttlichen Grobheit und Rustizität eher auf einen Vetturino als auf einen Philosophen schließen lassen möchten, gar nicht annehmen, wenn ich Ihre Handschrift auf der Adresse erkenne, und auf alle Fälle den Inhalt gar nicht beachten. Was ich zu tun habe, weiß ich selbst und bedarf ich dazu keiner Erinnerungen, die in den sackgroben Formen, worin Sie solche kleiden, ohnehin immer entgegengesetzte Wirkungen hervorbringen. Ich hoffe nur, daß meine Befürchtung, an Ihrem Werke bloß Makulatur zu drucken, nicht in Erfüllung gehen werde." Seine Befürchtung ist in Erfüllung gegangen.

Schopenhauer ist jetzt dreißig Jahre alt, seine Schwester zwanzig. Das vaterlose Elternhaus hat aus Adele ein verträumtes, verspieltes, romantisches und lebensunfähiges Geschöpf gemacht. Arthur wurde durch die Strenge des Vaters hart, unerbittlich, nüchtern und kleinlich. Die Ähnlichkeit gewisser Charakterzüge der Geschwister fällt ins Auge. Arthur und Adele gleichen einander in manchen Punkten trotz der verschiedenen Lebensbedingungen, die den grundverschiedenen Verlauf ihres Lebens bestimmen. Beide verspüren einen Widerspruch zur Umwelt. Aber Arthur bezwingt schließlich diese Umwelt, Adele unterliegt ihr.

Die äußere Erscheinung von Adele ist ungewöhnlich. Hochgewachsen, schmalschultrig, volles, weiches, braunes Haar, die stark hervortretenden blauen Augen sind unruhig, unter der zu kurzen Oberlippe sind die Zähne immer sichtbar. Aber ihre Stimme ist angenehm und weich. Diese Stimme und ihre große Gestalt nehmen für sie ein, obgleich Adele nicht hübsch ist. Besonders die Kopfform, sie hat den runden Schädel Arthurs, gibt ihr einen individuellen, unweiblichen Ausdruck. Auch die knochige Gestalt des jungen Mädchens steht in einem betonten Gegensatz zu ihrer Weiblichkeit. Von einzelnen Zeugen wird sie geradezu als häßlich bezeichnet, doch übt sie im allgemeinen eine starke Anziehungskraft auf ihre Umgebung aus. Etwas Unbestimmtes fesselt einen an ihr, ihr Inneres verbirgt etwas. Eine ihrer zahlreichen Freundinnen bewundert die „schauerliche Tiefe ihres Gemüts". Das junge Fräulein, das seit dem neunten Lebensjahr im gesellschaftlichen Glanze Weimars aufgewachsen ist, verfügt über eine große Gewandtheit im Umgang, über eine liebenswürdige Leichtigkeit und ein vielseitiges Talent. Sie ist frühreif. In vielen Eigenschaften erkennt man Arthurs schmiegsame Intelligenz wieder. Sie ist von frühester Jugend an der erklärte Liebling Goethes. Goethe übt wie auf Mutter und Bruder auch auf sie eine lebenslängliche Faszination aus. Ihre erste Jugendfreundin, an der sie mit zäher Anhänglichkeit haften bleibt, ist Ottilie von Pogwisch, die spätere Schwiegertochter Goethes. Goethes Enkel, die

Söhne Ottiliens, erzieht sie und wird ihnen eine liebevolle betreuende Freundin.

In Weimar, wo sie aufwächst, erglüht man für Hohes und Schönes und schwelgt in schwärmerischen Genüssen. Das empfängliche, halbreife Mädchen verzehrt sich beinahe in solchen Schwärmereien. Bei der Freundin findet sie ein zweites Heim. Ottilie lebt mit ihrer Schwester Ulrike in einem gleichfalls vaterlosen Haus. Die Mutter, Henriette von Pogwisch, eine geborene Gräfin Henckel von Donnersmarck, war mit einem preußischen Major verheiratet, einem sonderlichen, verarmten Major, der irgendwo in der Welt von der Mutter getrennt sein Dasein fristet. Die Ehe wurde auf Befehl der strengen Großmutter, Oberhofmeisterin der Großherzogin, geschieden. Ottilie lebt nicht in den besten finanziellen Verhältnissen, sie bewohnt mit Mutter und Schwester eine Mansardenwohnung im Schloß. Aber dort ist man fast immer unbeaufsichtigt und kann seinen phantasiereichen Einfällen freien Lauf lassen. Die Freundin ist romantisch wie Adele, lebhaft, intelligent und schön. Beide Mädchen hegen die gleiche sentimentale Sehnsucht: heraus aus der „Weimarischen Enge". Adele flüchtet immer wieder zu Ottilie, denn die eigene Mutter, die von aller Welt bewunderte Johanna, lebt der Geselligkeit, der Schriftstellerei und dem Hausfreund. Das Familienleben im Hause Schopenhauer macht nur nach außen einen glänzenden Eindruck.

Wenn Ottilie an einem Mann Gefallen findet, und das passiert fast so oft, als einer an Ottilie Gefallen findet, so dauert es nicht lange, daß auch Adele an ihn ihr Herz verschenkt. Selbst als Ottilie heiratet und die Ehe gar nicht glücklich ist, kann sich Adele nicht eines Gefühls des Mitverheiratetseins erwehren. Adele leidet wie die Freundin an einer Zersplitterung ihrer Gefühle, an einem hilflosen Umherirren. In Adele ist eine lächerliche Bereitwilligkeit zu jedem Gefühl und eine Unfähigkeit, sich zu geben. „So finde ich," bekennt die Zwanzigjährige, „die unter allen Menschen hier vielleicht die meiste Liebe gefunden, noch immer nichts, was meiner Liebe gleicht, und wie ich als vierzehnjähriges Kind mir oft sagte, ich müsse an dem Gefühle sterben, es darum ewig meiden, so muß ich nun gestehn, wie ich liebe, wird mich vielleicht niemand lieben." Alles mögliche ist bei ihr nebeneinander. Zutrauen und Mißtrauen, Überspanntheit und kritischer Geschmack. Sie hat viel Verständnis für Kunst und Literatur. Goethe nimmt oft in ihrer Gegenwart seine Mappen hervor und betrachtet mit ihr die Blätter der italienischen Meister. Er legt auf ihr Urteil großen Wert. Es ist charakteristisch für Adele, daß sie ihr Talent praktisch in der Kleinkunst der Silhouette verwertet. Goethe erwähnt oft bewundernd diese Fertigkeit Adelens, er spricht von ihren „holden Finsternissen" und liebevoll-launig von „Adelens Klecksen". Karl Immermann nennt sie die „Künstlerin des kleinen gaukelnden Schattenreichs" und bezeichnet ihre Erzeugnisse als „wahrhafte Gedichte mit der Schere". Auch Arthur hat ihre Silhouetten sehr geschätzt. Sie selbst legt keinen Wert auf dieses Talent, ebensowenig wie auf ihre unleugbare schriftstellerische Begabung. Sie ist voll Kritik gegen sich und nur in der Überschätzung ihrer Freunde maßlos.

Ein so verwöhntes Leben das junge Mädchen führt, so bietet ihr doch auch die Umwelt genügend Stoff zu Leid und Konflikten. In ihrer nächsten Umgebung spielen sich etliche Tragödien ab. Die befreundete Adelheid Schumann stirbt plötzlich eines Tages, eine andere Freundin schneidet sich aus Liebeskummer den Hals durch, ein Fräulein Werthern stürzt sich in den Ilm. Der Oberkammerherr von Egloffstein, der Vater ihrer geliebten Freundinnen Julie und Karoline, wird verrückt. In den Schauspielerehen Weimars gibt es manche Katastrophe. Der Hausfreund der eigenen Mutter, der erwähnte Gerstenbergk, verleidet ihr, auf andere Art als dem Bruder, das Haus.

Adele war erst fünfzehn Jahre, als Gerstenbergk ins Haus kam. Erst allmählich lernt sie die Bedeutung des offenen, aber geflissentlich übersehenen Geheimnisses verstehn. In viel höherem Grad als dem eifersüchtigen Bruder erscheint ihr dieses Verhältnis als eine Ungeheuerlichkeit. Es zerstört die Autorität der Mutter, die sie doch so heiß liebt, es bringt ein feindliches Element in ihr Leben, etwas Fremdes in ihre unmittelbare Nähe, das sie verletzt. Ihre Einstellung zu diesem Mann ist von allem Anfang feindlich. Ihr starker Gerechtigkeitssinn, den sie wie Arthur von beiden Eltern geerbt hat, läßt sie mitunter versuchen, gegen Gerstenbergk gerecht zu sein, was ihr aber kaum gelingt. Eine Fülle von schriftlichen Äußerungen Adelens bezeugt ihre große Abneigung gegen Gerstenbergk, die gewiß auch bei Arthur viel dazu beigetragen hat, gegen ihn aufzutreten. In ihren Tagebüchern ist immer wieder von seinen „Unarten“ die Rede, und sie klagt oft: „Er ist kaum mehr zu ertragen". „Er ist", schreibt sie einmal, „der Feind meiner Heiterkeit, meines Lebens, in mir stirbt alle Jugend vor seinem Wesen, und ich erstarre zu Eis." Im Konflikt der Mutter mit Arthur, der die Anwesenheit des Hausfreundes mit der seiner Schwester unter demselben Dach für unvereinbar erklärt, fühlt sie sich als Opfer. Sie klagt: „Ich aber liege da zwischen zwei Felsen gefesselt, die sich einander nähern – Arthur und Gerstenbergk. Zukunft, Vergangenheit, Gegenwart, in dem Punkt werdet ihr euch immer gleichen!" Oder: „Ach Gott, nein, ich kann mich nicht entschließen, von meiner gestrigen Verzweiflung über die beiden Szenen mit der Mutter und Gerstenbergk zu schreiben. Arthur war die Veranlassung ... Ich bin entschlossen zu enden und zu heiraten, sobald ich Gelegenheit habe. Meine Mutter soll ihren Freund behalten und mir nie, nie wiederholen, was sie gestern gesagt ... Gestern, gestern hat man mich auf eine so grausame Art gemartert." Kurz darauf heißt es: „Ottilie fürchtet eine Unbesonnenheit von mir, und ich versichere dich (gemeint ist Ottilie) umsonst. Gerstenbergk hat mich aufs äußerste getrieben, und wenn ich heirate, tue ich's, um nicht dieses Gefühl der Schuld mein ganzes Leben lang mit mir herumschleppen zu müssen. Sieh, ich könnte es nicht ertragen, daß ich der Mutter Glück zerstört hätte, glaube mir's auf mein Wort! Allein, ich weiß, was ich tue, und würde nun und nimmer mich mutwillig unglücklich machen; ich verspreche dir, der Stimme der Vernunft nicht allein zu folgen, aber wenn ich einen Mann so achte, daß er neben Heinke nicht zu einem hohlen Nichts versinkt, so bin ich entschlossen."

Aus einer dieser übertriebenen und etwas konfusen Äußerungen hat ein Schopenhauer-Biograph in dem Bestreben, Schopenhauers Bruch mit der Mutter stärker zu rechtfertigen, die Vermutung abgeleitet, Johanna habe ihrer Tochter nahegelegt, Gerstenbergk zu heiraten, um den Hausfreund für immer an ihr Haus zu fesseln. Die betreffende Stelle lautet: „Ihn heiraten wäre das klügste“, und gleich nachher ist von Gerstenbergk die Rede. Aber ein solches Ansinnen der Mutter wäre unmöglich in Adelens Tagebüchern und Briefen nur so flüchtig erwähnt und übergangen worden. Berichtet sie doch schon den geringsten Anflug eines Gefühls, das Gerstenbergk verrät, an Ottilie: „Ich fürchte manchmal, die Leere in Gerstenbergks Herzen treibt ihn nun nach ein paar Jahren zu einem leidenschaftlichen Gefühl für mich, Liebe wird's nie, doch eine Art Eifersucht.“ Gerstenbergk verfolgt nämlich mehrere Frauen in Weimar mit einer sentimentalen Neigung. So liebt er einmal die Jagemann, und ein andermal beschwert sich der Gatte einer von Gerstenbergk angehimmelten Frau in einem erhalten gebliebenen Brief an Johanna über die zudringlichen Liebesbriefe ihres Freundes. Gerstenbergk ist überhaupt kein angenehmer Hausgenosse. Einmal veröffentlicht er ein Liebesgedicht Adelens an Heinke als eigenes und verletzt dadurch das Eigentumsrecht und das Zartgefühl Adelens.

Unter diesen Umständen ist es zu verstehn, daß Adele ihr Herz an jeden hängt, der ins Haus kommt. Sie findet auch häufig Anteilnahme. Von seiner „geliebten dünnen“ Adele spricht der Maler Kügelgen, der berühmte Porträtist Goethes, Wielands und Freund Fernows. Graf

Pückler, eine Autorität seiner Zeit in Geschmacksfragen, findet sogar ihr Äußeres schön, und Wilhelm Grimm pflegt in zärtlichem Scherz mit ihr zu tändeln. Sie gesteht selbst, daß sie im Gespräch „mit einer Art magnetischer Kraft" die Leute zwingt, ihr „zu beichten, was sie gar nicht wissen wolle". Adele ist die geborene Vertraute und nimmt frühzeitig in ihrem Wesen etwas Gouvernantenhaftes an. Sie hat viele kleine Liebesaffären. Einmal ist es der schöne Schauspieler Rebenstein, dessen Stimme an ihren geliebten Heinke erinnert, ein andermal ein Vetter von Ottilie, den auch Ottilie liebt, die sich in ihrer unglücklichen Ehe voll Verzweiflung von einer Liebschaft in die andere stürzt. Über jeden Klatsch in Weimar regt sich Adele auf, und sie hilft bei solchen Angelegenheiten der Freundin durch Tat und Gefühl. Als Ottilie einen Sohn bekommt und die unverheiratete Adele bei der Geburt anwesend ist, herrscht in Weimar großes Entsetzen über diese Unmoral. So geht Adelens Jugend zwischen Schmerz und Vergnügungen, Sommerreisen und Theaterspiel, Schlittenfahrten und tausend kleinen Sensationen, unglücklicher Liebe und Wohlhabenheit dahin. Bis eines Tages eine für die ganze Familie Schopenhauer überraschende Wendung eintritt.

Arthur ist gerade in Italien. Es existiert nicht viel Quellenmaterial über diesen Aufenthalt. Am 23. September 1818 war er über Wien nach Venedig gefahren, von wo er im November über Bologna nach Florenz und im Dezember nach Rom weiterreiste. In Rom erhält er das erste auf Velinpapier gedruckte Exemplar seiner „Welt als Wille und Vorstellung", die Ende 1818 erschienen war und die Jahreszahl 1819 trägt. Auch der Schwester hat er durch einen Freund ein Exemplar übersenden lassen und ihr in einem ausführlichen Brief die Stellen des Buches angegeben, die auch sie verstehen könne. Adele antwortet, zärtlich, schwärmerisch, seitenlang, voll Begeisterung für Italien. Über sein Buch berichtet sie: „Goethe empfing es mit großer Freude, zerschnitt gleich das ganze dicke Buch in zwei Teile und fing augenblicklich an, darin zu lesen. Nach einer Stunde sandte er mir beiliegenden Zettel und ließ sagen: Er danke dir sehr und glaube, daß das ganze Buch gut sei. Weil er immer das Glück habe, in Büchern die bedeutendsten Stellen aufzuschlagen, so habe er denn die bezeichneten Seiten gelesen und große Freude daran gehabt. Darum sende er die Nummern, daß du nachsehen könntest, was er meine. Bald gedenkt er dir selber weitläufiger seine Herzensmeinung zu schreiben (es ist nur bei der Absicht geblieben); bis dahin sollte ich dir dies melden. Wenige Tage darauf sagte mir Ottilie, der Vater sitze über dem Buche und lese es mit einem Eifer, wie sie es noch nie an ihm gesehen. Er äußerte gegen sie: auf ein ganzes Jahr habe er nun eine Freude; denn nun lese er es von Anfang zu Ende und denke wohl so viel Zeit dazu zu bedürfen. (Goethe hat jedoch das Buch nicht zu Ende gelesen.) Dann sprach er mit mir und meinte, es sei ihm eine große Freude, daß du noch so an ihm hingest, da ihr euch doch eigentlich über die Farbenlehre veruneinigt hättet, indem dein Weg von dem seinen abginge. In diesem Buch gefalle ihm vorzüglich die Klarheit der Darstellung und der Schreibart, obschon deine Sprache von der der anderen abweiche, und man sich erst gewöhnen müsse, die Dinge so zu nennen, wie du es verlangst. Habe man aber einmal diesen Vorteil erlangt und wisse: daß Pferd nicht Pferd, sondern cavallo, und Gott etwa dio oder anders heiße, dann lese man bequem und leicht. Auch gefalle ihm die ganze Einleitung gar wohl – nur ließ ihm das ungraziöse Format keine Ruh', und er bildet sich glücklich ein, das Werk bestehe in zwei Teilen. Nächstens hoffe ich ihn wieder allein zu sprechen; vielleicht äußert er etwas Befriedigenderes. Wenigstens bist du der einzige Autor, den Goethe auf diese Weise mit diesem Ernste liest; das, dünkt mich, muß dich freuen. Wir, Ottilie und ich, fingen dann auf gut Glück an; die Vorrede erschreckte mich, und ich wollte sogleich bei dem von dir bezeichneten Teil beginnen. Ottilie bestand auf dem Anfang, ich fand später zu viel fremde Worte und Andeutungen, die ich nicht verstehen konnte, freute mich aber sehr, mir einbilden zu können, die ersten Seiten wirklich verstanden zu haben ... Gerstenbergk hat mich danach gefragt, ich möchte es ihm aber nicht gern geben. Ottilie sammelt immer alle Nachrichten dich betreffend ein, wahrhaftig, du kannst stolz auf ihre Neigung zu dir sein! Überhaupt fragen mich oft die Leute, besonders Egloffsteins nach dir. Tinette Reizenstein ist als Philosophin und Betschwester hier, auf einige Wochen, angelangt. Was sie mit all den Grazien angefangen haben mag, die ihr so günstig gewesen! Mich dünkt, du warst auch ihr Anbeter? ... In Venedig hast du Byron nicht gesehn. Das ist mir höchst fatal und unerklärlich; denn wenig Dichter haben mich so angesprochen, wenigere haben mir den Wunsch, sie zu sehen, gegeben. – Lebe wohl! mein Brief ist ein Buch geworden – ..."

In Rom studiert Arthur die italienische Literatur, die antike Architektur und Plastik, besucht das Schauspiel und die Oper. Sein Herz entflammt für Rossini, den er für den größten Opernkomponisten hält. Die Malerei bleibt ihm von allen Künsten ein relativ verschlossenes Gebiet. Im Verkehr bevorzugt er Fremde und vor allem Engländer. In der deutschen Kolonie hat sein Name keinen guten Klang und seine religionslosen und antinationalen Bemerkungen erregen häufig Anstoß. Einmal äußert er, daß die deutsche Nation von allen die dümmste sei. Über die anderen Nationen fällt er keine günstigeren Urteile. Er hält sich deshalb von dieser Gesellschaft, die ihre Abende im Café greco verbringt, ziemlich fern. Den März verbringt Schopenhauer in Neapel, im April reist er nach Venedig, wo ihn ein Liebesverhältnis zu einer angeblich reichen Dame einige Zeit fesselt. Als er mit ihr, die wie Byrons Freundin in Venedig Teresa heißt, eines Tages am Lido Byron vorüberreiten sieht und die Dame eine beifällige Bemerkung macht, verschmäht es Schopenhauer, von einer Empfehlungskarte Goethes Gebrauch zu machen und Byron persönlich kennenzulernen.

Von Adele erhält er jetzt zwei Briefe unmittelbar hintereinander. „Vielleicht erhältst du", schreibt sie im zweiten, „diesen Brief zwei Tage später als den andern – in diesen zwei Tagen liegt die Umwälzung meines ganzen Erdengeschicks." Mit voller Unbefangenheit bekennt sie, wovon ihr ganzes Erdengeschick abhängt: von ihrem und der Mutter Kapital. Das schwärmerische, empfindsame junge Mädchen erfaßt im ersten Augenblick, ohne über ihre Vermögensverhältnisse genau informiert zu sein, die ganze Tragweite des Bankkrachs der Firma Muhl in Danzig, der das Vermögen von Mutter und Tochter und ein beträchtlicher Teil von Arthurs Vermögen anvertraut waren. So hatte Johanna das ganze Erbteil Adelens diesem ihr befreundeten Bankier übergeben, während ihr eigenes Kapital schon seinerzeit durch Kriegslasten, durch große Verluste von Kapitalien, die sie in Rußland liegen hatte, und allmählich auch durch eine weit über ihre Verhältnisse hinausgehende Lebensführung fast bis zur Gänze aufgezehrt war. Ja Johanna hatte sogar Schulden, die sie der Tochter auch weiterhin verschweigt. Arthur hingegen hatte bei Muhl von seinem Erbteil nur 6000 Taler stehen, die sich durch eine kürzliche Erbschaft nach dem verstorbenen Onkel Michael Andreas Schopenhauer um 2000 Taler vermehrt hatten. Ihm droht daher nur der Verlust von ungefähr einem Drittel seines Gesamtvermögens.

Arthur bietet sogleich, in einem Brief aus Mailand, wo er sich schon auf der Rückreise befindet, der Schwester an: das wenige, was ihm geblieben, mit ihr und der Mutter zu teilen. Gleichzeitig teilt er ihr mit, nicht ohne einige respektlose Bemerkungen über die Mutter, daß er sich nunmehr nach Heidelberg begebe, um sich dort über die deutschen Universitätsverhältnisse zu informieren, da er sich unter den veränderten materiellen Verhältnissen als Privatdozent an einer deutschen Universität niederzulassen gedenke. Von dem Anerbieten Arthurs wird kein Gebrauch gemacht. Im Gegenteil, Johanna ist empört, als sie durch Zufall den an Adele adressierten Brief liest. Adele berichtet darüber in ihrem Tagebuch: „Arthur bot der Mutter an, sein Vermögen mit uns zu teilen, er bediente sich aber in Hinsicht auf den Vater ungeziemender Ausdrücke. Ich meinte, Taten sprächen mehr als das Wort, ich verstand ihn, aber die Mutter nicht. Sie fand den Brief, las ihn unvorbereitet, und eine gräßliche Szene erfolgte. Sie sprach von meinem Vater – ich erfuhr die Schrecknisse, die ich geahnt, sie war so außer sich, daß weder Bitten noch Anerbieten meines ganzen Erdenreichtums sie zu freundlichen Worten, zur Überzeugung meiner Liebe bringen konnte ... Dennoch brachte mich die Härte der Mutter gegen Arthur, ihr Starrsinn, die Unmöglichkeit, sie zu überzeugen, daß meine Seele rein von jeder Anklage gegen sie, zu einer Verzweiflung ...“

Zur Regelung der ganzen Vermögensangelegenheit begibt sich Johanna mit Adele nach Danzig, wo beide ein Jahr bleiben. Der Bankier Abraham Ludwig Muhl, der Chef des Danziger Handelshauses Muhl & Comp., war seinerzeit auf Verlangen des französischen Gouverneurs Rapp zum Senator ernannt worden und hatte die Deckung der französischen Geldforderungen persönlich übernommen. Die Stadt Danzig hatte ihm dafür Schuldverschreibungen ausgestellt, die sich jedoch auf die Dauer als ganz wertlos erwiesen und 1819 zum Zusammenbruch seines Hauses führten. Muhl und mit ihm seine Kunden wurden auf diese Weise das Opfer einer mehr oder weniger freiwilligen patriotischen Tat und einer verfehlten Spekulation auf die günstigere politische Gestaltung der Zukunft. Jetzt bietet Muhl seinen Gläubigern einen Ausgleich von 30 Prozent an, unter der Bedingung, daß sich alle Geschädigten einverstanden erklären. Bei Ablehnung drohe der gerichtliche Konkurs mit ungewissem Ausgang.

Dieses Arrangement scheint zustande zu kommen. Nur vier Gläubiger hegen gegen diese Ausgleichsquote Bedenken. Adele bittet daher ihren Bruder, das Angebot anzunehmen, schon um ihres Interesses willen, da sie bei der Sache ja ihr ganzes Vermögen zu verlieren hat. Arthur aber, der den Wert des Geldes wohl zu schätzen weiß, selbst sparsam in seinen persönlichen Bedürfnissen ist und daraus eine gewisse Berechtigung ableitet, das geerbte Kapital, das ihm ein Leben freier Arbeit sichern soll, hartnäckig zu verteidigen, lehnt ab. Er antwortet der Schwester sogar mit Argwohn, ob nicht der befreundete Bankier ihr aus dem Erträgnis der Ländereien günstigere Bedingungen zugesichert habe? Diese Vermutung ist nicht ganz unrichtig, denn Muhl beabsichtigt tatsächlich, im Falle des Zustandekommens des Ausgleiches Adele, die durch die Verwaltung der ihm befreundeten Mutter unverschuldet ihr Geld verliert, ein größeres Entgegenkommen zu zeigen. Aber Adele, die die ganze finanzielle Gebarung nicht durchschaut, wird durch das Mißtrauen des Bruders tief verletzt. „Endlich Arthurs Brief," schreibt sie in ihrem Tagebuch, „der mich vernichtend berührte. Ich kann noch nicht antworten, indes schrieb ich ihm einige Abschiedszeilen." Vielleicht hätte Arthur, der im ersten Augenblick mit Mutter und Schwester zu teilen bereit war, dem Ausgleich zugestimmt, hätte man ihm offen mitgeteilt, daß in diesem Fall das Geld der Schwester gerettet werden könnte. „Denn meine Seele", heißt es im

Tagebuch Adelens weiter, „ist von ihm geschieden – seine Art, den Akkord abzulehnen, mir auf meinen fast demütig weichen Brief, auf mein ruhiges Vertrauen so zu antworten, hat mich tief gekränkt – es muß eine lange Trennung begütigend zwischen uns treten. Jetzt ist ein Teil jener Höllenangst von mir genommen; denn nach dem Brief von Soermans treibt Arthur ein törichtes Spiel mit seinem Gelde. Er bleibt beim Gesagten, aber er wagt das Ganze, um es zu tun. Er will durchaus nicht mitakkordieren, sondern apart als Schuldner für sich fortbestehen und warten, ob und wann ihn Muhl bezahlt. Dadurch entbehrt er natürlich der Interessen, läßt diese sich häufen und – ach, es ist Unsinn."

Was aber Adele als Unsinn bezeichnet hatte, war das einzig kluge Verhalten in der Angelegenheit. Der gerichtliche Konkurs wurde vermieden, der Ausgleich kam zustande, auch trotz oder sogar mit Hilfe von Arthurs Stellungnahme. Er erhob nämlich weder Einspruch gegen den Ausgleich noch forderte er sofortige Zahlung, er nahm einfach den Zusammenbruch des Handelshauses nicht zur Kenntnis. Arthur war juristisch zu diesem Standpunkt vollkommen berechtigt, denn ohne gerichtlichen Konkurs war der Zusammenbruch nur eine vorübergehende Zahlungsschwierigkeit, die mit einer gänzlichen Zahlungseinstellung nicht identisch zu sein brauchte. In Briefen an Muhl hatte Arthur diesen Standpunkt sehr klar dargelegt und ihm bewiesen, daß es, wenn er ihm eine Atempause gewähre, Muhls eigenes Interesse sei, wieder zahlungsfähig zu werden. Zu diesem jetzt unerwünschten Vertrauen gegen Muhl sah sich Arthur auch aus dem Grunde veranlaßt, weil

Muhl, als Arthur vor kurzem 2000 Taler geerbt hatte, diese mit der Versicherung übernommen hatte, daß Arthur „nicht das geringste zu befürchten habe“. Tatsächlich präsentierte Arthur nach Jahresfrist, als sämtliche Gläubiger befriedigt waren, seine Wechsel in kurzen Kündigungsfristen und erhielt sein Kapital mit 5 Prozent Zinsen innerhalb von zehn Monaten im Betrage von 9400 Talern auch notgedrungen ausbezahlt. Die logische Strenge eines sicheren Rechtsgefühls hatte sich hier als kluger Kaufmann erwiesen. Im letzten der mit klassischem Witz und vorbildlicher Gedankenschärfe verfaßten Briefe Schopenhauers an Muhl heißt es: „Sollten Sie also doch noch Zahlungsunfähigkeit vorschützen wollen, so werde ich Ihnen das Gegenteil beweisen durch die famose Schlußart, welche der große Kant in die Philosophie eingeführt, um damit die moralische Freiheit des Menschen zu beweisen, nämlich den Schluß vom Sollen aufs Können. Das heißt: Zahlen Sie nicht gutwillig, so wird der Wechsel eingeklagt. Sie sehen, daß man wohl ein Philosoph sein kann, ohne deshalb ein Narr zu sein.“

Auch Adele erkennt nachträglich, daß in der Angelegenheit den Bruder keine Schuld traf. „Es grenzen aber Recht und Unrecht so seltsam aneinander,“ schreibt sie. Gerade in dem Augenblick, in dem mit dem Abbruch ihrer verschwenderischen Existenz in Weimar ihr Erdenglück beendet scheint und sie der Umstand, bei ihren Freunden bisher den Schein eines nicht vorhandenen Reichtums erweckt zu haben, tief beschämt, trifft sie das Mißtrauen des Bruders, so verständlich und berechtigt es sein mochte, besonders schwer. Eine kurze

Entfremdung zu Arthur tritt ein, aber die Liebe zu ihm vermag sie nicht ganz zu verleugnen. Als sie nach einem Jahr vieler Aufregungen nach Weimar zurückkehrt, sucht sie in Berlin, wo sich mittlerweile Arthur als Privatdozent niedergelassen hat, den Bruder auf. Er war von Heidelberg, ohne festen Entschluß, nach Dresden gefahren, um sich hier über sein weiteres Fortkommen zu entscheiden und schließlich Berlin als seinen akademischen Wirkungskreis zu wählen. Auf der Reise nach Dresden besucht er noch einmal Weimar. Da sich Mutter und Schwester zu jener Zeit in Danzig aufhielten, brauchte er keine unliebsame Begegnung zu fürchten. Er wollte Goethe ein letztes Mal sehen und aus seinem Munde ein Urteil über die „Welt als Wille und Vorstellung" hören. Diese Begegnung ist der konventionell-triviale Abschluß seiner einzigen Jugendschwärmerei. Er besucht am 19. August 1819 unangemeldet Goethe, den er im Garten im Gespräch mit einem Freunde antrifft und der sich etwas kühl dem unerwarteten Besucher zeigt. Goethe ersucht ihn sogar, erst in einer Stunde wiederzukommen, da er im Augenblick beschäftigt sei. Nachher, als sich Schopenhauer über den frostigen Empfang nach langer Abwesenheit beklagt, umarmt ihn der Geheimrat freundlich. Der Abend wird mit Berichten über Italien, über Studien und die Pläne Arthurs verbracht. Am folgenden Tag darf er noch einmal Goethe aufsuchen, und der wohlwollende väterliche Freund führt ihm noch persönlich einige neue optische Experimente vor. Damit ist die Beziehung zu dem großen Goethe, an den Arthur sein ganzes Herz gehängt hat, für immer beendet.

Ein Jahr später, am 1. Juli 1820, findet in Berlin eine letzte Begegnung mit der Schwester statt. Adele sucht ihn in seiner Wohnung mit dem Schauspieler Wolff auf, dem vergötterten Freunde ihrer Kindheit. Sie ist sehr aufgeregt und bewegt. Sie hat den Bruder seit sieben Jahren nicht gesehn. Beide sind inzwischen fertige Menschen geworden. Arthur ist ganz anders, als sie es erwartet hat. Er ist ruhig, überlegen, gefestigt, nicht mehr so streitsüchtig. Sein Werk liegt zwischen dieser und der letzten Begegnung. Adele erkennt ihn fast nicht wieder. Und sie ist so befangen, daß die Stunde des Besuches fast vorüber ist, bevor sie noch richtig zur Besinnung kommt. Diese Stunde ist recht qualvoll für sie, so vieles durchkreuzt ihr Gemüt, widerspricht einander in ihren Gedanken. Sie findet sich enttäuscht und wiederum versöhnt, denn er ist nicht derselbe, der sie gekränkt hat, er ist viel zu besonnen. Sie begreift ihn nicht ganz, er ist ihr fremd. Das schmerzt sie vielleicht am meisten. Denn ihre Liebe, dieses große Gefühl für den Bruder, ist ganz nutzlos. Sie kann gar nicht entscheiden, ob er in der Vermögensangelegenheit recht getan hat. Für ihn bedeutet Geld etwas ganz anderes. Seine Angelegenheit, sein Standpunkt, ist etwas, das sie nichts angeht. Es sind natürliche Fäden durchrissen. Es ist äußerlich ein förmlicher Besuch, aber in ihrem Innern ist eine grenzenlose Verzweiflung und Leere. Sie hat den Bruder verloren, ohne daß sie es gemerkt hat.

In ihrem Tagebuch steht über den Besuch die kurze Bemerkung: „Nach Tisch mit meinem Wolff zu Arthur! Ich habe gar nichts von allem getan, was ich wollte, denn er war ganz anders als ich dachte. Indes die martervolle Stunde ging glücklich vorüber, und nichts ist schlimmer, manches vielleicht besser. Meine Seele war so bewegt – er hatte vielleicht recht, vielleicht hatte ich oft gefehlt, vielleicht hatten wir beide übertrieben – ich will und werde ihn noch einmal sehen – dann wird mir Gott helfen – –."

Das letzte Familienband ist für Arthur gelöst. Auch für ihn ist die Schwester eine fremde junge Dame. Aber für ihn war es eine schmerzlose Operation. Er hat eine zweite Existenz begonnen, die nichts mehr mit der eines gewöhnlichen Menschen gemein hat. Ohne Familie, in der er nicht mehr als ein zufälliges Nebeneinander der Menschen erblickt, voll Mißtrauen und Verachtung der Welt. Die dankbare Verehrung für den verstorbenen Vater ist eine Art Religion geworden, ihm dankt er unmittelbar und mittelbar seine Existenz. Jetzt lebt er nur noch sich selbst. Ohne Egoismus. Er ist aus dem Puppenstadium der Menschlichkeit herausgetreten, ihn bewegen nur noch Probleme der Gesamtheit. Die Welt selbst ist ihm in ihrer unmittelbaren Berührung unerträglich geworden, er kennt nur noch einen Genuß, den, am eigenen Geiste zu zehren.

Der Schwester fehlt die Möglichkeit, sich zu entpuppen. Sie ist rettungslos in der Wirklichkeit eingeschlossen. Im Bruder erreicht die Natur ihren Zweck, den einer letzten Reflexion ihres Wesens; in der Schwester führt sie sich ad absurdum. Die Schwester findet keinen Ausweg. Ihr Leben ist aus Luxus und Tragik zusammengesetzt. Es ist eine Einsamkeit ohne Sinn.

ZWEITER TEIL

Der zweite, größere Teil seines Lebens ist die Krankheitsgeschichte eines Genies. Zugleich ist sie die Geschichte einer Zeit, jenes wandelbaren Mediums, das jeweils in der öffentlichen Meinung, im Rechtsgefühl, im Geschmack des Publikums, in der Mode, in Neigungen und Gebräuchen und in tausend kleinen Dingen greifbar wird. Beide, die Geschichte des Genies und die der Zeit, die voneinander nicht zu trennen sind – wenn man will, kann man auch die Geschichte des Genies als die Krankheitsgeschichte einer Zeit bezeichnen – ergeben ein einzelnes Schicksal. Um so ausgeprägter, klarer, eindeutiger und aufschlußreicher wird dieses Schicksal sein, je enger die Beziehung zwischen dem einzelnen und seiner Zeit ist. Weshalb man auch summarisch sagen kann: nur bedeutende Menschen haben ein Schicksal.

Mit dem gleichen Ernst, mit gleicher Hartnäckigkeit und Gründlichkeit, die er an die Abfassung seiner Bücher wendet, widmet sich Schopenhauer jetzt der Vorbereitung zu seinem neuen Lehrberuf. Die noch nicht geregelte Danziger Vermögensangelegenheit mit dem Bankhaus Muhl läßt es ihm ratsam erscheinen, einer drohenden Verringerung seiner Einkünfte durch den Ertrag aus Vorlesungen vorzubeugen. In Dresden verwendet der große Gegner der Universitätsprofessoren seine Zeit ausschließlich zur intensiven Vorarbeit seiner beabsichtigten Lehrtätigkeit an einer Universität.

Die philologische Forschung ist heute noch nicht darüber einig, aus welchen Zeitabschnitten die einzelnen

Teile der Manuskripte, die das Vorlesungsmaterial enthalten, stammen. Man hat Tinte und Papier geprüft und daraus Vermutungen gezogen. Wahrscheinlich hat Schopenhauer hier in Dresden nicht nur die vorgeschriebene Probevorlesung ausgearbeitet, sondern bereits den größten Teil seiner gesamten Vorlesungen niedergeschrieben. Nämlich die „Vorlesung über die gesamte Philosophie, d. i. die Lehre vom Wesen der Welt und von dem menschlichen Geiste“ und die „Vorlesung über die Grundlegung zur Philosophie oder die Theorie der gesamten Erkenntnis“, die in den Manuskripten Dianoiologie genannt wird. Die Vorlesungen sind fast durchwegs im Wortlaut der Rede, mit der direkten Anrede der Hörer, verfaßt. Sie stellen eine zweite Fassung der „Welt als Wille und Vorstellung“ dar, in einem straffen, geschlossenen und schulbuchhaft gegliederten Vortrag. Unter der Voraussetzung eines in den philosophischen Begriffen bewanderten Publikums werden hier auf die verständlichste und entschiedenste Weise die schwierigsten Spekulationen entwickelt. So gedrängt der Stoff behandelt wird, so knapp die Mitteilung der Gedanken erfolgt, zur Klarheit und Präzision der Darstellung wird die größte Ausführlichkeit geboten. Das ganze Gebiet der Philosophie wird systematisch erfaßt, man möchte fast sagen, in einer militärischen Ordnung gruppiert, ausgerichtet und entrollt. Von ästhetischer Schönheit geradezu ist diese ordnende Einteilung. Die strenge Form und die Einprägsamkeit der Darlegungen sind mustergültig, ihr hoher rhetorischer und pädagogischer Wert ist bis heute nicht voll gewürdigt worden. Während sämtliche Schriften Schopenhauers in den verschiedensten Ausgaben erschienen sind, haben die Vorlesungsmanuskripte bisher nur eine einmalige Publikation erlebt. Hier zeigt sich der große Verächter der Universität als ein großartiger Universitätslehrer. Die Lektüre dieser Skripten ist für das volle und ganze Verständnis der Schopenhauerschen Philosophie unentbehrlich. Die Sorgfalt, die Sauberkeit und die entgegenkommende Leichtigkeit ihres Studiums sind ihr größter Vorzug. Sie befinden sich jetzt in der staatlichen Berliner Bibliothek und umfassen, zusammen mit den Manuskripten zu seinen späteren philosophischen Vorlesungen, ungefähr 1100 Druckseiten. Sie sind nicht nur ein wichtiges historisches Dokument, aus dem sich der weitere Ausbau seines Systems verfolgen läßt, sondern auch durch die Strenge und Deutlichkeit einzelner schwieriger philosophischer Kapitel eine authentische Interpretation mancher Gedanken Schopenhauers.

Nur die Wahl der Universität, an der er seine akademische Laufbahn beginnen soll, bereitet ihm einiges Kopfzerbrechen. Bis zum letzten Tag schwankt er zwischen Heidelberg, Göttingen und Berlin. Über Heidelberg, wo er sich selbst eben einen Monat lang aufgehalten hat, holt er sich noch einmal bei seinem Freunde Lewald Auskunft, wegen Göttingen schreibt er seinem alten Lehrer Professor Blumenbach, wegen Berlin dem ihm befreundeten Professor Lichtenstein. Blumenbach meint, daß für Schopenhauers Fach, die spekulative Philosophie, in Göttingen wenig Aussicht bestehe, und er empfiehlt ihm darum Heidelberg, so wie Lewald aus dem gleichen Grund von Heidelberg abrät und Göttingen empfiehlt. Lichtenstein hingegen gesteht, die Chancen für einen Philosophen in Berlin nicht beurteilen zu können, doch habe Hegel das Interesse für Philosophie in Berlin sehr gesteigert und bereits etliche junge Dozenten dieses Fachs an die Universität gezogen. Er wolle ihm übrigens bei einer angestrebten Dozentur gerne behilflich sein. Die Aussichten waren tatsächlich in Berlin die ungünstigsten unter den drei Universitäten, aber da ihm Lichtenstein nicht wie die anderen geradezu abrät, entschließt sich Schopenhauer endlich am letzten Tag des Jahres 1819 für Berlin und verläßt Mitte März Dresden.

Ausschlaggebend für diese Wahl sind noch andere Umstände. Die Nähe von Dresden und die damit verbundene Bequemlichkeit einer leichteren Übersiedlung. Die Möglichkeit, in Berlin vorgebildete Studenten und Hörer aus Kreisen außerhalb der Universität zu finden. Schließlich ist Berlin das Zentrum der zeitgenössischen Philosophie. Hier wirkt Hegel, der gerade immer mehr in Mode kommt und der nach Fichtes proklamierter Herrschaft der Freiheit und der Vernunft, die Schelling so weit trieb, die Natur als eine Stufenfolge geistiger Prozesse anzusehen, nun unternimmt, alles Seiende als vernünftig nachzuweisen. Hegel führt zu diesem Zweck den Begriff des absoluten Geistes in der Philosophie ein, der sich, nach seiner Meinung, in den einzelnen anorganischen und organischen Naturprodukten, einschließlich den Menschen, auf verschiedenen Entwicklungsstufen präsentiert und der sich immer mehr befreit, bis er zu sich selbst kommt und sich seiner selbst bewußt wird. Hier also in Berlin erreicht gerade mit Hegel die philosophische Romantik ihren Höhepunkt. Von diesem Gipfel einer monotheistischen Physik aus wird die Umkehr erfolgen. Die ungünstigen politischen Ereignisse, die Veränderung des äußeren Lebens, die Anfänge der Technik, neue Methoden der Naturwissenschaften werden allmählich die Romanik der Hegelschen Philosophie zerstören. Und zwischen einem neuen realistischen Weg der Philosophie und der alten Romantik wird Schopenhauer stehen. Berlin ist somit der engere Schauplatz der Philosophie der damaligen Zeit, zu dem es Schopenhauer zieht, mag hier auch für einen Privatdozenten ein schwerer Anfang sein.

Durch seinen Freund Osann, der in Berlin als Philologe wirkt, erhält Schopenhauer vom Dekan die nötigen Auskünfte. Er richtet daraufhin ein lateinisch abgefaßtes Gesuch samt einem umfangreichen Curriculum vitae an die philosophische Fakultät. Auch seine drei publizierten Bücher sendet er mit. In der sicheren Erwartung, die übliche Probevorlesung zu bestehen, ersucht er gleichzeitig, da er nicht früher Dresden verlassen könne, schon vor dieser Probevorlesung, auf die Gefahr eines öffentlichen Widerrufs, im Lektionskatalog des Sommersemesters 1820 seine Vorlesungen ankündigen zu lassen. Der selbstbewußte Ton des Gesuchsstellers soll die Fakultät, wie die spätere Forschung ergeben hat, bereits erbittert haben, doch mußte das Gesuch korrekterweise genehmigt werden. Auch im Lektionskatalog erschien wunschgemäß die Notiz: Dr. Schopenhauer trägt privatim die gesamte Philosophie, d. i. die Lehre vom Wesen der Welt und von dem menschlichen Geiste, sechsmal wöchentlich von 4 bis 5 Uhr vor.

Am 13. März trifft Schopenhauer in Berlin ein und mietet eine möblierte Wohnung, aus Arbeits- und Schlafzimmer bestehend, in der Niederlagsstraße 4, schräg gegenüber der Universität. Am 23. März hält er vor der Fakultät die vorgeschriebene geschlossene Probevorlesung. „Über die vier verschiedenen Arten der Ursachen“ nennt er sie, es ist eine höchst populäre, einleuchtende Philosophie, die er vor den Professoren treibt, eine anschauliche Erklärung der vier Arten der Objekte, eine geistreiche Unterscheidung von Verstand und Vernunft, eine deutliche Darlegung von Ursache, Reiz und Motiv. Mit viel naturwissenschaftlichen Belegen stattet er seine Philosophie aus, wodurch sich diese mustergültige Probevorlesung in provokanter Weise von den üblichen philosophischen Universitätsvorlesungen unterscheidet. Man kann überhaupt der Art, mit der Schopenhauer, beabsichtigt oder nicht, seine Dozentur erwirbt, einen gewissen boshaften Mutwillen nicht absprechen. In der Diskussion stellt Hegel, der seit zwei Jahren den Berliner Lehrstuhl Fichtes übernommen hat, eine verfängliche Frage, bei deren Beantwortung eine Meinungsverschiedenheit über den Begriff der animalischen Funktionen zwischen Schopenhauer und Hegel entsteht, die erst durch das Eingreifen des zuständigen Fachmannes, Professors Lichtenstein, zugunsten Schopenhauers entschieden wird. Der Zwischenfall hatte übrigens nicht die Bedeutung, die ihr der junge Dozent voll Stolz, gegen den berühmten Mann öffentlich recht behalten zu haben, beilegte. Solche Diskussionen waren bei Probevorlesungen üblich, und der Vorfall wird auch in dem Protokoll der Sitzung der philosophischen Fakultät kaum erwähnt. Darin heißt es: „Hierauf hielt Dr. Schopenhauer seine Probevorlesung über ..... Herr Prof. Hegel besprach sich darüber mit demselben. Die Fakultät beschloß, daß er als habilitiert betrachtet werden sollte, sobald er seine öffentliche Probevorlesung würde gehalten haben."

War bisher Schopenhauers erlangte Dozentur allein auf die formale Korrektheit der Berliner Universität zurückzuführen, so war dagegen die Tatsache, daß seine öffentliche Probevorlesung die vorherige Zensur des Dekans unbeanstandet passierte, aus der Achtlosigkeit des Dekans zu erklären. Denn diese öffentliche Probevorlesung in lateinischer Sprache, gleichfalls in Dresden bereits ausgearbeitet und der Universität im Manuskript vorgelegt, strotzte von Angriffen auf die gegenwärtige Schulphilosophie. Daß diese Antrittsvorlesung, die mehr auf rhetorische Wirkung als auf philosophische Erörterung angelegt war, die auch nicht ohne selbstbewußte Anmaßung vorgetragen schien, überhaupt abgehalten werden konnte, bestätigt die zu jeder Zeit in Berlin herrschende große Meinungsfreiheit. Den Nachfolgern Kants wirft Schopenhauer unentwirrbare Wortgeflechte vor, die die deutsche Philosophie in Mißkredit gebracht hätten, und er kündet einen Rächer an, der die Sünden an Kant vergelten und die Ehre der Philosophie wieder herstellen werde. Aber die Berliner Meinungsfreiheit hatte auch zu jeder Zeit ihre Kehrseite: die Nichtbeachtung solcher Exzesse.

In Berlin ist die Konkurrenz sehr groß, nicht weniger als vier Privatdozenten der Philosophie zählt im Augenblick die Universität, J. H. Fichte, H. v. Keyserlingk,

H. Ritter und E. Stiedenroth, alles unbedeutende Leute, die bald mehr Erfolg haben sollten als Schopenhauer. Dazu erschwert sich Schopenhauer selbst sein Lehramt dadurch, daß er seine Vorlesungen als Protest gegen Hegel täglich zu jener Stunde ansetzt, in der dieser sein Hauptkolleg „Logik und Metaphysik“ liest.

Mit sehr wenig Hörern beginnt er also seine Vorlesungen, die im großen und ganzen seine „Welt als Wille und Vorstellung“ zum Gegenstande haben und entsprechend der Gliederung seines Buches in vier Teile vier Gebiete umfassen: die „Theorie des gesamten Vorstellens und Erkennens“, die „Metaphysik der Natur“, die „des Schönen“ und die „der Sitten“. Wegen des ungeheueren Umfanges kann er den Stoff in diesem ersten Sommersemester 1820 kaum bewältigen und ist gegen das Ende gezwungen, ein abgekürztes Verfahren einzuschlagen. Obzwar sein Vortrag zündend, eindringlich, lebhaft und fesselnd ist, findet er wenig Resonanz. Im nächsten Wintersemester, in dem er dieselben Vorlesungen wieder zu der Stunde ansetzt, in der Hegel diesmal seine „Ästhetik“ liest, ist sogar die Zahl der angemeldeten Hörer so gering, daß die Vorlesungen gar nicht mehr zustande kommen. Hätte Schopenhauer mit seinen Hörern mehr Glück gehabt, so wäre seiner Lehrtätigkeit mit großer Gewißheit doch früher oder später wegen seiner unvermeidlichen Extempore gegen die lehrenden Kollegen ein gewaltsames Ende bereitet worden. Um diese Zeit, da er in der Muhlschen Angelegenheit sein Vermögen rettet, wodurch ihm seine materielle Unabhängigkeit wieder gesichert bleibt, muß Schopenhauer einsehen, daß es mit seiner philosophischen Lehrtätigkeit nicht geht. Das ist kein Weg für ihn, auf die Philosophie seiner Zeit Einfluß zu üben. Seiner trotzigen Ausdauer gemäß wiederholt er dennoch den vergeblichen Versuch der Ankündigung seiner Vorlesungen ganze zehn Jahre hindurch. Schopenhauer lebt förmlich seinen Alltag in der Perspektive auf seine Unsterblichkeit, so daß dieses zehn Jahre lang geübte unsinnige Beginnen geradezu als eine beabsichtigte Pointe für die spätere Literaturgeschichte anmutet.

Aber auch durch das geschriebene Wort scheint Schopenhauer keinen Weg zur Anerkennung in der zeitgenössischen Philosophie zu finden. Der Mißerfolg seines Buches „Die Welt als Wille und Vorstellung", das in 750 Exemplaren gedruckt wurde, von denen nach zwei Jahren noch keine hundert verkauft waren, ist gleichfalls auf die Zeit zurückzuführen. Der deutsche Büchermarkt ist nämlich im Augenblick durch die deutsche Vielschreiberei und Vieldruckerei überschwemmt. Das Verlagsgeschäft ist ein Lotteriespiel geworden. Unter fünfzig Büchern dringt in der Regel eines durch. Und überall in Deutschland tauchen Verleger auf, während es um diese Zeit zum Beispiel in England nur in London und Edinburg Verlagshandlungen gibt, so daß das Buchgeschäft die ungünstigsten Formen annimmt. Ein neu erschienenes Werk wird an 200 bis 300 Sortimentshandlungen auf ein oder zwei Jahre mit einem Drittel Rabatt in Kommission gegeben. In England und Frankreich gibt es dieses Kommissionsgeschäft nicht, dort kauft der Buchhändler sogleich. Unter diesen Umständen, wobei bei einem wissenschaftlichen Buch in Deutschland 500 abgesetzte Exemplare einen Erfolg bedeuten und 750 den zu erzielenden Höchstabsatz darstellen, erklären sich auch die zu hohen Buchpreise, die fast nicht zu bezahlen sind. Auf diese Weise hatte sich das wissenschaftliche Buchgeschäft selbst ruiniert. Brockhaus machte es sich zur Regel, von 20 Unternehmungen bei 10 zu verlieren, bei 5 auf die Kosten zu kommen, bei 4 einen geringen, und nur bei einem einen außerordentlichen Gewinn zu erzielen. Auf dieser unsoliden Basis des deutschen Buchgeschäftes war Schopenhauers Werk tatsächlich ein Opfer der bestehenden Zustände.

Die Propaganda durch die Buchbesprechung, damals wie zu jeder Zeit in der Regel ein Gegenseitigkeitsgeschäft, versagte in diesem Fall auch. Im ersten Jahr des Erscheinens waren lediglich zwei Rezensionen über das Buch, konventionell lobend, aber ohne den geringsten Begriff von der Bedeutung dieser Philosophie, erschienen. In den Wiener „Jahrbüchern der Litteratur", von einem Dr. Bernhard, offenbar aus Zufall veranlaßt, und im Weimarer „Litterarischen Wochenblatt", wahrscheinlich weniger aus Zufall geschrieben. Erst im zweiten Jahr sieht sich Brockhaus bewogen, dem schlechten Absatz des Buches durch die eigene Hausreklame etwas nachzuhelfen. In der berühmten Brockhaus-Zeitschrift „Hermes" wird der berühmte Königsberger Professor Herbart beauftragt, eine Abhandlung über die „Welt als Wille und Vorstellung" zu publizieren. Die Rezension, die mit der Chiffre „E. G. Z." gezeichnet ist, denn den Namen gibt man für einen solchen niederen Handlangerdienst nicht her, ist ganz unter dem Gesichtspunkt, den Käufer zu reizen, abgefaßt. Gleich zu Beginn des Aufsatzes nimmt der Verfasser dem Auftrag des mächtigen Herrn Brockhaus gemäß den Mund ziemlich voll: „Unter den Nachfolgern Kants ist Reinhold der erste, Fichte der tiefsinnigste, Schelling der umfassendste, aber Schopenhauer der klarste, gewandteste und geselligste. Insbesondere ist wohl äußerst selten eine reiche Belesenheit so mannigfaltig und so glücklich benutzt worden, um spekulative Gegenstände lichtvoll darzustellen ..... niemand darf es ungelesen lassen, der sich für oder wider Kant interessiert". Kants Anhängern und Gegnern wird der Kauf in gleicher Weise angepriesen. Etwas Kritik würzt die Besprechung und schadet nicht der Reklame. Im selben Jahr erscheint in der „Jenaischen Allgemeinen Litteraturzeitung" eine weitaus aufrichtigere Rezension, weil sie nämlich aus einer Ablehnung Schopenhauers und aus Konkurrenzneid veranlaßt wird. Sie ist von dem jüngsten Privatdozenten der Philosophie an der Berliner Universität geschrieben, also von einem engeren Berufskollegen, Beneke, der selbst Hörer des ersten und einzigen Semesters der Vorlesungen Schopenhauers war und der hier eine günstige Gelegenheit wahrnimmt, die „unziemlichen Ausdrücke" Schopenhauers gegen die Philosophieprofessoren anzuprangern und zu verpetzen. In der Beurteilung der Schopenhauerschen Ideen, die er in Bausch und Bogen als „Verirrungen" verwirft, passiert dem Verfasser aber eine Unachtsamkeit. Er zitiert unter Gänsefüßchen Schopenhauer, indem er dessen Gedanken in die eigene Wiedergabe kleidet. Was Schopenhauer ein willkommener Anlaß ist, seinen Groll über Nichtbeachtung und Mißverständnisse und Verfälschungen voll zu entladen.

Er schickt der Zeitschrift unter dem Titel „Notwendige Rüge erlogener Zitate“ eine energische und beißende Erwiderung, die er auf seine eigenen Kosten als bezahlte Einschaltung abzudrucken ersucht. Mit dem Spruch Salomos 30, 6: „Tue nichts hinzu zu seinen Worten, damit er dich nicht strafe und du zum Lügner werdest!“ versehen, beginnt der Aufsatz mit den Worten: „Wenn die Herren, welche das edle und tapfere Gewerbe betreiben, nicht anonym herausgegebene Bücher öffentlich anonym anzugreifen (sämtliche Besprechungen des Buches bisher waren anonym erschienen), meine Schriften mit dem vollen Maß ihres Tadels zu überschütten, sie herabsetzen, verdammen, sie für schlecht, unwahr, verkehrt, sich selber widersprechend und fast an Wahnsinn grenzend erklären; so habe ich dagegen nicht das Mindeste einzuwenden ... Hingegen sind Lügen und Verleumdungen es allein, welche nicht stillschweigend über sich ergehen zu lassen jeder sich selber schuldig ist.“ Und nach Anführung von zehn falschen Zitaten schließt er mit dem Resümee: „Ich will niemandem wehren, durch Beschreibung und Bestreitung meines Werkes sich seinen Unterhalt zu verdienen, und keiner, er mag über und gegen mich sagen, was er will, hat dabei irgendeine Gegenwirkung von mir zu besorgen. Allein, wenn, bei solchen Ausarbeitungen, das Zeichen –“– gemacht wird, so daß nun ich der Redner sein soll, da muß schlechterdings jedes folgende Wort von mir herrühren, und zwar genau in der Verbindung und Stellung, in der man es abdrucken läßt. Will man hingegen bloß meine Gedanken referieren, wie man sie aufgefaßt hat, so muß dies natürlich ohne das Zeichen –“– geschehen; dann bin ich nicht kompromittiert; es liegt dann offen, daß hier der anonyme Herr spricht und nicht ich, und da versteht sich ja von selbst, daß nicht alles, was er sagt, darum auch wahr ist.“

Der Redakteur der Zeitschrift, der Jenaer Professor Eichstädt, der eine solche Zuschrift noch nie erhalten hatte, übermittelt Schopenhauers Auslassungen dem Rezensenten Beneke zur Rechtfertigung. Beneke besucht darauf zweimal Schopenhauer persönlich, beide Male vergeblich, weil ihm Schopenhauer durch die öffnende Wirtin sagen läßt, er sei zwar zu Hause, aber für ihn nicht zu sprechen. So erscheint also die „Rüge“ mit einer hilflosen, sich verteidigenden „Antwort des Rezensenten“. Nach dieser Auseinandersetzung mit der Kritik, bei der Schopenhauer seinem Temperament gemäß ganze Arbeit geleistet hat, erscheint ein Jahr darauf noch ein Angriff in der „Leipziger Litteraturzeitung“, wieder anonym, von Professor Krug, dem ehemaligen unmittelbaren Nachfolger Kants an der Königsberger Universität, der in Schopenhauers Buch „das gänzliche Verkennen der wahren Natur des menschlichen Geistes und seines praktischen Vermögens“ konstatiert. Damit endet die zeitgenössische Kritik über die „Welt als Wille und Vorstellung“.

Der verhinderte Dozent und der erfolglose Autor wird sein eigener Dozent, indem Schopenhauer weiter naturwissenschaftliche Studien, vor allem Physiologie, treibt und bei Erman das Kolleg über Elektromagnetismus, ein neues Gebiet, das die gesamte Naturwissenschaft umzustürzen droht, besucht. Auch beginnt er nun wieder die Früchte seines Geistes, neue Gedanken, neue Erklärungen, Einfälle, Bestätigungen früherer Behauptungen, Aphorismen und Formulierungen, die sich im Laufe der Zeit in seinem Kopf kristallisieren, schriftlich festzuhalten. Er schreibt seine Gedanken nicht mehr auf lose Manuskriptblätter, sondern in Hefte, Vorratskammern für die künftigen Schriften und weiteren Ausgaben seiner bisherigen Bücher – denn Schopenhauer arbeitet unbeirrt durch den buchhändlerischen Mißerfolg an der Verbesserung dieser Bücher weiter – die er jeweils nach Format oder aus einem sonstigen zufälligen Anlaß „Foliant“, „Brieftasche“ oder „Quartant“ nennt. Die jeweils entnommene Stelle, die er in einem seiner Bücher verwertet, streicht er in diesem Manuskriptbuch vorsichtig durch. Auch größere Essays kommen darin vor, wie die ästhetische Abhandlung „Über das Interessante“, die er um diese Zeit schreibt. Noch eine längere und merkwürdige psychologische Untersuchung verfaßt er in diesem Zeitpunkt, die geschrieben zu haben er sich später schämt. Es ist eine „Eristische Dialektik“, in der er jedes Gespräch auf seine letzten Motive zurückzuführen versucht, indem er die Dialektik systematisch analysiert und in Fehl- und Trugschlüsse, Schliche, Kniffe, Blendungen und Scheingründe zerlegt. Er vergleicht die Kunst des Disputierens mit der Fechtkunst, das objektive Verfahren mit Stößen und Hieben, Scheingründe mit Finten, persönliche Ausfälle mit sogenannten Sauhieben. Die Kunstgriffe in der Diskussion nennt er Stratagemata und findet deren 36. In ihnen glaubt er die Beweggründe zu suchen, die die Logik entwickelt haben. Der Gegenstand scheint ihm selbst so eng mit den niederen Instinkten der menschlichen Natur verknüpft, daß er die ausgearbeitete Abhandlung später nicht in seine Schriften aufnimmt. „Die Beleuchtung“, schreibt er nachher, „aller dieser Schlupfwinkel der mit Eigensinn, Eitelkeit und Unredlichkeit verschwisterten Beschränktheit und Unfähigkeit widert mich jetzt an.“ Das folgende Jahrhundert hat in der modernen psychologischen Analyse, deren Vorläufer dieser Versuch Schopenhauers sein mag, weniger Scheu vor den Plattheiten solcher Untersuchungen gezeigt. Unschwer wird man heute deshalb in dieser „Eristischen Dialektik“ selbst ein psychologisches Motiv erkennen, durch das Schopenhauer seine Streitsucht abzureagieren sich bemühte.

Behält Schopenhauer bei all den ungünstigen Erfahrungen, die er als Autor und Dozent macht, recht und bleibt er in seinen eigenen kritischen Augen bei jedem Konflikt mit der Umwelt der Überlegene – denn er mißt ja sein privates Leben nach den Maßen seiner Unsterblichkeit – so widerfährt ihm jetzt eine geringfügige Widerwärtigkeit, die bei ihrem lächerlich unbedeutenden Anlaß die weitesten Folgen hat und ihn die Tücke des Objektes am eigenen Leib verspüren läßt. Kein Romanschriftsteller hätte pointierter die Unfaßbarkeit der Wirklichkeit illustrieren können, wie es in diesem Vorfall geschieht, der für Schopenhauer in hohem Grade charakteristisch ist, der zeigt, wie die Realität stärker ist als ihr Kohlhaas, und der wie ein Exempel auf die Erfahrungstatsache anmutet, daß jedem Menschen nur das widerfährt, was zu ihm paßt. Schopenhauer hat augenblicklich in Berlin ein Verhältnis mit einer Choristin der Königlichen Oper. Caroline Richter, oder Ida, wie sie seit ihrer Kindheit genannt wird, ist vierzehn Jahre jünger als Schopenhauer. Sie ist die uneheliche Tochter einer bereits unehelichen Mutter, leichtfertig und immer auf ihren Vorteil bedacht, temperamentvoll, weshalb sie stets Krach in der Oper hat. Sie verfügt über eine nette Singstimme. Sie ist nicht gerade schön, aber eine starke Natur und wirkt höchst attraktiv auf die Männer. Bei ihr findet Schopenhauer, was er sucht, den körperlichen Genuß und einen sehr aufgeweckten Mutterwitz. Auch das Theatermilieu, das ihr anhaftet, übt seinen erregenden Reiz auf den Kleinbürger der Erotik, der er ist, mit seinen gönnerischen Kavaliersallüren. In diesem Verhältnis, das keine unklaren psychologischen Konflikte zuläßt, lebt er sich aus.

Eines Nachmittags, als er Ida zu einer verschwiegenen Liebesstunde erwartet, kommt er nach Hause und findet in seinem Vorzimmer drei Frauen sitzen. Schon vierzehn Tage vorher hatte sich Schopenhauer bei seiner Wirtin, der Witwe Becker, über einen ähnlichen unerlaubten Aufenthalt fremder Personen im Vorzimmer seiner gemieteten Wohnung beschwert. Damals hatte ihm die Wirtin versichert, daß sich ein solches Vorkommen gewiß nicht mehr wiederholen werde. Jetzt läßt er deshalb durch das Dienstmädchen die Wirtin rufen. Die ist gerade nicht zu Hause. Kurz entschlossen, ersucht er die Frauen, den Vorraum zu verlassen, weil ihnen hier kein Aufenthalt gestattet sei. Die beiden jüngeren Frauen leisten der Aufforderung Folge, aber die dritte, eine Näherin, die im selben Stockwerk wohnt, weigert sich, indem sie erklärt, daß sie „eine honette Person" sei. Schopenhauer denkt nicht daran, sich in eine Debatte einzulassen, faßt sie um die Mitte und schleppt sie hinaus. Sie kehrt sofort wieder zurück, um sich ihre zurückgebliebenen Sachen zu holen. Jetzt ist Schopenhauer erzürnt, befördert sie abermals mit Gewalt zur Türe hinaus, worauf die Frau im Stiegenhaus zu Boden stürzt, Krach schlägt, so daß das ganze Haus alarmiert wird, und ihn zu verklagen droht. Das ist der ganze Sachverhalt, der unabsehbare Folgen haben soll.

Die Klage der Näherin Marquet erfolgt nämlich tatsächlich. In ihr wird behauptet, daß die Klägerin ein Benützungsrecht jenes Vorraumes hatte, weil sie die Kammer bewohne, die an das Schlafzimmer Schopenhauers grenze. In Wahrheit hatte diese Kammer ihre eigene Eingangstüre vom Stiegenhaus aus und Schopenhauer hatte die Alleinbenützung des Vorzimmers von seiner Wirtin sich ausdrücklich ausbedungen. Auch habe der Beklagte die Klägerin mit einem Stock geprügelt, ihr die Haube heruntergerissen, sie mit Füßen getreten und mit der Faust geschlagen. In einer Klagebeantwortung, mit größter Genauigkeit und Sachlichkeit abgefaßt, legt Schopenhauer den wahren Sachverhalt juristisch einwandfrei dar. Das Berliner Hausvoigteigericht weist darauf die Klage vollinhaltlich ab und erkennt, daß die Klägerin die Prozeßkosten allein zu tragen habe. In der Urteilsbegründung heißt es: „1. daß der Verklagte befugt war, die Klägerin aus der Entree, worauf dieselbe in keiner Beziehung ein Recht hatte, hinauszuweisen; 2. daß Verklagter aber auch befugt war, die Klägerin tätlich hinauszuweisen; 3. daß Verklagter bei der tätlichen Hinausweisung sich keineswegs eines Exzesses schuldig gemacht, vielmehr seine Befugnisse nicht überschritten hat."

Nun nimmt sich die abgewiesene Klägerin einen Advokaten und appelliert an das Kammergericht. Wieder antwortet Schopenhauer mit einer klassischen Rechtfertigung. Seine Argumente sind von strenger Beweiskraft, er widerlegt die Verleumdung auch aus der ihr innewohnenden Absicht und der sich selbst verratenden Verfälschung des Tatbestandes. Er weist die neuerliche falsche Zeugenaussage seiner Wirtin nach, der er auf diesen Vorfall gekündigt hat und die nun durch den Verlust des Mieters gegen ihn voreingenommen ist. Er weist darauf hin, daß die Zeugin mit der Klägerin in einem Freundschaftsverhältnis und noch immer im Mietverhältnis zu ihr steht und ihm verschwiegen hatte, der Näherin erlaubt zu haben, eine im Vorraum befindliche Kommode zu benützen, daß aber selbst unter dieser Voraussetzung, die juristisch für ihn nicht vorhanden war, die Klägerin nicht berechtigt war, gemeinsam mit zwei Dienstmädchen im Vorraum zu nähen. Das Kammergericht verwirft jedoch das erste Urteil und verurteilt Schopenhauer „wegen geringer, ohne merkliche Beschädigung abgelaufener Realinjurien" zu einer Geldbuße von 20 Talern. Schopenhauer legt dagegen keine Revision ein. Jetzt aber beginnt eine Kette von Prozessen, die fast kein Ende nehmen will. Die Näherin strengt einige Zeit nachher beim Instruktions-Senat eine neue Klage an. Sie fordert 41 Taler 7 Silbergroschen für Kurkosten und eine dauernde monatliche Alimentation von 5 Talern, weil sie die Realinjurien nicht ohne merkliche Beschädigung erlitten habe, sondern durch sie „an der ganzen rechten Seite gelähmt sei und den Arm nur wenige Zeit mühevoll gebrauchen könne“. Auch ein Arrestgesuch gegen Schopenhauer schließt sie bei. Der Senat erkennt beides zu Recht an und belegt das in einem Berliner Bankhaus deponierte Vermögen des Beklagten mit Beschlag. Die Beweisaufnahme, die durch immer neue Zwischenanträge der Klägerin in die Länge gezogen wird – Schopenhauer findet im gegnerischen Anwalt einen seiner Logik gewachsenen tückischen Gegenspieler – führt schließlich zu einem neuen Urteil, demzufolge im Falle der Ablegung eines Erfüllungseides der Klägerin die geforderten Geldentschädigungen und fünf Sechstel der Prozeßkosten vom Verklagten zu leisten sind. Nach erfolgter Ablegung des Eides läßt Schopenhauer gegen das Urteil Berufung einlegen. In sieben Punkten gegliedert, widerlegt er mit Gründlichkeit und Gewissenhaftigkeit eine Anklage nach der anderen. Er liefert ein schriftstellerisches Meisterwerk der Verteidigung. Daß die Klägerin neuerliche Ansprüche erst gestellt hat, als sie in Erfahrung brachte, daß er über eigenes Vermögen verfüge. Daß die Verletzung der Genitalien, als er sie angeblich über die Kommode gebogen habe, durch die ärztliche Bescheinigung, die im Genitalsystem auch nicht die mindeste Verletzung feststellte, widerlegt ist. Daß der Arzt aussagte, er sei 36 Stunden nach der Verletzung zur Klägerin gerufen worden, während es erwiesen sei, daß es erst vier Tage nach dem Vorfall geschah. Daß er die Klägerin nicht am Halse gefaßt und geschleppt haben könne, weil das an sich physisch unmöglich sei. Daß das Zittern des Armes, auf das sich der Alimentationsanspruch gründet, nachweislich erst zwei Jahre nach dem Vorfall aufgetreten ist.

Wieder siegt die juristische und schriftstellerische Überzeugungskraft Schopenhauers. Der Senat weist die Alimentationsansprüche ab. Die Klägerin legt Revision gegen dieses neue Urteil beim Obertribunal ein. Das Obertribunal – diese Zickzackwege der deutschen Justiz beweisen objektiv die Ungewißheit des ganzen Rechtsfalles – verwirft das Urteil des Appellationssenats und stellt die Erkenntnis des Instruktionssenats wieder her. Schopenhauer richtet eine Eingabe an den Justizminister. Das Gesuch, so überwältigend die Argumente dieses Schriftstückes sind, bleibt wirkungslos. Darum legt Schopenhauer, der sich in diesen Rechtsstreit verbissen hat und gegen die Maschine der Justiz aufkommen zu müssen vermeint, die noch mögliche Revision gegen ein früheres Urteil des Kammergerichtes ein. Mit größter Verstandesschärfe versucht er die letzten Angriffspunkte des hoffnungslos verfahrenen Verfahrens durch eine letzte formale Möglichkeit zu nützen. Vergeblich – der Oberappellationssenat entscheidet, fünf Jahre nach dem Prozeßbeginn, daß „der Revident schuldig sei“ und die Kosten dieser Instanz zu tragen habe. Zwanzig Jahre hindurch nach Abschluß dieses Monsterprozesses, den Schopenhauer um des Prozesses willen, wie es geradezu scheint, beharrlich und erfolglos bis zu Ende geführt hat, bezieht die Näherin Marquet ihre Alimente. Auf ihren Totenschein schrieb Schopenhauer die Worte: „Obit anus, abit

DIE CHORSÄNGERIN DER KÖNIGLICHEN OPER IN BERLIN
CAROLINE RICHTER-MEDON
AUS GRUBERS „SCHOPENHAUERS GELIEBTE
IN BERLIN“

onus“, ein Wortspiel, das seinen Sinn für Humor bezeugt – die Alte fuhr zur Hölle nieder und meine Aktien steigen wieder. So hat einer seiner Freunde die Worte frei übersetzt.

Deutschland hat keine Beschäftigung als Lehrer für ihn, des geselligen Verkehrs enthält er sich, die gegenwärtigen Aussichten eines philosophischen Schriftstellers sind ungünstig, sein Vermögen bei Muhl hat er gerettet, der Prozeß mit der Näherin ist noch in seinen ersten üppigen Anfängen, Berlin mißfällt ihm, also regt sich der Wunsch, das Vaterland für einige Zeit zu verlassen und sich noch einmal nach Italien zu begeben. Er ist erfolglos, aber seine Stimmung ist nicht schlecht, es steckt in ihm noch jugendliche Unternehmungslust, das Bewußtsein seelischer Kräfte. Es ist halb Flucht, halb Ausfahrt, mit weniger Erwartungen und weniger Hoffnungen als bei seiner ersten Italienreise.

Er übergibt sein Vermögen dem Bankhaus Mendelssohn & Fränckel, hinterlegt sein Testament auf dem Hausvoigteigericht, läßt sich einen mehrjährigen Kreditbrief ausstellen, auch den Paß läßt er auf mehrere Jahre vidieren, und reist am 27. Mai 1822 nach Italien. Schwere Alpenschuhe hat er sich angeschafft. Dieser Vierunddreißigjährige ist eine komisch-ernste Figur. Wieder fügt sich diese Reise in seinen Lebensplan. Schale und Kern des Lebens bietet sich ihm dar. Geselligkeit und Einsamkeit, die Schönheit der Landschaft und seelischer Schmerz.

Italien vergleicht Schopenhauer mit einer Geliebten,

man lebe mit ihr heute in heftigem Zank, morgen in Anbetung. Mit Deutschland hingegen ergehe es einem wie mit einer Ehefrau, ohne großen Zorn und ohne große Liebe lebe man mit ihr. Die Geliebte zeigt sich ihm diesmal, zum Unterschied von seiner ersten Italienfahrt, bei der er selbst überall und alles bei ihm Anstoß erregte, von ihrer liebenswürdigsten Seite. Alles gefällt ihm an ihr und auch er, in seiner Reserve eines betont soignierten Reisenden, findet freundlichere Aufnahme. Er ist zeitweilig geselliger als jemals in seinem Leben und er vergißt für Augenblicke seine heroische Lebensaufgabe. Schon als er die Schweiz betritt, ist er von der Landschaft berauscht und verbringt den ganzen Sommer in den Alpen. Er genießt die Natur auf eine besondere, nüchterne Art, die reine Anschauung nach Begriffen abtastend. Sich einer leichten Melancholie hingebend, in der sich die Dinge ganz leicht abwägen lassen.

Im September trifft er über Mailand in Florenz ein, von wo er einem Freunde schreibt: „Wieder steht jetzt der große Bär niedrig am Horizont, wieder steht in unbewegter Luft dunkelgrünes Laub, scharf abgeschnitten auf dem dunkelblauen Himmel, ernst und melancholisch, wieder machen Oliven, Reben, Pinien und Zypressen die Landschaft, in der zahllose kleine Villen zu schwimmen scheinen, wieder bin ich in der Stadt, deren Pflaster eine Art Mosaik ist; auf dem Hauptplatz stehen drei enorme, bunte, marmorne, polierte Bijous, vom Regen rein gewaschen, glänzen sie in der Sonne, der Dom, Kampanil, Battistero: und wieder gehe ich täglich über den wunderlichen, von Statuen bevölkerten

Platz, von dem Sie einen sehr ähnlichen Kupferstich haben: wieder lebe ich unter der verrufenen Nation, die so schöne Gesichter und so schlechte Gemüter hat: am auffallendsten ist die unendliche Heiterkeit und Fröhlichkeit aller Mienen: sie kommt von ihrer Gesundheit und diese vom Klima: dabei sehen viele so geistreich aus, als ob etwas dahinter stäke: sie sind fein und schlau und wissen sogar, sobald sie wollen, brav und ehrlich auszusehen, und sind dennoch so treulos, ehrlos, schamlos, daß die Verwunderung uns den Zorn vergessen läßt. Fürchterlich sind ihre Stimmen: wenn in Berlin ein einziger auf der Gasse so gellend und nachhallend brüllte, wie hier Tausende, so liefe die ganze Stadt zusammen: aber auf den Theatern trillern sie vortrefflich .... In den letzten drei Jahren träumte mir bisweilen, ich wäre in Rom, in Neapel: aber dann erwachte ich und lag noch in der Niederlagstraße: jetzt glaubte ich anfangs bisweilen, es könne mir wieder so gehn: aber diesmal schwindet die Erscheinung nicht. Der zweite Eintritt in Italien ist noch erfreulicher als der erste: mit welchem Jubel begrüßte ich jede italienische Eigentümlichkeit! Das uns ganz Fremde und Ungewohnte beängstigt beim zweiten Male nicht wie beim ersten: selbst das Lästige, Widrige, Unbequeme, wird als ein alter Bekannter begrüßt: das Gute weiß man zu finden und versteht es zu genießen. Ich fand, daß alles was unmittelbar aus den Händen der Natur kommt, Himmel, Erde, Pflanzen, Bäume, Tiere, Menschengesichter, hier so ist, wie es eigentlich sein soll: bei uns nur so, wie es zur Not sein kann."

In Boboli promeniert Schopenhauer mit einem

weißen Dominikaner und unterhält sich mit ihm über die Werke der antiken Kunst. In dem hellerleuchteten Prachtsaal einer alten Villa macht er irgendeiner englischen Dame auf seine etwas altmodische Weise den Hof. Er ist halb Weltmann aus seiner frühen Jugend, halb Sonderling des späteren Alters. Er macht viele Bekanntschaften mit reisenden Ausländern, vor allem mit Engländern, die auf Reisen ganz nach seinem Geschmack sind. Die touristische Wißbegierde des Engländers regt manches Gespräch an. Er konstatiert an sich selbst, wie seine Erfahrung und Menschenkenntnis zugenommen hat. Er genießt jetzt die jahrelange harte Arbeit seines Geistes an ihrer Nutzanwendung am lebendigen Objekt. Den ganzen Winter bis zum nächsten Mai bleibt er in Florenz. Ohne diesmal Rom zu besuchen, wo gerade Leopardi, der große italienische Dichter, weilt, der wie er Pessimist ist, tritt er dann über Trient die Rückreise an und trifft in München ein. Der augenblicklich ungünstige Stand des Prozesses mit der Näherin, seine zweite Verurteilung mit Haftandrohung, veranlassen die plötzliche Rückreise.

Aber in München wird er von einer langwierigen Erkrankung befallen. Mit der Krankheit fällt eine seelische Krise zusammen. Im tiefsten Grunde seines Gemüts liegt ein unbewußter Widerspruch. Sein Lebensmut, seine Selbstsicherheit, sein aggressiver Sinn und auf der anderen Seite das fast tragische Schicksal eines Erfolglosen, dem Unrecht widerfährt, diese innere Haltung und das äußere Geschick passen nicht recht zusammen. Etwas in seiner Existenz stimmt nicht. Mit geistigem Hochmut will er sein Geschick nicht anerkennen, das im Grunde tief bemitleidenswert ist. Ein Jahr lang wird er gezwungen, in München zu verweilen. Den ganzen Winter muß er in der Stube zubringen und große physische Schmerzen erdulden. Er leidet an Hämorrhoiden, die zu einer Fistelbildung führen, er leidet an Gicht und Nervenanfällen. Die Nervenschwäche hinterläßt schließlich ein Zittern der Hände, große Müdigkeit und Schlafsucht auch bei Tage. Das rechte Ohr ist zeitweise ganz taub. Sein einziger Umgang in dieser Zeit ist der des trockenen Hofrats Thriesch und seiner Frau und der des ihn behandelnden Arztes Grossi. Die erzwungene Einsamkeit des Krankenlagers in der fremden Stadt ist unerträglich. Die Eintragungen in seinem Manuskriptbuch „Brieftasche", das er auf die Reise mitgenommen hat, bezeugen, wie er im Innersten erschüttert ist und selbst den eigenen Leib im Zustand der Krankheit als etwas Fremdes empfindet.

Zu dieser Zeit, ohne daß er etwas davon erfährt, bringt seine Berliner Geliebte, Caroline Richter – zu der von seiner Seite vielleicht doch eine gefühlsmäßige Bindung besteht? – einen unehelichen Sohn zur Welt. Die Nachwelt, die stets weniger Sorgen hat als die jeweilige Mitwelt, hat einwandfrei festgestellt, daß Schopenhauer nicht der Vater dieses Kindes sein konnte. Zwischen Abreise und Geburt liegen nämlich genau zehn Monate. Vielmehr hatte die Zwanzigjährige, kaum daß Schopenhauer seine Italienreise angetreten hatte, die Zwischenzeit benützt, ein Verhältnis mit einer offenbar hochgestellten Persönlichkeit zu beginnen. Unter unaufgeklärten Umständen und nicht ohne Einfluß von mächtiger Seite wird dieses Kind als

Carl Ludwig Gustav Medon getauft. Von diesem Augenblick an bezeichnet sich auch Caroline Richter als Witwe Medon. Der zu ihr gehörige verstorbene Gatte Medon ist jedoch in sämtlichen preußischen Meldebüchern dieser Zeit unauffindbar. Der Sohn, der später Tanzlehrer der Oper wird, erhält nach vielen Jahren durch Allerhöchste Kabinettsorder noch einmal das Recht zugesprochen, den Namen Medon zu führen. Das alles deutet auf einen hohen Gönner der Caroline Richter.

Ende Mai begibt sich Schopenhauer, so weit wieder hergestellt, wegen seines gichtischen Leidens nach Gastein. Einen Monat später fährt er wieder über München, über Stuttgart und Heidelberg nach Mannheim, wo er zwei Monate verbringt, um sich gänzlich herzustellen. Von hier schreibt er nach langen Jahren das erste Mal wieder seiner Schwester. Sein Jugendfreund Osann hatte ihm den Wunsch Adelens nach einem Wiedersehen übermittelt. Während ihm die Geliebte untreu wird, hängt die Schwester noch immer in treuer Zärtlichkeit an dem Bruder. Aus einer Mitteilung Adelens an Goethe ist über den Brief Schopenhauers an seine Schwester das Folgende zu entnehmen: „Eine große, unbeschreiblich große Freude ist mir gestern geworden. Ihnen lieber, gütiger Vater, muß ich davon sprechen. Mein Bruder ist vollkommen hergestellt, befindet sich in Mannheim, und hat mir geschrieben, um eine Zusammenkunft zwischen uns in Frankfurt zu bestimmen. Es gibt Worte, die ich von Ihnen gehört habe, die durch mein ganzes Leben hindurch tönen, ohne zu verhallen; so sagten Sie mir einst, als ich von der Möglichkeit, meinen Bruder wiederzusehen, sprach: ‚Du wirst dann wieder begütigend auf ihn wirken und in dem gestörten Dasein wieder eine Art Milde hineinbringen‘. Und so hoffe ich zu Gott, soll es sein.“

Ohne jedoch seine Schwester abzuwarten, begibt sich Schopenhauer im September nach Dresden, wo er sich häuslich niederläßt. Dresden ist für ihn die geheiligte Stätte seines Schaffens, hier hat er die „Welt als Wille und Vorstellung“ geschrieben, und die letzte Station vor dem verhaßten Berlin. Neue Arbeitslust erfaßt den Genesenen. Nach den Fehlschlägen als Dozent und Schriftsteller will er sich jetzt als Übersetzer versuchen. Seine Sprachkenntnisse scheinen ihn dazu besonders zu befähigen. Einem Berliner Verleger trägt er an, zwei Schriften des großen englischen Philosophen Hume vereinigt in einem Band unter dem Titel „David Humes Religionsphilosophie“ zu übersetzen. Gleichzeitig will Schopenhauer auch ein Werk Giordano Brunos neu ins Deutsche übertragen. Er schreibt bereits eine Vorrede zu der Humeschen Ausgabe, aber der Verleger zeigt kein Interesse für beide Pläne. In Dresden verkehrt Schopenhauer lediglich mit Ludwig Tieck, einem der Lieblingsautoren seiner Jugend, aber auch dieses Band, das ihn noch lose mit seinem einstigen Leben verbindet, reißt bald, da es bei religiösen Auseinandersetzungen mit dem frommen Mann zum Bruch kommt. Nur eine Freude bereitet ihm diesmal noch Dresden, hier liest er in Jean Pauls „Kleiner Nachschule zur ästhetischen Vorschule“ ein günstiges Urteil des berühmten Schriftstellers über seine eigene Philosophie. Die gänzliche Nichtbeachtung seines Buches wird jedoch auch durch diese Anerkennung eines mächtigen Namens nicht aufgehoben: „Schopenhauers Welt als Wille und Vorstellung", heißt es bei Jean Paul, „ein genialphilosophisches, kühnes, vielseitiges Werk, voll Scharfsinn und Tiefsinn, aber mit einer oft trost- und bodenlosen Tiefe – vergleichbar dem melancholischen See in Norwegen, auf dem man in seiner finsteren Ringmauer von steilen Felsen nie die Sonne, sondern in der Tiefe nur den gestirnten Taghimmel erblickt, und über welchen kein Vogel und keine Woge zieht. Zum Glück kann ich das Buch nur loben, nicht unterschreiben". Es ist übrigens bezeichnend, daß diese erste Stimme, die für Schopenhauers Werk laut wird, die eines Dichters ist.

Der Verlauf des Prozesses mit der Näherin Marquet zwingt Schopenhauer, nach einem halbjährigen Aufenthalt in Dresden, endlich doch nach Berlin zurückzukehren. Im Mai 1825, also nach dreijähriger Abwesenheit, trifft er ein. Er ist sehr ungehalten, als er von dem Fehltritt seiner Geliebten erfährt, aber das Verhältnis zu ihr findet dennoch seine Fortsetzung. Solange er in Berlin bleibt. Im nächsten Jahr bringt sie sogar ein totgeborenes Kind von ihm zur Welt, es ist das zweite lebensunfähige Geschöpf, das Schopenhauer zeugt, worauf Caroline Richter-Medon die Königliche Oper endgültig verläßt und von Schopenhauers Unterstützungen ihr Leben bestreitet.

Berlin mißfällt ihm diesmal ganz besonders. Er verabscheut Stadt, Klima, Lage und Lebensweise. Er vergleicht Berlin mit einem Schiff, alles ist hier rar, teuer und schwer zu haben. Betrügereien gibt es häufiger in

Berlin als in italienischen Städten. Einige Male wird er trotz seiner übertriebenen Vorsicht bestohlen. Im Wintersemester beginnt er aufs neue das alte, hoffnungslose Spiel der Ankündigung seiner Vorlesungen. Wieder wählt er für sein Kolleg die Stunde, in der Hegel seine „Enzyklopädie der Philosophie" liest. Nur drei Medizinstudenten tragen sich in die Hörerliste ein. Die Vorlesungen unterbleiben also auch weiterhin, die Ankündigungen erfolgen bis zum Ende des Berliner Aufenthaltes. Einmal erreicht die Anmeldung die Höchstzahl von fünf Personen, unter denen sich kein einziger Universitätsstudent befindet. Dabei ist Hegels Geltung bereits im Sinken. Das erfreut Schopenhauer mehr, als ihn der Mangel an eigenen Hörern betrübt.

Zweimal versucht er, seine Lehrtätigkeit an eine andere Universität zu verlegen. An Thriesch in München schreibt er wegen Würzburgs, an den Dekan Creuzer wegen Heidelbergs. Creuzer meint, in Süddeutschland sinke das Interesse für Philosophie in doppeltem Maße.

Weigert sich also das Vaterland, seine Dienste anzunehmen, so versucht er es jetzt, über die Grenzen dieses Vaterlandes hinauszudringen. Dem Herausgeber der Sammlung „Scriptores ophthalmologici minores", Justus Radius, bietet er an, seine Abhandlung über das Sehn und die Farben, gekürzt und verbessert, ins Lateinische zu übertragen. Radius nimmt an, lehnt aber jedes Honorar ab. Schopenhauer ist einverstanden und die Arbeit erscheint unter dem Titel „Theoria colorum physiologica" – Physiologische Farbentheorie tatsächlich, als erster Beitrag im dritten Band der Sammlung.

Je ein Exemplar sendet er an drei namhafte Gelehrte in England. Ferner wendet er sich an eine englische Zeitschrift, in der das Verlangen nach einer englischen Ausgabe von Kant ausgesprochen war, mit dem Angebot einer Übersetzung. In einem 18 Seiten langen englischen Brief legt er alle Gründe dar, warum gerade er für diese Übersetzung einzig und allein in Betracht käme, und legt eine kurze Übersetzungsprobe aus Kant bei. Bei dieser Gelegenheit gibt er auch ausführliche Auskunft über seine Person und erwähnt unter anderem, daß er seit langem Lehrer der Logik und Metaphysik an der Berliner Universität sei. Diese Stelle hat später einer der größten deutschen Philosophieprofessoren als einen Betrug des Wahrheitsfanatikers Schopenhauer angeprangert. Die Behauptung, Lehrer der Berliner Universität zu sein, war natürlich durchaus berechtigt, da Schopenhauer durch seine Habilitation die Dozentenwürde erworben hatte und de jure Lehrer der Universität war, wenn er auch de facto an der Ausübung verhindert wurde. Einem so strengen Logiker wie Schopenhauer soll man keine Rechtsverstöße nachzuweisen versuchen! In dem Brief steht übrigens ein sehr treffender Satz. In Beziehung auf den deutschen Universitätsbetrieb warnt Schopenhauer, „eine Nation nach den in ihr erzeugten großen Männern, d. h. die Regel nach den Ausnahmen zu beurteilen". Der Brief zeigt übrigens die vollkommene Spiegelung seines Charakters im Stil. Unberührt von allen Erfahrungen und Enttäuschungen tritt er dem Leser hier mit einem arglosen Glauben an die Sache entgegen. Die Antwort, die Schopenhauer aus England erhält, ist ein vollkommenes

Mißverständnis. Es wird ihm gegen Tantiemenbeteiligung die Überprüfung einer Übersetzung Kants angeboten, die der Verfasser jenes Aufsatzes in der englischen Zeitschrift selbst zu machen gedenkt, obzwar dieser die deutsche Sprache nur mangelhaft beherrscht und Kants Schriften überhaupt bloß aus zweiter Hand kennt. Auch nach einem nochmaligen Briefwechsel ist nicht die geringste Verständigung darüber zu erzielen, worum es sich bei der Sache für Schopenhauer überhaupt handelt. So verläuft auch dieser Versuch zu einer zweckmäßigen Arbeit im Sande.

Die angewachsenen Manuskriptbücher, die zum großen Teil wichtige Ergänzungen zu seiner Hauptschrift, der „Welt als Wille und Vorstellung", enthalten, drängen ihn, eine zweite vervollständigte Auflage dieses Buches vorzubereiten. Er schreibt auch bereits zu dieser eine Vorrede, in der jene berühmte Widmung an den Vater steht, die er jedoch später nicht drucken läßt und die erst nach seinem Tode gefunden wird. Die erste Fassung dieser überschwenglichen Dedikation, die für den modernen Psychologen in mehrfachem Sinn aufschlußreich sein mag, lautet: „Edler, vortrefflicher Geist! dem ich Alles danke, was ich bin und was ich leiste. Deine waltende Vorsorge hat mich geschirmt und getragen, nicht bloß durch die hülflose Kindheit und unbedachtsame Jugend, sondern auch ins Mannesalter und bis auf den heutigen Tag. Denn, indem Du einen Sohn, wie ich bin, in die Welt setztest, sorgtest Du zugleich dafür, daß er auch als ein solcher in einer Welt, wie diese ist, bestehn und sich entwickeln konnte. Du warst auf den Fall bedacht, daß er nicht eben geeignet seyn möchte, die Erde zu ackern, oder sonst durch ein mechanisches Gewerbe seine Kräfte zur Sicherung seiner Subsistenz zu verwenden, und scheinst vorhergesehen zu haben, daß Dein Sohn, Du stolzer Republikaner, nicht das Talent würde haben können, wetteifernd mit médiocre et rampant, vor Ministern und Räthen zu kriechen, um ein sauer abzuverdienendes Stück Brod erst niederträchtig zu erbetteln, oder der sich blähenden Mittelmäßigkeit zu schmeicheln und demüthig sich dem lobpreisenden Gefolge scharlatanischer Pfuscher anzuschließen; daß er vielmehr als Dein Sohn auch mit Deinem verehrten Voltaire denken würde: nous n'avons que deux jours à vivre: il ne vaut pas la peine de les passer à ramper devant des coquins méprisables. Daher weihe ich Dir mein Werk, das nur unter dem Schatten Deines Schutzes entstehen konnte und insofern auch Dein Werk ist, und rufe Dir im Grabe den Dank nach, den ich einzig Dir und keinem Andern schuldig bin: Nam Caesar nullus nobis haec otia fecit. Daß ich die Kräfte, die mir die Natur gab, ausbilden und zu Dem verwenden konnte, wozu sie bestimmt waren, daß ich dem angeborenen Triebe folgen und für Unzählige denken und arbeiten konnte, während Keiner für mich etwas that: Das danke ich Dir, mein Vater, danke es Deiner Thätigkeit, Deiner Klugheit, Deiner Sparsamkeit und Sorgfalt für die Zukunft. Darum sei Du mir gepriesen, mein edler Vater! Und Jeder, der an meinem Werk irgendeine Freude, Trost oder Belehrung findet, soll Deinen Namen vernehmen und wissen, daß, wenn Heinrich Floris Schopenhauer nicht der Mann gewesen wäre, der er war, Arthur Schopenhauer hundert Mal zu Grunde gegangen wäre. Und so laß meine Dankbarkeit das Einzige thun, was sie für Dich, der Du vollendet hast, vermag: laß sie Deinen Namen so weit bringen, als meiner ihn zu tragen im Stande ist".

Auf eine Anfrage bei Brockhaus erhält er jedoch den Bescheid, von der ersten Auflage seien noch 150 Exemplare vorhanden, die Zahl der verkauften Bücher sei übrigens nicht feststellbar, weil der größte Teil eingestampft wurde. Ebenso lehnt Brockhaus eine Übersetzung von Gracians „Orakel der Weltklugheit in dreihundert Lebensregeln" ab. Nach zweijährigem spanischen Sprachstudium hatte nämlich Schopenhauer dieses eines seiner liebsten Bücher frei übertragen und unter dem Pseudonym Felix Treumund herauszugeben gedacht. Auch ein anderer Verleger in Leipzig lehnt ab und schließlich bleibt das Schopenhauersche Manuskript in einer Lade des bekannten Übersetzers Calderons und Schopenhauer befreundeten Hofrates Keil sieben Jahre lang liegen. 21 Jahre später wird es von den Erben Schopenhauers dem Druck übergeben und erlebt mehrere Auflagen.

In Berlin führt Schopenhauer ein zurückgezogenes Leben. Er wohnt in der Dorotheenstraße 30 und übersiedelt vier Jahre später in die Behrenstraße 70. Er wohnt also in Berlin immer im Zentrum der Stadt. Das Mittagsmahl nimmt er regelmäßig in dem vornehmen „Russischen Hof" auf dem Schinkelplatz ein. Dort macht er auch die Bekanntschaft des Barons Heinrich von Lotzow, den Schopenhauer den „treuesten, aufrichtigsten, besten" Freund nennt. Ein merkwürdiger Mann, gutmütig und Pechvogel, phantastisch und lebensunfähig. Ein Mensch, der sich gleich ihm, wenn auch aus ganz anderen Gründen, nicht in die Umwelt einzufügen vermag. Dieser Freund überredet einmal Schopenhauer, die Hälfte des von Muhl zurückerhaltenen Kapitals in mexikanischen Obligationen anzulegen, die kurz nachher fallen und Schopenhauer einen beträchtlichen Verlust zufügen. Sein Leben lang ärgert sich Schopenhauer über diesen Schaden, trägt aber dem Freunde den schlechten Rat nicht nach und bleibt mit ihm ständig durch zehn Jahre im Briefwechsel. Der Baron stirbt schließlich, von seinen Gläubigern verklagt, im Elend.

Regelmäßig besucht Schopenhauer in Berlin auch das Lesezimmer der Königlichen Bibliothek, wo er meistens mit dem General Schlabrendorf zusammen der einzige Besucher ist. Die Konzerte der Singakademie und das Französische Theater sind seine einzigen Vergnügungen. Von Professor Wolfart, dem Vertreter des Mesmerismus, läßt er sich gelegentlich in die Schlafsäle der Somnambulen führen und über den animalischen Magnetismus belehren. Zu seinem Gönner Professor Lichtenstein und dem Dekan der philosophischen Fakultät Böckh steht er in einem losen Höflichkeitsverhältnis. Einige Zeit verkehrt Schopenhauer auch mit Alexander von Humboldt, dem er sich mit Respekt nähert, der ihn aber bald enttäuscht. Auch den Dichter Chamisso hat Schopenhauer kennengelernt und Chamisso soll ihn einmal gewarnt haben, den Teufel zu schwarz zu malen, da ein gutes Grau ausreichend sei.

Im Sommer 1831 wird Berlin von der Cholera heimgesucht. Als sie, aus Asien kommend, über die deutsche

Ostgrenze einbricht, verläßt Schopenhauer im August in übertriebener Angst die Stadt. Er flüchtet nach Frankfurt am Main. Obwohl die Cholerafurcht der Berliner größer war als die Gefahr, es starben in diesem Jahr von der eine Viertelmillion zählenden Einwohnerzahl nur 1400 Personen, also ungefähr ein halbes Prozent, so war doch der persönliche Schutz vor der Epidemie damals noch sehr gering. Selbst Hegel stirbt in diesem Winter an der Seuche. Schopenhauer hat seine Flucht auch durch einen Traum, dem er mystische Bedeutung beilegte, zu rechtfertigen gesucht. Die bezügliche Aufzeichnung lautet: „Und um der Wahrheit in jeder Gestalt und bis an den Tod zu dienen, schreibe ich auf, daß ich in der Neujahrsnacht zwischen 1830 und 1831 folgenden Traum gehabt, der auf meinen Tod in gegenwärtigem Jahre deutete. Von meinem sechsten bis zu meinem zehnten Jahr hatte ich einen Busenfreund und steten Spielkameraden ganz gleichen Alters, der hieß Gottfried Jänisch, und starb, als ich, in meinem zehnten Jahr, in Frankreich war. In den letzten dreißig Jahren habe ich wohl höchst selten seiner gedacht. Aber in besagter Nacht kam ich in ein mir unbekanntes Land, eine Gruppe Männer stand auf dem Felde und unter ihnen ein erwachsener schlanker, langer Mann, der mir, ich weiß nicht wie, als eben jener Gottfried Jänisch bekannt gemacht worden war, der bewillkommnete mich.“ Nach der Abreise hat Schopenhauer die Anmerkung dazu gefügt: „Dieser Traum trug viel bei, mich zu bewegen, beim Eintritt der Cholera 1831 Berlin zu verlassen: er mag von hypothetischer Wahrheit, also eine Warnung gewesen sein, d. h. wenn ich geblieben wäre, wäre ich an der Cholera gestorben.“ Jedenfalls mag die Cholera der unmittelbare Anlaß gewesen sein, Berlin, das ihm ungezählte Enttäuschungen und nur ein einziges dauerndes Liebesverhältnis zweifelhafter Art gebracht hatte, zu verlassen. Übrigens verzeichnet Schopenhauer, der, in dieser fixen Idee befangen, sogar sein neues Manuskriptheft „Cholerabuch“ nennt, nach der Ankunft in Frankfurt wieder einen bedeutungsvollen Traum: „Gleich nach meiner Ankunft in Frankfurt hatte ich eine vollkommen deutliche Geistererscheinung: es waren, wie ich glaube, meine Eltern; und deutete an, daß ich jetzt die noch lebende Mutter überleben würde; der schon tote Vater trug ein Licht in der Hand.“ Der nüchterne Verstand ist dem Mute ähnlich. Lange Zeit, bis weit hinaus ins Leben, wird er bewahrt, bis endlich die Seelenkraft, die zu beiden, dem größeren Verstand und dem stärkeren Mut gehört, bricht. Dann überfällt den Menschen in dem einen Falle der Aberglaube, im anderen die Verzweiflung.

Anfang September 1831 trifft Schopenhauer in Frankfurt ein. Um diese Zeit weilen Mutter und Schwester nicht allzu weit entfernt in Bonn. Die Verlassenheit, die neue Umwelt und seine abergläubische Neigung bewegen ihn, an die Schwester zu schreiben. Auch hegt er jetzt den Wunsch, sich mit der Mutter auszusöhnen. Johanna ist inzwischen eine sehr berühmte Schriftstellerin geworden und hat sich, was für Arthur ausschlaggebend sein mochte, endlich von ihrem Freunde getrennt.

Unmittelbar nach dem Verlust ihres Vermögens, der

Mutter und Schwester zu materiellen Einschränkungen gezwungen hat, ist Johannas Ruhm als Schriftstellerin und damit ihr Lebensstandard gestiegen. Nach ihrer Rückkehr aus Danzig war ihr dreibändiger Roman „Gabriele“ bei Brockhaus erschienen, einer der größten Romanerfolge seiner Zeit, der unzählige Nachahmungen gefunden hat. Er schildert das Leben einer Frau, in deren Wesen Johanna eigene Züge idealisierte. Goethe hat das Buch sehr geschätzt und sogar einen umfangreichen Aufsatz über den Roman veröffentlicht. Der Roman ist in einem leichten Ton geschrieben, ist empfindsam, romantisch und voll starker Effekte. Eine aufdringliche Deutlichkeit zeigen Pointen und Andeutungen, in den überschwenglichen Gefühlsausbrüchen gibt es mitunter echte Töne, viel Unwahrscheinliches ist geschickt miteinander verknüpft, wie das komplizierte, aber konventionelle Muster einer Stickarbeit. Einige Stellen, wie die Schilderung des Todesengels, als die jugendliche Heldin schwer erkrankt, sind tatsächlich meisterhaft gelungen. Heute ist das Buch unlesbar. Aber für ihre Zeit war es eine revolutionäre Tat, stellte doch Johanna als erste Schriftstellerin in diesem Roman die Forderung, daß ein Leben der Pflicht und des Berufes der Frau höher zu schätzen sei als ein unnützes weibliches Eheleben. Es fehlte denn auch nicht an Spöttern, die sie als die „Ahnfrau der sozialen Literatur“ bezeichneten, und ihr Roman erhielt den Beinamen „Das ununterbrochene Opferfest“, weil die Heldin eine so überaus aufopferungsfähige Person war. Eine Flut von Entsagungsromanen wurde in der deutschen Literatur durch das Buch hervorgerufen.

Johanna stand auf der Höhe ihres schriftstellerischen Ruhmes. Von demselben Snobbismus, mit dem sie bisher allen berühmten Leuten entgegentrat, wurde sie jetzt selbst verfolgt. Aber nun erkannte sie, daß Ruhm für diejenigen, die ihn nicht besitzen, den größeren Reiz habe. Sie war angeekelt von ihren Bewunderern, sie war sich ihres großen Erzählertalentes zu sehr bewußt, als daß mit Komplimenten ihrer Eitelkeit hätte geschmeichelt werden können, und sie war auch viel zu intelligent, um sich selbst zu überschätzen. Sie war um diese Zeit mehr auf ihre Geltung als Frau bedacht. Und sie ist tatsächlich nun ganz Frau, launenhaft, verwöhnt, vergnügungssüchtig. Eine kunsthistorische Schrift war bald darauf erschienen und ihre Reisebeschreibungen erlebten bereits die dritte Auflage. Aber trotz der erhöhten Einkünfte waren ihre Schulden angewachsen, ihr Teetisch hatte allmählich seinen gastfreundlichen Charakter verloren, bald fesselte sie nichts mehr an Weimar und so strebte sie von dort fort. Ein schlagartiger Anfall, der eine schiefe Schulter hinterläßt, verlangt große materielle Opfer von Adele zur Bestreitung verschiedener Reisen und Kuraufenthalte. Um einem drohenden finanziellen Zusammenbruch zu entgehen, verläßt sie schließlich Weimar und verbringt mit Adele zwei Winter in Mannheim und Bonn. In großer Zurückgezogenheit ist sie eben mit der Herausgabe ihrer sämtlichen Schriften beschäftigt, die im Jahre 1831 in 24 Bänden bei Brockhaus erscheinen.

Von Gerstenbergk, ihrem Liebhaber, hat sie sich nun getrennt, nach dem dieser sieben Jahre vorher die Gräfin Häseler geheiratet hatte. In all der Zeit leidet

Adele unter der Mutter, die sie fast wie ihr verstorbener Vater anbetet und ihr – wie ein wahrer Kavalier – alles nachsieht. „Sende nur Gott", schreibt sie einmal, „meiner Mutter Unterhaltung oder Geld, um sich Amüsements zu verschaffen." Sie beurteilt bei aller Liebe die Mutter ganz objektiv: „In der Mutter wechseln die Extreme, Verzweiflung und Leichtsinn, Selbsttäuschung und Hoffnung mit Heldenmut und Ruhe, zuweilen Kälte". Oder ein andermal: „Sie ist riesenstark und erliegt den kleinsten Sorgen". Der häusliche Zwist nimmt manchmal Dimensionen an, daß Adele nahe daran ist, die Mutter zu verlassen. Die schmerzlichen Bemerkungen über Gerstenbergks Verhalten klingen im Munde Adelens wie die Sorgen, die sich eine ältere Schwester über das Unglück der jüngeren macht. Sie verachtet Gerstenbergks Neigung zum „Heimlichen", zum „Berechnenden", das „Schwache, Unsichere, Unwahre seines Wesens". „Was für Hin- und Herreden", klagt sie, „ob wir nach Jena wollten, ob er uns mitnehme, was für Umstände!" „Und jetzt, da nun Gerstenbergk Amélie (die Gräfin Häseler) heiraten wollte und dieses endlose Schwanken von beiden Seiten unser Leben vollends trübte, da sah ich, wie sie, (Amélie) durch die gemeine Klätscherei irre gemacht, nicht mehr ihr schon gegebenes Wort halten wollte – da er und Amélie sich stundenlang sprachen und immer verworrener wurden..." Dabei versucht Adele selbst gegen Gerstenbergk, der ihr von früher Jugend an das Leben verbittert, gelegentlich eine schwesterliche Gesinnung an den Tag zu legen und findet, als Gerstenbergk ein Sohn geboren wird, er sei als Papa „ganz possierlich". Aber erst als Gerstenbergk im selben Jahr, da Johanna und Adele Weimar endgültig verlassen, nach Eisenach versetzt wird, womit seine Karriere beendet ist, werden die beiden Frauen von diesem Manne befreit.

Auch in ihren eigenen Angelegenheiten hatte Adele immer mehr Enttäuschungen erfahren. Mit dem vornehmen, weichen, stillen Privatdozenten Gottfried Osann, einem Bruder des Friedrich Osann, des Philologen in Berlin, kam es halb zur Verlobung. Aber Mißverständnisse, aus der bürgerlichen Atmosphäre geboren, vereiteln schließlich diese Verbindung. Osann heiratet ein Dienstmädchen, die Ehe wird unglücklich. Um diese Zeit erlitt Adele auf der Fahrt von Jena nach Weimar einen Sturz aus dem Wagen, von dem böse Zungen wissen wollten, daß es ein mißglücker Selbstmordversuch war. Eine zweite Liebschaft mit einem ganz jungen Medizinstudenten, der überall offene Arme findet, dem ungebundenen, schönen Freunde eines Vetters aus Danzig, endete mit „Verachtung" gegen ihn. Ihm hatte sie, um einen charakteristischen Zug zu erwähnen, eines ihrer kostbarsten Besitztümer, einen ihr von Goethe verehrten Separatdruck der „Iphigenie", geschenkt, so groß war ihre Dankbarkeit dafür, daß sie geliebt wurde. Von vorübergehenden kleinen Eitelkeiten und Verliebtheiten Adelens gab es eigentlich keine, die nicht durch ihre unzertrennliche Freundin Ottilie angeregt worden wäre. Gemeinsam mit dieser hatte sie auch die größte Enttäuschung ihres Lebens erlitten, als nämlich Ferdinand Heinke, der verwegene Lützower Jäger, einst von ihr und Ottilie im Weimarer Park verwundet aufgefunden, der lebenslängliche Backfischtraum zweier Mädchen, diesen Traum in unzureichender Weise erfüllte. An einem Weihnachtsabend erhielt Ottilie den letzten Brief von ihm, der mittlerweile ein braver Regierungsrat und Vater von sechs Kindern geworden war und als Ehrenbürger der Stadt Breslau endete. Ottilie fällt bei dieser Gelegenheit in Gegenwart ihres Gatten und ihres Liebhabers, eines nach der damaligen Mode Weimar besuchenden Engländers, vor Erregung in Ohnmacht. Es ist ein Gipfel der Empfindsamkeit, die auch in Adelens Herz eine tödliche Wunde hinterläßt. Im Nachlaß Ottiliens hat man viele hundert Briefe Adelens gefunden. Überblickt man diese Brief- und Tagebuchmassen des Kreises um Adele und Ottilie und die übrigen Weimarer Schönen, so gewinnt man ein Bild jener romantischen Zeit, die in der mimosenhaften Überreiztheit, in der Unklarheit der Empfindungen, in der Lebensunfähigkeit ihre höchste Steigerung erfahren hat, der nachher in einem Zeitalter der Technik die vollkommene Umkehrung solcher Lebensart folgen mußte. Aus dieser Zeit heraus, aus diesem Milieu, wird auch Adelens Schicksal verständlich, bei vielen gleichen Anlagen ihres Bruders. Dieses Weimar, in dem Adele vegetierte, war allzu sehr mit Romanstoffen übersättigt. Die Realität, die Schopenhauer schonungslos zu entlarven suchte, zeitigte hier die ungesündesten Verhältnisse.

Schopenhauer hatte in dem ersten Brief aus Frankfurt um Auskunft über Adelens und der Mutter Verhältnisse gebeten. Adele antwortet ausführlich, daß sie am Rhein eine neue Freundin gefunden habe, es ist die Gattin des Kölner Kaufmannes Ludwig Mertens, eine geborne Sibylle Schaffhausen, die Adele in ihrem Haus aufgenommen hatte. Daß sie mit der Mutter sechs Monate ein kleines Landhaus in Unkel bei Bonn bewohne und daß sie hier zwei Winter als Fremde gelebt hätten. Sie teilt dem Bruder auch mit, wie verzweifelt ihre seelische Verfassung wäre und wie sie sich allen Enttäuschungen des Lebens ergeben hätte. Der Brief ist reichlich maniriert, sie findet nicht mehr den richtigen Ton für den Bruder. Sie weiß im Grunde nichts mehr mit dem Bruder anzufangen, sie hat ihn längst verloren, sie vermag sich nicht der Peinlichkeit zu entziehen, die jeder beendeten und wieder aufgegriffenen Beziehung anhaftet. Die Briefe des Bruders hingegen, die nun folgen, sind ganz anders, Geschäftsbriefe fast, von einem Pflichtbewußtsein veranlaßt, um in eine vorhandene Angelegenheit Ordnung zu bringen. Er teilt der Schwester mit, er wolle seine Korrespondenz nicht nur nicht vor der Mutter verschwiegen wissen, sondern er habe die Absicht, selbst der Mutter zu schreiben. Nach 18 Jahren richtet er also ein konventionelles Schreiben an Johanna. Die Mutter antwortet mit ein paar nichtssagenden Zeilen. Die gewandte Schriftstellerin vermag sich leichter aus der Affäre zu ziehen. Sie hatte Arthur in ihrem Testament vor etlichen Jahren wegen seines „schrecklichen“ Benehmens ausdrücklich enterbt, jetzt ist sie ebenso rasch bereit, zu vergessen, wie sie früher kurz entschlossen über ihn den Stab gebrochen hatte. Johanna ist nie kleinlich. Ihr Brief bezieht sich hauptsächlich auf seine Absicht, nach Berlin zurückzukehren. Sie warnt ihn vor der Cholera. Aus dieser Absicht wird übrigens nichts, weil Arthur in diesem Winter wieder vorübergehend erkrankt. In einem von mehreren Briefen mahnt ihn die Mutter, auf seine Gesundheit zu achten. Sie schreibt: „Deine Krankheit macht mir Sorge. Ich bitte dich doch ja, dich zu schonen. Worin besteht denn eigentlich dein Übel? Graues Haar, ein langer Bart, ich kann dich gar nicht so denken. Auch ist es mit dem ersten wohl nicht so arg und dem zweiten ist leicht abzuhelfen. Zwei Monate auf der Stube und keinen Menschen gesehen, das ist nicht gut, mein Sohn, und betrübt mich. Der Mensch darf und soll sich nicht auf diese Weise isolieren, er kann es nie, ohne geistig und auch körperlich dabei zu verlieren, und du sagst noch vollends Gottlob dazu!"

Diese vorübergehende Erkrankung im Winter, die mit einer zeitweisen völligen Absonderung von der Umwelt verbunden ist, trifft wieder, ähnlich wie bei der Krankheit in München, mit leichten seelischen Erschütterungen zusammen. Aber er überwindet diesmal beides, Krankheit und Krise, schon leichter. Überdies haben sich etliche kleine Ärgernisse eingestellt. Der Verwalter der Schopenhauerschen Grundstücke in Ohra stirbt und es stellen sich beträchtliche Kassenrückstände heraus. Durch die Vermittlung Keils kommt die Herausgabe seiner Übersetzung des Gracianischen Buches gegen sehr geringes Honorar bei einem Leipziger Verleger fast zustande und scheitert im letzten Augenblick wegen der Auflageziffer. Der Plan einer französischen Übersetzung Kants mißlingt. Aber sobald Schopenhauer wieder gesund ist, entschließt er sich, ein für allemal die Rückkehr nach Berlin aufzugeben, und begibt sich nach Mannheim, das er in bester Erinnerung hat, um sich dort dauernd niederzulassen.

Die ungünstigen Umstände, in denen er sich gerade damals befunden hatte, hatten ihn aus Frankfurt vertrieben, jetzt aber hält er es doch nicht länger als ein Jahr in Mannheim aus. Für das Leben eines Privatgelehrten, das Schopenhauer von nun an führt, ist Mannheim eine zu kleine Stadt, bietet zu wenig Abwechslung, zwingt zu einer Geselligkeit, die man sich nicht wählen und der man nicht entgehen kann. Auch das Klima ist hier nicht so gut wie in Frankfurt. Also läßt er sich endgültig wieder in Frankfurt nieder.

In Frankfurt, in der letzten langen Periode seines Lebens, lebt Schopenhauer als unbeachteter Einzelgänger inmitten dieses merkantilen Zentrums Süddeutschlands. Ähnlich wie Descartes völlig isoliert in der Geschäftsstadt Amsterdam hauste. In Frankfurt, wo er in aller Welt am wenigsten etwas zu suchen hatte, war deshalb Schopenhauer am ungestörtesten und fühlte sich am wohlsten. Er ist ein Mann, der sich mit der Erkenntnis zufrieden gegeben hatte: „Die gänzliche Nichtbeachtung, die mein Werk gefunden hat, beweist, daß entweder ich des Zeitalters nicht würdig bin, oder umgekehrt“. In dieser Disharmonie mit seinem Zeitalter ist Frankfurt der geeignete Ort, um die Existenz zu ertragen und jeden schwereren Konflikt mit der Umwelt zu vermeiden.

Aber Schopenhauers Leben eines Privatgelehrten zeigt dennoch nicht den idyllischen Charakter der landläufigen Vorstellung von einem solchen. Von der Welt zurückgezogen, materiell unabhängig, nur seinem geistigen Schaffen lebend, zeigt sein Alltag ausgesprochen krankhafte Züge. „Um einsam zu leben, muß man entweder viel von einem Gott oder viel von einem Tier in sich haben“, sagt ein berühmter Autor. Schopenhauers Leben zeigt jetzt ein Schwanken zwischen beiden, wo er sich dem Tier nähert, wird er tief menschlich erscheinen, wo einem Gott, unverständlich pathologisch.

Für das von der menschlichen Gemeinschaft isolierte Individuum erhalten die verschiedenen Bestandteile der Wirklichkeit eine andere, neue Bedeutung. Eine Umwertung aller Werte erfolgt. Die Realität schrumpft sozusagen für ihn zusammen, auf seine engste Umgebung. Die kleinsten Dinge gewinnen für den Sonderling ungeheure Bedeutung. Auf diesen Umstand gründet sich alle krankhafte Pedanterie und selbst in einer höheren geistigen Sphäre das Ritual der Religionen. Die geringste Veränderung in den Lebensgewohnheiten wird für den Einzelgänger eine Erschütterung der Weltordnung sein. So berechtigt es für die übrige Menschheit ist, dies als Narretei anzusehen, so berechtigt ist auch die veränderte Auffassung des isolierten Individuums, das tatsächlich in einer anderen Wirklichkeit existiert. Was kümmert es die Welt, ob ein Satzzeichen in einem einzelnen Satz richtig gesetzt ist! Für Schopenhauer hängt davon mitunter der ganze Bestand einer Idee ab. Wie der Priester mit seinem Heiligtum umgeht, so behandelt Schopenhauer seine Manuskripte. Das kleinste Versehen hat hier ungeheure Bedeutung. Mit vollem Recht, der einzelne Satz eines Genies vermag vielleicht die Welt umzustürzen. Es ist schließlich doch nur allgemeine

Übereinkunft, was Bedeutung hat, und das Genie ist mitunter nur das größere Beharrungsvermögen gegen die träge Meinung der Welt. Auf dem Schreibtisch Schopenhauers herrscht jetzt peinliche Ordnung. Seine Haushälterin ist seine natürliche Feindin, die ständig die Weltordnung auf der Tischplatte bedroht. Für die ihm wichtig erscheinenden Gegenstände hat er kleine Verstecke ausfindig gemacht. Die Zinsabschnitte verbirgt er in alten Briefen und Notenheften. Wertpapiere hält er mit täuschenden Aufschriften verwahrt. Unter dem Tintenfaß versteckt er Goldstücke, als Notpfennig im Augenblick der Gefahr. Das Motiv dabei ist nicht Geiz, denn er ist gleichzeitig freigiebig am rechten Ort. Seine geschäftlichen Aufzeichnungen macht er in lateinischer Sprache, um sein Privatleben vor der Umwelt zu verschließen. Seine wissenschaftlichen Manuskripte werden zu Kultgegenständen. Seine Bücher müssen das Format Hochoktav haben und in deutschen Lettern gedruckt werden wie die Werke Kants. Zwanzig Jahre hindurch geht er am Nachmittag um dieselbe Stunde spazieren. Der Alltag ist wie der eines Buchhalters genau und unveränderlich eingeteilt. Auch Kant war von der gleichen lächerlichen Pünktlichkeit in seiner Tageseinteilung. Das Privatleben Schopenhauers in Frankfurt sieht zum Teil dem strengen Ritual eines Gottesdienstes ähnlich, zum Teil den Gewohnheiten eines Spießers. In Wahrheit ist es die einzige mögliche Daseinsform eines Geistes, der zu voller Besinnung zu gelangen trachtet und dessen äußeres Leben deshalb hart an die Zwangshandlungen des Irren grenzt.

Das Genie ist dem Irrsinn verwandt und nicht umgekehrt. Das Genie muß sich, um die reine Idee der Welt zu erfassen, von der Welt absondern und sich auf eigene Faust selbständig machen. Da der Mensch aber ein soziales Wesen ist und die Natur nicht duldet, daß das einzelne Individuum allein den Weg geht, den sie in der Gesamtheit ihrer Gattungen und Arten beschreitet – indem die Natur in ihrem ewigen Fluß von Entstehen und Vergehen die Ideen zu höchstem Ausdruck zu bringen sucht – droht diesem einzelnen Individuum, sobald bei ihm die Ideen zu fixen Ideen werden, wieder eine Verdunkelung des Geistes, da dieser im Grunde nur eine sekundäre Bestimmung hat. Weshalb alle geistige Erkrankung gleichzeitig ein soziales Phänomen ist. Um zu gewissen letzten Erkenntnissen zu gelangen, muß das Individuum sich so weit von seiner normalen Existenz entfernen, daß es Gefahr läuft, selbst Opfer seines Experimentes zu werden. Zum Philosophen gehört die moralische Stärke, sich jener Nacht zu nähern, die den menschlichen Geist umfängt, wenn er sein natürliches Betätigungsfeld verläßt, das des greifbaren Zweckes. Das gänzlich Unbekannte, mit dem sich der Philosoph auseinandersetzt, erregt im Menschen bei unmittelbarer Berührung Entsetzen, Trübsinn oder tobende Furcht.

Auch in Schopenhauers Leben wird diese Furcht vor dem Unbekannten sichtbar. Die Angstgefühle mitten in der Nacht verfolgen ihn zeitlebens. In seinem Reisetagebuch berichtet er von einer metaphysischen Angst: „Wenn ich doch nur die Illusion los werden könnte, das Kröten- und Otterngezücht für meines Gleichen anzusehn: da wäre mir viel geholfen.“ Wenn der Briefträger einen Brief bringt, erschrickt er jedesmal. Aus Neapel vertreibt ihn die Angst vor den Blattern, in Verona fürchtet er sich vor vergiftetem Schnupftabak, aus Berlin flüchtet er sogleich vor der Cholera. Ein andermal schreibt er: „Wenn ich nichts habe, was mich ängstigt, so beängstigt mich eben Dieses, indem es mir ist, als müßte doch etwas da sein, das mir nur eben verborgen bliebe. Misera conditio nostra!" Mitunter steigert sich seine Angst bis zum Verfolgungswahn. Das Mundstück seiner Tabakspfeife verwahrt er unter Verschluß. Nie wagt er es, sich von einem fremden Menschen rasieren zu lassen, aus einem fremden Glas zu trinken, weshalb er immer einen ledernen Becher mit sich trägt. Immer erwartet er Händel, Kriminalprozesse, den Verlust seines Vermögens. In allen Vertragsverhältnissen fürchtet er betrogen zu werden. Überall sieht er Diebe.

Schopenhauer hat selbst diese Krankheitseinsicht, wenn er schreibt: „Hingegen bringt das Genie so viele mittelbare Nachteile mit sich, da ein damit begabter Mensch heterogen, abnorm, isoliert, einsam, zum täglichen Tun und Treiben des Menschenlebens untauglich, überdies durch das Abnorme seiner Organisation, sofern das Nervensystem unverhältnismäßig überwiegt, auch leicht reizbar, melancholisch und hypochondrisch ist, daß nur die Größe der unmittelbaren Vorteile, der Genuß des eigenen Geistes, darüber trösten und es trotz dem allen noch wünschenswert machen kann." Oder an anderer Stelle: „Freilich müßte der Selbstgenuß, den das Genie an sich und seinen Schöpfungen hat, und die Kleinheit, in welcher ihm die Menschen erscheinen, es so erhaben stimmen, daß es gegen Ruhm, bei diesem Geschlecht, völlig gleichgültig würde, er möchte vorhanden sein oder nicht. Aber diese Welt trägt keine Ideale: ihre Genies bleiben Menschen, haben Schwächen, unter denen die Begier nach Ruhm noch lange nicht die größte ist.“ Schopenhauer spricht sich deutlich gegen jede Gottähnlichkeit des Menschen aus, auch gegen die des Genies.

Sein äußeres Leben hat nur ein paar trockene Daten aufzuweisen. Die ersten Jahre wohnt er in der Saalgasse 23, vier Jahre später übersiedelt er in eine Parterrewohnung Am Schneidewall 10. Er speist im Gasthof „Zum Schwan“, später bis zu seinem Lebensende im vornehmen „Englischen Hof“. Die zufälligen Tischgäste sind sein einziger Umgang. Wie in Mannheim der „Harmonie-Gesellschaft“, tritt er in Frankfurt dem Klub „Kasino“ bei. Um im Lesezimmer der beiden Vereine unentgeltlich die literarischen Zeitungen zu lesen, die er verachtet. Später vertauscht er das „Kasino“ mit der neu gegründeten Lesegesellschaft „Bürgerverein“. Beim Abendessen liest er regelmäßig die „Times“.

Im August 1835 unternimmt er eine viertägige Reise nach Koblenz. Es ist das letzte Mal, seither verläßt er Frankfurt nie länger als auf einen Tag. Seiner Geliebten in Berlin schreibt er regelmäßig, und einmal besucht ihn sogar Caroline Richter in Frankfurt. Auch seinem Jugendfreund aus Havre, Anthime, schreibt er einmal um Auskunft über eine französische Lebensversicherungsgesellschaft, bei der er eine Lebensrente einzukaufen beabsichtigt. Der Freund, der zum zweiten Male verheiratet ist und auf einem Schloß bei Meulen in guten Verhältnissen lebt, rät ab und bietet sich selbst an, Schopenhauers Vermögen zu verwalten. Der Argwohn läßt Schopenhauer darauf gar nicht antworten. Um diese Zeit trifft er auch die Frau von Heygendorf, die einst so bewunderte Schauspielerin Jagemann in Weimar, der er seine berühmte Parabel von den Stachelschweinen erzählt: „Eine Gesellschaft Stachelschweine drängte sich, an einem kalten Wintertage, recht nahe zusammen, um, durch die gegenseitige Wärme, sich vor dem Erfrieren zu schützen. Jedoch bald empfanden sie die gegenseitigen Stacheln; welches sie dann wieder voneinander entfernte. Wann nun das Bedürfnis der Erwärmung sie wieder näher zusammen brachte, wiederholte sich jenes zweite Übel; so daß sie zwischen beiden Leiden hin und her geworfen wurden, bis sie eine mäßige Entfernung voneinander herausgefunden hatten, in der sie es am besten aushalten konnten.“

Inzwischen haben seine Manuskripte, die in Berlin sein Freund Baron Lotzow verwahrt hatte und die er sich nachkommen ließ, einen solchen Umfang angenommen, daß er wieder an eine zweite, vermehrte Ausgabe der „Welt als Wille und Vorstellung“ denkt. Wieder verfaßt er zu dieser zweiten Auflage eine Vorrede, die mit den Worten beginnt: „Meine Zeitgenossen waren wie alle Zeitgenossen“ und mit den Worten schließt: „Ich schreibe für die Einzelnen, mir Gleichen, die hie und da im Laufe der Zeit leben und denken, nur durch die zurückgelassenen Werke miteinander kommunizieren, und dadurch Einer der Trost des Andern sind.“ Wieder richtet er eine Anfrage an Brockhaus, der ihm mitteilt, daß von den restlichen 150 Exemplaren neuerdings 97 Stück makuliert wurden. Also selbst der letzte Rest mußte noch eingestampft werden. Darauf stellt Schopenhauer einen Teil der für diese neue Ausgabe bestimmten „Ergänzenden Betrachtungen“ zu einem eigenen Buch zusammen, dem er den Titel gibt „Über den Willen in der Natur“ und in dem er auf unphilosophische und mehr naturwissenschaftlich-beschreibende Art die Richtigkeit seiner Philosophie darzulegen versucht. Der Untertitel lautet: „Eine Erörterung der Bestätigungen, welche die Philosophie des Verfassers, seit ihrem Auftreten, durch die empirischen Wissenschaften erhalten hat.“ Das 141 Seiten starke Buch gliedert er in Physiologie und Pathologie, Vergleichende Anatomie, Pflanzen-Physiologie, Physische Astronomie, Linguistik, Animalischen Magnetismus und Magie, Sinologie und einen Hinweis auf die Ethik. In dem Buch, von dem Schopenhauer selbst sagt, daß er nicht hoffen könne, seiner Lehre jemals einen treffenderen Ausdruck zu geben, als dies in den Kapiteln über Physische Astronomie und Pflanzenphysiologie geschehen sei, und in dem seine philosophische Spekulation an dem augenblicklichen Stand der Naturwissenschaften erprobt wird, kommt vor allem der Schriftsteller durch die lebendige Anschaulichkeit der Darlegungen voll zur Geltung.

Das Buch erscheint auch ein Jahr darauf bei dem Frankfurter Buchhändler Siegmund Schmerber, der sich bereit erklärt, 500 Exemplare gratis in Verlag zu nehmen. Auf wessen Kosten es gedruckt wurde, war nicht feststellbar. Trotz seiner schriftstellerischen Vorzüge bleibt auch diese Schrift unbeachtet und findet keinen Absatz.

Nur eine kurze Anzeige im Leipziger „Repertitorium der gesamten deutschen Litteratur“ erscheint.

Schopenhauer ist fast 50 Jahre alt, als er, noch immer erfolglos wie an seinem schriftstellerischen Beginn, eines Tages in einer Literaturzeitung ein Preisausschreiben der Königlichen Norwegischen Sozietät liest, in dem eine Preisfrage über die Freiheit des Willens gestellt wird. Sofort unternimmt er deren Beantwortung und sendet ein Jahr darauf das fertige Manuskript nach Drontheim.

Die Frage hatte gelautet: „Läßt sich die Freiheit des menschlichen Willens aus dem Selbstbewußtsein beweisen?“ In der Beantwortung kommt Schopenhauer zu dem Schluß, daß die Willensfreiheit im landläufigen Sinne nicht besteht, da alle Handlungen des Menschen zwangsläufig auf Grund seines angeborenen Charakters erfolgen, daß aber wohl eine Freiheit des Seins feststellbar sei. Der Mensch sei nicht für seine Handlungen verantwortlich, die in ihren Motiven nur eine andere Art Grund haben, wohl aber für seinen Charakter selbst. Alles, was geschieht, vom Größten bis zum Kleinsten, geschieht notwendig, und durch das, was wir tun, erfahren wir bloß, was wir sind. „Der Mensch tut allezeit nur, was er will, und tut es doch notwendig. Das liegt daran, daß er schon ist, was er will: denn aus dem, was er ist, folgt notwendig alles, was er jedesmal tut.“ Der Gedankengang ist kompliziert, er läßt sich vereinfachen, wenn man zwischen einer physischen und einer moralischen Freiheit unterscheidet, die eine verneint, die andere bejaht. „Die Freiheit ist ein Mysterium“, sagt Malebranche, welchen Ausspruch als Ergebnis Schopenhauer zitiert.

Am 22. Januar 1839 beschließt die Vorstandsversammlung in Drontheim von den drei eingereichten Abhandlungen, zwei deutschen und einer norwegischen, mit sechs gegen eine Stimme die Schopenhauersche – der Name des Verfassers im verschlossenen Kuvert war bis dahin der Jury unbekannt – zu krönen und ihm mit fünf gegen zwei Stimmen die Große goldene Medaille zu verleihen. Die Kleine Medaille wird der norwegischen Arbeit zugesprochen. Schopenhauer, dem damit die erste öffentliche Anerkennung von Seiten der Fachwelt zuteil wird, wird verständigt, daß er somit zum Mitglied der Gesellschaft ernannt wird. Mehrmals geht Schopenhauer aufs Konsulat, um nachzufragen, ob die angekündete Große goldene Medaille schon eingelangt sei. Als er sie endlich in Händen hält, sie trägt das Bildnis des Königs, schreibt er einen überschwenglichen Dankbrief. Hat doch hier ein fast Verhungernder seinen ersten kargen Lohn erhalten. Er bittet, die Schrift in Deutschland nachdrucken zu dürfen, sobald sie in den Abhandlungen der Gesellschaft erschienen sein werde. Die Antwort ist zustimmend, aber so merkwürdig, nebenbei auch äußerst charakteristisch für die damalige öffentliche Moral, daß sie in Schopenhauers Augen, wäre seine Dankbarkeit nicht stärker als alle Skepsis, eine völlige Entwertung der Preisverleihung bedeuten müßte. Sie hat den folgenden Wortlaut:

„Dem Herrn Dr. phil. Arthur Schopenhauer, Hochwohlgeboren, unseren Gruß zuvor! Unsere Antwort auf Ihr Schreiben hat länger auf sich warten lassen als recht ist, weil unter uns Meinungsverschiedenheiten darüber entstanden, ob wir die von Ihnen erbetene Herausgabe

Ihrer Abhandlung in Deutschland gestatten sollten oder nicht. Denn einerseits glaubten wir nicht Ihr Verlangen abschlägig behandeln zu können, ohne Ihnen große Ursache zur Beschwerde zu geben; andererseits waren einige unter uns der Ansicht, daß wir mit Rücksicht auf das von uns in dieser Sache zuvor Geschehene, nicht ohne eigenen Widerspruch die von Ihnen gewünschte Veröffentlichung der Abhandlung zugeben könnten. Als die Abhandlung nämlich gedruckt werden sollte, warf man unter uns die Frage auf, ob sie zuvor in unsere einheimische Sprache übersetzt werden oder ob sie in derselben Sprache, in der geschrieben ist, bei uns erscheinen solle. Unter den Gründen, die uns bestimmten, die Sprache, in der sie verfaßt wurde, beizubehalten, war auch der, obwohl der wichtigste, daß wir einzelne Stellen in Ihrer Abhandlung gefunden zu haben glaubten, die dem gemeinen Verstande ferner liegen und deshalb, sei es gar nicht, sei es unrichtig verstanden, ungebildetere Geister stärker als gut ist erregen und beunruhigen, ja gewissermaßen in Verwirrung bringen könnten, als auch daß wir es überhaupt für besser gehalten haben, der rohen und unwissenden Menge den Zugang zu einer Schrift nicht zu eröffnen, die einerseits in der Hauptsache, auf die sie hinauskommt, das Ansehen hat, als stehe sie mit dem menschlichen Selbstbewußtsein sowie mit unserem heiligen Glauben in Widerspruch, andererseits in ihrem fließenden Stil einen solchen Reiz, in ihrer ganzen Beweisführung eine solche Stärke und Folgerichtigkeit, endlich einen Reichtum gründlichen Wissens besitzt, der nicht verfehlen kann, den Geist des Lesers in hohem Grade einzunehmen, ihn, selbst wider seinen

Willen, hierhin und dorthin zu lenken und in die engsten Fesseln der Überredung zu schlagen, so daß die darin entwickelten Gedanken sich gewissermaßen von selbst dem Geiste einzuschmeicheln scheinen. Je mehr wir deshalb, diese Vorzüge Ihrer Abhandlung ins Auge fassend, sie unter allen für die des ausgesetzten Preises würdigste erachtet, desto mehr glaubten wir hingegen darauf bedacht sein zu sollen, nur solchen, die eine gewisse Reife des Urteils besitzen, das die Wahrheit herauszuschälen vermag, die Gelegenheit seiner Bekanntschaft zu bieten. Als wir deshalb unter mehreren Gründen auch den erwogen, daß wir einmal beschlossen hätten, die Schrift nicht in unserer Muttersprache zur Verbreitung zu bringen, waren etliche, wie oben erwähnt, der Meinung, daß wir wohl nicht mit uns selbst übereinstimmen würden, wenn wir das, was wir in der Heimat nicht geschehen lassen wollten, nunmehr im Auslande gestatten. Sie wollten jedoch keineswegs Ihre Bitte überhaupt versagen, vielmehr ihr nur insoweit stattgeben, daß Ihnen die Herausgabe in lateinischer Übersetzung freigegeben werden sollte. Indessen, da nach reiflicher Überlegung und erfolgter Abstimmung die Mehrheit der Ansicht beigetreten ist, daß es die sogenannte kosmopolitische Gesinnung weiter als recht ist auszudehnen heiße, wenn man bei jener Meinung beharre, und daß die Sache in Deutschland anders als bei uns liege; so setzen wir Sie durch dieses Schreiben davon in Kenntnis, daß Ihnen von unserer Gesellschaft nichts mehr im Wege steht, Ihre Dissertation, sobald es Ihnen beliebt, in Deutschland zum Druck zu befördern." Die Königliche Norwegische Sozietät, die, wie sie in ihrem Brief gesteht, bei der Lektüre dieser Sprache voll bezwingender Gewalt selbst der Willensfreiheit entbehrte, nach der sie fragte und die sie für die gläubige Menge aufrechterhalten wissen will, spricht offen aus, daß sie in der Verbreitung der Schopenhauerschen Schrift eine öffentliche Gefahr sieht. Nicht deutlicher konnte Schopenhauer eine Begründung seines allgemeinen Mißerfolges erhalten.

Unmittelbar nach der ersten Preisfrage beantwortet Schopenhauer auch eine zweite der Königlichen Dänischen Akademie nach der Grundlage der Moral. In einer systematisch gegliederten Untersuchung, die bis an die metaphysischen Grenzen dieses Gegenstandes reicht, stellt Schopenhauer das Mitleid als das tiefste Fundament der Moral dar. Diese Abhandlung ist auch eine der großartigsten schriftstellerischen Leistungen Schopenhauers, sie ist überdies das Bekenntnis eines großen Herzens, das das tiefste und wärmste Verständnis für die Not aller Kreatur hegt. Die Schrift, obwohl sie die einzige Einsendung auf die gestellte Preisfrage ist, wird abgelehnt. Die allerletzte philologische Forschung dieser Tage hat Dokumente aufgefunden, aus denen hervorgeht, in welcher entschiedenen Form die Ablehnung in Kopenhagen erfolgt ist. Der kurze, schroffe Schiedsspruch hat folgenden Wortlaut: „Die im Jahre 1837 gestellte Preisfrage, ob die Quelle und Grundlage der Moral in einer unmittelbar im Bewußtsein liegenden Idee der Moralität und in der Analyse der übrigen aus dieser entspringenden moralischen Grundbegriffe, oder aber in einem anderen Erkenntnisgrund zu suchen sei, hat nur ein Autor zu beantworten unternommen, dessen in deutscher Sprache geschriebene, mit dem Motto ‚Moral predigen ist leicht, Moral begründen ist schwer‘ (an dieser Stelle hat Schopenhauer später dazugeschrieben: Dieses zweite ‚ist‘ hat die Akademie aus eigenen Mitteln hinzugefügt, um einen Beleg zu liefern, daß man durch Hinzufügung einer Silbe die ganze Energie einer Sentenz vernichten kann) versehene Abhandlung wir des Preises nicht für würdig haben erachten können. Denn beiseite lassend, was hauptsächlich gefragt war, ging er von der Meinung aus, es solle ein Prinzip der Ethik begründet werden, und machte deshalb denjenigen Teil seiner Abhandlung, in dem er den Zusammenhang zwischen dem von ihm aufgestellten Prinzip der Ethik und seiner Metaphysik entwickelt, zum bloßen Anhang, mit dem er mehr als verlangt sei, gebe, während doch das Thema an erster Stelle die Untersuchung des Zusammenhanges der Metaphysik und Ethik forderte. Wenn übrigens der Verfasser versucht hat, im Mitleid das Fundament der Moral nachzuweisen, so hat uns weder die Form des Vortrages genügt, noch konnten wir in der Tat dieses Fundament selbst für ausreichend erachten; ja er selbst mußte gestehen, daß es dieses nicht sei. Auch darf nicht verschwiegen werden, daß mehrere der hervorragendsten neueren Philosophen auf so unziemliche Art erwähnt sind, daß es gerechten und schweren Anstoß erregt.“ Die Wahrheit in diesem Fall ist, daß die Aufgabe der Königlichen Dänischen Akademie, aus einem Erkenntnisgrund die Moral abzuleiten, ungefähr so leicht zu lösen ist wie die, Gold zu machen. Auch Kant hätte die Königliche Akademie nicht befriedigen können. Schopenhauer hatte jedenfalls das Mysterium einer moralischen Handlung so weit durch logische Überlegung erhellt, als es möglich war. Seine Beantwortung, sieht man über die Absurdität der Fragestellung hinweg, war in ihren begrenzten Möglichkeiten vollwertig und behandelte einen metaphysischen Gegenstand mit einem Ernst, den die Königliche Dänische Akademie nicht verdiente.

So unerwartet für Schopenhauer die Ablehnung kommt, sie bestärkt ihn nur in seiner aggressiven Einstellung zu den Zeitgenossen. Er gibt beiden Preisschriften den Gesamttitel „Die beiden Grundprobleme der Ethik“ und setzt ihnen eine 36 Seiten lange Vorrede voraus, in der eine der bissigsten Philippiken gegen die Fachwelt enthalten ist. Mit unerbittlicher logischer Schärfe rechnet Schopenhauer mit der Akademie, die selbst nicht wußte, was sie gefragt hat, ab. „Dieses Verfahren der Königlich Dänischen Societät wäre“, heißt es an einer Stelle, „nach dem von mir aufgestellten Moralprinzip freilich nicht Recht: allein da dieselbe mein Moralprinzip nicht gelten läßt; so wird sie wohl ein anderes haben, nach welchem es Recht ist.“ Als zusammengefaßtes Buch, 278 Seiten stark, erscheint es 1841 im Verlag der Johann Christian Hermannschen Buchhandlung, F. E. Suchsland in Frankfurt, ohne Honorar für den Verfasser. Auf dem Titelblatt hat Schopenhauer zu der ersten Abhandlung den Vermerk „gekrönt zu Drontheim, am 26. Januar 1839“ und zu der zweiten „nicht – dieses Wort in Fettdruck – gekrönt zu Kopenhagen, den 30. Januar 1840“ setzen lassen. Das Buch findet, bis auf drei unbedeutende, ablehnende Kritiken, keine Beachtung.

Hat Schopenhauer die beiden Bücher „Über den Willen in der Natur“ und „Die beiden Grundprobleme der Ethik“ hauptsächlich aus den unerschöpflichen Vorratskammern seiner Manuskriptbücher zusammengestellt, er hält bereits bei seinem neunten Manuskriptbuch, so gedenkt er jetzt auch die übrigen Ergänzungen seiner Philosophie zu einem eigenen Band zusammenzufassen. Die in 24 Jahren gesammelten Gedanken ergeben organisch einen zweiten Band zu seiner „Welt als Wille und Vorstellung“. Da es ihm nicht gelungen war, eine zweite Auflage seines Hauptwerkes herauszubringen, versucht er es, die Niederlage durch einen noch konzentrierteren Vorstoß beantwortend, einen zweiten Teil seines Hauptwerkes zu schaffen.

Die folgenden drei Jahre widmet er der Ausführung dieses Planes. In 50 Kapiteln gibt er, der gleichen Gliederung des ersten Bandes entsprechend, seiner Philosophie die breite Darlegung und Anschaulichkeit eines geschlossenen Weltbildes. Durch diesen zweiten Band erhält sein Werk erst seine Vollendung. Es ist die Frucht des größten Zeitraumes innerhalb seines Lebens. Es ist eine Arbeit, in der der Stilist dem Philosophen die Waage hält. Die höchste Form der Definition, die Schönheit der aphoristischen Formulierung, die dichterische Gewalt der Metapher, die Eindringlichkeit der Logik, die grandiose Ruhe der Kontemplation, das alles sind das Ergebnis eines Lebensalters der Reife und der Entsagung. Der erste Band war die Tat, die nur die Jugend zu vollbringen vermag. Der zweite Band ist die Klärung, die bewährte Treue der Wahrheit, die frauliche Hingabe an die neue Idee, die reife Frucht der Erkenntnis. Man könnte das ganze Buch als ein Epos bezeichnen, das nicht die Geschichte der Welt, wohl aber ihren Sinn erzählt. Ein überwältigendes Märchen von der Wirklichkeit ist dieses Bild vom Wesen der Welt, voll tiefer Symbolik und reinster Moral. In seinen dunkelsten Rändern noch voll Klarheit. In ihm wird, für den, der die Schönheit erfaßt, die Wissenschaft wieder zum Spiel, das alle Wissenschaft ursprünglich war. Hier hat sich die menschliche Phantasie, die immer wieder durch große Illusionen bewegt wird, gegen ihre Illusion selbst gerichtet, um sie zu ergründen. Wenn man will, ist es eine umfassende Auskunft über die menschliche Phantasie. Sie steht am Ausgang einer Zeit der Romantik und am Beginn einer neuen Epoche der Technik.

Im Mai 1843 bietet er den fertigen zweiten Band Brockhaus zum Druck an. Brockhaus antwortet umgehend, daß der erste Band ein „zu schlechtes Geschäft“ war, daß sich aber der Verlag bereit erklären würde, das neue Buch auf Schopenhauers Kosten in Kommission zu nehmen. Schopenhauer antwortet darauf ebenso postwendend: „Ew. Wohlgeboren haben in Ihrem geehrten Schreiben mir eine ablehnende Antwort erteilt, welche für mich so unerwartet wie niederschlagend gewesen ist. Dennoch muß ich die Vorschläge, welche Sie mir wohlmeinend machen, entschieden von der Hand weisen. Allerdings habe ich dem Publiko ein Geschenk machen wollen, und ein sehr wertvolles: aber für mein Geschenk noch obendrein bezahlen, das will und werde ich nicht ... Ist es mit der offenkundigen Gesunkenheit des Zeitalters wirklich so weit gekommen, daß, während Hegelscher Unsinn viele Auflagen erlebt und das wertloseste philosophische Geträtsch von 100 Alltagsköpfen vom Publiko bezahlt wird, da es messentlich erscheint, an ein Buch von mir, welches die Arbeit meines ganzen Lebens enthält, ein Verleger nicht einmal die Druckkosten setzen mag, nun so soll mein Werk liegen bleiben, um einst als posthumum zu erscheinen, wenn die Generation gekommen sein wird, die jede Zeile von mir freudig aufnehmen wird: sie wird nicht ausbleiben."

Es ist unaufgeklärt, weshalb, zehn Tage darauf, der Verlag seinen Entschluß ändert und den zweiten Band annimmt, sich sogar bereit erklärt, gleichzeitig den ersten Band neu zu verlegen. Der Verlag, dessen Begründer inzwischen gestorben und der in den Besitz seiner Erben übergegangen war, hatte sich in den letzten Jahren große Verdienste um die Literatur erworben. Große Shakespeare-, Calderon- und Holberg-Übersetzungen hatte er herausgebracht. Gewiß hat auch der Umschwung der Zeit, das abnehmende Interesse an Hegel und der zeitgenössischen Philosophie dazu beigetragen, es mit dieser „leichteren" Philosophie zu versuchen. Schopenhauer antwortet beglückt: „Ew. Wohlgeboren haben mir durch die Anzeige Ihres veränderten Beschlusses große Freude gemacht, welche ich Ihnen aufrichtig gestehe: aber ebenso aufrichtig versichere ich Sie meiner festen Überzeugung, daß Sie durch Übernahme meines Werkes kein schlechtes Geschäft machen, vielmehr ein recht gutes, ja daß einst der Tag kommen wird, wo Sie über Ihre Bedenklichkeit, an mein Werk die Druckkosten zu wenden, herzlich lachen werden." 1844 erscheinen beide Bände, der erste 599 Seiten, der zweite 640 Seiten stark. Brockhaus druckt 500 Exemplare des ersten und 750 des zweiten Bandes. Beide Bücher kosten 5 Taler 10 Neugroschen, der zweite Band allein 2 Taler 20 Neugroschen. Schopenhauer erhält 10 Freiexemplare. Für „den schönen, korrekten Druck und die bewunderungswürdige Schnelligkeit desselben“ spricht er dem Verlag seinen Dank aus.

Inzwischen hat Schopenhauer, dessen Lebenselement das Gedankenbilden geworden ist und der nur noch im Medium der Sprache lebt, immer wieder versucht, in rührender Anhänglichkeit an die Mitwelt, die nichts von ihm zu wissen wünscht, in einzelne, geringfügige Angelegenheiten der Öffentlichkeit mit der Stimme der Vernunft sich einzumengen. Er erteilte voll gewissenhafter Gründlichkeit seinen unerbetenen Rat, wo er sich kompetent weiß. Als fünf Jahre nach dem Tode Goethes ein in Frankfurt gebildetes Komitee dem großen Sohn der Stadt ein Standbild zu setzen beabsichtigt, verfaßt Schopenhauer ein umfangreiches „Gutachten über das Goethesche Monument“, in vier Abschnitte gegliedert, ein kleines Kunstwerk über Kunstgeschmack und den Takt der Pietät. Es ist ungewiß, ob das Gutachten vom Komitee überhaupt zur Kenntnis genommen wurde. Gewiß ist nur, daß das nachher errichtete Standbild, das ein angesehener Kritiker als „ein Nationalunglück“ bezeichnet hat, im genauen Gegensatz zu Schopenhauers wohlbegründeten Vorschlägen ausgeführt wurde. Auch richtete Schopenhauer, als eine neue Gesamtausgabe der Werke Kants angekündigt wurde, ein Sendschreiben an die Herausgeber Professor Rosenkranz und Schubert in Königsberg, das die Notwendigkeit darlegte, bei einer neuen Ausgabe der „Kritik der reinen

Vernunft" auf die erste Kantische Fassung zurückzugreifen, weil „Kant durch die in der zweiten Ausgabe seines berühmten Werkes vorgenommenen Veränderungen dasselbe verstümmelt und verunstaltet" habe. Schopenhauer legte seiner Zuschrift auch ein Variantenverzeichnis für die erste Ausgabe bei, das die Weglassungen und Abweichungen der zweiten registrierte. In diesem Fall war die Forderung Schopenhauers so augenfällig, auch Jacobi hatte vorher die gleiche Ansicht vertreten, daß die Herausgeber sich entschließen, in ihrer Neuausgabe den Text der ersten Auflage wiederzugeben. Rosenkranz druckte sogar, da Schopenhauer es ihm angeboten hatte, einen Teil seines Sendschreibens in der Vorrede ab. Allerdings nicht im genauen Wortlaut, woran Schopenhauer in der Zunftphilosophie nachgerade gewöhnt war. Ein anderes Mal beglückwünschte Schopenhauer den englischen Maler und Kunsthistoriker Sir Charles Lock Eastlake zu der von ihm herausgegebenen englischen Übersetzung der Goetheschen Farbenlehre. Bei dieser Gelegenheit übersendet er auch seine eigene Schrift über die Farben und schlägt vor, auch diese Schrift in englischer Sprache zu veröffentlichen. Was, wie ähnliche Versuche vorher, nicht zustandekommt.

Was ist in größter Kürze zusammengefaßt der Inhalt der Schopenhauerschen Philosophie, wie sie sich nach Vollendung des zweiten Bandes seiner Hauptschrift „Die Welt als Wille und Vorstellung" darstellt, und welche seiner Gedanken haben heute, ein Jahrhundert nachher, noch Geltung und Anklang?

Das Geheimnis der Natur, ihr Rätsel, beginnt erst bei Tier und Mensch. Mensch und Tier haben nämlich ein Bewußtsein. Das heißt, sie sind nicht bloß Körper wie andere, die aufeinander wirken, wie zum Beispiel durch Stoß und Druck, sondern sie empfinden auch diese Wirkung. Erst durch diese Empfindung und Wahrnehmung der äußeren Einwirkungen wird von Mensch und Tier die Welt erkannt und vorgestellt. Wären die Einwirkungen von außen bloße Veränderungen der menschlichen und tierischen Körper, ohne eigene Empfindungen, so bliebe die Welt von Mensch und Tier unvorgestellt. Ihr Leben wäre quasi ein Schlaf ohne Traum. Der Stein hat keine Vorstellung von der Welt, er empfängt ohne Bewußtsein ihre Wirkungen.

Die Empfindungen selbst, die durch die äußeren Einwirkungen bei Mensch und Tier hervorgerufen werden, sind noch keine Vorstellung, sondern erst die Ausgangspunkte einer solchen. Kant hat die Fähigkeit des Bewußtseins entdeckt, zur Empfindung als Wirkung nachträglich die Ursache aufzufinden. Indem das Bewußtsein die Ursache in einen Raum und in eine Zeit verlegt, die dem Bewußtsein selbst von vornherein eigen sind, weil sich im Bewußtsein alles in Raum und Zeit, seinen „reinen Anschauungsformen", abspiegelt. Mensch und Tier bringen sich – sozusagen – ihre eigene Wirklichkeit erst selbst mit. Mensch und Tier erfassen also die Welt, ganz unabhängig davon, was sie in Wahrheit sein mag, einmal als bloße Vorstellung.

Das menschliche Bewußtsein hat aber überdies die Fähigkeit der Reflexion, das heißt, es kann die durch die empfangenen Empfindungen veranlaßten Vorstellungen noch einmal in abstrakter Vorstellung reflektieren. Werden die gemeinsamen Merkmale vieler solcher verschiedener reflektierter Vorstellungen im Bewußtsein zusammengefaßt, so entstehen Begriffe. Werden diese Begriffe im Bewußtsein miteinander verknüpft, so bilden sich Urteile. Diese höhere Fähigkeit des Bewußtseins, die der Reflexion, gibt dem Menschen Erinnerung und Gedächtnis. Hier liegt auch der schwer feststellbare Unterschied zwischen dem Bewußtsein des Tieres und dem des Menschen. Die Reflexion und mit ihr Erinnerung und Gedächtnis sind dem Tiere nur in geringem Maße eigen. Begriffe und Urteile hat das Tier kaum mehr. Der Mensch vermag sich durch Erinnerung und Gedächtnis dem Zwange der Gegenwart mitunter zu entziehen, das Tier lebt unmittelbar in der Gegenwart.

Die Begriffe werden in der Sprache fixiert und mitgeteilt. (Tiere haben keine Sprache.) Die Urteile ergeben, durch ihre Begründung, die Wissenschaften. Aus Begriffen und Urteilen folgen unsere planvollen Handlungen, bis hinauf zur Zivilisation. „Sprache, Wissenschaft und Zivilisation" machen deshalb die Menschheit aus.

Das Bewußtsein ist jedoch nicht so einfach, wie es sich in dem ausgeführten Mechanismus darstellt. Im Bewußtsein treten, unabhängig von den Vorstellungen und ihrer Reflexion, auch Gefühle auf. Die von außen hervorgerufenen Empfindungen können in Vorstellungen und in Gefühlen in gleichem Maße deutlich werden. Das Gefühl ist ein „negativer Begriff", ein „Urteil der Art", ein unendliches Urteil, wie die Logiker es nannten. Gefühle sind eine Art ständiger musikalischer Begleitung unserer Vorstellungen, die stärker wird, je schwächer der Begriff ist. Das Gefühl hilft dort aus, wo die Reflexion versagt. Wo der Begriff seine Grenze hat und dunkel wird, das Objekt (die Ursache) nicht mehr klar erkannt wird, dort tritt das Gefühl um so deutlicher hervor. So gibt es ausgesprochene ästhetische, moralische, religiöse und andere Gefühle. Im Begriff und im Gefühl besteht sozusagen unsere Wahrnehmung in doppeltem Sinn. Die Vorstellung ist die mittelbare Wahrnehmung, das Gefühl die unmittelbare. Äußere Einwirkungen werden nämlich auch unmittelbar angenehm oder unangenehm empfunden. Das Gefühl, das manchmal die Vorstellung unterstützt, ihr nachhilft, tritt anderseits auch als Willenserregung und als Affekt auf. Lust und Unlust sind ein spontanes Wollen und Nichtwollen der äußeren Einwirkung. Ja noch mehr, selbst auf unsere reinen abstrakten, reflektierten Vorstellungen übt diese musikalische Begleitung des Gefühls ihren Einfluß. Wie im Lied ist hier die Musik wichtiger als der Text. Wir stellen uns sogar, sagt Schopenhauer, die Dinge nicht vor, wie sie sind, sondern „wie wir wünschen, hoffen und fürchten“, daß sie sein könnten. „Die Früchte unserer Erkenntnis schmecken alle mehr oder weniger nach dem Willen.“ Selbst die Verbindung der Vorstellungen, unser Denken, sei kein willkürliches, sondern das Ich, der Wille, treibe das Erkenntnisvermögen an, das vom Willen nie ganz unabhängig werden könne. Hier hat Schopenhauer als erster den Weg der modernen Psychologie betreten.

Die Welt ist uns also auf zwei Arten gegeben: einmal als Vorstellung, greifbar in Raum und Zeit, und ein zweites Mal im Selbstbewußtsein als Wille, als ungreifbares Gefühl, unabhängig von Raum und Zeit. Jede Naturkraft ist eine unbekannte Größe, nur eine Naturkraft, der Wille in unserem Selbstbewußtsein, ist uns bekannt. Unmittelbar, als unser innerstes Wesen. Setzt man nun an Stelle der unbekannten Größen in der Natur die uns von unserem Selbstbewußtsein her bekannte Größe, so läßt sich jede Gleichung lösen. So verschieden die Naturkräfte sein mögen, in der Vegetation oder in der Kristallisation, sie werden nur als Unterschiede der Erscheinungsart des Willens zu betrachten sein. Dem Grade nach, nicht dem Wesen und Grundcharakter nach sind sie verschieden. Damit ist bei Schopenhauer auch die Ursache der äußeren Einwirkungen selbst aufgeklärt. Die letzte Ursache, die unsere Vorstellung hervorruft, oder richtiger, die wir mit unserer Vorstellung nicht mehr zu erfassen vermögen. Der letzte Kern aller Erscheinung, das Kantische „Ding an sich".

Kant hat die Nichtwirklichkeit aller Erscheinungen nachgewisen und von den Erscheinungen das „Ding an sich" als das einzige Wirkliche, das vorhanden sein muß, um die Erscheinungen zu verursachen, streng geschieden. Nach Kant ist das „Ding an sich" das einzige von Raum und Zeit unabhängige Wesen der Welt. Kantisches Ding an sich und Schopenhauers Wille sind also einander frappant ähnlich. Doch besteht zwischen beiden noch ein kleiner Unterschied. Der Wille (in unserem Selbstbewußtsein) ist zwar auch nicht räumlich, aber noch „in der Zeitfolge seiner einzelnen Akte" erkennbar. Das Ding an sich liegt jedoch auch außer der Zeit. Der Wille ist sonach das Ding an sich noch in der „Hülle der Zeit".

Der Wille ist die letzte, noch erfaßbare Erscheinung des Dings an sich. Was das Ding an sich, „nackt und völlig unverhüllt", ist, bleibt auch bei Schopenhauer ewig verborgen. Denn erst der Tod hebt auch die Zeit auf, der Wille hört auf, in der Zeit zu erscheinen, er hört auf, Wille zu sein, der Mensch wird Ding an sich.

Aus dieser feinen Unterscheidung von Willen und Ding an sich zieht Schopenhauer die bedeutungsvollsten Schlüsse. Es folgt hier der schwierigste und wichtigste Teil der Schopenhauerschen Philosophie. In zwei Worten gesagt: das Ding an sich, nämlich der Wille ohne die Hülle der Zeit, ist grundlos, denn jeder Grund hat die Zeit zur Voraussetzung, darum auch ist das Ding an sich absolut frei. Der Wille hingegen (als die letzte noch erfaßbare Erscheinung des Dings an sich) ist als Erscheinung gebunden. Der Wille muß unter gegebenen Umständen so und nicht anders wirken, ob sich nun der Wille als Stoß eines Körpers oder als die überlegte Handlung eines Menschen äußert. Der Mensch habe deshalb ein richtiges Gefühl, daß er im Innersten seines Wesens frei, in seinen Handlungen dagegen unfrei sei. Nur könne der Mensch diese Freiheit nicht fassen, er wisse nicht, worin er frei sei, er wisse nur: daß er frei sei. Die Freiheit liegt, sagt Schopenhauer, in unserem Sein, nicht in unserem Wirken. Damit setzt er sich in Gegensatz zu der überwiegenden Mehrheit der bisherigen Philosophen und zur landläufigen Meinung, die die Willensfreiheit als unumstößlich anerkennt, und findet nur die Dichter auf seiner Seite, die zu allen Zeiten mehr an ein Schicksal als an einen freien Willen glaubten und die vielleicht der Wahrheit näher kommen als alle Wissenschaft. Denn in keinem Drama würde der Zuhörer die Willensfreiheit dulden, die Handlung würde ihm sofort unwahrscheinlich erscheinen, wollte der Held nicht gänzlich unfrei und streng nach seinem Charakter handeln.

Übrigens ist schon bei Kant eine ähnliche Auffassung zu finden, nur hat sie dort vorsichtigere Namen. Da der Charakter der Dinge nur aus den Äußerungen in der Erfahrung zu entnehmen ist, spricht Kant von einem „empirischen Charakter" der Dinge. Zum Unterschied vom nicht geäußerten, dem Charakter an sich, den er als den „intelligibeln" bezeichnet. Intelligibel heißt wörtlich, nur durch den Verstand, nicht durch die Sinneswahrnehmung und die Erfahrung erfaßbar. Der „empirische" Charakter verhält sich demnach zum „intelligibeln" wie die Erscheinung zum Ding an sich. Oder: der empirische Charakter ist die zeitliche Erscheinung des intelligibeln. Die Lehre vom intelligibeln und empirischen Charakter nennt Schopenhauer „die größte aller Leistungen des menschlichen Tiefsinns" bei Kant. Bei Schopenhauer ist der empirische Charakter aller Dinge nur eine endlose Abstufung der Willenserscheinung. Ausdruck, Typus, Form ergeben ihn. Plato nannte diese Formen, in denen sich der Charakter der Welt ausdrückt, die ewigen Muster oder Ideen. Der empirische Charakter eines Dinges ist bei Plato die Idee eines Dinges.

Was aber ist das Ding an sich? Die Auskunft, die der Philosoph Kant verweigert hat, gibt der Naturwissenschafter, der Psychologe und der Dichter Schopenhauer. Das Ding an sich ist für ihn ein Ur-Wille, ein „blinder, erkenntnisloser Drang“, der „ganz und ungeteilt“ in jeder Erscheinung anzutreffen ist. Er ist das All-Eine, etwas sehr Mysteriöses, aber ausdrücklich kein Gott. Gegenseitige Fügung oder Unterdrückung ist der ganze Zusammenhang zwischen seinen vielfachen Erscheinungsarten. Er ist „ein hungriger, sich selbst aufzehrender Geselle“, er ist „die Quelle aller Zwietracht“, des „ewigen Widerspruchs in sich selbst“, er ist „ein Wille zum Leben um jeden Preis“, „ohne Rücksicht auf Zweck und Wert dieses Lebens“, er ist, wenn es sein muß, ohne Vorstellung und Kenntnis. Er ist ein unermüdlicher Antrieb, ein Perpetuum mobile. Er zeigt sich in der Natur als Zeugungswille, als wollte durch ihn die Natur die platonischen Ideen vergeblich erhalten. Und als brächte sie dabei doch nur immer wieder „tragisch-komische Schauspiele“ des Lebens zustande. Er ist in der Gesamtheit der Natur eine grandiose Zweckmäßigkeit ohne Ziel. Er ist „eine blinde Lust“, ein Zwang ohne Grund. Wenn seine Kraft, seine Gewalt, sein Antrieb im Menschen sinkt, tritt Melancholie, Trübsinn und Verfall ein.

Auf den verschiedenen Stufen der Welt nimmt die Individualität dieses Ur-Willens zu oder ab. Nach unten ab, nach oben zu. Je geringer seine Individualität ist – die leblosen Dinge haben weniger Individualität – desto leichter verständlich werden seine Charaktereigentümlichkeiten sein. Und umgekehrt, je mehr wir von den Dingen erfahren, desto weniger sind sie zu verstehn. Bis zum Tier wirkt der Wille erkenntnislos. Mit dem Bewußtsein taucht ein Medium auf, das den Willen nicht durchläßt, ihn reflektiert und zurückwirft. Wie der Spiegel die Wellen des Lichts, wie der Resonanzboden die des Schalls. Das Bewußtsein ist die Entlarvung, die Spiegelung des Willens, der durch das Bewußtsein, wie man sagen könnte, wider Willen eine Sprache erhalten hat, durch die sich der Wille zu verraten gezwungen wird. Aber je mehr der Wille durch das Bewußtsein ausplaudert, desto stärker werden auch die Willenserregungen. Man könnte geradezu sagen, der Wille brandet im Bewußtsein. Diese Erregbarkeit des Willens durchläuft beim Menschen die ganze Skala von der Neigung bis zur Leidenschaft. „Der Brennpunkt des Willens", sagt an einer Stelle Schopenhauer, „ist der Geschlechtstrieb". Womit er die Grundidee der Psychoanalyse, der Lehre von Freud, vorwegnimmt. Der Wille, an sich blind, wird auf der Höhe des menschlichen Bewußtseins „vorstellungsbedürftig", will Vorstellungen haben und von ihnen bewegt werden. Wie die Prinzessin, die ihr Spiegelbild erblickt, nun nicht mehr von diesem loskommt. Der Wille, beim Bewußtsein angelangt, erhält die Möglichkeit, sich selbst zu erkennen. Aber diese Möglichkeit birgt in sich eine neue Gefahr. Die Gefahr der eigenen Faszination. Der Intellekt (das Bewußtsein) hält nämlich dem Willen auch neue Motive vor, die ihn zu neuer Flut bewegen. Das Verhältnis von Intellekt und Willen hat später Schopenhauer durch ein poetisches Gleichnis plausibel gemacht. Er vergleicht den Intellekt mit dem Lahmen, der vom Blinden, dem Willen, getragen wird. „Der Wille ist man, den Intellekt hat man". Der Intellekt ist der Kopf, aber der Wille das Herz. Die Identität der Person besteht nur im immer gleichbleibenden Willen, im Herzen, nicht im Kopf.

Bei diesem seltamen Spiel zwischen Willen und Bewußtsein gibt es einen Punkt, da sich die Sache umkehrt. Wenn sich nämlich der Wille sozusagen völlig ausgesprochen hat und zum Schweigen kommt. Das ist nur bei einem ganz außerordentlich entwickelten Bewußtsein der Fall. Bei dem quasi der Intellekt den Willen zu überfüttern vermag. Der Wille wird in den Zustand der Ruhe versetzt und das Bewußtsein geht ganz in der Betrachtung der Welt auf, spiegelt sie – nicht mehr durch den Willen bewegt – rein wider. Die willensfreie Anschauung entsteht, in der sich die Ideen der Dinge abbilden. Wenn der Wille ganz schweigt, wird die Vorstellung so deutlich, daß sie greifbar erscheint. Wenn der Intellekt nicht mehr dem Willen dient, der eigentlich sein Herr ist, erscheint die Welt, wie sie an sich ist. Das Subjekt geht ganz in der Anschauung des Objekts auf, es wird „reines, willenloses, schmerzloses, zeitloses Subjekt des Erkennens". Diese Erscheinung der Welt, diese Art, sie vorzustellen, ist die „eigentliche Welt als Vorstellung". Im äußersten Extrem zur Welt als Wille. Diese Selbsterkenntnis des Willens ist das engere Thema der Menschheit. Der Wille, auf der höchsten Stufe seiner Entwicklung, erblickt sich selbst. Man könnte auch sagen, die Natur kommt zur vollen Besinnung.

Was ist die zu ziehende Schlußfolgerung aus dieser Erkenntnis? Daß sich der Wille erst auf dieser höchsten Stufe der Freiheit nähert, daß gleichzeitig mit der reinen, willenlosen Erkenntnis die Freiheit gänzlich durchbricht und der Mensch an diesem Punkt zwischen Willensbejahung oder Willensverneinung zu entscheiden hat. Die Welt ist jetzt nicht nur, wie bisher, Motiv, sie vermag jetzt auch Quietiv, Verzicht, zu sein. Der Wille ist, wie man sagen könnte, an einem kritischen Punkt angelangt, an dem Wunsch und Überzeugungskraft der Einsicht einander die Waage halten. Einen Hinweis, wohin die Entscheidung zu führen hat, gibt die Kunst. Auch die christliche Religion, jedoch ohne philosophisches Argument. Doch kann die Kunst den Menschen zwar trösten, ihn aber nicht erlösen. Die Erlösung allein liegt, sagt Schopenhauer, in der eigenen Willensverneinung. Schopenhauer spricht sich hier ganz klar aus. Die Willensverneinung ist nicht ein jedem einzelnen Menschen möglicher und von ihm beliebig vorzunehmender Akt, denn die menschlichen Handlungen sind durch den Charakter des Individuums hervorgebracht und erfolgen auf gegebene Ursachen und Motive. Es handelt sich dabei nicht nur um anschauliche Motive, sondern auch um Motive aus der Reflexion, da ja der Mensch auch in seinen Gedanken nicht absolut frei ist. Der empirische Charakter, der in den menschlichen Handlungen zum Ausdruck kommt, ist die zeitliche Erscheinung des intelligibeln, als Erscheinung aber (die ohne Ausnahme der Notwendigkeit unterworfen ist) ist der empirische Charakter durchaus unfrei. Erst auf der höchsten Erkenntnisstufe, zu der das Individuum allmählich gelangt, wird die Entscheidung zwischen Willensbejahung und Willensverneinung aktuell. Wird auf dieser Stufe der Wille bejaht, so bleibt der empirische Charakter, wie er ist. Durch die Verneinung aber wird er aufgehoben, der Mensch verliert sozusagen seine Individualität. An diesem Gipfel erst bricht im Verzicht die moralische Freiheit des Menschen voll hervor.

Schopenhauer stellt hier ausführliche Untersuchungen über die Willensverneinung und die Erlösung an. Es ist der Teil seiner Philosophie, der heute am meisten umstritten ist, weil er für die spätere materialistische Epoche zu sehr mit den religiösen Auffassungen der bisherigen Weltgeschichte verbunden war, weil er einen Glauben an das Metaphysische voraussetzt und weil endlich Schopenhauers Heroismus der Resignation zwar einer ewigen menschlichen Romantik, aber auch der Romantik seines Zeitalters entsprungen ist.

Die Gewißheit des Todes, sagt Schopenhauer, macht unsere Existenz zu einem Rätsel. Was hinter der natürlichen Ordnung, „der Ordnung in der Erscheinung", hinter dem Physischen steckt, ist das Metaphysische. Das Rätsel der Welt sei sonach die „metaphysische Frage", unser Bedürfnis, sie zu lösen, das „metaphysische Bedürfnis". Weil die Frage aus der Vernunft kommt, hat dieses Bedürfnis nur der Mensch, weshalb Schopenhauer den Menschen auch, in der letzten, wesentlichsten Unterscheidung von den übrigen Lebewesen, ein „metaphysisches Tier" nennt. Da die Physik nicht imstande ist und es nie sein wird, das Rätsel der Welt zu lösen, kann nur ein Glaube an eine Metaphysik bestehen. Also kein Wissen! Dieser Glaube kann „entweder bedingungslos oder kritisch" sein; in dem einen Fall ist er Religion, im anderen Philosophie. Jede von beiden schließt die andere aus. Religion gründet sich auf den Glauben an übernatürliche Offenbarungen, Philosophie nur auf die menschliche Selbsterkenntnis oder soweit wir eine solche vermeinen. Wie groß das metaphysische Bedürfnis der Menschen sei, beweise die enorme Verbreitung der Religionen mit ihren sichtbaren Zeugnissen, den unzähligen „Tempeln und Kirchen, Pagoden und Moscheen“. In der Philosophie hat Kant die Beantwortung der metaphysischen Frage abgelehnt, wiewohl er an ein Metaphysisches, ohne daß wir es je erfahren können, glaubte. Schopenhauer will die Frage soweit als möglich beantworten. Dabei soll die Art der Erkenntnis nicht die der Wissenschaft sein, sondern die des Genies. Schopenhauer unterscheidet eine „ästhetisch-geniale“ und eine „ethisch-geniale“ Erkenntnis. Die eine wäre dem Künstler eigen, die andere dem Heiligen. Die eine durch einen außerordentlichen Intellekt bewirkt, die andere durch eine spontane Erleuchtung. (Künstler und Heilige wären also nach Schopenhauer Verwandte.) Diese geniale Erkenntnis (die wohl auch nicht so scharf in eine ästhetische und eine ethische einzuteilen ist) soll eine „universelle Erkenntnis“ der Erfahrung, einer „Erfahrung im großen und ganzen“ oder einer „inneren Erfahrung“ sein. Schopenhauer vermeidet es wohlweislich, hier eine unzulängliche Definition zu geben, er illustriert vielmehr diese Art der Erkenntnis durch anschauliche konkrete Beispiele aus der Geschichte der Heiligen.

Das Bedeutungsvollste, das Schopenhauer aus dieser genialen Erkenntnis, die keine zwingende logische Überlegung mehr ist, folgert, ist die sich bis zur Gewißheit nähernde Vermutung einer ewigen Gerechtigkeit im Wesen der Welt. Diese höhere Gerechtigkeit besteht darin, daß jede Schuld ihre Strafe bereits in sich trägt, daß es also überhaupt keine ungestrafte Schuld gibt. Im irdischen Staat wird nicht jede Schuld gebüßt, in der ewigen Gerechtigkeit wird genau so viel Unrecht gebüßt als getan. Jedes Leid ist verschuldet. Die Welt ist nämlich zugleich ein Weltgericht. Darin bestehe die ewige Gerechtigkeit. Interessant ist es, daß zu dieser Erkenntnis ein Mann wie Schopenhauer gelangt, der in seinem Leben ein seltenes Übermaß an Unrecht zu erdulden hatte.

Diese Gerechtigkeit kann nicht von allen erkannt werden. Aber die tiefere Betrachtung der vorhandenen Welt erschließt die Einsicht, daß es kein zeitliches Glück gebe. Immer wieder belegt Schopenhauer seine gefundene pessimistische Weltansicht mit den Worten der bedeutendsten Autoren der Weltliteratur. Wird die Erscheinung der Welt als solche, die nicht ihr wahres Wesen zeigt, durchschaut, so erkenne man, daß „Peiniger und Gepeinigter" eigentlich dasselbe sind. Er beruft sich hier auf die mystische Formel des Brahmanismus „Tat twam asi!" – Das bist Du! Die ewige Gerechtigkeit ist nach Schopenhauer etwas ungemein Grausames, denn sie übt unerbittliche Vergeltung und kennt das Wunder der Verzeihung nicht, die ja, wenn man mit ihr rechnet, immer noch eine Hintertüre bedeuten würde. Den Mechanismus dieser ewigen Gerechtigkeit stellt sich Schopenhauer als eine Art Um- oder Neugestaltung vor, annähernd wie der Buddhismus die Metempsychose. Schopenhauer meint, daß das Individuum als solches nie wiederkehre, wohl aber bleibe der Wille zum Leben bestehn, so lange, bis er sich selbst verneint. Diese Auffassung hat nachher viele Mißverständnisse hervorgerufen. Schopenhauer sagt, wie sich der Schlaf zum Individuum verhalte, so verhalte sich auch der Tod zur Gattung. Der Todesschlaf sei das

Vergessen, nachdem der Intellekt ausgebrannt ist, aber der Wille, solange er nicht verneint werde, erwache immer wieder mit einem neuen Intellekt. Zwischen dem Tod der bestehenden und den Geburten der kommenden Individuen bestehe ein geheimnisvoller Zusammenhang, der nicht erkennbar sei. Diesen Glauben an eine unbestimmte Seelenwanderung findet Schopenhauer bei vielen Dichtern und in den meisten Religionen wieder. In der Lehre der Veda in Indien, in den altasiatischen Lehren des Brahmanismus und des Buddhismus, in der Pythagoreischen und Platonischen Philosophie, im altgermanischen und altskandinavischen Heidentum, in den orphischen Mysterien, im Glauben wilder Naturvölker in Afrika, Amerika und Australien. Rohester Aberglaube der Wilden berührt sich hier mit einem großen Scharfsinn der Philosophie. Schopenhauer hat übrigens mit aller Nüchternheit die Frage, was nach dem Tode sein mag, die die Menschheit seit jeher so heftig beschäftigt hat und die ihr wie eine böse Krankheit oder ein schlechtes Gewissen anhaftet, selbst am klügsten beantwortet, als er im zweiten Band seiner „Welt als Wille und Vorstellung“ den geistreichen Satz schrieb: „Über die Zeit, da man nicht mehr sein wird, zu trauern ist ebenso absurd, als es sein würde, über die zu trauern, da man noch nicht gewesen ist.“

Da die Größe des Leidens der Größe der Schuld völlig gleich und unser Egoismus ein Irrtum ist, der Schuld ist und Leid verursacht, so ist die Welt ein permanentes Weltgericht, auf das wir entgegen den Bibelworten nicht erst warten müssen. Moral besteht aus Gerechtigkeit und Menschenliebe. Aus den Taten der Gerechtigkeit (soweit wir zu einer solchen überhaupt imstande sind) und der Menschenliebe (die wir jederzeit üben können) folgt ein zufriedenes Gewissen, „die Gewißheit unseres moralischen Wesens". Was ist die Quelle der Gerechtigkeit und der Menschenliebe? Das Mitleid. Was ist der Grund des Mitleids? Das tiefe Gefühl der „Wesenseinheit" aller Erscheinungen. Mitleid ist auf der Skala der unser Leben ständig begleitenden Gefühle der tiefste Ton, das letzte Gefühl, das aus unserer Brust herauszuschöpfen ist, ein mysteriöser Vorgang, in dem sich das Weltmysterium offenbart. Mitleid ist mit Liebe identisch, die fremdes Leid in eigenes zu verwandeln vermag.

Aber der gute Wille in seiner höchsten Form unterscheidet sich noch von der Willensverneinung, die erst die Welterlösung mit sich bringt. Die Selbstverleugnung für den anderen, zum Heile des Vaterlandes oder der Menschheit, ist immer noch Weltbejahung. Die nächste Steigerung aber ist die „gänzliche Willensverneinung", ihre Erscheinung ist die Askese: „kärgliche Ernährung", „vollkommene Keuschheit", „freiwillige Armut", „williges Unrechtleiden". „Der Wille muß vorsätzlich gebrochen werden". Der Selbstmord ist bloß eine Falle, eine vermeintliche Abkürzung des Weges, die nicht zum Ziel führt, er verneint das Leben unter gewissen Bedingungen, ist also stärkste Willensbejahung. „Das Meisterstück der Maja" nennt ihn Schopenhauer, „als den schreiendsten Ausdruck des Widerspruchs des Willens zum Leben mit sich selbst". Die kärgliche Ernährung der Verneinung, die das Hinschwinden des Körpers zur Folge hat, ist hingegen nicht Selbstmord, sondern „freiwilliges Sterben". Das Ziel der Askese ist das Freiwerden von der Welt, vom Willen. Weil der Brennpunkt des Willens der Geschlechtstrieb ist, ist „die vollkommene Keuschheit das charakteristische Phänomen der Askese". Wenn dadurch die Menschheit erlischt, erlischt auch das Bewußtsein, mit ihm die Vorstellung, also auch die Welt. Der Zustand der Erlösung ist gekommen. Da sich die Tiere nicht selbst erlösen können, muß sie der Mensch mit erlösen. Seine Erlösung zieht die aller Kreaturen nach sich. Der Mensch ist also der „geborene Welterlöser". Hier stößt Schopenhauer auf ein viel umstrittenes Problem der christlichen Lehre, die sich in ihrer Theologie vor der gleichen kritischen Frage, was bei der Erlösung mit den Tieren zu geschehen habe, mit den Bibelworten weiterhilft: „Wenn ich erhöhet werde von der Erde, alle Dinge will ich nach mir ziehen", Johannes 12, 32. Hier behilft sich Schopenhauer, ebenso wie die Theologie, mit einem Dogma.

Buddha und Jesus, die Stifter der beiden am weitesten verbreiteten Weltreligionen, zeigen bei aller Verschiedenheit ihrer Lehren die gleiche Gesinnung und Entsagung. Auch die gesamte Geschichte beweist, daß tiefere Welteinsicht immer wieder zur Weltabkehr führt. Ein gewisses Extrem an Lebenserfahrung ruft jedesmal die Weltverneinung hervor. Zu allen Zeiten und an allen Orten. Das ist eine Regel, die Schopenhauer für seine Philosophie folgerichtig ins Treffen führt. Wenn also das Wesen der Welt das Leid ist – da wir auch den Schmerz als das einzig Positive wahrnehmen, das Glück hingegen als das Ausbleiben des Schmerzes erklären können – so ist der Weltlauf so eingerichtet, daß er uns „allmählich den einzigen und angeborenen Irrtum widerlegt". Durch das Leid und seine Erkenntnis werden wir vom Lebenswillen kuriert. „Nirwana" heißt demnach das Endziel, was nach verschiedenen Auffassungen Windstille oder Vernichtung oder Aufhebung alles Wollens oder das Gegenteil von Sansara (das ist die Welt des Gelüstens) bedeutet. Schopenhauer gelangt zu dem Schluß, es sind die Schlußworte des Hauptwerkes in erster Fassung: „wem diese Welt nichts ist, dem ist Nirwana alles – wem diese Welt alles ist, dem ist Nirwana nichts". Und an anderer Stelle sagt er, „es ist der Wille, der durch Selbstbejahung die Welt verschuldet und durch Selbstverleugnung die Qualen der Welt freiwillig trägt und zur Erlösung gelangt". Der Wille in der Welt ist „entweder der gekreuzigte Heiland oder der gekreuzigte Schächer".

Alle Religionen lassen sich aus diesem Dilemma, daß die Heilung des Lebens im Verzicht auf das Leben bestehe, erklären. Der „angeborene Irrtum" der Willensbejahung, nämlich daß wir da wären, um glücklich zu sein, entwickelte einen Optimismus und mit ihm den Glauben an einen uns günstig gesinnten Welturheber. Diesen in der Einzahl oder auch in der Mehrzahl. In der Einzahl im Judentum und in dem aus ihm hervorgegangenen Islam und dem „judaistischen" Christentum. In der Mehrzahl im klassischen Heidentum und in vielen anderen Religionen. Die Religionen versprechen alle, soweit der Welturheber das Glück nicht schon im Diesseits beizustellen vermag, einen ewigen Lohn für vorübergehende zeitliche Entbehrungen. Von allen Religionen aber haben zwei, sagt Schopenhauer, den Optimismus auf die Spitze getrieben, weshalb sie durch die Irreführung der Menschheit und durch ihre Weltbejahung die verwerflichsten wären: der Islam, der ein künftiges Paradies aller Sinnesgenüsse verheißt, und die jüdische Schöpfungslehre, die in den Schlußworten Jehovas gipfelt: „Alles ist sehr gut!" und zwar kein künftiges, aber ein gegenwärtiges Wohlergehen verspricht: „Auf daß du lange lebest auf Erden".

Ist die Welt ein Werk Gottes, so muß sie als die möglichst beste angesehen werden. Schopenhauer behauptet aber, sie sei die denkbar schlechteste. Weshalb auch ein günstig gesinnter Welturheber auf keinen Fall in Frage käme. Da der Sinn der Welt in der Selbsterkenntnis des Willens besteht, die sich im Menschen vollzieht und vollendet, will Schopenhauer nicht den Menschen durch die Welt oder einen Gott, sondern die Welt umgekehrt durch den Menschen erklärt wissen. Alle Religion ist sonach ein Wunschtraum des menschlichen Egoismus, mit mehr oder weniger Berücksichtigung einer Gerechtigkeit, welche Rechnung jedoch nie stimmen kann, da der Egoismus immer wieder die Gerechtigkeit verletzt, wir also in der Willensbejahung nur Unrecht verüben können.

Hierin, in der letzten, endgültigen Entlarvung des Egoismus (durch die Entdeckung, daß das Wesen der Welt durch den Menschen zu erklären ist), greift Schopenhauer einem Zeitalter voraus, in dessen höherer Entwicklung und Nüchternheit sich alle Fragen des öffentlichen Lebens als ein Problem des Eigen- und des Gemeinnutzes darstellen werden. Einem Zeitalter, das versuchen wird, durch äußere Organisation des Lebens die Gerechtigkeit zu erhalten. Hier schneidet Schopenhauer als erster – in seiner reinen theoretischen Spekulation – die Kernfrage unseres Jahrhunderts an.

Merkwürdig übrigens ist es im Laufe der Zeit zwei Kapiteln des zweiten Bandes der „Welt als Wille und Vorstellung" ergangen, auf die Schopenhauer besonders stolz war. Dem „Zur Metaphysik der Musik" und dem der „Metaphysik der Geschlechtsliebe". Das erste ist als blutiger Dilettantismus von Musiktheoretikern abgelehnt worden und hat sich in der Kraft seines poetischen Gleichnisses als der reinste und anschaulichste Ausdruck seiner ganzen Philosophie bis heute ungeschwächt erhalten. Das zweite über die Geschlechtsliebe wirkte seinerzeit revolutionär durch seine Kühnheit und mutet heute etwas altmodisch an.

Die Musik sei, sagt Schopenhauer, nicht das Abbild der Weltideen, sondern das des Willens selbst. Sie offenbare unmittelbar das Wesen der Welt, ohne Übersetzung durch ein Material. Sie vermag das Wesen der Welt „am umfassendsten, am tiefsten, am verständlichsten, am vernehmbarsten" darzustellen. Die Musik rede die allgemeinste Sprache, die verständlichste und die ergreifendste. Schopenhauer hat die Analogie zwischen den Gebilden der Dinge und denen der Töne weit ausgesponnen. Die Abstufung der Willenserscheinungen in der Welt vergleicht er mit der Tonleiter. Die Schwerkraft als die niederste Willenserscheinung nennt er den Grundbaß der Natur. Die vier Hauptstufen der Natur, anorganisches Reich, Pflanzen, Tiere und Menschen, erkennt er wieder in den vier Hauptstufen der Tonleiter, Grundton, Terz, Quint, Oktav, und in den vier Hauptstimmen der Harmonie, Baß, Tenor, Alt, Sopran. Wie der Abstand zwischen der unbelebten und der belebten Natur der größte ist, so ist er es auch zwischen Baß und den höheren Stimmen. In der Musik ist das Zusammentreffen der Schwingungen entweder harmonisch oder dissonierend, je nachdem ihre Zahlenverhältnisse rational oder irrational sind. Die logische Erkenntnis dieser Zahlenverhältnisse ist eine arithmetische, die sinnliche eine musikalische. Die Musik erklärt die metaphysische Frage: die Dissonanz sei der mit sich uneinige Wille, die Harmonie der mit sich einige. Das Spiel zwischen beiden sei die Geschichte unseres Herzens, die wir als Gefühle erleben. „Durchgängig also besteht die Musik in einem steten Wechsel von mehr oder minder beunruhigenden, d. i. Verlangen erregenden Akkorden, mit mehr oder minder beruhigenden, d. i. befriedigenden; eben wie das Leben des Herzens ein steter Wechsel von größerer oder geringerer Beunruhigung, durch Wunsch und Furcht, mit ebenso verschieden gemessener Beruhigung ist.“ Nur zwei Grundakkorde gibt es, den dissonanten Septimakkord und den harmonischen Dreiklang, auf die sich alle anderen Akkorde zurückführen lassen. Nur zwei Grundstimmungen des Gemüts gibt es, die heitere und die betrübte, die sich in den beiden Tonarten, Dur und Moll, widerspiegeln. Alle Musik bewegt sich in einer von beiden und die Molltonart erkennen wir ohne alle Gründe als den unverkennbaren Ausdruck des Schmerzes. Alles menschliche Wollen ist

Streben, Verlangen, Begehren, Erreichen. Wenn die Wünsche ausbleiben, entsteht ein leeres Sehnen, wenn die Befriedigung ausbleibt, Leiden. Glück und Wohlsein ist der rasche Übergang von Wunsch zur Befriedigung und von Befriedigung zu neuem Wunsch. So behandelt die Tanzmusik das leicht zu erreichende, gemeine Glück, Allegro maestoso ein edles Streben nach höherem Ziel, Adagio das Leiden des höchsten, unerreichbaren Strebens. Adagio in Moll ist Ausdruck höchsten Schmerzes, Tanzmusik in Moll das Verfehlen des kleinen Glücks. So erklären sich alle menschlichen Nöte und alles Glück durch die Musik. „Der Unerschöpflichkeit möglicher Melodien entspricht die Unerschöpflichkeit der Natur an Verschiedenheit der Individuen, Physiognomien und Lebensläufen.“ Wie in den Werken der Natur, so offenbart sich auch das Wesen der Welt in denen der Musik. Die Musik könnte auch ohne die Welt bestehen und nichts wäre verloren. „Die Musik ist die Melodie, deren Text die Welt ist.“ Das ist eines der trostreichsten Bilder der Schopenhauerschen Metaphysik. Und gelegentlich krönt er dieses erklärende Bild der Musik mit der Feststellung: „Eine Beethovensche Symphonie zeigt uns die größte Verwirrung, welcher doch die vollkommenste Ordnung zugrunde liegt, den heftigesten Kampf, der sich im nächsten Augenblick zur schönsten Eintracht gestaltet: es ist rerum concordia, discors, ein treues und vollkommenes Abbild des Wesens der Welt, welche dahinrollt in unübersehbarem Gewirre zahlloser Gestalten und durch stete Zerstörung sich selbst erhält.“

Das andere Gebiet, auf dem wir im Leben gleichfalls unmittelbar auf das Metaphysische stoßen, die Geschlechtsliebe, betrachtet Schopenhauer bloß als Zweck der Gattung. „Das nämlich, was dadurch entschieden wird, ist nichts Geringeres als die Zusammensetzung der nächsten Generation. Die dramatis personae, welche auftreten werden, wenn wir abgetreten sind, werden hier, ihrem Dasein und ihrer Beschaffenheit nach, bestimmt durch diese so frivolen Liebeshändel." Der Vater soll hierbei den Charakter und die Mutter den Intellekt beistellen. So einfach erklärt Schopenhauer die Vererbung. Mit Plato fordert er deshalb eine Auslese der Zeugungspaare und wünscht, daß „alle Schurken kastriert und alle dummen Gänse in Klöster gesperrt werden". Im Akt selbst erblickt er die Konzentration des Willens zum Leben, „den Willen kat exochen". Darum heißt auch eine Redensart: „Sie war ihm zu Willen". Der Zeugungsakt unterzeichne eine Schuld, die das erzeugte Individuum einzulösen habe. Dieses trage aber auch eine neue Möglichkeit der Läuterung und des Heils in sich. Der Vater übergibt dem neuen Individuum den Willen, die Mutter versieht es mit einem Licht zur Erkenntnis dieses Willens. Diese Erklärungen Schopenhauers sind bereits reine Poesie. Die Poesie einer eben anbrechenden materialistischen Mode. Die Liebe nennt er einen Wahn, der Wahn sei ein Instinkt der Gattung. Der tiefe Ernst der Liebe bei ihrer Wahl bezeuge das wichtige Geschäft der Natur. Bei der Wahl des Instinkts unterscheidet Schopenhauer fünf Rücksichtnahmen, die auf das Alter, die Gesundheit, auf das Skelett, auf die „Fülle des Fleisches" und die Schönheit des Gesichts. Die Liebespartner wären demnach nur die Gliederpuppen an den Fäden der waltenden Gattung. Der Blick der Liebenden sei heimlich, verstohlen und furchtsam, weil sie die Verräter am Erlösungswerk des Willens sind. Damit trennt Schopenhauer scharf die Geschlechtsliebe vom tieferen Mysterium der Menschenliebe, wie es gleichfalls die spätere moderne Psychologie getan hat, womit die Menschenliebe als Überbleibsel einer Epoche der Romantik immer mehr abgetan schien.

Ein Exemplar der nun erschienenen zweibändigen „Welt als Wille und Vorstellung" übersendet Schopenhauer seiner Schwester Adele, die jetzt 46 Jahr alt ist und alleinsteht, da acht Jahre vorher, 1838, die Mutter gestorben war. Als Schopenhauer mit der Ausarbeitung seiner beiden Preisschriften beschäftigt war, hatte er die Nachricht vom Tode Johannas erhalten. Keine Aufzeichnung und keine Äußerung bezeugt eine tiefere Erschütterung über das Ereignis.

Die Mutter war im 72. Lebensjahr verschieden. Ein Jahr vor ihrem Tod war sie aus Bonn nach Jena gereist, wo der Großherzog Karl Friedrich von Sachsen-Weimar der kranken und gänzlich verarmten Schriftstellerin und einstigen Weimarer Berühmtheit eine bescheidene Pension gewährte. „Eine heitere, anspruchslose alte Frau, der man im geselligen Umgang die Schriftstellerin gar nicht anmerkt", hatte die Hofrätin im Greisenalter von sich selbst gesagt. Sie hatte zum Schluß in dem Reichtum ihrer Erfahrungen auch den eigenen Ruhm überlebt und ihre Anerkennung sinken sehen. Aber diese letzte Desillusion ihres Lebens und die Dürftigkeit ihrer letzten Lebensverhältnisse hatten nicht vermocht, ihren heiteren Sinn zu brechen. Ein paar gute neue Freunde und nur sehr wenige alte treue Gefährten, für die sie immer noch ihr großes Herz und ihren klaren Kopf bereitgehalten hatte, verbanden sie noch mit der Welt, die nicht mehr die ihre war. Bis zum Schluß schrieb sie an ihren Lebenserinnerungen, die mit der Geburt Arthurs abbrechen. Die alte Dame (ihre Figur war zuletzt durch Korpulenz und eine linke hohe Hüfte verdorben, aber eine Grazie der Bewegungen wird auch noch der Greisin bezeugt) hatte mit Gelassenheit die Todeskrankheit ertragen. Schon in Bonn litt sie an Husten und Kurzatmigkeit, die Ärzte befürchteten den Eintritt einer Brustwassersucht. Die unmittelbare Todesursache war ein „sanfter Nervenschlag", der sie in Jena eines Nachts dahinraffte. Sie war am Abend ohne das geringste Gefühl ihrer bevorstehenden Auflösung eingeschlafen und am Morgen nicht mehr erwacht. Auf einer Anhöhe in der Nähe von Jena wurde sie auf dem Friedhof begraben.

Die Schwester schreibt Arthur nach Erhalt des Buches ein paar freundliche Zeilen, in denen sie zum letztenmal über die gänzliche Entfremdung der Geschwister klagt. Während für den Bruder die Zeit anzubrechen scheint, in der sich sein Daseinszweck behauptet, erliegt sie ihrer Umwelt. Im Augenblick hat Adele das Goethehaus in Weimar verlassen, um sich mit ihrer Freundin und Helferin Sibylle Mertens-Schaffhausen in Bonn nach Italien zu begeben. Die Ärzte hatten in einem Aufenthalt im Süden die letzte Rettung für den gefährdeten Gesundheitszustand Adelens gesehen. Drei Jahre bleibt sie mit Sibylle in Italien, zeitweise besucht sie dort ihre geliebte Jugendfreundin Ottilie mit ihren beiden Söhnen. Dann begibt sich Adele wieder nach Deutschland, um für einen Roman, den sie geschrieben hat, einen Verleger zu suchen. Die Unbeweglichkeit ihrer Krankheit hatte sie veranlaßt, sich als Schriftstellerin gleich ihrer Mutter zu versuchen, um aus eigenem etwas zu ihrem Unterhalt beizutragen. Unter ihren wenigen literarischen Erzeugnissen fand der Roman „Anna", in dem sie ihre Freundin Ottilie als Heldin wählte und einige Personen ihrer Umgebung nachzeichnete, einen beifälligen Erfolg. Auch mit Walther von Goethe, dem Sohn Ottiliens, hat sie gemeinsam einen Operntext „Der Gefangene von Bologna", ein verlorenes, belangloses Manuskript, verfaßt.

Kurz darauf muß sie nochmals auf zwei Jahre nach Italien. Sie lebt in Florenz in völliger Einsamkeit, mit Kunststudien beschäftigt. Dann bricht plötzlich ein schweres Leiden hervor, das man damals Unterleibspolypen nannte und heute als Gebärmutterkrebs bezeichnet. Briefe von ihr aus dieser Zeit schildern ihre wochenlange völlige Isolierung, die Willkür der sie umgebenden fremden Personen und die Todesangst, in der sie mit der Sachlichkeit eines Arztes die verschiedenen Phasen ihrer Krankheit beobachtet. In Norditalien tobt um diese Zeit der Krieg, weshalb niemand zu ihr kommen kann und sie sich ganz verlassen fühlt. Kaum etwas gebessert, schleppt sie sich in kurzen Tagereisen nach Bonn. Dann, als es ihr Zustand einigermaßen gestattet, begibt sie sich mit Sibylle nach Frankfurt, wo sie nach zwanzig Jahren zum letztenmal ihren Bruder wiedersieht. Sie sind beide alte Leute geworden. Auch über diese Begegnung berichtet keine Äußerung Arthurs.

Ihre Freundin und Lebensgefährtin Sibylle muß plötzlich aus ungeklärten Gründen, angeblich wegen eines Prozesses, heimlich nach Italien abreisen. Adele kehrt allein nach Bonn zurück. Allein im großen Hause ihrer Freundin, das Haus wird von einem Schutzmann bewacht, weil einige Zeit vorher ein Einbruchsversuch verübt worden war, überfällt Adele plötzlich eine schreckliche Furcht. Sie übergibt die Schlüssel des mit Tür- und Fensterversicherungen übertrieben verschlossenen Hauses einem alten Hausfreund und fährt nach Berlin, Weimar und Jena, um, einem spontanen Entschluß folgend, Abschied von ihren Freunden zu nehmen. Todkrank kehrt sie von der leichtsinnig unternommenen Reise nach Bonn zurück. Sibylle, aus Italien herbeieilend, holt sie aus Weimar ab. Der Arzt erklärt den Zustand Adelens für rettungslos. Nach einem Monat großen Leidens trifft endlich die sehnsüchtig erwartete und gerufene Ottilie aus Wien, dem letzten Wohnort der Freundin, in Bonn ein. In den zehn Tagen des Aufenthaltes Ottiliens bessert sich noch einmal Adelens Zustand. Dann steigt wieder das Fieber, Symptome einer Wassersucht treten auf, die wachsende Geschwulst verursacht entsetzliche Schmerzen. Sie diktiert ihren letzten Brief an Arthur, es ist ihr letztes Schriftstück überhaupt. Den Pastor lehnt sie ab, da sie mit ihrem Gewissen in Frieden sei. An einem Augustmorgen 1849 um halb vier Uhr stirbt sie. Ihr letzter Freund, Professor Alfred Nikolovius, besorgt ihr Begräbnis. Sibylle verbrennt am Tag danach im Garten den falschen Zopf, den Adele getragen hat. Über ihre Verlassenschaft gibt der erwähnte kühle, nüchterne letzte Brief an den Bruder Auskunft:

„Lieber Arthur! Die Verfügungen, die du Gottlob genau kennst, werden von meinem Vermögen leider nicht viel zurücklassen, als wünschenswert. Dieses aber steht sicher, wird in bestimmten Raten bis zu jedesmaliger Auszahlung gut verzinst dir ausgezahlt werden. Den noch in meinen Händen befindlichen Teil unseres Familiensilbers wird Frau Sibylle Mertens-Schaffhausen dir im Falle meines Unglücks sicher übersenden. Es bleiben mir noch, unbedeutend an Wert, zur Verfügung eine kleine Damenbibliothek, vier Porträts in Öl, die Miniaturen, die die Mutter gemalt hat, etwas wertloser Modeschmuck, und einzelne Mobilarstücke, und alte Kupferstiche, die mir niemand abkaufen wollte. Erlaube mir, daß für den Fall meines plötzlichen Todes meine Freundin Sibylle Mertens diese dir unnützen Dinge nach meinem ihr bekannten Willen unter meine Jugendfreunde verteilt. Du würdest sehr wenig durch den Verkauf zu deinen Gunsten gewinnen. Um für den angedeuteten traurigen Fall das Versiegeln bei der Mertens zu verhüten, bitte ich dich an irgend jemand in Bonn deine Vollmacht zu senden: du könntest sie, wenn du niemand näheres weißt, an Dr. Wolff, Prof. Nicolovius oder Herrn Wilhelm Mertens-Dewall senden. Indem ich dir von Herzen für alle Freundlichkeit der letzten Monate danke, bitte ich, mir bald zu antworten. Deine treue Schwester Adele.“

Im Erscheinungsjahr der zweibändigen „Welt als Wille und Vorstellung“ wendet sich ein Advokat in Alzei, namens Johann August Becker, mit der brieflichen Bitte an Schopenhauer, nachdem er die beiden „Grundprobleme“ und die „Vierfache Wurzel“ sowie das Hauptwerk studiert habe, einige Zweifel vortragen zu dürfen. Schopenhauer sendet ihm ein Exemplar des „Willens in der Natur“, damit dieser seltene Leser alle seine Werke kennenlerne, und antwortet zustimmend, unter der Voraussetzung, daß die Erörterungen präzis und bündig vorgetragen werden. Aus dem nun folgenden Briefwechsel entwickelt sich die wertvollste Freundschaft, die Schopenhauer im Leben gefunden hat. Erst jetzt, fast am Ende seines Schaffens, findet sich der erste Freund aus dem namenlosen Publikum ein.

In den Briefen, die Schopenhauer selbst mit der „Korrespondenz des Spinoza mit dem Oldenburg und dem Blyenberg“ vergleicht, weil in ihr immer alles wiederkommt, wird von beiden Seiten mit größter Akribie der Kernpunkt der Schopenhauerschen Metaphysik untersucht. Voll juristischer Schärfe folgert Becker, daß die Willensverneinung, zwar ein Akt des intelligibeln Charakters, doch als Erscheinung auftrete und als solche der Kausalität unterworfen sei. Ist sie aber der Kausalität, Ursache und Wirkung, unterworfen, so ist die Verneinung kein absolut freier Willensakt mehr und selbst die Welterlösung erscheint schließlich als notwendige Kausalfolge. Denn selbst, daß das Motiv zuletzt als Quietiv, als Verzicht, wirke, könne durch bestimmte Umstände herbeigeführt sein. Becker will, kurz gesagt, ergründen, ob Schopenhauers Lehre nicht doch letzten

Endes ein Fatalismus sei. Schopenhauer hatte schon in dem Brief vorher die Willensverneinung durch einen Vergleich anschaulich zu machen versucht: „Denken Sie sich z. B.“, hatte er geschrieben, „ein durch Uhrwerk betriebenes mechanisches Theater, auf welchem mancherlei Figuren sukzessiv auftreten und agieren, so hat dies Schauspiel seinen unabänderlichen Ablauf: hemmen Sie jedoch das primum mobile, so stockt es und hört ganz auf.“ Auf den durchdachten Einwand Beckers antwortet er jetzt, daß hier ein Motiv, das auf den gegebenen Charakter bisher sicher und mit Notwendigkeit gewirkt hat, zu wirken aufhöre. Daß hier also eine Ursache ohne Wirkung bleibe: „aber weil der Verstand nur Veränderungen von außen versteht, hier aber eine von innen eingetreten ist, so erscheint auch in diesem Fall, vom Standpunkt der Natur aus, die Sache allerdings als eine Art Wunder: daher man sie (in der Theologie) als Wiedergeburt durch Gnadenwirkung bezeichnet und für ein Mysterium erklärt; wobei man das Reich der Natur dem Reiche der Gnade entgegensetzte. Ich aber, der ich keinen gnädigen Herrn kenne, habe in letzterem das einzige faktische Hervortreten der Freiheit des Willens, die ihm als dem Ding an sich zusteht, erkannt, und Malebranche hat gesagt: la liberté est un mystère. In diesem Mysterio der theologischen Gnade oder philosophischen Freiheit liegt die Lösung des Weltknotens. Hier ist der Weg und der Steg, die Türe, die aus der Welt führt: ich aber kann sie nur zeigen, nicht Ihnen öffnen, noch auch sagen, was dahinter ist oder vorgeht und wie etwan, was in der Zeit sich als Veränderung darstellt, außer der Zeit und an sich beschaffen sei.“ Mit diesen Worten gibt Schopenhauer eine exakte Antwort auf jede Frage nach dem Metaphysischen und verwahrt sich gegen ein Mehr, das man später so oft bei ihm zu finden glaubte.

Auf einen zweiten Einwand des Juristen Becker, ob der Wert einer moralischen Handlung nur für den, der sie vollbringt, bestehe, Moral also quasi aus einem Egoismus entspringe, antwortet Schopenhauer, daß der Wert, den jene Handlungen für den Vollbringer selbst haben, doch nur ein transzendenter sei. Er liege darin, daß die moralische Handlung den Vollbringer auf den alleinigen Weg des Heils, der Erlösung aus dieser Welt des Geborenwerdens, Leidens und Sterbens, führe. „Nun aber können Sie sogar“, führt er aus, „geltend machen wollen, daß auch das Mitleid, nebst allen aus ihm fließenden Tugenden, egoistisch sei, weil es auf dem Erkennen meines eigenen Wesens im Andern beruhe. Dies Argument beruht aber nur darauf, daß Sie den Ausdruck ‚Ich noch ein Mal‘ buchstäblich nehmen wollen, während er eigentlich doch nur eine tropische Wendung ist. Denn mit Ich wird im eigentlichen Sinn stets nur das Individuum bezeichnet, nicht aber das metaphysische Ding an sich, welches, direkt unkennbar, in den Individuen erscheint, also über diese hinaus liegt, hinsichtlich auf welches daher die Ichheit aufhört; und unter Egoismus versteht man den exklusiven Anteil am eigenen Individuo, als in welchem allein der Wille zum Leben sich zunächst und unmittelbar erkennt.“ Weshalb also der Wert, den die moralischen Handlungen für ihren Vollbringer haben, sie zu keinen egoistischen Handlungen macht.

Die drei Briefe Schopenhauers an Becker, in denen er behutsam und vorsichtig die strittigsten Punkte seiner Lehre darlegt, dürfen als eine Ergänzung zu seinen Schriften betrachtet werden. Obzwar Schopenhauer einmal aus dieser Korrespondenz in Becker „einen stillen Anhänger der Würde des Menschen“ wittert, hegt er fortan die größte Hochschätzung für diesen gründlichsten Kenner seiner Philosophie und beklagt oft, daß Becker seine Scheu vor einer Publikation nicht zu überwinden vermag und niemals etwas veröffentlicht. Als Becker später als Kreisrichter in Mainz auch seine persönliche Bekanntschaft macht, erwirbt Schopenhauer in ihm den einzigen ebenbürtigen Freund, von dem er sich vollkommen verstanden fühlt. Häufig nimmt er auch Beckers juristischen Rat in Anspruch, in den er sein bedingungsloses Vertrauen setzt.

Der zweite Anhänger, den Schopenhauer durch seine Schriften erwirbt und der eigentlich sein erster ist, ist gleichfalls ein preußischer Justizbeamter, der zwölf Jahre ältere Geheime Justizrat und Oberlandesgerichtsrat in Magdeburg, Friedrich Ludwig Andreas Dorguth. Der biedere Mann, der aus Liebhaberei in seinen freien Stunden Philosophie treibt und ein paar unbedeutende Schriften publiziert hat, veröffentlicht ein Jahr nach dem Erscheinen des zweiten Bandes eine eigene Schrift über Schopenhauer: „Schopenhauer in seiner Wahrheit“, in der er sich als einen begeisterten und bedingungslosen Fanatiker für Schopenhauer bekennt. Dorguth schreibt: „Ich kann nicht umhin, Schopenhauer als den ersten realen systematischen Denker in der ganzen Literaturgeschichte anzuerkennen.“ Es ist die erste übertriebene Äußerung eines Zeitgenossen, aber erst die Übertreibung ist das Samenkorn, aus dem in der Öffentlichkeit die Wahrheit hervorsprießt. Schopenhauer hat Dorguth Edelsinn und Treue nachgerühmt und er bezeichnet ihn in seinen Briefen gelegentlich als den „Erzevangelisten", obgleich Dorguth nicht den vollen Umfang der Schopenhauerschen Philosophie zu erfassen vermochte.

Der dritte und für die öffentliche Anerkennung Schopenhauers bedeutungsvollste Entdecker seiner Schriften ist gleichzeitig der oberflächlichste seiner Freunde. Es ist ein betriebsamer und nicht sehr wählerischer freier Schriftsteller und Journalist im weitesten Sinne des Wortes, namens Julius Christian Martin Frauenstädt, ursprünglich Frauenstädter, der mit dem dem Judentum eigenen Spürsinn für das Geistige die Bedeutung Schopenhauers frühzeitig erkennt. Doktor Frauenstädt, der den unleugbar größten Anteil an der Verkündung und Verbreitung der Schopenhauerschen Schriften hat, stößt durch Zufall auf der Suche nach dem Quellenmaterial für eine von der Berliner Fakultät gestellte philosophische Preisfrage auf die „Welt als Wille und Vorstellung". In dieser vier Jahre vor dem zweiten Band erschienenen Preisschrift „Studien und Kritiken zur Theologie und Philosophie" widmet er eine ganze Seite Schopenhauer. Als Mitarbeiter der zu ihrer Zeit viel Lärm schlagenden, nicht sehr seriösen, aber vielgelesenen „Hallischen Jahrbücher" verweist er wiederholt auf den „genialen und tiefsinnigen" Autor. Als der dreiunddreißigjährige Frauenstädt, der neben dem spärlichen Einkommen als Journalist durch eine Erzieherstelle in der Fürstlich Wittgensteinschen Familie seinen Unterhalt bestreitet, mit seinem Zögling nach Frankfurt kommt, sucht er eines Tages Schopenhauer persönlich auf.

Es ist ein heißer Sommermorgen, Hundegebell empfängt den unerwarteten Besucher, Schopenhauer, in einem leichten grauen Hausrock auf dem Sofa liegend, springt auf und begrüßt herzlich diesen ersten Boten seines Ruhmes. Unerwartet und unvermittelt dringt dieser in seine beschauliche sommerliche Ruhe ein. Das Löwenhaupt Schopenhauers, das weiße Haupt- und Barthaar und ein sarkastischer Zug um den Mund sind der erste Eindruck Frauenstädts. Das Gespräch dauert eine Stunde, um vier Uhr am Nachmittag wird ein Spaziergang verabredet. Während des Spaziergangs ärgert sich Schopenhauer, wenn die Passanten nicht rechts ausweichen. Innerhalb der Stadt wird rasch gegangen, um bald ins Freie zu gelangen. Gelegentlich ahmt Schopenhauer den schwerfälligen Gang der Leute auf der Straße nach. An Aussichtsplätzen bleibt er stehen und betrachtet die Landschaft durch sein Augenglas. Den begleitenden Hund ruft er immer wieder mit einer kleinen gellenden Pfeife. Am Abend geht er allein, seiner Gewohnheit folgend, ins Lesekabinett. Nach diesem eintägigen Besuch reist Frauenstädt mit seinem Zögling wieder ab. So hat sich Frauenstädt der Philosoph bei der ersten Begegnung dargestellt.

Auf der Rückreise im Oktober im selben Jahre (Frauenstädt hat seinen Zögling, die Prinzessin Marie von Wittgenstein, bis zu ihrer Vermählung unterrichtet und kehrt nun allein zurück) bleibt er fünf Monate in Frankfurt, wo er nun im ständigen Verkehr mit Schopenhauer steht. Gleich das erstemal ist Schopenhauer, wie wir aus dem Munde Frauenstädts erfahren, nicht sehr höflich. Er erklärt barsch, daß man nicht nach Belieben bei ihm Audienz haben könne. So wird verabredet, daß Frauenstädt zweimal in der Woche den ganzen Nachmittag kommen soll, um an den regelmäßigen Spaziergängen teilzunehmen. Pünktlich um drei Uhr findet er sich ein, eine Weile wird auf dem Sofa sitzend geplaudert, dann geht man eineinhalb bis zwei Stunden spazieren. Bei jedem Wetter, auch im dichtesten Schneegestöber, mitunter laufend und ununterbrochen sprechend. Schopenhauer liebt keine Einwendungen, Frauenstädt muß immer nur zuhören. Diese Gespräche, äußerst interessant, wenngleich vielleicht nicht durchwegs authentisch, hat Frauenstädt später niedergeschrieben und veröffentlicht.

Durch den Gatten seiner ehemaligen Schülerin, den Fürsten Chlodwig zu Hohenlohe-Schillingsfürst, soll Frauenstädt die Stelle eines Bibliothekars erhalten, doch vereitelt die Märzrevolution 1848 diese günstige Aussicht, so daß er wieder gezwungen wird, eine Erzieherstelle anzunehmen und mit seinem Bruder, dem Buchhändler Frauenstädter, in Berlin ein Lesekabinett nach Pariser Muster einzurichten. Die Erwerbssorgen zwingen ihn auch, immer wieder für literarische Zeitschriften zu schreiben, wobei er unermüdlich bemüht ist, auf Schopenhauer zu verweisen und für ihn kräftig die Posaune zu blasen. Dabei unterlaufen dem mutigen Streiter für den Ruhm Schopenhauers nicht selten Irrtümer, die den zwiespältig zu ihm eingestellten Freund oft zur

Verzweiflung bringen. Frauenstädt ist nicht sehr empfindlich, aber manchmal ist ihm die Kritik Schopenhauers doch zu viel, dann lenkt der Alte wieder von selbst ein und erkennt seine Verdienste an. Zehn Jahre später kommt es sogar zu einem längeren vorübergehenden Bruch zwischen beiden, als Frauenstädt in seiner publizistischen Tätigkeit die Gegner Schopenhauers wieder einmal zu sehr gelobt und die Gedanken Schopenhauers allzu sehr verunstaltet hat. Ganz richtig wendet der Verurteilte dagegen ein, daß er, um publizieren zu können und es sich nicht mit allen Redaktionen zu verderben, Konzessionen machen und manchen philosophischen Dummkopf gelten lassen müsse, was schließlich Schopenhauer auch einsieht. Trotz des Bruches tritt Frauenstädt bei jeder Gelegenheit, in Aufsätzen und in Broschüren, für Schopenhauer ein.

Der vierte dieser ersten Freunde und Apostel Schopenhauers ist wieder Jurist. Es ist der sechsundzwanzigjährige, etwas zur Melancholie neigende Münchner Rechtspraktikant Adam von Doss, sein „Johannes", wie Schopenhauer ihn nennt. Denn mit fanatischem Eifer liest er jede Zeile von Schopenhauer und über ihn, wo er sie nur finden kann. Er sendet Schopenhauer einen langen gefühlvollen Brief, den dieser voll Rührung zweimal liest, und reist schließlich eigens nach Frankfurt, um den glühend verehrten Autor auch persönlich kennenzulernen. Vierzehn Tage besucht er Schopenhauer an jedem zweiten Tag. Ein langes Sendschreiben, das er nachher verfaßt, gibt Schopenhauer auch seinem Freund Becker zu lesen. In der Abhandlung verlangt Doss „genauere Nachrichten über die Geschichte des Dinges an sich", wie Becker etwas spöttisch bemerkt, worauf aber Schopenhauer keine Antwort habe, wie dieser ihm freundlich erwidert. Schopenhauer sieht in dem jungen Freunde, der an Innigkeit seiner Teilnahme die anderen Freunde weit übertrifft, den Repräsentanten kommender Generationen.

Wurde von diesen ersten vier Freunden Becker durch den Scharfsinn Schopenhauers gewonnen, Dorguth durch einen verwandten Charakter, Frauenstädt durch den Geist und Doss durch das Gemüt, so erklärt sich auf diese dem Schicksal Schopenhauers eigentümliche Lesebuchweise die endliche, späte Wirkung des Autors auf seine Zeit. Denn von der Fachwelt kann ein Genie vollkommen übersehen werden, aber von den zufälligen Passanten seiner Zeit kann es auf die Dauer nicht verkannt werden. Die Fachwelt, die lehrende und schreibende Öffentlichkeit, hat auch nach dem Erscheinen der nunmehr zweibändigen „Welt als Wille und Vorstellung" fast keine Notiz genommen. Ein Jahr nach dem Erscheinen veröffentlicht der Privatdozent Karl Fortlage in der „Neuen Jenaischen Litteraturzeitung" eine Rezension, die Schopenhauers Lehre verwerflich findet und nur ihre Bedeutung für diese Zeit anerkennt. Eine einzige zweite, unbedeutende und bloß referierende Besprechung erscheint in den dem Verlag Brockhaus gehörenden „Blättern für litterarische Unterhaltung". Das ist das ganze Echo des abgeschlossenen Werks. Und zwei Jahre nachher antwortet Brockhaus auf eine Anfrage nach dem Absatz: „Ich kann Ihnen zu meinem Bedauern nur sagen, daß ich damit ein schlechtes Geschäft gemacht habe, und die näheren Auseinandersetzungen erlassen Sie mir wohl."

Brockhaus hatte immerhin mit den Schriften Johannas ein sehr einträgliches Geschäft gemacht, so daß er beim Sohne leichter zusetzen konnte. Um einen Teil der Druckkosten wenigstens hereinzubringen, entschließt sich Brockhaus kurz darauf, den Preis der „Welt als Wille und Vorstellung“ bedeutend herabzusetzen.

Neben den neuen Freunden, die bei allen diesen schlechten Erfahrungen sein Trost sind, melden sich übrigens auch zwei alte. Der Kunsthistoriker Quandt, bisher Anhänger Hegels, bekennt sich nach dem Studium des zweibändigen Werkes zu Schopenhauers Philosophie. Wenngleich er noch in einigen Punkten widerspricht, schreibt er doch dem alten Freunde: „Der Weg, welchen Sie vom Realen zum Idealen gefunden haben, ist eine größere Entdeckung, als die, welche von den Portugiesen gemacht wurde, daß man über das Weltmeer von Europa nach Indien gelangt.“ Solche Bemerkungen, die jetzt auftauchen, haben nur philologische Bedeutung, sie sind übertriebene Äußerungen, die nicht immer wörtlich gemeint sind. Der andere, der sich meldet, ist der Jugendgefährte aus Havre, Anthime Grégoire, der mit seiner sechzehnjährigen Tochter in Frankfurt auftaucht, um den Jugendfreund noch einmal zu sehen, bevor er sterbe. Schopenhauer findet den Besuch reichlich unerträglich. „Man divergiert immer mehr, je älter man wird“, äußert er sich über diese Visite, „zuletzt steht man ganz allein.“ In Frankfurt verkehrt Schopenhauer noch mit einem jüdischen Advokaten, namens Doktor Martin Emden, mit dem er vertrauten Umgang bis zu dessen Tode pflegt. Auch er ist übrigens

ARTHUR SCHOPENHAUER
DAGUERREOTYP VOM 3. SEPTEMBER 1852
NACH EINER KOPIE AUS DEM SCHOPENHAUER-
ARCHIV IN FRANKFURT A. M.

Jurist, wie überhaupt von dieser Seite das erste Interesse für Schopenhauer ausgeht.

In dieser Zwischenzeit zwischen der nun schon gewohnten Nichtbeachtung und dem ersten erwartungsvollen Ahnen der heranbrechenden Anerkennung, zwischen seinem 55. und 61. Lebensjahr, verfaßt Schopenhauer seine letzten Schriften. Während er jetzt gleichzeitig mit seinen ersten Anhängern in einer sachlichen und ziemlich trockenen Geschäftskorrespondenz steht (Schopenhauer hält nicht viel vom Briefschreiben), arbeitet er unausgesetzt an seinen Manuskripten. Als er in Erfahrung bringt, daß seine „Vierfache Wurzel" eingestampft wurde und längst nicht mehr im Buchhandel zu haben ist, benützt er die Gelegenheit, um von diesem grundlegenden seiner Bücher eine „zweite, sehr verbesserte und beträchtlich vermehrte" Auflage herauszubringen. Ein Drittel Altes, zwei Drittel Neues kündet er seinen Freunden an, das stimmt nicht ganz, aber die neue Ausgabe seiner alten Doktordissertation, jetzt 151 Seiten stark, ist doch fast auf das Doppelte vermehrt. Unter den Ergänzungen findet sich auch ein neuer Gedanke, der, wenn man es genau nimmt, bereits die engere Idee der Freudschen Psychoanalyse, die Methode der Analyse, im Keim enthält. Schopenhauer unterscheidet hier nämlich bei der nicht willkürlich erfolgenden Gedankenverkettung drei Gesetze der Assoziation: 1. das von Grund und Folge – dem denkenden Kopf eigentümlich, 2. das der Ähnlichkeit – dem witzigen eigen, 3. das der Gleichzeitigkeit und räumlichen Nachbarschaft – dem beschränkten Kopf anhaftend. Diese zweite Auflage der „Vierfachen Wurzel des Satzes vom zureichenden Grunde" erscheint 1847 bei Suchsland, bei dem schon die beiden „Grundprobleme der Ethik" erschienen sind, ohne Honorar, zum Verkaufspreis von 25 Silbergroschen. Diese Neuerscheinung wird von keiner Zeitschrift besprochen.

Die angewachsene Zahl der Manuskriptbücher, die Fülle neuer Gedanken, die er zum großen Teil auch in den eigenen Handexemplaren seiner Bücher festhält, in denen er zwischen jedem Blatt ein neues einfügen läßt, veranlassen ihn schließlich, ein letztes Werk niederzuschreiben. Sechs Jahre lang arbeitet er an der Zusammenstellung und Reinschrift. Es wird ein umfangreiches Buch, fast ebenso umfangreich wie sein Hauptwerk, die „Welt als Wille und Vorstellung", in dem Ergänzungen und Erläuterungen zu seiner Philosophie, Aufsätze über Weltanschauung und Peitschenknallen, Religion und Kartenspiel, Tischrücken und Politik, über das Verhältnis der Geburtenzahl zur Sterblichkeit und vieles andere gesammelt sind. Er nennt das zweibändige Werk bescheiden Nebenwerke und Nachträge: „Parerga und Paralipomena", mit ihm „ist der Zyklus vollendet", wie er an Frauenstädt schreibt. Sprachlich auf der höchsten Stufe seiner stilistischen Reife – man soll denken wie ein großer Geist, aber dieselbe Sprache reden wie jeder andere, wie er es in dem Buch selbst formuliert – läßt es den schärfer blickenden Leser erkennen, wie der erste Erfolg Schopenhauer einen leichten Schwung der Rede verleiht, in dem Wirkung und Wahrheit als gleichwertige Brüder erscheinen. Als eine „Philosophie für die Welt" hat Schopenhauer selbst das Werk den Verlegern gegenüber bezeichnet. Es ist für den

Laien geschrieben, an den sich nun vorbehaltlos Schopenhauer wendet, da seine Wahrheit dem Fachmann nicht zugänglich ist. Es ist der richtige Weg zu seiner vollen Anerkennung. Aber noch einmal demonstriert das Schicksal an ihm seine ganze Ironie: das Buch, das Schopenhauer am meisten zum Bekanntwerden verhilft, findet am schwersten einen Verleger. Suchsland in Frankfurt lehnt ab, er hat schon mit den beiden letzten Erscheinungen schlechte Erfahrungen gemacht, auch Brockhaus und die Dieterichsche Buchhandlung in Göttingen weisen den Antrag, selbst bei Verzicht eines Honorars, zurück. Schopenhauer hat sich schon mit dem Gedanken abgefunden, daß dieses letzte seiner Bücher nicht mehr zu seinen Lebzeiten erscheinen werde, als es dem rührigen Frauenstädt gelingt, in Berlin einen Buchhändler, A. W. Hayn, aufzutreiben, der sich zur Übernahme des Verlages bereit erklärt. Es erscheint im November 1851 in zwei Bänden, 465 und 531 Seiten stark, in 750 Exemplaren, zum Preise von 3 Talern. Schopenhauer erhält 10 Freiexemplare auf Velin gedruckt. Es ist das erste gute Geschäft, das ein Buchhändler mit Schopenhauer macht.

Das Buch enthält „vereinzelte, jedoch systematisch geordnete Gedanken über vielerlei Gegenstände“, von größeren geschlossenen Aufsätzen bis zu kürzeren Aphorismen, Gleichnissen und Fabeln. Die hauptsächlichsten Kapitel seiner Philosophie werden ebenso behandelt wie die nichtigsten Erscheinungen des täglichen Lebens. Eine besondere Qualität dieses Buches ist der Humor, der nun in reinstem Golde erglänzt und der selbst noch bei dem erntesten Gedanken zum Vorschein kommt. Es ist die pessimistische Philosophie eines großen Humors. Es ist eine Weltverachtung mit einem schlauen Lächeln. Es ist eine weltmännische Art, sich mit den tiefsten Problemen des Daseins auseinanderzusetzen. Es ist eine Beschreibung des Daseins, von oben herab, aber von ganz hoch oben. Es ist eine unnachsichtliche Ironie, die sich's leisten kann, unnachsichtlich zu sein. Es ist, kurz gesagt, ein sympathisches Buch.

Die Idealität des Raumes zum Beispiel macht er plausibel, indem er den Raum mit einer Brille vergleicht, die wir nicht abzulegen vermögen. Wir können in Gedanken den Raum völlig ausleeren, den Raum selbst werden wir in unserem Bewußtsein doch nie los. Das Gedächtnis nennt er ein launisches und kapriziöses junges Mädchen, das uns oft verweigert, was es uns sonst gewährt, das Gehirn einen Parasiten, der vom Organismus genährt wird. „Der Verstand ist keine extensive, sondern eine intensive Größe: daher kann hierin einer es getrost gegen zehntausend aufnehmen und gibt eine Versammlung von tausend Dummköpfen noch keinen gescheiten Mann." Über die Deutschen sagt er, ihr eigentümlicher Fehler sei es, in den Wolken zu suchen, was vor ihren Füßen liegt. Die Hauptstütze des Thrones war früher der Glaube, heutzutage ist es der Kredit. „Kaum mag dem Papste selbst das Zutrauen seiner Gläubigen mehr am Herzen liegen als das seiner Gläubiger." Und über die Philosophie sagt er, während alle Dichtwerke, ohne sich zu hindern, nebeneinander bestehen können wie Lämmer, die friedlich weiden, sei das philosophische System, kaum zur Welt gekommen, schon auf den Untergang aller seiner Brüder bedacht wie ein asiatischer Sultan bei seinem Regierungsantritt. Oder wie Spinnen, deren jede allein in ihrem Netz sitzt, Fliegen fängt, aber einer anderen Spinne sich nähert, nur um mit ihr zu kämpfen. Dieser ungesellige Geselle, die Philosophie, sei das geborene reißende Tier, in seiner Zerstörungssucht vorzüglich gegen die eigene Spezies gerichtet.

Gegen die „Universitätsphilosophen", denen er eine eigene gründliche Abhandlung widmet, führt er ein tödliches Argument ins Treffen, indem er den Widerspruch aufzeigt, daß die Regierungen nicht Leute bezahlen könnten, um das, was tausend von ihr besoldete Priester von den Kanzeln verkünden, zu widerlegen. Die polemischen Ausfälle gegen die zeitgenössischen Philosophen strotzen von Witz und Geist. Im Staat sieht Schopenhauer bloß eine öffentliche Schutzanstalt gegen das Unrecht, nicht aber habe er das Recht selbst zu machen. Der Staat verändere den Charakter der Menschen nicht, darum habe er sich nicht um ihre Gesinnungen zu kümmern, sondern nur um ihre Handlungen. Die Strafe soll nicht vergelten, sondern nur abschrecken. In diesem Sinn erkennt er auch die Todesstrafe als eine Art gerechter Notwehr an. Im Zusammenhang mit dem Staat behandelt hier und an anderer Stelle Schopenhauer auch die Judenfrage. Von allen Völkern haben die Juden als einziges ihren geschichtlichen Untergang vermöge der Fiktion, daß sie das auserwählte Volk wären, überlebt. Sie sind heute durch ihren nationalen Egoismus ein Widerspruch im Völkerleben, sie sind die Patrioten ohne Vaterland, ihr Vaterland sind die übrigen Juden. Auch die Taufe ändere nichts daran. Ihre Religion gehört zu ihrer Nationalität, sie ist kein eigentliches Glaubensbekenntnis. Die Juden sind ein Staat im Staate, gleiche Staatsrechte verstärken bei ihnen nur das Band, das sie untereinander verbinde. Schopenhauer steht als einer der ersten auf dem Rassenstandpunkt und verlangt, daß durch Ehen mit Nichtjuden binnen hundert Jahren das Judentum ausgelöscht werde.

Über die Nichtigkeit des Daseins schreibt Schopenhauer ein paar erschöpfende Sätze: „Diese Nichtigkeit findet ihren Ausdruck an der ganzen Form des Daseins, an der Unendlichkeit der Zeit und des Raumes, gegenüber der Endlichkeit des Individuums in beiden, an der dauerlosen Gegenwart, als der alleinigen Daseinsweise der Wirklichkeit, an der Abhängigkeit und Relativität aller Dinge. – Die Zeit ist das, vermöge dessen alles jeden Augenblick unter unsern Händen zu nichts wird, wodurch es allen wahren Wert verliert." „Man ist mit einemmale, zu seiner Verwunderung, da, nachdem man, zahllose Jahrtausende hindurch, nicht gewesen, und nach einer kurzen Zeit eben so lange wieder nicht zu sein hat." „Jedem Vorgang unseres Lebens gehört nur auf einen Augenblick das Ist, sodann für immer das War. Jeden Abend sind wir um einen Tag ärmer." „Die Szenen unseres Lebens gleichen den Bildern in grober Mosaik, welche in der Nähe keine Wirkung tun, sondern von denen man fern stehn muß, um sie schön zu finden." „Das Gegenwärtige wird nur einstweilen so hingenommen und für nichts geachtet, als für den Weg zum Ziel. Daher werden die meisten, wenn sie am Ende zurückblicken, finden, daß sie ihr ganzes Leben hindurch ad interim gelebt haben, und verwundert sein, zu sehn, daß das, was sie so ungeachtet und ungenossen vorübergehn ließen, eben ihr Leben war, eben das war, in dessen Erwartung sie lebten." „Unser Leben ist mikroskopischer Art: es ist ein unteilbarer Punkt, den wir durch die beiden starken Linsen Raum und Zeit auseinander gezogen und daher in höchst ansehnlicher Größe erblicken." „Wenn man von der Betrachtung des Weltlaufs im Großen und zumal der reißend schnellen Sukzession der Menschengeschlechter und ihres ephemeren Scheindaseins sich hinwendet auf das Detail des Menschenlebens, wie etwan die Komödie es darstellt, so ist der Eindruck, den jetzt dies macht, dem Anblick zu vergleichen, den, mittelst des Mikroskops, ein von Infusionstierchen wimmelnder Tropfen, oder ein sonst unsichtbares Häuflein Käsemilben gewährt, deren eifrige Tätigkeit und Streit uns zum Lachen bringt. Denn, wie hier im engsten Raum, so dort in der kürzesten Spanne Zeit, wirkt die große und ernstliche Aktivität komisch. Ganz glücklich, in der Gegenwart, hat sich noch kein Mensch gefühlt; er wäre denn betrunken gewesen." „Sehr zu beneiden ist niemand, sehr zu beklagen unzählige." „Die Welt ist eben die Hölle, und die Menschen sind einerseits die gequälten Seelen und andererseits die Teufel darin." „Mit jeder menschlichen Torheit, Fehler, Laster sollen wir Nachsicht haben, bedenkend, daß, was wir da vor uns haben, eben nur unsere eigenen Torheiten, Fehler und Laster sind: denn es sind eben die Fehler der Menschheit, welcher auch wir angehören und sonach ihre sämtlichen Fehler an uns haben, also auch die, über welche wir eben jetzt uns entrüsten, bloß weil sie nicht gerade jetzt bei uns hervortreten."

In einem „Versuch über das Geistersehn und was damit zusammenhängt" beschäftigt sich Schopenhauer mit den okkulten und magischen Phänomenen. Da der Wille unabhängig von Raum und Zeit ist, vermag er vielleicht auch unabhängig von Raum und Zeit zu wirken, die Scheidewände der Zeit und des Raumes zu durchbrechen und Wirkungen auf die Ferne zu üben. Möglicherweise sich sogar magisch zu manifestieren. Der Eindruck sei nicht ohne weiteres von der Hand zu weisen, daß außer dem physischen Zusammenhang zwischen den Erscheinungen gleichsam auch eine unterirdische Verbindung bestehe. So fest und abgegrenzt die Sonderung sei, ab und zu könne eine Verbindung des Metaphysischen quasi hinter den Kulissen erfolgen. Wie im somnambulen Hellsehen könne zeitweise die individuelle Isolierung aufgehoben werden. Paracelsus und Jakob Böhme hätten die Magie als ein inbrünstiges Begehren richtig erkannt. Die Quelle des Wirkens, der Wille, die Begierde, die, was sie begehrt, mit solcher Kraft sich vorstellt, könne vielleicht so stark sein, daß es tatsächlich wird. Bei allen diesen Spekulationen spricht Schopenhauer nur von einer hypothetischen Wahrscheinlichkeit.

Ein Kapitel, das später größtes Aufsehen erregt hat und heute, bei all seinem Witz, überlebt ist, weil die Bedingungen der Zeit sich hierin vollkommen verändert haben, umfaßt ergötzliche Aphorismen „Über die Weiber". Das junge Mädchen nennt er, ein unendlich oft zitierter Ausspruch Schopenhauers, einen Knalleffekt der Natur. Die Weiber zu Rate zu ziehen, nach Weise der alten Germanen, empfiehlt er, weil sie gern den kürzesten Weg zu einem Ziel ins Auge fassen, über das die Männer, weil es vor ihrer Nase liegt, meist hinwegsehen. Die Weiber sind entschieden nüchterner, sehen nicht mehr, als wirklich da ist, während die Männer leicht das Vorhandene vergrößern oder Imaginäres hinzufügen. Aus dem gleichen Grund zeigen die Weiber mehr Mitleid und Menschenliebe, stehen aber an Gerechtigkeit, Redlichkeit und Gewissenhaftigkeit den Männern nach. Zwischen Männern besteht von Natur Gleichgültigkeit, solange sich ihre Interessen nicht kreuzen, aber zwischen Weibern herrscht von Natur Feindschaft, weil sie nur ein Gewerbe haben. „Das niedrig gewachsene, schmalschultrige, breithüftige und kurzbeinige Geschlecht das schöne nennen, konnte nur der vom Geschlechtstrieb umnebelte männliche Intellekt." Heiraten heiße seine Rechte halbieren und seine Pflichten verdoppeln. In unserem monogamischen Erdteil finden nur die verheirateten Frauen Versorgung, weshalb das Heiraten ihr Hauptgeschäft sei, die übrigen vegetieren in den höheren Ständen als unnütze alte Jungfern, in den unteren Klassen mit unangemessener schwerer Arbeit beladen oder als Freudenmädchen, die ein freuden- und ehrloses Leben führen und als wirkliche Opfer auf dem Altare der Monogamie zu betrachten sind. Sie sind die Gegenrechnung zur europäischen Dame mit ihrer Prätension und Arroganz. Für das weibliche Geschlecht, als ein Ganzes betrachtet, sei demnach die Polygamie eine wahre Wohltat. „Wir alle leben, wenigstens eine Zeitlang, meistens aber immer, in Polygamie. Da folglich jeder Mann viele Weiber braucht, ist nichts gerechter, als daß ihm frei stehe, ja obliege, für viele Weiber zu sorgen. Dadurch wird auch das Weib auf ihren richtigen und natürlichen Standpunkt, als subordiniertes Wesen, zurückgeführt, und die Dame, dies Monstrum europäischer Zivilisation, mit ihren lächerlichen Ansprüchen auf Respekt und Verehrung, kommt aus der Welt, und es gibt nur noch Weiber, aber auch keine unglücklichen Weiber mehr, von welchen jetzt Europa voll ist. Die Mormonen haben Recht."

Anschließend an die seinerzeit vielumkämpften Äußerungen Schopenhauers aus einer Zeit vor der Frauenfrage, schreibt er sehr geistreiche Bemerkungen „Zur Physiognomik". Schopenhauer sagt, jedes Menschengesicht sei eine Hieroglyphe, deren Alphabet wir fertig in uns tragen. Das Gesicht sage in der Regel mehr und Interessanteres als der Mund. Das Gesicht ist das Monogramm unseres Denkens und Trachtens. Der Mund spricht nur Gedanken eines Menschen, sein Gesicht einen Gedanken der Natur. Jeder ist wert, aufmerksam betrachtet zu werden, nicht jeder, daß man mit ihm rede. Die Schönheit ist der Gedanke der Spezies, ein Grund- und Hauptgedanke der Natur, während das Individuum nur ein Nebengedanke ist. Die Schönheit ist darum im höchsten Maße betrachtungswürdig. Objektiv sieht die Physiognomie eines Menschen nur der, der ihm noch fremd ist. Deshalb gewährt nur der erste Anblick einen richtigen Eindruck. Nachherige Bekanntschaft und späterer Umgang kann jenen Eindruck verwischen, aber die Folge wird ihn einst wieder bestätigen. Es ist leichter, die intellektuellen Fähigkeiten als den Charakter zu erkennen. Jene schlagen mehr nach außen, und einen Dummkopf, Narren oder einen Mann von Geist kann man sogar schon von hinten unterscheiden.

Der nachmals populärste Teil der Parerga sind die „Aphorismen zur Lebensweisheit" geworden. Sie enthalten die abgezogene praktische Nutzanwendung seiner Philosophie für jedermann, sogar für solche, die Schopenhauers Philosophie ablehnen. Drei Hauptkapitel, „Von Dem, was Einer ist", „Von Dem, was Einer hat" und „Von Dem, was Einer vorstellt", enthalten reiche praktische Psychologie. In 53 angeschlossenen Lebensregeln gibt er Ratschläge des Verhaltens, das von dem Grundsatz des Aristoteles ausgeht: „Nicht dem Vergnügen, der Schmerzlosigkeit geht der Vernünftige nach!" Auch untersucht er hier den Unterschied der Lebensalter in einer für seine Zeit äußerst subtilen psychologischen Weise. Er krönt diese Betrachtung durch einen Vergleich der verschiedenen Lebensalter mit der Bedeutung der einzelnen Planeten: „Zwar ist nicht, wie die Astrologie es wollte, der Lebenslauf der einzelnen in den Planeten vorgezeichnet; wohl aber der Lebenslauf des Menschen überhaupt, sofern jedem Alter desselben ein Planet, der Reihenfolge nach, entspricht und sein Leben demnach sukzessive von allen Planeten beherrscht wird. – Im zehnten Lebensjahre regiert Merkur. Wie dieser bewegt sich der Mensch schnell und leicht, im engsten Kreise: er ist durch Kleinigkeiten umzustimmen; aber er lernt viel und leicht, unter der Herrschaft des Gottes der Schlauheit und Beredsamkeit. – Mit dem zwanzigsten Jahre tritt die Herrschaft der Venus ein: Liebe und Weiber haben ihn ganz im Besitze. – Im dreißigsten Lebensjahre herrscht Mars: der Mensch ist jetzt heftig, stark, kühn, kriegerisch und trotzig. – Im vierzigsten regieren die vier Planetoiden: sein Leben geht demnach in die Breite: er ist frugi, d. h. fröhnt dem Nützlichen, kraft der Ceres: er hat seinen eigenen Herd, kraft der Vesta: er hat gelernt was er zu wissen braucht, kraft der Pallas: und als Juno regiert die Herrin des Hauses, seine Gattin. – Im fünfzigsten Jahre aber herrscht Jupiter. Schon hat der Mensch die meisten überlebt, und dem jetzigen Geschlechte fühlt er sich überlegen. Noch im vollen Genuß seiner Kraft, ist er reich an Erfahrung und Kenntnis: er hat – nach Maßgabe seiner Individualität und Lage – Autorität über alle, die ihn umgeben. Er will demnach sich nicht mehr befehlen lassen, sondern selbst befehlen. Zum Lenker und Herrscher, in seiner Sphäre, ist er jetzt am geeignetsten. So kulminiert Jupiter und mit ihm der Fünfzigjährige. – Dann aber folgt, im sechzigsten Jahre, Saturn und mit ihm die Schwere, Langsamkeit und Zähigkeit des Bleies: Viel' Alte scheinen schon den Toten gleich: Wie Blei, schwer, zähe, ungelenk und bleich. (Romeo und Julia). – Zuletzt kommt Uranus: da geht man, wie es heißt, in den Himmel. Den Neptun – so hat ihn leider die Gedankenlosigkeit getauft – kann ich hier nicht in Rechnung ziehn; weil ich ihn nicht bei seinem wahren Namen nennen darf, der Eros ist. Sonst wollte ich zeigen, wie sich an das Ende der Anfang knüpft, wie nämlich der Eros mit dem Tode in einem geheimen Zusammenhange steht, vermöge dessen der Orkus, oder Amenthes der Ägypter, nicht nur der Nehmende, sondern auch der Gebende und der Tod das große réservoir des Lebens ist. Daher also, daher, aus dem Orkus, kommt alles, und dort ist schon jedes gewesen, das jetzt Leben hat: wären wir nur fähig, den Taschenspielerstreich zu begreifen, vermöge dessen das geschieht – dann wäre alles klar."

Noch einen, vielleicht den bedeutsamsten Aufsatz enthalten die Parerga, eine „Transzendente Spekulation über die anscheinende Absichtlichkeit im Schicksale des Einzelnen", der vom Wandel der Zeit unberührt geblieben ist und eine der sinnvollsten poetischen Wahrheiten über unser Dasein enthält. Schopenhauer selbst bekennt im ersten Satz, mit dem die Abhandlung beginnt, daß die hier mitzuteilenden Gedanken zu keinem festen Schluß führen und nur eine bloße metaphysische Phantasie genannt werden können. Alles an diesen Betrachtungen sei zweifelhaft, nicht nur die Lösung, sogar das Problem selbst. Sie mögen „vielleicht nicht viel mehr sein als ein Tappen und Tasten im Dunkeln, wo man merkt, daß wohl etwas da sei, jedoch nicht recht weiß, wo, noch was". Das Metaphysische, das Unsichtbare hinter dem Sichtbaren, wenn es so etwas für uns überhaupt gibt, von dem wir das eine Mal durch die Kunst, das andere Mal durch unser moralisches Gefühl vielleicht einige Kunde erhalten, wird hier unmittelbar zu fassen versucht. Diese Untersuchung über das Schicksal, wenn es ein solches gibt, könnte der Welt als Ganzes und dem einzelnen einen annähernd vernünftigen Sinn geben und Stärkung und Trost für den Menschen enthalten. Darum ist dieser Gegenstand, den

Schopenhauer hier ohne jede Mystik behandelt, allein schon in dieser Hinsicht so bedeutend.

Schopenhauer sagt: die Welt wird von Zufall und Irrtum beherrscht. Und doch können wir bei jedem Irrtum und unglücklichen Zufall sagen: wer weiß, wozu es gut ist. Manchmal behalten wir damit sogar recht. Aber dem bloßen Zufall eine Absicht unterzuschieben ist dennoch ein Gedanke, der an Verwegenheit seinesgleichen sucht. Wenn wir es genauer untersuchen, ist es, je nachdem wir ihn verstehn, der absurdeste oder der tiefsinnigste Gedanke.

Alles in der Welt erfolgt mit Notwendigkeit, was aus der Kausalität von vornherein einzusehen ist. So sehr sich auch der Lauf der Dinge als rein zufällig darstellt, ist er es im Grunde doch nicht, selbst der Zufall ist letzten Endes auf die bloße Notwendigkeit seines Eintrittes in der Folge des Verlaufes einer Kausalkette zurückzuführen. Neben dieser Erkenntnis, die noch gar nichts besagt, weil die Notwendigkeit des einen einen Zufall für das andere bedeuten kann, gibt es noch eine Einsicht, die aus den Erfahrungen des Lebens stammt, daß jene Notwendigkeit alles Geschehens keine blinde, sondern eine planmäßige sei. Es ist eigentlich nur eine Ansicht. Schopenhauer nennt sie den transzendenten Fatalismus, zum Unterschied vom gewöhnlichen. Viele Erfahrungen tragen den Stempel einer moralischen oder inneren Notwendigkeit, so daß man meinen könnte, die Geschehnisse wären eine dem Menschen erteilte Belehrung. Schopenhauer sagt, nicht in der Weltgeschichte, sondern im Leben des einzelnen ist Plan und Ganzheit. Demnach würde dieser transzendente Fatalismus nur für das einzelne, individuelle Schicksal gelten. Manche Szenen der Vergangenheit in unserem Leben scheinen in der Tat so abgekartet wie in einem planmäßig angelegten Roman.

Diese beobachtete oder eingebildete Planmäßigkeit im Lebenslauf ließe sich zur Not aus der Unveränderlichkeit des angeborenen Charakters erklären. Aber selbst diese Begründung, daß alle unsere Handlungen bloße Reflexe unseres Charakters seien und der Mensch darum immer wieder in das gleiche Gleis gebracht werde, erscheint nicht ausreichend gegen den mächtigen Einfluß und die große Gewalt der äußeren Umstände. Wir müßten nun noch annehmen, daß beim menschlichen Lebenslauf die sich als eine Art instinkthaften Triebes darstellende innere Notwendigkeit, ferner die vernünftige Überlegung und schließlich die äußere Einwirkung der Umstände sich derart wechselseitig in die Hände arbeiten, daß es zu einem geschlossenen und wohlbegründeten Kunstwerk kommt. Dann müßten wir auch zugeben, daß das, was als Zufall erscheint, den Zufall selbst beherrscht. Damit landen wir bei der Vorsehung.

Eine Überprüfung einer solchen Vorsehung wäre möglich, wenn wir die Frage, ob ein gänzliches Mißverhältnis zwischen dem Charakter und dem Schicksal eines Menschen möglich sei oder ob in der Hauptsache jedes Schicksal zu dem betreffenden Charakter passe, beantworten könnten. Fügt eine geheime, unbegreifliche Notwendigkeit, dem Dichter eines Dramas gleich, beide jedesmal passend zusammen? Die Antike hebt immer wieder die Allgewalt des Schicksals hervor und verweist auf die Ohnmacht des Menschen ihm gegenüber. Eine solche problematische Macht müßte, „mit einem unsichtbaren Faden alle Dinge durchziehend, auch die, welche die Kausalkette ohne alle Verbindung mit einander läßt, so verknüpfen, daß sie, im erforderten Moment, zusammenträfen". „Sie würde demnach die Begebenheiten des wirklichen Lebens so gänzlich beherrschen wie der Dichter die seines Dramas: Zufall aber und Irrtum, als welche zunächst und unmittelbar in den regelmäßigen, kausalen Lauf der Dinge störend eingreifen, würden die bloßen Werkzeuge ihrer unsichtbaren Hand sein." Eine solche Macht, meint Schopenhauer, müßte aber wiederum nur von unserem eigenen geheimnisvollen Inneren ausgehen, von etwas, das tiefer gelegen ist als unser Charakter. Eine Analogie im Walten der Natur, die das Zweckmäßige darbietet, ohne selbst den Zweck zu erkennen, könnte für eine solche Annahme ins Treffen geführt werden.

Jedoch abgesehen von einem solchen Ausweg einer Vorsehung, geschieht, rein objektiv betrachtet, alles vermöge eines ausnahmslosen und alles umfassenden kausalen Zusammenhanges. „Zufällig" bedeutet das Zusammentreffen in der Zeit des kausal nicht unmittelbar Verbundenen. Nichts ist absolut zufällig, auch das Zufälligste ist eine auf entfernterem Wege herangekommene Notwendigkeit. Jede Begebenheit ist nämlich das einzelne Glied einer Kette von Ursachen und Wirkungen, die in der Richtung der Zeit fortschreitet. Solche Ketten gibt es vermöge des Raumes unzählige nebeneinander. Sie sind einander nicht gänzlich fremd, mitunter miteinander verflochten, sind manchmal einer gemeinsamen Ursache entsprungen und untereinander verwandt wie die Urenkel eines Ahnherrn. Alle diese Kausalketten, aus der Vergangenheit heraufführend, bilden ein gemeinsames, vielfach verschlungenes Netz, das mit seiner ganzen Breite in der Zeit fortschreitet und den Weltlauf ausmacht. Überall in diesem Netz des gegenwärtigen Augenblicks befindet sich das Gleichzeitige nicht im direkten kausalen Zusammenhang, vermöge der Verflechtung aber ist auch die augenblickliche Gleichzeitigkeit eine notwendige. Hierauf beruht in einem höheren Sinne das notwendige Geschehen, das das Schicksal gewollt hat. Aus der Geschichte läßt sich auf diese Weise ein gewisser Sinn konstatieren. Zum Beispiel ließ die Barbarei zur Zeit der Völkerwanderung griechische Kunstwerke, wie den Laokoon, verschütten, quasi in einer Versenkung verschwinden, um sie gegen das Ende des 15. Jahrhunderts, in einer den Künsten günstigeren Zeit, wieder auffinden zu lassen. Ebenso könnte auch das Eintreffen zur rechten Zeit der im Lebenslauf des einzelnen wichtigen und entscheidenden Anlässe und Umstände aufgefaßt werden. So würde sich förmlich – da nichts zufällig und auch das kausal nicht Zusammenhängende notwendig erfolgt – alles in allem spiegeln, jedes in jedem widerklingen. Und auch Omina hätten einen gewissen Anspruch auf Wahrscheinlichkeit.

Schopenhauers originellster Einfall in dieser Abhandlung ist der Schluß auf einen transzendenten Fatalismus, den er aus dem Vergleich des Lebens mit dem Traume zieht. Auch im Traume treffen die Umstände, die hier zu Motiven unserer Traumhandlungen werden, von uns unabhängig, oft von uns verabscheut und gefürchtet, rein zufällig zusammen. Dabei besteht aber dennoch zwischen diesen Traumzufällen eine geheime und zweckmäßige Verbindung. Es kann auch nicht bezweifelt werden, daß jene Macht, die im Leben als das Schicksal gelten könnte, im Traume einzig und allein in Beziehung auf uns fügt und lenkt und selbst in uns zu suchen ist. Diese Traummacht kann keine andere sein als der Wille in uns, der von einem anderen Standpunkt aus wirkt, der nicht in unserem träumenden Bewußtsein vorhanden ist. Darum können sich die Vorgänge geradezu gegen unsere Wünsche richten, uns Erstaunen, Schrecken und Todesfurcht einjagen. Auch im Traum ist der Zweck der Vorgänge nicht immer erkennbar. Nur an einem Beispiel sexueller Natur glaubt Schopenhauer auch hier eine Zweckmäßigkeit zu erkennen. Das natürliche Bedürfnis nach Funktion der Geschlechtsdrüsen soll hierbei die äußeren Traumumstände gestalten. Die unseren Wünschen entgegengerichteten Umstände wären hierbei nur der mißlungene Versuch der Natur bei noch nicht erreichter Potenz. Die Freudsche Psychoanalyse hat dieses sexuelle Unterbewußtsein des Traumes auch ins Leben übertragen, es kann also kein Zweifel darüber bestehen, daß die Originalität der Freudschen Lehre an dieser Stelle bei Schopenhauer bereits greifbar vorhanden ist.

„Wer diese Hindernisse schafft", sagt Schopenhauer, „und unseren lebhaften Wunsch Schlag auf Schlag vereitelt, das ist – hier im Traum – doch nur unser eigener Wille; jedoch von einer Region aus, die weit über das vorstellende Bewußtsein im Traume hinausliegt" –

Freud verlegt es bloß nach unten, wo es als selbständiges Unterbewußtsein Wünsche „verdrängt“ und „kompensiert“ – „und daher in diesem als unerbittliches Schicksal auftritt. Sollte es nun mit dem Schicksal in der Wirklichkeit und mit der Planmäßigkeit, die vielleicht jeder, in seinem eigenen Lebenslaufe, demselben abmerkt, nicht ein Bewandtnis haben können, das dem am Traum dargelegten analog wäre?“ Ebenso wie die Natur in jenem sexuellen Traum könnte der Wille in analoger Weise das Dasein beherrschen. Wie jeder der heimliche Theaterdirektor seiner Träume ist, so auch könnte jenes Schicksal gedacht werden, das unseren wirklichen Lebenslauf beherrscht, das zuletzt irgendwie von jenem Willen ausgeht, „der unser eigener ist, welcher jedoch hier, wo er als Schicksal aufträte, von einer Region aus wirkte, die weit über unser vorstellendes, individuelles Bewußtsein hinausliegt, während hingegen dieses die Motive liefert, die unsern empirisch erkennbaren, individuellen Willen leiten, der daher oft auf das heftigste zu kämpfen hat mit jenem unserm, als Schicksal sich darstellenden Willen“.

Aber im Traum ist das Verhältnis bloß einseitig, nur das Ich wirkt, die übrigen sind nur Phantome. Im Leben hingegen findet ein wechselseitiges Verhältnis statt, indem nicht nur der eine im Traume des anderen figuriert, sondern auch dieser wieder in seinem. Dann müßte man annehmen, daß jeder im großen Traume des Lebens nur gerade das träumt, „was ihm, seiner eigenen metaphysischen Lenkung gemäß, angemessen ist, und alle Lebensträume so künstlich ineinander geflochten sind, daß jeder erfährt, was ihm gedeihlich ist, und zugleich leistet, was anderen nötig; wonach denn eine etwanige große Weltbegebenheit sich dem Schicksale vieler Tausende, jedem auf individuelle Weise, anpaßt". Alle Ereignisse im Leben eines Menschen ständen demnach in einem zweifachen Zusammenhang; im kausalen notwendigen Verlauf, der objektiv ist, und in einer notwendigen subjektiven Beziehung zum einzelnen. Wie im Drama müßten die Begebenheiten beide Aufgaben erfüllen: ein Schauspiel an sich zu bieten, in dem es mehrere Personen gibt, und die einzelnen Schicksale der Figuren zu entrollen. „Daß nun jene beiden Arten des Zusammenhangs zugleich bestehn und die nämliche Begebenheit, als ein Glied zweier ganz verschiedener Ketten, doch beiden sich genau einfügt, in Folge wovon jedesmal das Schicksal des einen zum Schicksal des andern paßt und jeder der Held seines eigenen, zugleich aber auch der Figurant im fremden Drama ist, dies ist freilich etwas, das alle unsere Fassungskraft übersteigt und nur vermöge der wundersamsten Harmonia praestabilita als möglich gedacht werden kann. Aber wäre es anderseits nicht engbrüstiger Kleinmut, es für unmöglich zu halten, daß die Lebensläufe aller Menschen in ihrem Ineinandergreifen eben so viel concentus und Harmonie haben sollten, wie der Komponist den vielen, scheinbar durcheinander tobenden Stimmen seiner Symphonie zu geben weiß?" Und Schopenhauer kommt zu dem möglichen Schluß: „Es ist ein großer Traum, den jenes eine Wesen träumt: aber so, daß alle seine Personen ihn mitträumen." Darum vielleicht auch drängt sich jeder vor, eine Hauptrolle zu spielen, der Führer des Traums zu sein, um sich als das „eine Wesen" selbst zu erkennen, das, ganz nüchtern bezeichnet, nicht eine buchstäbliche Weltseele oder die Menschheit, sondern nur im übertragenen Sinn der Geist der Zeit, der Träger der Macht und der öffentlichen Geltung zu sein braucht.

Wir sehen in dem unleugbar bestehenden Zusammenhang zwischen dem Weltlauf und dem Schicksal des einzelnen, auch wenn wir die Sache ohne jede Metaphysik betrachten, die jeweils geltende Moral zum Ausdruck kommen. Insofern nämlich – über diesen Mechanismus – ist die Welt tatsächlich das Werk unserer Moral oder der Götter, an die wir glauben. Die ganze Geschichte hindurch. Und insofern läßt sich auch die Geschichte als ein Entwicklungsgang größerer Schicksals gemeinschaften auffassen. Der Staat als Maschine des Schicksals (da sich „große Weltbegebenheiten", wie es bei Schopenhauer heißt, „dem Schicksale vieler Tausende" anpassen und der Staat diese großen Weltbegebenheiten verursacht, ummünzt und regelt) hat schließlich am Beginn des Jahrhunderts den Sozialismus gezeitigt, der unmittelbar diesen Zusammenhang zwischen dem einzelnen und dem Weltlauf zu ordnen gedachte.

Aber Schopenhauer hat einen solchen Sinn, der der Geschichte möglicherweise innewohnt, geleugnet, er war in seinem Individualismus allzu sehr befangen und für ihn bot die Welt als Erscheinung des Dinges an sich drei Gegensätze, deren Vereinbarkeit er am Schluß dieser Abhandlung annähernd und aus der Ferne durch eine mögliche Absichtlichkeit im Schicksal des einzelnen abzusehen vermeint: 1. der Gegensatz zwischen der Freiheit des Willens an sich selbst und der durchgängigen Notwendigkeit aller Handlungen des Individuums, 2. der zwischen der kausalen Erklärbarkeit der Natur und ihrem Endzweck, 3. der zwischen der offenbaren Zufälligkeit aller Begebenheiten und ihrer moralischen Notwendigkeit. Die Antwort, die der Wille zum Leben, am Laufe der Welt als der Erscheinung seines Strebens, erhält, also auf eine ganz individuelle und einzige Weise, gleichsam als ein individualisierter Akt desselben, ergebe eine ganz bestimmte Gestaltung des Weltlaufes. Und nachdem Schopenhauer die Abwendung des Willens vom Leben als das letzte Ziel des zeitlichen Daseins erkannt hat, nimmt er an, daß auch dahin, oft auf weiten Umwegen, jeder allmählich geleitet wird. „Da nun Glück und Genuß diesem Zwecke eigentlich entgegenarbeiten; so sehen wir, diesem entsprechend, jedem Lebenslauf Unglück und Leiden unausbleiblich eingewebt, wiewohl in sehr ungleichem Maße und nur selten im überfüllten, nämlich in den tragischen Ausgängen; wo es dann aussieht, als ob der Wille gewissermaßen mit Gewalt zur Abwendung vom Leben getrieben werden und gleichsam durch den Kaiserschnitt zur Wiedergeburt gelangen sollte. So geleitet dann jene unsichtbare und nur in zweifelhaftem Scheine sich kund gebende Lenkung uns bis zum Tode, diesem eigentlichen Resultat und insofern Zweck des Lebens. In der Stunde desselben drängen alle die geheimnisvollen, wenngleich eigentlich in uns selbst wurzelnden Mächte, die das ewige Schicksal des Menschen bestimmen, sich zusammen und treten in Aktion. Aus ihrem Konflikt ergibt sich der Weg, den er jetzt zu wandern hat. . . . . Hierauf beruht der hochernste, wichtige, feierliche und furchtbare Charakter der Todesstunde. Sie ist eine Krisis, im stärksten Sinne des Wortes – ein Weltgericht.“

DRITTER TEIL

Schopenhauer hat es unternommen, durch die unpopulärste Sache der Welt populär zu werden: durch den Pessimismus. Mit dem Aufwand einer grenzenlosen und unwahrscheinlichen Geduld ist ihm das schließlich sogar gelungen, er hat einen der größten und schwierigsten Erfolge errungen, den die Weltliteratur überhaupt aufzuweisen hat. Denn es ist ein Erfolg gegen jede Chance. Wie aus einem überfüllten Staubecken ergießt er sich endlich. Sein Fall ist das Exempel, wie weit überhaupt die Wirkung einer großen Ursache aufgehalten und verzögert werden kann. Die wahrhaft große Leistung hat niemals ein Entgegenkommen von der Welt zu erwarten, ihr Erfolg muß allein auf eigene Rechnung bestritten werden.

Von rückwärts betrachtet, lassen sich freilich etliche Gründe finden, die den späten Erfolg erklären. Der Beginn des Bekanntwerdens seiner Bücher fällt ungefähr in Schopenhauers letzte zehn Lebensjahre. In eine Zeit also, in der die großen politischen Hoffnungen Deutschlands zu wanken beginnen. Nach 1848 hatte Schopenhauers Stunde geschlagen, wie einer seiner Kritiker behauptet. Die Zeit war mürbe geworden, um den Schopenhauerschen Pessimismus bereitwillig aufzunehmen. Das ist eine historische Betrachtungsweise in großen Zügen, die jedoch nur aussagt, daß Schopenhauer seine Zeit frühzeitig in hohem Maße repräsentierte. Dieses mächtige Branden des Erfolgs, wie es sich aus einer zeitlichen Distanz ausnimmt, war aus der Nähe des unmittelbaren Augenblicks besehen eine sinnlose Anhäufung von Irrtümern und Mißverständnissen, von Fehlschlägen und Zufällen, von lächerlichen Übertreibungen und bedeutungslosen privaten Zustimmungen, von mehr oder weniger berechtigten Ablehnungen, von Affekten und Unverstand. Schopenhauers Wirkung, sobald er erst einmal an das Publikum herangekommen war, erschien im Anfang vollkommen unberechenbar. Erst in der quantitativen Summe aller dieser Erscheinungen erhielt seine Wirkung einen annähernden Sinn.

Es lassen sich viel leichter ein paar triftige Gründe für den Mißerfolg finden als für den Erfolg. Zum Beispiel das große Mißverständnis über seine Lehre von der Willensverneinung, das die allgemeine Anerkennung Schopenhauers bis heute nicht aus der Welt zu schaffen vermochte. Am gröbsten kam dieser Irrtum über seine Philosophie in dem Vorwurf zum Ausdruck, den man dem Autor selbst machte, daß er nicht seiner Lehre gemäß Asket wurde. Dabei hatte Schopenhauer im Gegensatz zu Kant die Form des Imperativs des moralischen Bewußtseins: dies sollst du tun und dies sollst du lassen! geleugnet. Er hat nur die Tatsache eines moralischen Bewußtseins und eines Gewissens konstatiert. Er hat aus dieser Tatsache keine Pflichtfolgerung logisch abzuleiten vermocht. Die Erlösung durch die Willensverneinung hat er geradezu als ein Werk unserer intuitiven Erkenntnis, nicht der intellektuellen, bezeichnet, zu der wir nur durch die Erfahrung gelangen können, selbst dann, wenn dabei die intellektuelle Erkenntnis falsch ist wie beim Christentum. Die Willensverneinung betrachtet er als ein so seltenes Phänomen wie etwa eine Sonnenfinsternis, die sich nicht nach Belieben einzustellen vermag. Die volle Willensfreiheit, in der die Willensverneinung zum Ausdruck zu kommen vermag, tritt nach Schopenhauer erst auf einer hohen Stufe der intuitiven Erkenntnis ein, die ohne ein gewisses Maß von Schicksal nicht zu erlangen ist und die er in der christlichen Lehre als Gnadenwirkung richtig bezeichnet findet. „Dasselbe haben", sagt er wörtlich über seine Willensverneinung, „nun unmittelbar erkannt und durch die Tat ausgesprochen alle jene Heiligen und Asketen, welche, bei gleicher innrer Erkenntnis, eine sehr verschiedne Sprache führten, gemäß den Dogmen der Glaubenslehre ihres Landes, die sie einmal in ihre Vernunft aufgenommen hatten: demzufolge werden ein Hindostanischer Heiliger, ein christlicher, ein Lamaischer, jeder sehr verschiedene Rechenschaft geben von seinem eignen Tun: aber für die Sache ist das ganz gleichgültig. Ein Heiliger kann voll des absurdesten Aberglaubens sein, oder er kann umgekehrt ein Philosoph sein: beides gilt gleich: sein Tun allein beurkundet ihn als Heiligen: und dieses Tun geht, in ethischer Hinsicht, nicht hervor aus der abstrakten Erkenntnis, sondern aus der intuitiv aufgefaßten, unmittelbaren Erkenntnis der Welt und ihres Wesens: bloß zur Befreiung seiner Vernunft wird es von ihm durch irgendein Dogma ausgelegt. Es ist daher so wenig nötig, daß der Heilige ein Philosoph sei, als daß der Philosoph ein Heiliger: so wie es nicht nötig ist, daß ein vollkommen schöner Mensch ein großer Bildhauer sei, oder daß ein großer Bildhauer auch selbst ein schöner Mensch sei. Die Philosophie leistet weiter nichts, als daß sie das ganze Wesen der Welt abstrakt, allgemein und deutlich in Begriffen wiederholt, um es so als reflektiertes Abbild der Welt in bleibenden und stets bereitliegenden Begriffen der Vernunft niederzulegen."

Aber auch viele äußere Gründe haben den Erfolg erschwert. Die Publikum und Buchhändler geradezu abschreckenden Titel seiner Bücher: „Über die vierfache Wurzel des Satzes vom zureichenden Grunde", „Über das Sehn und die Farben", „Die Welt als Wille und Vorstellung" – kein guter Titel, wenn man ihn das erstemal hört – „Der Wille in der Natur", die „Beiden Grundprobleme der Ethik" mit ihrer wenig aufmunternden fettgedruckten Verheißung einer „nichtgekrönten" Preisschrift, schließlich auch die „Parerga und Paralipomena". Schopenhauers halsstarrige Bedingung an die Verleger: „seinen Annoncen keine Belobung, Empfehlung oder sonstigen Kommentar beizufügen". 1835 hatte er geschrieben: „Auf Büchertiteln mit seinen eigenen Titeln und Ämtern zu prunken ist höchst unpassend: in der Literatur gelten keine andere, als geistige Vorzüge: wer andere geltend machen will, verrät, daß er diese nicht hat". Auch die fast in jeder Vorrede seiner Bücher enthaltene eindeutige, vernichtende, konzessionslose und schroffe Ablehnung der drei in hohem Ansehn stehenden zeitgenössischen Philosophen mußten den unbefangenen und weniger informierten Leser gegen Schopenhauer einnehmen. Ebenso seine häufigen freimütigen Äußerungen der Verachtung des Publikums und der Presse. „Das Publikum der Zeitgenossen ist mir zu groß, wenn ich zu allen, zu klein, wenn ich zu denen reden soll, die mich fassen", hat er voll Ironie für seinen besonderen Fall konstatiert. Ferner kamen zu diesen Hindernissen noch das der Philosophie abgekehrte Interesse der Zeit und die ungünstigen Verhältnisse des deutschen Büchermarktes hinzu.

Gegen diese schon von Goethe frühzeitig erkannten Schwierigkeiten setzte sich Schopenhauer schließlich doch beim Publikum durch. Im Spiegel der Presse und der Buchpublikation zeigt sein Erfolg folgenden Verlauf:

	1843	
		Dorguths „Die falsche Wurzel des Idealrealismus“.
	1844	
2. Band der „Welt als Wille und Vorstellung“ erscheint.		
	1845	
		Dorguths „Schopenhauer in seiner Wahrheit“.
	1846	
		Frauenstädts „Studien und Kritiken zur Theologie und Philosophie“.
	1847	
„Die vierfache Wurzel“, 2. Auflage.		

1848

Frauenstädts „Über das wahre Verhältnis der Vernunft zur Offenbarung“, Dorguths „Grundkritik der Dialektik und des Identitätssystems“.

1851

„Parerga und Paralipomena.“

1852

Zustimmende Rezension über die Parerga in den Hamburger „Jahreszeiten“ und vernichtende Kritik im „Litterarischen Centralblatt“, eine Lebensbeschreibung, von Schopenhauer selbst verfaßt, in Meyers Konversationslexikon und biographische Daten in Erdmanns „Entwicklung der deutschen Spekulation seit Kant“.

1853

Absatz der „Parerga“ steigt.

In der Londoner „Westminster Review“ erscheint ein Aufsatz von John Oxenford „Bildersturm in der deutschen Philosophie“, der sich ausschließlich mit Schopenhauer beschäftigt. Unter dem Titel „Deutsche Philosophie im Ausland“ erscheint eine Übersetzung dieses Aufsatzes in der „Vossischen Zeitung“.

1854

„Über den Willen in der Natur“, 2. Auflage, „Über das Sehn und die Farben“, 2. Auflage.

Frauenstädts „Briefe über die Schopenhauersche Philosophie“, die großen Absatz finden. (Richard Wagner sendet Schopenhauer seinen „Ring der Nibelungen“.)

1855

„Offenes Sendschreiben an den hochgelehrten Herrn Doktor Arthur Schopenhauer“ von David Asher. Schopenhauer wird in den deutschen Zeitschriften immer häufiger erwähnt.

1856

Ein Ölbild Schopenhauers von Maler Jules Lunteschütz erscheint als Lithographie bei Sachse & Co., Berlin, die Universität Leipzig stellt die Preisfrage: „Eine Darlegung und Kritik der Prinzipien der Schopenhauerschen Philosophie", die von zwei Studenten, im positiven und im negativen Sinn, beantwortet wird, die negative Abhandlung wird gekrönt. In der „Revue des deux mondes" verweist Saint-René-Taillandier auf die Bedeutung Schopenhauers.

1857

Die abgelehnte Preisschrift von Carl Bähr erscheint, Professor Knoodt in Bonn liest im Sommersemester „De philosophia Schopenhaueriana" und Dozent Körber in Breslau „De philosophia Schopenhaueriana ejusque vi in scientiam naturalem".

1858

Beide Bände der „Welt als Wille und Vorstellung" vergriffen.

1859

„Welt als Wille und Vorstellung", 3. Auflage.

In der Turiner „Rivista contemporanea" veröffentlicht Francesco de Sanctis einen

	40 Seiten langen Dialog „Schopenhauer e Leopardi“.
	1860
„Die beiden Grundprobleme der Ethik“, 2. Auflage.	In der „Revue germanique“ kündet Maillard eine Übersetzung der „Métaphysique de l'amour“ an.

Den größten Anteil an der publizistischen Propaganda für Schopenhauers Bücher haben drei Männer: Frauenstädt, Dr. Lindner, ein abgesetzter Dozent der Universität Breslau und zur Zeit Mitredakteur der „Vossischen Zeitung“, David Asher, englischer Lehrer in einer Handelsschule in Leipzig und freier Schriftsteller. Dr. Lindner hat den Artikel der „Westminster Review“, der so große Werbekraft auf das deutsche Publikum übte, mehr als alle anderen Publikationen über Schopenhauer, in seiner Zeitung abgedruckt, weil eine ausländische Stimme, die von einem unbekannten deutschen Autor „Tiefe, Ideenreichtum, Klarheit und Gelehrsamkeit“ rühmte und ihn „geistreich, einleuchtend, genial, kühn und unterhaltend“ nannte, einfach ein journalistischer Fund war. Da er die Übersetzung ins Deutsche von der eigenen Frau besorgen läßt, bedeutet für ihn diese journalistische Sensation auch eine Verdienstgelegenheit. Dr. Asher sucht in der Mitarbeit in literarischen Zeitschriften einen Nebenerwerb und macht das erste Interview mit dem eben berühmt werdenden Schopenhauer. Alle drei Anhänger, die sich mit Eifer für den Philosophen einsetzen und unter denen

Asher ebenso wie Frauenstädt Jude ist, nehmen es mit der Exaktheit der Sache nicht sehr genau, worüber Schopenhauer, in unzähligen Briefstellen, immer wieder klagt. Sie sind die Freunde Schopenhauers, die den größten Verdienst an der Verbreitung seiner Bücher haben und die die geeignetsten Vermittler zwischen dem um kein Jota nachgebenden Wahrheitsfanatiker und dem Publikum sind: sie sind nämlich alle drei Journalisten. Niemand anderer hätte den notwendigen groben Zulangedienst des Erfolgs in diesem Maße leisten können.

Überhaupt sind die ersten Anhänger seiner Philosophie durchaus nicht nach dem Geschmack des Autors. So die erste richtige Schopenhauer-Gemeinde, ein von der europäischen Reaktion verfolgter, in internationaler politischer Emigration in Zürich lebender Kreis um den 1849 aus Dresden geflüchteten Kapellmeister Richard Wagner, der Schopenhauer sein Werk, den „Ring der Nibelungen", aus „Verehrung und Dankbarkeit gewidmet", übersendet. So auch die katholischen Kreise Süddeutschlands, in denen Schopenhauer frühzeitig Anklang findet. Professor Staudinger in Tübingen zum Beispiel, der seinen Zuhörern die Lektüre dieser Philosophie empfiehlt, zählt geradezu zur unerwünschten Gefolgschaft. Es ist im ganzen eine recht bunte Gesellschaft, die sich da um Schopenhauer aus den entferntesten Winkeln Deutschlands sammelt. Ähnlich wie die spätere gemischte Anhängerschaft der Freudschen Psychoanalyse suchen sie unbewußt ein moralisch-religiöses Element in der neuen Lehre.

Richard Wagner repräsentiert übrigens einen besonderen, extremen Fall von Schopenhauers Erfolg. Richard

Wagner war in Dresden radikaler Sozialist, nachher in der Emigration Anhänger des Feuerbachschen Materialismus, so daß Schopenhauer zu allerletzt bei ihm auf eine Anerkennung seiner Philosophie gefaßt sein konnte. Der Wandel, Richard Wagners Bekehrung zu Schopenhauer, spiegelt sich auch in seinem „Ring der Nibelungen". Wagner begann die Dichtung, wie er in einem Brief gesteht: „zu einer Zeit, wo ich mit meinen Begriffen mir eine hellenistisch-optimistische Welt aufgebaut hatte, deren Realisierung ich durchaus für möglich hielt, sobald die Menschen nur wollten". Erst im letzten Teil der Tetralogie, in der „Götterdämmerung", machte sich Schopenhauers Einfluß bemerkbar. Wagner schreibt darüber: „es bedurfte wahrlich einer großen Umwälzung meiner Vernunftvorstellung, wie sie schließlich durch Schopenhauer bewirkt wurde, um mir zu meinem Gedichte (dem „Ring") den wirklich entsprechenden Schlußstein zu liefern". Verschiedene Textänderungen, in der „Walküre" und vor allem die Schlußpartie der „Götterdämmerung" (in Wagners Gesammelten Schriften sind beide Varianten abgedruckt), belegen diese Äußerung. Wagner gerät auch wegen dieser Tendenzänderung des „Ringes" in Streit mit seinem Dresdner Putschgenossen und Freunde August Roeckel, der im Augenblick mit einer dreizehnjährigen Zuchthausstrafe die Teilnahme an der revolutionären Bewegung bezahlt. Roeckel verlangt energisch Aufklärung über die Unstimmigkeiten zwischen dem „Ring" und der „Götterdämmerung", worauf Wagner mit vielen spitzfindigen Erklärungen und Ausreden antwortet. Schließlich will Wagner bei Schopenhauer nur die dargelegte philosophische Begründung für sein eigenes pessimistisches Entsagungsideal gefunden haben, das sich in der Gestaltung seiner Nibelungendichtung parallel und von selbst ergeben habe und das nachher am deutlichsten im „Parsifal“ zum Ausdruck gekommen ist.

Unter der großen Zahl der Zufallsverehrer, die Schopenhauer in den letzten Jahren immer wieder aufsuchen und zu einer richtigen Plage für den alten Herrn werden, finden sich die merkwürdigsten Gestalten. Einmal ist es ein Handwerker, einmal ein durchreisender Schwede, der keine Sehenswürdigkeit seiner Reise versäumen will, oder einer, der nie ein Wort von Schopenhauer gelesen hat, sich aber durch dritte Hand zu seinen Bekennern zählt. Ein Mann in Böhmen bekränzt Schopenhauers Bild täglich mit frischen Blumen, einer stirbt mit seinem Namen auf den Lippen. Seine Geburtstage werden von vielen Leuten im Familienkreis gefeiert, ein anderer trägt eines seiner Bücher wie die Bibel ständig bei sich, liest darin vor dem Schlafengehen und bevor er sich zu Tisch setzt. Einer, der Schopenhauer in Frankfurt aufsucht, küßt ihm die Hand, worüber Schopenhauer zu Tode erschrickt. Immer wieder erhält er die unmöglichsten Geschenke und Gedichte zugesandt. In einem, das auch in einer Zeitung erscheint, wird er höchst albern „König Arthur von der Tafelrunde“ genannt. Schließlich wird er eine richtige öffentliche Sehenswürdigkeit, der „misanthropische Weise von Frankfurt“, wie man ihn nennt, nach dem sich alle Reisenden in Frankfurt erkundigen, so daß der Wirt vom „Englischen Hof“, als er einmal gefragt wurde, ob er auch fürstliche Personen an seiner Tafel habe, geantwortet haben soll: „Ja freilich, den Doktor Schopenhauer“.

Die Popularität Schopenhauers hat von allem Anfang an den Charakter einer Sensation. Man interviewt ihn, will die kleinsten Einzelheiten aus seinem täglichen Leben wissen. Bezeichnend ist für diesen Ruhm die Tatsache, daß so viele Bücher über seine Bücher geschrieben werden. Man will ihn lieber aus zweiter Hand kennenlernen, man scheut die reine Theorie, anderseits ist sein Erfolg eine Konjunktur, die sich gewinnbringend verwerten läßt. Asher schreibt ein Buch über Goethes Faust, um an dieser Dichtung Schopenhauers Lehre zu bestätigen. Das ist der erste Vorläufer einer Mode, die sich später auch in der Psychoanalyse einbürgert. Lindner verfaßt gemeinsam mit seiner Frau einen Roman „Sturm und Kompaß“, in dem Schopenhauer oft genannt und seine Weltanschauung verwertet wird. Noch zwei weitere Romane zeigen diese Einwirkung Schopenhauers auf die schöne Literatur, ein unbekannt gebliebener, „Sansara“ von Alfred Meißner, und ein sehr berühmtes Buch, die „Problematischen Naturen“ von Spielhagen. Selbst in einem Drama, „Die Himmelsstürmer“, tritt er auf. Aus Anlaß einer Tagessensation, des Hinkeldeyschen Duells, druckt die „Berliner Montagspost“ Schopenhauers Stelle über die ritterliche Ehre aus den „Parerga“ ab. In Breslau verfaßt wegen dieses aufsehenerregenden Lokalfalles ein Mann ein Buch „Das Duell“, in dem er ganze Abschnitte aus Schopenhauer abschreibt. Eine Gruppe seiner Anhängerinnen beabsichtigt ein Buch zu publizieren, das Schopenhauers Kapitel „Über die Weiber“ widerlegt und dagegen protestiert. Ein besonders fanatischer Anhänger fordert die Gründung einer Fideikommission, die zu überwachen habe, daß keine Silbe von Schopenhauer jemals geändert werde. Der Oberpräsident der Provinz Preußen fordert von der Stadt Danzig eine Beteiligung an dem beabsichtigten Kant-Denkmal in Königsberg, mit der Motivierung, daß Danzig die „Vaterstadt des größten Schülers Kants" sei. Die Frankfurter Tagesblätter sprechen fortwährend von ihrem berühmten Mitbürger, die „Vossische Zeitung" in Berlin versäumt keine Gelegenheit, auf ihn zu verweisen, Lindner ist geradezu Schopenhauer-offiziös. Die amtliche „Wiener Zeitung" schreibt ausführlich über ihn, die „Revue française" bringt eine Bearbeitung seiner Ethik, das „Journal des Débats" polemisiert als erstes ausländisches Blatt gegen ihn. In Frankreich erscheint auch das erste gefälschte Interview mit ihm, in dem die Antworten Schopenhauers aus der „Welt als Wille und Vorstellung" entnommen sind. Lunteschütz stellt zwei Ölbilder von ihm her, der junge Maler Angelbert Goebel verfertigt ein Ölporträt und eine Radierung. Schäfer aus Berlin photographiert ihn nach der neuen Meisenbachschen Methode. Die Bildhauerin Elisabeth Ney haut ihn in Marmor, die Büste wird sodann in Berlin von den Gebrüdern Michali vervielfältigt.

Einmal wird Schopenhauer in einem Blatt „der verstorbene Schopenhauer", ein andermal „der Zeitgenosse von Helvetius" genannt. Zitate anderer Autoren, so solche von Kant, werden ihm und umgekehrt Sätze von ihm anderen Autoren zugeschrieben. Die absurdesten Verdrehungen und Druckfehler kommen in seinen

Zitaten vor. Rosenkranz spricht öffentlich die Vermutung aus, der englische Artikel in der „Westminster Review“ scheine in Deutschland als Grubenhund fabriziert worden zu sein. Worauf Lindner in der „Vossischen“ diesen Verdacht einen „Beitrag zur Ästhetik des Häßlichen“ nennt. Die vielen Angriffe auf Schopenhauer, die sich ebensobald wie seine Anerkennung einstellen und nicht wenig zu seiner Popularität beitragen, bedienen sich nicht immer der parlamentarischen Form. Gelegentlich wird Schopenhauer als „Esel“ oder „frecher Gottesleugner“ bezeichnet. Professor Noack wirft ihm wegen der betreffenden Stelle der „Parerga“ vor, die eigene päderastische Neigung hätte ihn zum Weiberfeind gemacht. Schopenhauers Pessimismus leitet Professor Noack von einem „von irgendeinem schrecklichen Leiden heimgesuchten Leben“ ab, Schopenhauers Erfahrungen entstammen, wie er meint, „der Atmosphäre des Freudenhauses und der Kloake“. Er spricht von dem „mit dem Herannahen des zeugungsunfähigen Greisenalters erwachten päderastischen Hang“ Schopenhauers, dessen Philosophie er als die „Wahngebilde eines Verrückten“ bezeichnet. Schopenhauer hat diese Angriffe mit den Worten abgetan: „Ein Teil des Publikums wird bemerkt haben, wie das literarische Gesindel mit Kot und Steinen nach mir wirft. Ich meinesteils sehe dem zu, wie einer, der im Aerostat hoch schwebend, teleskopisch die Bemühungen der Gassenbuben wahrnimmt“. Und über die Journalistik resümiert er zusammenfassend: „Die Journalkritik hat nicht, wie sie wähnt, Macht über das Urteil, sondern bloß über die Aufmerksamkeit des Publikums; daher ihr einziger Gewaltstreich im Schweigen besteht. Hingegen muß jedem Schriftsteller von Verdienst ihr Tadel ebenso willkommen sein wie ihr Lob; es ist ganz eins".

Als eine solche Enzyklopädie der menschlichen Dummheit stellt sich der Erfolg Schopenhauers in seiner vollen Breite dar. Bemerkenswert sind jedoch innerhalb dieses Erfolgs einzelne ausgesprochene charakteristische Züge. Daß unter den ersten Anhängern viele Juristen sind, ist leicht verständlich: ist doch die Willensfreiheit, die Schopenhauer in den Mittelpunkt der Bedeutung des Weltgeschehens gerückt hat, jener Punkt, an dem auch ihr Handwerk verankert ist. Der Jurist wird sozusagen durch die Schopenhauersche Lehre von der Schwere und Größe seines Amtes überzeugt, sein Handwerk berührt unmittelbar das Weltproblem. Schopenhauer überträgt dem Juristen die größte Verantwortung. Der Jurist wird von allen Funktionären der Welt als erster gezwungen, zu der neuen Lehre Stellung zu nehmen. Tatsächlich hat ja auch Becker als erster gleich auf die entscheidendste Frage dieser Philosophie, die des Fatalismus, hingewiesen. Die erste Beachtung Schopenhauers durch die Juristen ist also vollkommen sinnvoll. Seltsamer mutet hingegen die Tatsache an, daß unter den frühen Anhängern so zahlreiche Militärpersonen anzutreffen sind. In Magdeburg studieren 20 Offiziere der Garnison seine Bücher, ein Major in Spandau ist ein bedingungsloser Verehrer, etliche Offiziere aus Neu-Ruppin und Neiße, ein verabschiedeter preußischer Artillerieleutnant, oder einer aus Königsberg, es sind größtenteils preußische Soldaten, wenden sich an Schopenhauer und bekennen sich zu seiner Lehre. In den Briefen Schopenhauers an seine Freunde taucht immer wieder Militär auf, und Schopenhauer spricht selbst einmal seine Verwunderung über den großen Anklang, den er beim Offiziersstand findet, aus.

So wenig man Militärpersonen eine allgemeine Neigung zum Studium der Philosophie zusprechen kann, wird man doch auch diese Seite seines Erfolgs einigermaßen begründen können. Wie das in Europa herrschende Christentum in seiner abstrakten Wahrheit der Schopenhauerschen Lehre ganz nahe kommt – weshalb ja auch frühzeitig katholische Kreise in Süddeutschland von dem großen Gottesleugner fasziniert werden – so läßt sich auch in der konkreten Organisation des Militärs ein Spiegelbild, ein Symbol, eine Demonstration der Schopenhauerschen Welt als Wille und Vorstellung erkennen. In der militärischen Institution tritt sozusagen das Ding an sich als ein einziger Wille in allen seinen Gliedern besonders deutlich in Erscheinung. Der richtige Soldat verspürt, daß er die ganze Wehrmacht verkörpert. Sein unbedingter Gehorsam hat eine gewisse Ähnlichkeit mit der philosophischen Notwendigkeit, derzufolge jede Handlung des Menschen erfolgt. Die volle Willensfreiheit tritt beim Soldaten, in einem poetischen Gleichnis ausgedrückt, im unmittelbaren Kampf ein, im entscheidenden Augenblick seines Berufs. Die Welterlösung im philosophischen Sinne wäre der Heldentod. Die Schopenhauersche Philosophie rechtfertigt also bei einer phantasievollen Betrachtung in gewissem Sinn den militärischen Beruf. Der Soldat erkennt seine eigene bildliche Funktion in der abstrakten Schopenhauerschen Darstellung des Wesens der Welt.

Er verkörpert praktisch in hohem Maße die Schopenhauersche Idee. Das mag ein Grund sein, weshalb bei der ersten Verbreitung dieser Philosophie an allen Ecken und Enden Militär von ihr ergriffen wurde. Auch ist das Militär im psychologischen Sinne eine organisierte Masse, die für jede geistige Infektion in höherem Grade empfänglich ist. Das Neue an Schopenhauer mußte deshalb gerade in den strenger organisierten Massengebilden, wie Militär und Christentum, einen Nährboden finden. Auch ist die Masse als solche dem Unwirklichen leichter zugänglich als dem Wirklichen. Gustave Le Bon führt in seinem Standardwerk über die Massenpsychologie die Tatsache an, daß Staatsstreiche nur mit Hilfe des Militärs gelingen, mit Hilfe des Verwaltungskörpers, der die gleiche Macht im Staate innehat, mißlingen. Der Verwaltungskörper ist nämlich eine weniger geschlossene und deshalb weniger infektionsfähige Masse. Auch Schopenhauers Welttheorie ist innerhalb der geistigen Strömungen seiner Zeit eine Art Staatsstreich. Sein Pessimismus hat wie eine Krankheit im Bereich des gesamten Publikums zuerst die zartesten und edelsten Organe, Mitglieder der Rechtspflege, und die funktionswichtigsten Organe, Mitglieder des Militärs, ergriffen. Nebenbei auch die kranken, absterbenden Ausläufer der Gemeinschaft: Außenseiter, Emigranten, Unzufriedene.

Hier stellt sich die besondere Art dieses Erfolgs heraus: Schopenhauers Wirkung ist stärker auf das Gemüt als auf den Intellekt. Es ist kein Bucherfolg im üblichen Sinne, sondern eine Weltanschauungsangelegenheit, mit ihren bekannten, oben geschilderten, extremen Begleiterscheinungen. Sein Erfolg hat fast einen religiösen Charakter, dieser kommt auch darin zum Ausdruck, wenn Schopenhauer selbst seine Anhänger und Freunde mit Vorliebe als „Apostel", „Jünger" und „Evangelisten" bezeichnet. Die Heftigkeit der Zustimmung oder Ablehnung, das breite Laienpublikum, das er sofort und erst nach dem Erscheinen der „Parerga", seinem populärsten Buch, findet, erklären seinen Weg, der von dem der Zunftphilosophie weit abweicht. Kant, der fast völlig unbehelligt durch sein Leben geschritten ist, hat seine Leistung in großen Noten entrichtet. Andere haben seine Scheine erst in Kleingeld umgewechselt, deshalb war für Kant die Anerkennung überhaupt kein Problem. Schopenhauer jedoch hat seine Gedanken gleich in gangbarer Münze in Umlauf gesetzt, weshalb für ihn dieser Umlauf, sein Erfolg, ein so schwieriges Lebensproblem wurde.

Schopenhauer hat auch unter allen Autoren die treffendsten und häufigsten Äußerungen über das Thema des Erfolgs getan: „Wer ein großes unsterbliches Werk vollendet hat, den wird die Aufnahme des Publikums und das Urteil der Kritiker so wenig bewegen oder kränken können, als einen Vernünftigen, der im Tollhause umhergeht, das Schmähen und die Beleidigungen der Tollen." „Fast so leicht wie dem gestorbenen Autor Gerechtigkeit widerfährt, wird sie dem lebenden, nachdem die Generation, in der und für die zunächst er schrieb, weggestorben ist." „Die, welche echten und verdienten Ruhm erlangen, können keinen Wert darauf legen: denn das Menschengeschlecht kommt ihnen gerade so klein vor, wie sie ihm groß: und da sind die vereinten Stimmlein desselben, wenn sie hinaufdringen, doch nur ein verächtliches Gequäck. Hier tritt aber ein, was Aristoteles sagt, daß, obwohl die einzelnen, die das Publikum ausmachen, in der Regel keines richtigen Urteils fähig sind, dennoch dieses Publikum selbst meistens richtig und treffend urteilt."

Diese letzte merkwürdige Tatsache, die Schopenhauer erwähnt, indem er sich auf Aristoteles beruft, findet sich auch bei ihm bestätigt. Obzwar in diesem Erfolg viel Mißverständnis waltet, entspricht der Umfang seines Erfolgs doch der Bedeutung der Sache. Und betrachtet man ihn ganz subjektiv, vom Autor aus, so scheint sein Maß auch mit der Anstrengung, die ihn verursacht hat, übereinzustimmen. Ja, so gesehen, erscheint Schopenhauers Erfolg geradezu als ein notwendiger Teil, eine erwartete Wendung seiner Lebensgeschichte. Auch unabhängig von der Leistung, die ihn gezeitigt hat. Der Erfolg ist eine sehr merkwürdige Rechnungsprobe auf das zeitliche Geschehen. Durch die in ihm erlangte Anonymität des Autors, durch die Umwandlung einer privaten Existenz zur Legende, gibt der Erfolg ein letztes unumstößliches Urteil, das von einer unfaßbaren Instanz gefällt zu sein scheint. Erfolg hat nichts mit Gerechtigkeit und nichts mit Sympathie zu tun, obwohl er häufig zwischen diesen beiden Polen pendelt, er mag bloß eine Prüfung der Individualität sein, die ein Urteil ergibt, das der Mensch im Singular nicht zu fällen imstande ist. Vielleicht ist er das einzige, sehr reale Metaphysische, das es gibt, eine letzte, tiefste Spiegelung dessen, was man landläufig Seele nennt. Eine Antwort auf jene Frage, die Schopenhauers Philosophie als die letzte offen läßt: wie weit die Wurzel der Individualität in das Ding an sich reicht? Dann wäre auch das allgemeine Interesse des Publikums an Menschen, die Erfolg haben, erklärt. Vielleicht ist der Erfolg eine Aussage über den einzelnen, die auf keine andere Weise zu erlangen ist, ein letztes endgültiges Werturteil, das gleichermaßen sowohl dem Individuum wie auch seiner Epoche gilt. Ein selbständiges Lebendigwerden einer Leistung, eine Befreiung vom privaten Schicksal, eine Art Wiedergeburt bei Lebzeiten.

Der Erfolg macht den Menschnen immer ein wenig seiner eigenen Karikatur ähnlich. Schopenhauer sagt einmal: „Jeder hat, unabhängig von dem, was er wirklich und an sich ist, eine Rolle zu spielen, die von außen das Schicksal ihm aufgelegt hat, indem es seinen Stand, seine Erziehung und seine Verhältnisse bestimmte. Die Nutzanwendung, die mir die nächstliegende scheint, ist, daß man im Leben, wie auf der Bühne, den Schauspieler von seiner Rolle unterscheiden soll; also den Menschen als solchen von dem, was er vorstellt, von der Rolle. Wie nun oft der schlechteste Schauspieler den König, der beste den Bettler macht; so kann es auch im Leben geschehn.“ Schopenhauer spielte bisher die Rolle eines gutsituierten Privatgelehrten des neunzehnten Jahrhunderts und war nebenbei ein Genie. Das war eine sehr schwierige schauspielerische Aufgabe. Nun aber spielt er einen modernen Don Quichotte, der schließlich zu Ruhm gelangt. Das ist eine sehr dankbare Rolle.

Der Schopenhauer der letzten Lebensjahre ist ein eleganter Philosoph, der das Altmodische betont. Er trägt einen schwarzen Frack nach altem Schnitt mit weißer Binde und eine Lorgnette, im Winter einen vornehmen Mantel mit vielen kleinen Spitzenkragen, wie aus der Zeit Ludwigs XV., und wohnt in einer recht dürftigen Wohnung. 1840 war er in die Neue Mainzerstraße 3 übergesiedelt, Parterre, wegen der möglichen Feuersgefahr, drei Jahre darauf nach der Schönen Aussicht Nr. 17, wo er nun über 16 Jahre bleibt. Hatte er seit seiner Studentenzeit sein Leben lang in möblierten Quartieren gehaust, so schaffte er sich nun eigene Möbel an, weil er in Frankfurt sein Leben zu beschließen gedenkt und sein Vermögen ihm diese Bequemlichkeit des Alters gestattet. Aber auch die eigene Wohnung ist höchst spartanisch eingerichtet. Über dem Sofa hängt ein Ölbild Goethes, auf dem Schreibpult steht eine Büste von Kant. Auf einer Marmorkonsole in einer Zimmerecke steht ein vergoldeter Buddha. An den Wänden hängen noch etliche Porträts, von Shakespeare, Descartes, Claudius, und einige Kupferstiche von Tieren. Auch einzelne Familienbilder, ein eigenes Jugendbildnis, auf dem sich im Laufe der Jahre sein seinerzeit blondes Haar in rotes verwandelt hatte – er schrieb auf das Bild: „Ich habe nie rote Haare gehabt" in Latein, Deutsch, Französisch, Englisch und Italienisch – eine Reihe von Daguerrotypien, die ihn in den verschiedensten Stellungen des Kopfes zeigen und die alle sehr häßlich sind, hängen hier. Neben dem Sofa, das der Eingangstüre gegenübersteht, liegt ein schwarzes Bärenfell, die Liegestätte seines Pudels. Die große Bibliothek, ein Bett, ein Schrank und ein Tisch vor dem Sofa sind die ganze Wohnungseinrichtung. Sein Zimmer macht den Eindruck eines Absteigequartiers. Auch eine eigene Haushälterin hat er genommen, Margaretha Schnepp aus Heidelberg, eine ergebene, stille Magd, die bis zu seinem Lebensende bei ihm in Diensten steht. Nach dem letzten weißen „teueren, lieben, großen, schönen" Pudel schafft er sich einen braunen an, den er gelegentlich „Atma", die Weltseele, nennt, obzwar er auch auf den gewöhnlichen Namen Butz hört. Schopenhauer pflegt mit ihm auf der Straße englisch zu sprechen, er hat wegen des Hundes oft Auseinandersetzungen mit den übrigen Hausparteien, aber seine Liebe zu dieser Kreatur ist die einzige, die der alte, einsame Mann kennt. Auf der Straße sehen ihm und dem Pudel fast alle Leute nach.

Im Gasthof, an der Tafel im „Englischen Hof", sitzt er stets in seiner gewohnten Ecke. Er ist ein soignierter alter Herr mit jugendlichen Bewegungen und einem hellen Lachen. Ein Fremder hört ihn dort eines Tages über den Fundamentalsatz A = A sprechen, wobei Schopenhauer ein Gesicht macht, als rede er mit einer schönen Frau über die Liebe. Er spricht etwas übertrieben-auffallend. Ein blaues lebhaftes Auge, dünne Lippen, die ein feines sarkastisches Lächeln umspielt, eine von Geist und spöttischer Bosheit sprühende Physiognomie, so wird er immer wieder geschildert. Seine Bewegungen, je angeregter die Konversation ist, werden um so lebhafter. Er liebt es, den etwas rauhen deutschen Kanevas mit lateinischen, griechischen oder fremdsprachigen Wendungen zu verweben. Er spricht aber in der Regel nur mit seinen intimsten Freunden oder mit den Frankfurt besuchenden Fremden. Foucher de

Careil, der Schopenhauer den „letzten Causeur aus dem vergangenen Jahrhundert“ nennt, schildert ihn als Tischgenossen in folgender Weise: „Sein Gespräch sprudelte nur so von witzigen Einfällen, Zitaten und interessanten Details und ließ die Stunden vergessen. Manchmal lauschten ihm seine intimen Freunde bis Mitternacht, ohne daß sie einen Augenblick lang Müdigkeit überkam oder daß das Feuer seines Blickes erloschen wäre. Seine ausdrucksvollen Worte fesselten die Zuhörer, sie malten und analysierten zugleich, ein Hauch von Empfindsamkeit vermehrte noch das Feuer seiner Beredsamkeit. Vor allem zeichnete sich sein Gespräch durch seltene Klarheit aus.“ Gelegentlich ärgert er sich auch über das Lärmen der Gäste, das Rasseln der Teller und die devote Ergebenheit der Kellner. Manchmal halten sich auch die Gäste über den zu großen Eifer in seiner Rede auf.

In seiner Lebensweise ist Kant sein ständiges Vorbild. Am Morgen pflegt er sich seinen Kaffee selbst zuzubereiten, der Haushälterin verbietet er, sich um diese Zeit sehen zu lassen, um ungestört zu sein und ganz seinen Gedanken nachgehen zu können. Dann arbeitet er. Auch empfängt er am Vormittag Besuche, die so lange bleiben dürfen, bis die Haushälterin erscheint und das Zeichen zum Aufbruch gibt. Vor dem Ankleiden spielt er eine halbe Stunde Flöte. Er besitzt sämtliche Opern Rossinis, für die Flöte eingerichtet, die er von Jahr zu Jahr einmal durchspielt. Niemand darf seinem Spiel zuhören, nur dem Flötenvirtuosen Dronet spielt er ein einziges Mal vor. Um ein Uhr geht er regelmäßig zu Tisch. Wie Kant und Goethe ißt er viel. Bei der

SCHOPENHAUER MIT SEINEM PUDEL

ZEITGENÖSSISCHER HOLZSCHNITT

KARIKATUR VON WILHELM BUSCH

Mahlzeit spricht er gern. Kant hatte bei Tisch immer eine Runde von Gästen. Zum Essen trinkt er einen großen Schoppen Wein, auch am Abend, das ist ungefähr die Hälfte einer Flasche. Zu Hause nimmt er noch eine Tasse Kaffee ein, dann hält er eine Stunde Siesta. Der Nachmittag ist der leichteren Lektüre gewidmet. Bei Einbruch der Dunkelheit macht er seinen regelmäßigen Spaziergang. Er sucht am liebsten einsame Feldwege auf, bei ganz schlechtem Wetter bleibt er in den Anlagen der Stadt. Er geht immer sehr rasch, mit seinem dicken Bambusrohr schlägt er von Zeit zu Zeit kräftig auf den Boden. Vor der Stadt zündet er sich eine Zigarre an, die er nur bis zur Hälfte raucht, weil er meint, daß der feuchte Teil schädlich sei. Er raucht überhaupt nur zweimal am Tage, die Zigarre auf dem Spaziergang und seine lange Studentenpfeife zu Hause. Er ist auch ein mäßiger Schnupfer. Jedes Jahr im Frühling bringt er Blüten der Haselnußsträucher mit nach Hause und stellt sie in laues Wasser. Jeden Sommer fährt er einmal über den ganzen Tag nach Mainz hinüber zu seinem Freunde Becker. Seit der Einführung der Eisenbahn benützt er nur diese, er fährt immer erster Klasse. Jedes Jahr unternimmt er auch eine größere Fußtour in den Taunus, nur sein Pudel begleitet ihn dabei. Nach dem Spaziergang begibt er sich ins Lesezimmer des „Bürgervereins", wo er die Erlaubnis genießt, sich im Kabinett des Bibliothekars aufzuhalten. Er liest hier regelmäßig die „Times" und einige englische und französische Revuen. Die deutschen Zeitungen liest er erst, als sie beginnen, über ihn zu schreiben. Er studiert von diesen in der Regel die „Göttinger gelehrten Anzeigen", die „Heidelberger

Jahrbücher" und „Menzels Litteraturblatt" und ärgert sich immer wieder über ihr schlechtes Deutsch. Während des Abendessens, wieder im „Englischen Hof", liest er die neuesten Nachrichten in der „Frankfurter Postzeitung". Am Abend, pünklich um acht Uhr, ißt er nur kaltes Fleisch, mit Vorliebe Huhn. Er möchte am liebsten vegetarisch leben, aus ethischen Gründen, aber das herrschende Klima verlange den Fleischgenuß. Wenn er keine Gesellschaft hat, geht er bald nach Hause und liest noch eine Stunde. Sommer und Winter schläft er im kalten Zimmer unter einer leichten Decke. Sein Schlaf ist tief und ohne Unterbrechung. Alle Einnahmen und Ausgaben notiert er täglich und freut sich darüber, daß sich allmählich die Bilanz ändert: „Im Alter, in dem andere nichts mehr verdienen können, werde ich noch Erwerbsmann." Denn die letzten Auflagen seiner Schriften werden ihm nun sogar honoriert. Für die zweite Auflage des „Willens in der Natur" erhält er für den Druckbogen 1 Karolin, ungefähr 3 Goldgulden, für die zweite der „Farben" 3 Dukaten, auch ungefähr 3 Goldgulden, für die dritte Auflage der „Welt" 3 Friedrichsdor, ungefähr 15 Goldtaler.

Seine tägliche Arbeit verrichtet er unvermindert bis zum Ende. Neben den jeweiligen Vorbereitungen neuer Auflagen seiner Bücher, beginnt er zehn Jahre vor seinem Tode sein letztes und zehntes Manuskriptbuch, das er „Senilia" nennt. Das Gedankenbilden und Formulieren erfolgt jetzt von selbst, fast ohne das eigene Dazutun. Wie in einem Konkavspiegel bildet sich unausgesetzt alles ab, was er denkt. Alles, was er dabei selbst zu besorgen hat, ist, alle Störungen des Gehirnapparates fernzuhalten. Denn bei einem so hohen Grad der Regelmäßigkeit wird auch das geringste Schwanken des seelischen Gleichgewichtes fühlbar. Der Tag, an dem er nicht ausgeschlafen sei, sagt er zum Beispiel, sei unbrauchbar und aus seinem Leben zu streichen. Seine einzige Furcht bei der Arbeit ist, er könnte durch das Alter geschwätzig und weitschweifend werden. Immer wieder fragt er deshalb seine Freunde, ob sie Spuren solcher Ausführlichkeit in seinem Stil merken. Sein stupendes Gedächtnis bleibt bis zum Schluß unversehrt erhalten. Er trainiert es auch täglich, vergißt er etwas, so läßt er nicht locker, bis das Vergessene wieder in der Erinnerung auftaucht. Man muß, wie er sagt, gegen sein Gedächtnis „despotisch“ verfahren. Das Alter selbst begrüßt er als eine Erlösung. Der Verlust der Genüsse wird ihm zum „höchsten Genuß“. Jeder Mensch hat, unabhängig von der Zahl der Jahre, ein besonderes, für ihn charakteristisches Alter. Bei Schopenhauer ist dies das Greisenalter.

Die peinliche Sorgfalt seiner Kleidung betont er wohl wegen des Kontrastes zu der Nachlässigkeit vieler deutscher Gelehrter dieser Zeit. Überhaupt will er lieber wie ein Weltmann aussehen denn als ein Berufsphilosoph. Den vornehmen Gästen im „Englischen Hof“ erscheint er zwar etwas lächerlich in seiner barocken Eleganz. Dieser „oft komisch-mürrische, aber eigentlich harmlose, gutmütig-unwirsche Tischgenosse“ bildet nicht selten die Zielscheibe des Witzes der unbedeutenden Lebemänner. Für sie ist er nur ein Kleinbürger, trotz der Gewohnheiten eines großen Herrn. Bei aller Freigebigkeit ist er sparsam und pedantisch. Über eine

Freikarte ins Konzert freut er sich kindlich. Überhaupt muß er als eine lächerlich-kindliche Natur erscheinen. Noch als Achtundsechszigjähriger schwimmt er im Main, und wenn es die Jahreszeit nicht erlaubt, nimmt er ein Fußbad im Fluß. Es sind alles kleine Formen, die sich in seinen Lebensgewohnheiten herausgebildet haben. So gesellig er sein kann, jedes Gespräch, wie er gesteht, hinterlasse eine Störung seines inneren Friedens und nur die Unterhaltung mit der Natur sei ergiebig. Seine Naturschwärmerei zeigt seine große Abhängigkeit von der Umgebung. Der wahren Großzügigkeit bedeutet die Umwelt nichts, sie vermag die innere Haltung nicht zu verändern und zu bestimmen. Aber Schopenhauer ist von dieser Umwelt sehr abhängig. Zu seinem Bild gehört jeweils auch der Ort, in dem er sich aufhält. Jetzt Frankfurt, eine Stadt, die zu ihm und zu der er paßt. In flacher Gegend, die so fruchtbar und wohnlich ist, von Gartenhäusern umrahmt, wie in einem Blumenkranz eingeschlossen. Die Stadt am Main, die aus vielen häßlichen verbauten Häusern und vielen prächtigen Palästen besteht. Eine wachsende Stadt mit schmalen Straßen und hohen Gebäuden, ab und zu sieht aus ihr die alte Zeit mit einem schwarzen Haus hervor, mit der alten Vorstadt Sachsenhausen, die unverändert ist und in der Arbeiter wohnen, von der eine schöne Brücke zu dem neuen Teil führt, während vom Schloß bis zum Mühlberg um die Stadt herum die netten Sommerwohnungen der Frankfurter liegen. Diese eigenartige Stadt voll alter Würde und Unbeholfenheit und moderner lieblicher, spießiger Zweckmäßigkeit, mit ihren so gepflegten Promenaden knapp neben dem geschäftlichen Treiben, diese

Stätte ernster Arbeit und beschaulicher Muße ist fast ein Teil von Schopenhauers Wesen. Unproportional, ein Geschäftszentrum und zugleich ein idyllischer provinzieller Ort, der für eine Kleinstadt zu groß, für eine Großstadt zu klein ist.

So hält auch das Leben des alten Schopenhauer die Waage zwischen geistiger Größe und behaglicher Kleinbürgerlichkeit. Reichtum und Ärmlichkeit, einförmige ruhevolle Zufriedenheit finden sich hier vereint. Er ist weniger belesen, als man vermutet, aber was er liest, liest er gründlich, langsam und immer wieder. Seine Lektüre beschränkt sich auf eine geringe Zahl von Lieblingsbüchern: die griechischen und römischen Klassiker, ein paar Werke der indischen Literatur und zwei, drei deutsche Mystiker. Die zeitgenössische philosophische Literatur mit ihren Verzweigungen kennt er nicht. Von den drei letzten berühmten philosophischen Autoren hält er Schelling für den Begabtesten, Fichte für eine „Karikatur Kants" und Hegel für den „Hanswurst Schellings". Ein paar Bücherstellen betrachtet er geradezu als Erbauungsgebete: die 105. Epistel von Seneka, den Anfang von Hobbes „De cive", Macchiavells „Principe", die Rede des Polonius an Laertes aus „Hamlet", die Maximen des Gracian. In den letzten Jahren liest er Aristoteles wiederholt vollständig durch und immer wieder Seneka, und er behauptet, daß sein eigenes Latein den Stil Senekas angenommen habe. Neben der naturwissenschaftlichen Lektüre, in der er auch den Zeitgenossen Beachtung schenkt, pflegt er die leichtere Lektüre, bei der er die fremden Autoren den deutschen vorzieht. Seine Bibliothek umfaßt ungefähr

3000 Bände, neben Philosophie, Naturwissenschaften und Buddhismus enthält sie Werke der Linguistik, der Geschichte, Biographien, Reisebeschreibungen, Literaturgeschichte, indische, chinesische Literatur, griechische und lateinische Autoren, fremdsprachige Bücher und von der deutschen Literatur folgende Namen:

Edda,
Abraham a Santa Clara,
Bürger,
Goethe,
Grimmelshausen,
Hagedorn,
Haller,
Hamann,
Hebel,
Herder,
Knigge,
Lavater,
Lessing,
Lichtenberg,
Moscherosch,
Nibelungenlied,
Reineke Fuchs,
Jean Paul,
Schiller,
Schlegel August Wilhelm
Schlegel Friedrich,
Tieck,
Wagner,
Wieland.

Als die vier bedeutendsten Romane der Weltliteratur, alle vier von pessimistischer Weltanschauung, bezeichnet er den humoristischen Roman „The life and opinions of Tristram Shandy“ von Lawrence Sterne, den „Wilhelm Meister“, den „Don Quichotte“ und die „Neue Heloise“.

Die Konzerte besucht er regelmäßig, solange ihn sein mit dem Alter fortschreitendes Ohrenleiden nicht daran hindert. Rossini ist sein liebster Opernkomponist und nach einer Beethoven-Symphonie, der er meist mit geschlossenen Augen zuhört, verläßt er regelmäßig das

Konzert, um kein weiteres Salonstück mehr anhören zu müssen. Keine Aufführung von „Figaros Hochzeit“ versäumt er. Nach einem Besuch des „Fliegenden Holländers“ bemerkt er, Wagner wisse nicht, was Musik sei. Als er durch Dr. Wille von Wagner einen Gruß erhält, antwortet ihm Schopenhauer: „Er soll die Musik an den Nagel hängen! Ich, Schopenhauer, bleibe Rossini und Mozart treu.“ Im Theater sitzt er vorn im Parkett, weil er sonst nichts hört. Später besucht er nur noch Possen, in denen laut gesprochen wird. Gegen das Ende sind ihm schließlich Theater und Konzert ganz versagt.

Mit zunehmendem Alter wächst seine Tierliebe. Er ist Mitglied eines Tierschutzvereines und setzt sich gelegentlich einmal dafür ein, man möge Hunden, die das Leben eines ertrinkenden Menschen gerettet haben, eine Lebensrettermedaille verleihen, die den Träger vor Mißhandlungen schütze. Auch verlangt er, einer der schärfsten Gegner der Vivisektion, einmal, man solle ein Gesetz schaffen, demzufolge das Schlachten der Ochsen nicht ohne vorherige Chloroformierung erlaubt werde. Über Politik spricht er höchst ungern und vertritt gelegentlich einen reaktionären Standpunkt. Er ist als „Demokratenfresser“ verschrien und die adeligen Offiziere im „Englischen Hof“ nennt er gern die „Gesellschaftsretter“. Republiken bezeichnet er als widernatürlich und künstlich erzeugte Gebilde. Er läßt das monarchistische Prinzip gelten, aber mit der Einschränkung, daß es nur repräsentativen Charakter habe. Ein Monarch sollte statt „Wir von Gottes Gnaden“ richtiger sagen „Wir von zwei Übeln das kleinste“. Das

Volk sei einem unmündigen Souverän zu vergleichen, der unter dauernder Vormundschaft gehalten werden müsse. In den Republiken Amerikas habe der Versuch einer Herrschaft des absoluten Rechtes, das es als solches nicht gebe, weil Recht nur in der chemischen Verbindung mit Willkür und Gewalt vorkomme, zu „brutaler Roheit, himmelschreiender Sklaverei und gierigen Raubzügen unter der Flagge moderner Humanität" geführt. Er fordert zwar „Respekt vor den Fürsten", aber die Legitimität an sich gebe noch keinen Anspruch, über der Masse zu stehen. Den Sturz Napoleons hatte er seinerzeit mit den Worten prophezeit: „Er ist zu schlecht." Schopenhauer will die Vielheit der deutschen Stämme und Fürsten erhalten wissen, aber zugleich die Einheit des Reiches durch ein übergeordnetes Kaiserreich, am liebsten abwechselnd zwischen Preußen und Österreich, gesichert sehen. Mit dieser Forderung hat er die 1851 tatsächlich eingetretenen historischen Ereignisse richtig vorausgesehen. Vom Patriotismus hält er nicht viel. Der seine beschränke sich nur auf die deutsche Sprache, im übrigen schäme er sich, ein Deutscher zu sein. Bärte bezeichnet er als das Zeichen der deutschen Barbarei. „Im Reiche der Wissenschaft ist der Patriotismus ein schmutziger Geselle. Es gibt inzwischen Leute, welche aus lauter Patriotismus sogar die Leibnizsche Philosophie verehren: sie verdienen unter lauter Monaden eingesperrt zu werden." Die Nachäfferei und das „Maulheldentum" in der deutschen Politik verabscheut er.

1848 erwägt er, Frankfurt zu verlassen. Die Vorgänge von Achtundvierzig in Frankfurt schildert er selbst in einem Brief: „Denken Sie sich, am 18. September eine Barrikade auf der Brücke und die Schurken bis dicht vor meinem Hause stehend, zielend und schießend auf das Militär in der Fahrgasse, dessen Gegenschüsse das Haus erschüttern: plötzlich Stimmen und Geboller an meiner verschlossenen Stubentüre: ich, denkend, es sei die souveräne Kanaille, verrammle die Türe mit der Stange: jetzt geschehen gefährliche Stöße gegen dieselbe: endlich die feine Stimme meiner Magd: ‚es sind nur einige Österreicher!' Sogleich öffne ich diesen werten Freunden: 20 blauhosige Stockböhmen stürzen herein, um aus meinen Fenstern auf die Souveränen zu schießen; besinnen sich aber bald, es ginge vom nächsten Hause besser. Aus dem ersten Stock rekognosziert der Offizier das Pack hinter der Barrikade: sogleich schicke ich ihm den großen doppelten Operngucker, . . ." Außer diesem persönlichen Erlebnis im Jahre 1848, bei dem wieder seine übertriebene Furcht vor Gefahren zum Ausdruck kommt, nimmt er wenig Notiz von der Politik. Über die Ereignisse von 1848 bis 1851, von den revolutionären Bewegungen in Deutschland und den Versuchen, Deutschland zu einigen, bis zur Herstellung des deutschen Bundes, zitiert er gern Verse von Goethe:

„Ein großer Teich war zugefroren,
Die Fröschlein, in der Tiefe verloren,
Durften nicht ferner quacken noch springen,
Versprachen sich aber im halben Traum,
Fänden sie nur da oben Raum,
Wie Nachtigallen wollten sie singen.
Der Tauwind kam, das Eis zerschmolz,

Nun ruderten sie und landeten stolz,
Und saßen am Ufer weit und breit
Und – quackten wie vor alter Zeit.“

Sehr lebhaft bleibt Schopenhauers Interesse für alle naturwissenschaftlichen Fragen. Als 1846 Leverrier durch Berechnung den Planeten Neptun entdeckt, schlägt Schopenhauer dem Astronomen Encke vor, den neuen Planeten Eros zu nennen. Die Schrift mit seiner Begründung ist unbeantwortet geblieben und verlorengegangen. In den Auffassungen des französischen Anatomen Bichat findet Schopenhauer eine Übereinstimmung mit seiner Lehre. Gleichfalls eine Bestätigung glaubt er in den damals viel beachteten Phänomenen des Spiritismus zu finden. Seine große Aufmerksamkeit für dieses Gebiet erklärt sich teils aus der großen Aktualität der damals auftauchenden Erörterungen, teils aus der allgemeinen Unsicherheit in der Beurteilung solcher Phänomene. Der animalische Magnetismus, noch von Franklin und Lavoisier als reiner Irrtum abgelehnt, wird um diese Zeit immer mehr von seriösen Männern der Wissenschaft anerkannt. In Frankreich und in Deutschland bemüht man sich sogar, den animalischen Magnetismus wissenschaftlich zu erklären. Der Franzose Szapary behauptet, daß der „Wille“ das eigentliche Agens dabei sei. Die Hypnose wird besonders unter den deutschen Ärzten als eine verwertbare Erscheinung anerkannt. Ungläubige und unbefangene Männer, vor allem Anhänger der naturphilosophischen Richtung, bekennen in immer wachsender Menge, gewisse magische Tatsachen nicht leugnen zu können. Einen Augenblick sieht es so aus, als wäre tatsächlich auf diesem Gebiet ein völliger Umschwung der Meinungen zu erwarten. Der Kampf wird auf beiden Seiten erbittert geführt. Auch Schopenhauer läßt sich von dieser allgemeinen Ereiferung mitreißen.

Schon in seiner Philosophie hatte er den magnetischen Somnambulismus als eine Durchbrechung und Aufhebung des Satzes vom Grunde angesehen. In dem nun zur Mode werdenden Tischrücken glaubt er gleichfalls eine Bestätigung seiner Lehre vom Willen zu finden. Doch ist Schopenhauer vom Spiritisten im gewöhnlichen Sinn meilenweit entfernt. Er sieht im Tischrücken nur eine bedeutungslose, verschwommene Äußerung des Willens, an einen Geisterverkehr glaubt er nicht. „Wenn einer die klopfenden Tische als Orakel konsultiert und sie ihm das Abwesende, ja Künftige richtig verkünden; so ist dies daraus zu erklären, daß ihm, was er unbewußt weiß, durch den Tisch zum Bewußtsein gebracht wird. In uns steckt ein heimlicher Prophet, der laut wird im Somnambulismus und Hellsehn, wo er verkündet, was vor- und nachher, im wachen Zustande, uns unbewußt ist. Auch im tiefen Schlaf weiß er alles und sucht bisweilen es dem Gehirn in allegorischen Träumen, seltener in theorematischen, beizubringen. Oft aber kann er ihm nicht mehr als eine dumpfe Ahnung zukommen lassen. Die Allwissenheit dieses Propheten muß es sein, die mittelst des Tischklopfens zum Bewußtsein gebracht wird, wie ein Ton, von dem man bloß das Echo hörte; oder wie wir unser Angesicht nicht unmittelbar, sondern bloß im Spiegel, durch die Reperkussion der Strahlen, sehn können. Selbst wenn der Fragende den Tisch nicht berührt, so wirkt er durch die, welche ihn berühren, vermöge der Einheit des Dinges an sich in allen Wesen, hindurch auf den Tisch. Dupotet macht durch seinen Willenseinfluß die Personen willenslos; so, daß sie alle Bewegungen nach seinem Wink und Willen vollziehn, nicht mehr nach dem ihrigen. Nun hat ein Tisch auch einen Willen, wiewohl einen sehr schwachen, der sich als Schwere äußert: dieser wird nun eben so durch den Willen der Hände auflegenden Personen überwältigt, so daß der Tisch, statt seinem Willen, dem ihrigen folgt.“

Kurz gesagt, Schopenhauer erklärt das Tischrücken auf die primitivste Weise, als eine Art Hypnose des Tisches. Er betrachtet das Tischrücken ähnlich wie die moderne Psychoanalyse die zufälligen Gedankenreihen: als Aufschlüsse aus dem Unterbewußtsein. Nur spricht in der Assoziation das Unterbewußtsein, der „Prophet“, wie es Schopenhauer nennt, deutlicher als im Tischrücken, denn auch die erlauchtesten Geister haben im Tischrücken bisher immer nur sehr belangloses Zeug mitgeteilt. Schopenhauer hätte wahrscheinlich die moderne Psychoanalyse ein Traumlesen im wachen Zustand genannt und in der Analyse die Verwandlung des Menschen in einen klopfenden Tisch gesehen. Ein Freund veranstaltet für Schopenhauer einmal eine Séance, an der er persönlich teilnimmt und über die er in folgender Weise berichtet:

„Das besagte Tischrücken wurde vor mir und einigen Gelehrten von einer jungen, überaus kindlichen, offenherzigen und liebenswürdigen Frau ganz allein vollzogen, welche dazu die Begabung hat: es ging nach zwei Minuten. Der Physiker W. behauptet fortwährend, es sei mechanisch. Auch ist es schwer zu entscheiden; da er mechanisch dasselbe leistete. Aber während zweistündiger Versuche habe ich mich überzeugt, daß es seine Richtigkeit damit hat. Der Unterschied ist sichtbar, wiewohl fein. Mir ist jetzt noch eine andere Gelegenheit versprochen.“ Auch den Vorführungen des Italieners Regazzoni wohnt Schopenhauer dreimal öffentlich und zweimal privat bei. Er schwankt anfangs in seinem Urteil „zwischen abscheulichem Betrug und einem Mirakel“. Über einen Versuch Regazzonis mit Kindern schreibt Schopenhauer: „Drei Kinder, ein stumpf aussehendes 18jähriges Mädchen und Kilzers 14jährige Tochter mit dem ehrlichsten Gesichte, waren die agentia, und die Antworten waren teils verschmitzt, mitunter sackgrob.“ Als vierzehn Ärzte in Frankfurt öffentlich gegen Regazzoni auftreten, ergreift auch Schopenhauer leidenschaftlich Partei, doch läßt er sich nicht bewegen, in dieser Streitigkeit seine Feder zu führen. Er bestätigt nur die Echtheit und Ehrlichkeit Regazzonis in einem Album des Magnetiseurs. Ein anderes Mal wohnt Schopenhauer den Darbietungen eines französischen Magnetiseurs, Brunet de Balan, bei: „... war ich gestern Abend da: er ist vortrefflich, macht im ganzen dasselbe wie Regazzoni, aber einfacher, nicht so theatralisch, und die Echtheit der Sache wurde so augenfällig, daß man vernagelt sein müßte, um daran zu zweifeln ... Habe auch mitgespielt, zu großer Belustigung des Publikums, mit einem 14jährigen Bauernjungen aus der Nähe, der mit mir in rapport gesetzt war, jede meiner Bewegungen (im tiefen Schlaf stehend und gehend) nachmachte, alles, was ich in fünf Sprachen laut sagte, genau nachsagte: nun setzte ich mich, und da packte er mich stark, riß mich gewaltsam vom Stuhl, und setzte sich darauf. Geweckt wußte er keine Silbe davon. Bis dahin war er wie mein Schatten, nicht von mir loszukriegen. Ganz behext! Jubel des Publikums!" Noch einer Privatdarbietung wohnt er bei, auch versucht Brunet, Schopenhauers Ohr zu behandeln: „Brunet machte mir Hoffnung, mein linkes Ohr durch Magnetisieren herstellen zu können, habe fünfmal mich eine halbe Stunde magnetisieren lassen: allein vergebens: ich spürte auch gar nichts." Ebenso mißlingt jeder Heilversuch bei seinem Pudel. Das sind sämtliche Äußerungen Schopenhauers über das Tischrücken und das Magnetisieren.

Einige Zeit beschäftigt Schopenhauer auch der „hebräische Fund" seines Freundes Asher, der nebenbei schon von Schelling gemacht wurde, daß nämlich dem hebräischen Wort Vater die Wurzel wollen, richtiger begehren, zugrunde liege. In allen Sprachen sucht übrigens Schopenhauer Argumente für seine Willenslehre. Im Englischen wird wollen als „Auxiliar des Futurums aller Verben" gebraucht, im Deutschen ist die Redensart „es will regnen" üblich. Aristoteles hat an etlichen Stellen Natur und Willen gleichgesetzt, ebenso Plinius und Seneka. Das sind kleine Entdeckungen, die das Herz des alten Mannes erfreuen. In den letzten drei Jahren studiert Schopenhauer sehr gründlich das Alte Testament. Er beabsichtigt, ein eigenes Kapitel über die Bibel für eine neue Auflage des zweiten Bandes seiner „Welt als Wille und Vorstellung" zu schreiben, welches Vorhaben nicht mehr zustandekommt. Unausgeführt bleibt auch ein projektiertes Register zu seinen sämtlichen Büchern, das Frauenstädt anregt und an das ihn Schopenhauer mehrere Male vergeblich erinnert. Die größte und volle Übereinstimmung mit seiner Philosophie findet aber Schopenhauer in einer berühmten alten Schrift aus dem 14. Jahrhundert, „Deutsche Theologie", die ein Ritter verfaßt hatte, der in einem seiner Wohnung gerade gegenüberliegenden alten Haus in Sachsenhausen lebte und der als erster die Verneinung des Willens als Welterlösung lehrte. Das kleine Buch war in einem Kloster aufbewahrt, wo man „Teutsche Theologie von an Frankforter" darauf schrieb, und hat schließlich im Laufe der Jahrhunderte nicht weniger als 60 Ausgaben erlebt. 1851 wurde es im Urtext neu gedruckt, in welcher Ausgabe es Schopenhauer kennenlernt. Mit ehrfürchtiger Pietät behandelt er dieses Buch seines „Vorgängers". Als der Maler Lunteschütz sein Atelier in diesem Haus bezieht und Schopenhauer zu den Sitzungen für sein Porträt ihn dort aufsucht, durchsucht er jeden Winkel und besichtigt jeden Stein, der eine Spur von diesem verschollenen Ritter enthalten könnte.

Unversöhnlich bleibt der alte Schopenhauer nur gegen die Philosophieprofessoren und sein letzter Kampf gilt den Religionen. Besonders auf Jehova ist er schlecht zu sprechen, er nennt ihn gern „der Dieu", häufiger „der alte Jude", manchmal noch unfreundlicher, daß seine Ausdrücke kaum wiederzugeben sind; bei jeder Nachricht über eine Anerkennung seiner eigenen Bücher frohlockt er: „Die Aktien des alten Juden sinken!" Als ihn ein Freund ermahnt, er möge doch nunmehr über die Professoren erhaben sein, antwortet er: „Ja, in der Jugend ist man so erhaben, aber im Alter wirds anders. Ich habe 25 Jahre diese Erhabenheit besessen und habe geschwiegen, aber jetzt will ich sie (die Professoren) ganz kaltblütig züchtigen.“ Und er beruft sich bei dieser Gelegenheit auf Plato im „Protagoras“ und auf Giordano Bruno in den „Spaccio della bestia trionfante“, die, wie alle Besseren, gegen die Zunftphilosophen gewettert hätten. Gegen die Religionen findet er im Alter die bittersten Worte. Als einmal über die Erschaffung der Welt durch Gott die Rede ist, ruft er entrüstet aus: „Pfui über diesen Schmutz!“ In seinem letzten Manuskriptbuch schreibt er: „Die so intrikate, krause, ja knollige Mythologie des Christentums, mit dem stellvertretenden Versöhnungs-Tode Christi, der Gnadenwahl, der Rechtfertigung durch den Glauben usw., ist das Kind zweier sehr heterogener Eltern: sie ist nämlich entstanden aus dem Konflikt der gefühlten Wahrheit mit dem gegebenen, jüdischen Mono-Theismus, der ihr wesentlich entgegensteht. Daher auch der Kontrast zwischen den moralischen Stellen im Neuen Testament, welche vortrefflich sind, allein nur etwa 10 bis 15 Seiten desselben füllen, und allem Übrigen, welches aus einer unerhört barocken, allem Menschenverstand zum Trotz forcierten Metaphysik und nächstdem aus Wundermärchen besteht.“ Ferner bemerkt er: „Bei keiner Sache hat man so sehr Kern und Schale zu unterscheiden, wie beim Christentum. Eben weil ich den Kern liebe, zerbreche ich bisweilen die Schale.“ Immer wieder kommt er in seinen letzten Aufzeichnungen auf den Gegenstand zurück: „Wenn die Welt erst ehrlich genug geworden sein wird, um Kindern vor dem 15ten Jahr keinen Religionsunterricht zu erteilen; dann wird etwas von ihr zu hoffen sein." „Wer die Wahrheit liebt, haßt die Götter, im Singular, wie im Plural." Mit Spott ruft er einmal aus: „Ewige Verdammnis – wie absurd! Für ein Leben von 30 Jahren ewige Verdammnis oder ewigen Lohn, lächerlich!"

Über den Ursprung dieser Religion bildet sich Schopenhauer schließlich eine eigene Meinung. Jehova sei der persische Ormuzd, der Gott des Firmaments. Vor der babylonischen Gefangenschaft hätten die Juden überhaupt keine Religion gehabt, sie übernahmen sie aus dem Persischen. Christus sollte König der Juden werden; nachdem diese politische Aktion mißglückte, machten seine Anhänger, die Apostel, einen himmlischen Messias aus ihm, indem sie seine Person mit buddhistischen Zügen ausstatteten. Wie überhaupt oft unbedeutende historische Personen mit Mythen verknüpft werden, so König Arthus und die Helden von Troja. „Das Christentum ist eine Allegorie, die einen wahren Gedanken abbildet, aber nicht ist die Allegorie an sich selbst das Wahre."

Mit besonderer Vorliebe widmet sich Schopenhauer zuletzt dem Studium buddhistischer Schriften. Daß drei uralte Lehren, die bis ins 6. Jahrhundert v. Chr. zurückreichen, die des Laotse, die des Konfuzius und die des Buddha, nichts von einem Gott als Weltschöpfer und Welterhalter wissen, erscheint ihm als die überwältigende Bekräftigung seines Atheismus. Immer wieder liest Schopenhauer im Buche „Oupnek'hat", das 1640 aus dem Sanskrit übertragen wurde und die altindische Einheitslehre enthält: die Lehre vom Brahma als dem

Ursein, das identisch mit der Weltseele, Atman, und unserem eigenen innersten Wesen ist. Von diesem Buch sagt er, es sei sein Trost im Leben und Sterben. Von seiner Buddhastatue, die er sich aus Paris hatte kommen lassen, erzählt Schopenhauer gern jedem Besucher, daß die Figur wahrscheinlich hundert Jahre alt sei und aus dem Tibet stamme. Was das Kruzifix für den Christen wäre, sei für den Buddhisten jener als Bettler dargestellte Buddha.

Das äußere Leben Schopenhauers in den letzten Jahren verläuft ohne bedeutsame Ereignisse. Er lebt nur noch die anonyme Existenz des Autors. Sein steigender Ruhm bringt ihm die Bekanntschaft unzähliger Fremder und Verehrer. So wird seine Geselligkeit allmählich wieder größer und nur durch sein natürliches Bedürfnis des Alters nach Ruhe eingeschränkt. Als zuletzt die Bildhauerin Elisabeth Ney, eine Nichte des Marschalls, wie er stolz allen Leuten erzählt, in seiner eigenen Wohnung seine Büste anfertigt, macht er der jungen Dame ein wenig den Hof. „Da komme ich mir dann vor wie verheiratet“, soll er scherzhaft einem Dritten gegenüber geäußert haben. Sie plaudert während der Arbeit liebenswürdig mit ihm und trinkt auch mit ihm zuweilen eine Tasse Kaffee, den er selbst zubereitet. Er ist recht versöhnlich in seinem Privatleben. Selbst über Frauenstädt spricht er in der Zeit, da er mit diesem gebrochen hat, anerkennend, und er selbst ist es, der schließlich zur Versöhnung die erste Hand reicht. Von einem Verehrer erhält Schopenhauer eines Tages das Handexemplar von Kants „Kritik der praktischen Vernunft“ mit handschriftlichen Notizen des großen

Mannes. Wie ein Heiligtum nimmt es Schopenhauer entgegen.

Eine letzte Auseinandersetzung feindseliger Art verschaffte ihm noch die Ordnung der Verlassenschaft seiner Schwester. Adelens Universalerbin, Frau Mertens-Schaffhausen, gerät mit ihm über die Vermögensstücke, die vom Vater stammten und den Geschwistern gemeinsam gehörten, in Streit, bei dem es fast zum Prozeß kommt. Schließlich wird die Angelegenheit im Vergleichswege geschlichtet, dank der Regelung seiner beiden Freunde Dr. Emden und Dr. Becker, die ihm ihren juristischen Rat wieder zur Verfügung stellen. Und noch eine Erinnerung an seine Jugend wird lebendig, als ihn im Sommer 1857 sein Jugendfreund Bunsen aufsucht. Bunsen hatte sich mittlerweile nach einem Leben höchster Ehren als Diplomat und Gelehrter in Heidelberg zur Ruhe gesetzt. Die beiden Alten erinnern sich auch bei diesem Besuch eines dritten Studiengenossen aus Göttingen, des hundertfachen Millionärs Astor, der im Laufe seines Lebens zu ungeheuerm Reichtum gelangt war. So hatte „der eine Geld, der andere Rang, der dritte Ruhm erlangt“. Aber Schopenhauer ist gegen den angesehenen Besuch ein wenig mürrisch, er meint, Bunsen hätte „seinen Lohn dahin“, während für ihn selbst das Ende seiner irdischen Laufbahn „der Beginn seines unvergänglichen Ruhmes“ sei. Schopenhauer will übrigens Bunsen nur als Diplomat anerkennen, für seine Bibelübersetzung sei er ihm zu wenig Hebräer und seine Schrift „Gott in der Geschichte“ sei doch nur „Bunsen in der Geschichte“. Denn der alte Schopenhauer verabscheut noch immer Würde in jeglicher Gestalt. Über

Würde hatte er gesagt: „Der Begriff scheint mir auf ein am Willen so sündliches, am Geiste so beschränktes, am Körper so verletzbares Wesen, wie der Mensch ist, nur ironisch anwendbar zu sein.“

Der ewig unversöhnliche-versöhnte, behaglich-mürrische, ein wenig lächerliche und pedantische, spöttische und eigenwillige alte Herr der letzten Jahre ist die Rolle, die er im freundlichsten Teil seiner Biographie spielt. Wie ist der Charakter? Wie der Mann selbst? Die Person, über die nicht der äußere Lebenslauf, sondern seine Schriften den tieferen Aufschluß geben? Seine Äußerungen in Briefen und gelegentliche Bemerkungen? Dieser mittelgroße, breitschultrige, mit einem kräftigen Knochenbau ausgestattete Greis, mit einem übergroßen Kopf, dessen Mund durch den Verlust der Zähne breit geworden ist – schweigend hat er eine entfernte Ähnlichkeit mit Beethoven, sprechend mit Voltaire. Er ist keine so eindeutige Gestalt, wie es scheint. Es lassen sich ausgesprochen krankhafte Züge in seinem Wesen finden, die von Symptomen des Alters verdeckt erscheinen. Auch ist im hohen Alter das Genie mit seinen Abnormitäten so stark ausgeprägt wie eine überentwickelte photographische Platte. Die Betrachtung seines Charakters in diesem Lebensstadium wird manches bisher Unverständliche aufklären. Auch manches Großartige als recht einfach erweisen.

Nach der zweiten italienischen Reise, mit seiner schweren Erkrankung am Ende, fand man Schopenhauer allgemein „wunderbar verändert“: „Von da ab habe ich“, gesteht er, „allmählich ein ‚Einsamkeit blickendes

Auge' bekommen, bin systematisch ungesellig geworden und habe mir vorgenommen, den Rest des flüchtigen Lebens ganz mir selbst zu widmen und so wenig wie möglich davon mit jenen Geschöpfen zu verlieren, denen der Umstand, daß sie auf zwei Beinen gehen, das Recht gibt, uns für ihresgleichen zu halten, oder wenn sie auch, wie meistens, merken, daß wir es nicht sind, dies klüglich ignorieren und uns als ihresgleichen behandeln: während wir, zu der Betrübnis, daß sie es nicht sind, noch den Schmerz des Unrechtleidens empfinden müssen." Schon als Sechsundzwanzigjähriger schrieb er: „Ich muß in einem fort Gesichter, Worte, Meinungen, Widersprüche aller Art vergeben, die mein Innerstes empören auf eine Weise, die jene gar nicht kennen." Oder: „Ich rede bisweilen mit Menschen so, wie das Kind mit seiner Puppe redet: es weiß zwar, daß die Puppe es nicht versteht, schafft sich aber, durch eine angenehme wissentliche Selbsttäuschung, die Freude der Mitteilung." Später konstatierte er: „Deshalb ist das Leben von Menschen meiner Art notwendig ein Monodrama."

Eine Anzahl von Äußerungen lassen die ganze Tiefe dieser Leiden eines größeren Verstandes, den Scharfblick seiner Menschenverachtung und den Grad seiner Vereinsamung ermessen: „In einer Welt, in der wenigstens fünf Sechstel Schurken oder Narren und Dummköpfe sind, muß für jeden des übrigen Sechstels die Basis seines Lebenssystems die Zurückgezogenheit sein. Die Überzeugung, daß die Welt eine Einöde ist, in der man nicht auf Gesellschaft zu rechnen hat, muß zur Empfindung werden. Wie die Wände den Blick einengen, der sich wieder ausdehnt, wenn er nur Feld und

Flur vor sich hat, so engt die Gesellschaft meinen Geist ein und die Einsamkeit dehnt ihn wieder aus. Giordano Bruno sagt von dem, der die Wahrheit sucht und erreicht, er werde aus einem gewöhnlichen, zivilen und populären Menschen ein Wilder, gleich einem Wüstenbewohner. Denn die Beschäftigung mit göttlichen Dingen macht ihn tot für die Menge. Ebenso hat Kleist gesagt: ein wahrer Mensch muß fern von Menschen sein." Über die besseren Menschen sagt Schopenhauer wiederholt: „Die Welt ist ihr Kloster, ihre Einsiedelei. Was einer dem anderen sein kann, hat seine engen Grenzen: am Ende ist und bleibt doch jeder allein." „Die meisten merken auch bei der ersten Bekanntschaft mit mir, daß sie mir und ich ihnen nichts sein können." „Wenn zwei miteinander reden, treibt gewöhnlich jeder mit dem andren heimlich einen Spott." „Was ein Mensch meinesgleichen denkt und fühlt, hat keine Ähnlichkeit mit dem, was jene denken und fühlen. Darum ziemt es mir unbedingt, verschlossen zu bleiben. Der rechte Ton ihnen gegenüber ist Ironie, aber eine völlig unaffektierte, gelassene. Sie darf nie direkt gegen den gerichtet sein, mit dem man redet. Man muß sich gewöhnen, durchaus alles, auch das Rasendste, ganz gelassen anzuhören." „Die meisten Menschen sind den Roßkastanien zu vergleichen, die das Aussehn der echten haben, aber durchaus ungenießbar sind Sehr viele sind ein Amalgam von Schlechtigkeit und Dummheit, die daher in ihnen schwer zu unterscheiden sind." „Die Menschen sind, wie sie aussehen: und etwas viel Schlimmeres kann man von ihnen nicht sagen." Seine Lieblingsstelle bei Gracian lautet: „Den vertraulichen Fuß im Umgang ablehnen!"

Mit Vorliebe zitiert Schopenhauer eine Äußerung Goethes an die Frau von Stein: „So viel kann ich sagen: je größer die Welt, desto garstiger wird die Farce, und ich schwöre, keine Zote und Eselei der Hanswurstiaden ist so ekelhaft als das Wesen der Großen, Mittleren und Kleinen durcheinander.“

Solche gelegentliche Worte Schopenhauers, in denen sich die Summe seiner bitteren Lebenserfahrungen abgesetzt hat, sind teuer erkaufte Erkenntnisse. Wie er zu ihnen gelangt ist, bekundet das folgende Bekenntnis: „Sobald ich zu denken angefangen, habe ich mich mit der Welt entzweit gefunden. Im Jünglingsalter ist mir dabei oft bange geworden; denn ich habe gemutmaßt, daß das Recht bei der Majorität sei. Helvetius hat mich zuerst aufgerichtet. Dann, nach jedem neuen Konflikt, hat die Welt mehr verloren und ich mehr gewonnen. Schon nach zurückgelegtem 40. Jahre hat es mir geschienen, daß ich den Prozeß in letzter Instanz gewonnen habe, und ich habe mich höher gestellt gefunden, als ich je zu mutmaßen gewagt: aber die Welt ist mir leer und öd geworden. Mein ganzes Leben hindurch habe ich mich schrecklich einsam gefühlt und stets aus tiefer Brust geseufzt: jetzt gib mir einen Menschen! Vergebens. Ich bin einsam geblieben. Aber ich kann aufrichtig sagen, es hat nicht an mir gelegen: ich habe keinen von mir gestoßen, keinen geflohen, der an Geist und Herz ein Mensch gewesen wäre: nichts als elende Wichte, von beschränktem Kopf, schlechtem Herzen, niedrigem Sinn habe ich gefunden; Goethe, Fernow, allenfalls F. A. Wolf und wenige andere ausgenommen, die sämtlich 25 bis 40 Jahre älter als ich waren. Demnach hat allmählich der Unwille über Einzelne der ruhigen Verachtung des Ganzen Platz machen müssen. Früh ist mir der Unterschied zwischen mir und den Menschen bewußt geworden; aber ich habe gedacht: lerne nur erst hundert kennen und du wirst deinen Mann schon finden; dann: aber unter tausend wirst du's; dann: zuletzt muß er doch kommen, wenn auch nur unter vielen Tausenden. Endlich bin ich zu der Erkenntnis gelangt, daß die Natur noch unendlich karger ist, und ich muß die ‚solitude of Kings' (Byron) mit Würde und Geduld tragen." „Die Denkmäler, die zurückgelassenen Gedanken der mir ähnlichen Wesen, die einst wie ich unter den Menschen sich herumgestoßen, sind mein größter Genuß im Leben geworden. Ihr toter Buchstabe spricht mich vertrauter an als das lebendige Dasein der Zweifüßler. Ist doch dem Ausgewanderten ein Brief aus der Heimat mehr als das Gespräch der ihn umgebenden Fremden."

Wie unerträglich ihm die Menschen sind, die er immer wieder als „Menschenpack", „Philister" und „Fabrikware der Natur" apostrophiert, in den Beschimpfungen des Publikums ist der Ausdruck „Schweine" einer der geringsten, bekennt eine andere, schonungslose, eindeutige Stelle: „Wer geistige und leibliche Schönheit kennt, dem gibt der Anblick und die Bekanntschaft eines jeden neuen sogenannten Menschen, in hundert Fällen gegen einen, nichts, als ein ganz neues, wirklich originales und ihm bisher noch nie in den Sinn gekommenes Beispiel eines compositi von Häßlichkeit, Plattheit, Gemeinheit, Verkehrtheit, Dummheit, Bosheit, mit einem Wort Widerlichkeit und Abscheulichkeit. In der Tat ist mir unter neuen Menschen oft wie vor der Versuchung des heiligen Antonius von Teniers und ähnlichen Bildern, wo ich bei jeder neuen Ungestalt und Monstrosität, die ich ansehe, über die Neuheit der Zusammenstellung durch die Phantasie des Malers erstaune." Und seine Menschenverachtung flieht schließlich vor jeder dauernden Bindung an Menschen: „Man findet oft, daß Leute von vieler Erfahrung am herzlichsten und freimütigsten mit ganz fremden Leuten sprechen, die sie gar nichts angehn. Dies kommt daher, weil eben die erfahrenen Menschen wissen, daß zwischen Leuten, die in irgendeinem Verhältnis zueinander stehn, eine aufrichtige, unbefangene Gesinnung beinahe unmöglich ist, sondern stets eine gewisse Spannung durch Aufmerken auf unsern nahen oder entfernten Vorteil statt hat: sie bedauern, aber sie wissen, daß es so ist, und gehen nun mit Freuden und Vertrauen aus der Mitte der ihrigen dem Wildfremden entgegen, um sich ihm aufzuschließen; daher sind Mönche, die dem Leben entsagt haben und ihm entfremdet sind, und alle solchen ähnlichen Menschen, so gute Ratgeber und Vertraute."

Es finden sich in diesen zahlreichen Äußerungen, die zum Teil, was nicht vergessen werden darf, durch die damalige Zeit und Gesellschaftsklasse veranlaßt worden sind, zweifellos Züge einer krankhaften Misanthropie. Das hängt hauptsächlich mit der Abnormität des Genies zusammen, die Schopenhauer oft konstatiert: „Der Anfang der Theologie ist die Furcht. Diesen berühmten Satz hat am gründlichsten Hume ausgeführt: daher es, wenn die Menschen glücklich wären, nie zur Theologie käme. Aber der Anfang der Philosophie ist ein ganz anderer, nämlich ein rein zweckloses Besinnen, und sogar in einer Welt ohne Leiden und ohne Tod würde es in einem genialen Kopf dazu kommen. Aber etwas dem Intellekt Natürliches ist sie darum keineswegs, sondern etwas, dazu es nur durch ein Monstrum per excessum, genannt Genie, kommt." „Daß der Wahnsinnige dem Tiere sich nähere und der gesunde Verstand gleichsam das Mittel zwischen dem Wahnsinn und dem Genie sei, denke ich nicht; vielmehr, daß Genie und Wahnsinn, wiewohl weit verschieden, sich doch näher sind, als ersteres dem gemeinen Verstand, und letzterer dem Tiere." „Abgesehen von dem Genuß, den sie (die Genies) an sich selbst haben, sind sie doch eigentlich die Kreuzträger der Menschheit. Ich habe mein Leben lang mein Kreuz getragen und habe dessen Druck gefühlt." Auch verführt die Erklärung der Welt aus der Tatsache des Menschen, wie sie Schopenhauer in der Weiterführung Kants gelehrt hat, in einem gewissen Sinn zum Größenwahn. Daß Schopenhauer ihn zeigt, schon durch seine Menschenverachtung hervorgerufen, läßt sich leicht belegen. Doch ist sein Größenwahn, so „verschieden" Wahnsinn vom Genie ist, auch verschieden vom landläufigen. Wenn das Genie an sich etwas Unnatürliches ist, so wird es durch den Erfolg einigermaßen wieder zu etwas Natürlichem. Der Größenwahn des Erfolgreichen erhält eine gewisse Berechtigung und so erscheint auch der alte Schopenhauer viel weniger größenwahnsinnig als der jüngere.

Nachdem Schopenhauer die „Welt als Wille und Vorstellung" vollendet hat, beabsichtigt der Dreißigjährige allen Ernstes, sich auf sein Petschaft eine Sphinx, die sich in den Abgrund stürzt, stechen zu lassen, um dadurch auszudrücken, daß er das Rätsel der Welt gelöst habe. Als Jüngling spricht er die Überzeugung aus, daß er dazu berufen sei, „der Philosoph seines Jahrhunderts" zu werden. Nachträglich wird er tatsächlich als der größte seines Jahrhunderts allgemein anerkannt. 1816 schreibt er: „Ich gestehe übrigens, daß ich nicht glaube, daß meine Lehre je hätte entstehen können, ehe die Upanischaden, Plato und Kant ihre Strahlen zugleich in eines Menschen Geist werfen konnten. Aber freilich standen, wie Diderot sagt, viele Säulen da, und die Sonne schien auf alle: doch nur Memnons Säule klang." „Man wird einst (natürlich nicht, solange ich lebe) erkennen, daß die Behandlung desselben Gegenstandes von irgendeinem früheren Philosophen, gegen die meinige gehalten, flach erscheint." Später, dem Lebensende nahe, sagt er: „In allen Dingen ist zu allen Zeiten von Einzelnen die Wahrheit gefühlt worden und hat in vereinzelten Aussprüchen ihren Ausdruck gefunden, bis sie von mir im Zusammenhang erfaßt wurde." Oder gar: „Meine Philosophie ist, innerhalb der Schranken der menschlichen Erkenntnis überhaupt, die wirkliche Lösung des Rätsels der Welt. In diesem Sinne kann sie eine Offenbarung heißen. Inspiriert ist solche vom Geiste der Wahrheit: sogar sind im vierten Buche einige Paragraphen, die man als vom heiligen Geiste eingegeben ansehn könnte." Mitunter teilt er seine Anhänger in Apostel und Jünger ein, was allerdings nur eine Redensart ist. Auch Hegel hatte einmal eine seiner Vorlesungen mit den Worten begonnen: „Ich möchte mit Christus sagen: ich lehre die Wahrheit und bin die Wahrheit." Bei Schopenhauer hat man diese bildliche

Sprache häufig falsch ausgelegt. Oft sagt Schopenhauer auch: „Buddha, der Frankforter (der Verfasser der „Deutschen Theologie“) und ich.“ Er stirbt in der Meinung, seine Lehre werde „als Religion anschlagen“ und den leer gewordenen Platz des Glaubens einmal einnehmen. Diese Neigung, Kirche zu spielen, mag wohl auch ein kindlicher Zug des Alters sein. Wenn er zum Beispiel am Schluß seiner Briefe an die Freunde schreibt, der Buddha in seinem Zimmer erteile dem Adressaten seinen Segen. Solchen Belegen eines Größenwahnes läßt sich schließlich wieder der gegen jeden Größenwahn gerichtete Pessimismus seiner Philosophie entgegenhalten. Auch ist seine Einsicht stets größer als der Wahn, noch bis zuletzt zitiert er oft den Ausspruch Platos, daß die Ruhmbegierde das letzte Kleid sei, das man ablegt. Oder er sagt, der Gegenstand des Willens sei in der Jugend die Liebe, im Mannesalter die Macht und der Besitz, im Greisenalter aber der Ruhm.

Neben diesem Größenwahn, der keinen Augenblick die Nichtigkeit des Menschen außer acht läßt, zeigt Schopenhauer deutliche Züge eines Verfolgungswahnes. Wie der Größenwahn hat dieser bei ihm eine gewisse Berechtigung, da bessere Menschen in der Tat die verfolgteren sind. Auch beschränkt sich dieser Verfolgungswahn im Alter auf ein beschränkteres Gebiet, auf dem er ausgesprochener zutage tritt. Vorwiegend richtet er sich beim Greis gegen lärmende Geräusche, wie gegen das Peitschenknallen, gegen welche Unsitte er immer wieder wettert, und gegen die Universitätsprofessoren, gegen die er sein Leben lang Gift und Galle verspritzt. Daß sich Schopenhauer über die Tatsache, daß gerade die Fachwelt auf sein Genie nie aufmerksam wird, besonders ereifert, ist ohne weiteres einzusehen. Freilich wurde hier mehr aus Ignoranz verschuldet, was Schopenhauer einer bösen Absicht zuschrieb. Das egozentrische Wesen und die Einseitigkeit der Universitätskreise, ferner ihre persönlichen Interessen, die Schopenhauer selbst so trefflich und ausgiebig geschildert hat, erklären diesen sonderbaren Umstand zur Genüge. Schopenhauers Verfolgungswahn sieht aber hier eine absichtliche Unterdrückung seiner Person, eine Furcht vor dem Größeren, ein Verheimlichen und Verschweigen seines Namens. Er ist in diesem Kampf ein wahrer Don Quichotte, er kämpft gegen nicht vorhandene Gegner. Die Professoren wissen tatsächlich nichts von ihm. Und dieser Kampf zeitigt auch, wie jeder Kampf gegen Windmühlen, die wertvollsten Früchte. Nirgends zeigt Schopenhauer mehr Witz, Geist und Charakterstärke als in seinen Philippiken gegen die Universitätslehrer. Ewige Wahrheiten spricht er hier aus, die nur in seinem besonderen Fall vielleicht nicht zutreffen. Die Realität ist wie ein schelmischer Kobold: wo sie den Menschen zum besten hält, setzt sie ihn am meisten ins Recht. In seinem wütenden Kampf gegen ein unverschuldetes Versehen der anderen ist er der ganze, wahre, richtige, gewaltsame Schopenhauer.

Hier tritt auch der Kleinbürger in Erscheinung. Wenn er in seinen Briefen schimpft und flucht, das Götzzitat fällt nicht selten und ist auch nicht sein ärgster Ausdruck, ähnelt Schopenhauer einem Wachtmeister, der sich einmal unter seinen Vorfahren befunden haben mag und der er im Grunde selbst ist, wenn es darauf ankommt, seinen

Mann zu stellen. Er, der sich mit den subtilsten Spekulationen der Philosophie beschäftigt hat, muß gelegentlich auch „sackgrob“ sein. Mozart, dessen musikalische Gedanken nichts Irdisches mehr an sich hatten, hat Briefe im Tone eines Fuhrknechtes geschrieben. Das Genie hat mit feinen Sitten nichts zu schaffen. „Menschen von Genie und Geist“, sagt Schopenhauer, „und solche, bei denen die Ausbildung des Intellektuellen, des Theoretischen, des Geistes, des Moralischen, des Praktischen, des Charakters weit vorgeeilt ist, sind im Leben oft nicht nur ungeschickt und lächerlich; sondern sie sind auch oft sogar moralisch schwach.“ Der größere Geist leuchtet auch tiefer hinab in den Menschen. Schopenhauer sagt ferner: „Dennoch ist die Quelle aller Tugend, das bessere Bewußtsein, in ihnen oft stärker, als in vielen besser Handelnden, doch weniger schön Denkenden, ja jene sind eigentlich mit der Tugend genauer bekannt, als diese, die sie besser üben.“ Der noble Mensch sieht über die Dinge hinweg, legt großen Wert auf Äußerlichkeiten, wahrt Distanz vor unerwünschten Möglichkeiten. Das Genie hingegen muß, um Noblesse zu bewahren, gelegentlich grob werden. Denn es dringt tiefer in alles hinein, es scheut die engste Berührung nicht, es stellt die Sache immer über die Person. Die Noblesse immer die Person über die Sache, wenngleich sie Sache und Person sehr scharf trennt, was wiederum das Genie nicht tut. Das Genie ist sozusagen ein Grenzfall der Noblesse; wo sie nicht weiter geht, geht es bedingungslos einen Schritt weiter. Dieser Schritt ist das Wagnis, seine eigene Haltlosigkeit. Das Genie gibt sich selbst auf, die Noblesse alles, nur sich selbst nicht. Beide haben, so verwandt sie einander sind, einen Unterschied, der den einen beim anderen ein für alle Male ausschließt.

Schopenhauer bekennt freimütig: „Geniale haben oft heftige Begierden, sind der Wollust und dem Zorn ergeben.“ „Die gewöhnlichen Sünden drücken sein Gewissen weniger als das des gewöhnlichen Menschen.“ „Wie der schönste Menschenkörper in seinem Innern Kot und mephitischen Dunst verschließt, so hat der edelste Charakter einzelne böse Züge und das größte Genie Spuren von Beschränktheit und Wahnsinn.“ Zu intimen Freunden äußert Schopenhauer häufig, so sehr ihm seine intellektuelle Physiognomie, Auge und Stirn, gefalle, so wenig gefalle ihm seine moralische, Mund und Kinn. Immer wieder betont er, daß er zwar gelehrt, was ein Heiliger sei, aber selbst durchaus keiner gewesen wäre. Sein übermäßiger Stolz, die lächerliche Eitelkeit, der Größenwahn sind gutartige Charakterschwächen, sein Argwohn, die Reizbarkeit und Heftigkeit sind richtige Defekte. Die graphologische Beurteilung seiner Schrift im 70. Lebensjahr, bei aller Berücksichtigung des damaligen Stils, bekundet ein recht widerspruchsvolles Charakterbild: sehr leidenschaftlich, gefühlvoll, ungemeine Vitalität, gegen Menschen labil, von konventioneller Höflichkeit, grob, freigebig, unaufrichtig, zurückhaltend, berechnend, viel Phantasie, kleinliche Nüchternheit, Geschicklichkeit, Schmiegsamkeit, Beweglichkeit des Geistes, guter Beobachter, maßlos, daher voller Konflikte mit der Umwelt, krankhaft eitel, ehrgeizig, scharf, aggressiv, expansiv (besonders selten im hohen Alter), krankhafter Verfolgungswahn, vorwiegend

Sinnenmensch. Die Schrift aus der Jugend hingegen zeigt ein etwas konzilianteres Wesen. Überhaupt scheint im Alter der Charakter Schopenhauers nach allen Seiten übersteigert. In manchen Zügen mutet er geradezu unmenschlich an. Die Schriftanalyse deutet auf einen stärkeren Verfall der psychischen Kräfte im Alter, als es die Augenzeugen pietätvollerweise zuzugeben scheinen. Auch kommt seine starke Eitelkeit (Schopenhauer zitiert oft Angelus Silesius: „Wie ein Stäubchen unser Auge reizt, so kränkt das Geringste, das unserer Eitelkeit zuwider ist, unser Herz“) in den Briefen an seine Freunde deutlich zum Ausdruck. Unermüdlich meldet er ihnen seine Erfolge, immer wieder zählt er die Geburtstagsgeschenke auf, die er aus aller Welt erhält, nicht die geringste Kuriosität seines Ruhmes vergißt er zu berichten, und wie ein Refrain taucht stets die Klage auf, er erfahre nur den geringsten Teil davon, was über ihn geschrieben werde. Inständig bittet er die Freunde, ihm ja alles zu senden, was ihnen an literarischen Notizen über ihn unter die Hände komme. Schopenhauer ist das gerade Gegenteil von jenen zahlreichen Künstlern, die nie ein Wort lesen, das über sie geschrieben wird. In diesen Briefen erscheint Schopenhauer, seine Eitelkeit selbst zeigt noch einen sachlichen Charakter, als ein kleiner, subalterner Verwaltungsbeamter des eigenen Ruhmes. Immer wieder erzählt er den Besuchern, daß ihm einmal ein unbekannter Italiener gesagt habe: „Signore, lei deve avere fatto qualche grande opera: non so cosa sia, ma lo vedo al suo viso“, ein Franzose, der ihn nicht kannte: „Je voudrais savoir ce qu'il pense de nous autres, nous devons paraître bien petits à ses yeux. C'est qu'il est un être supérieur“, und ein durchreisender Engländer: „No, I'll sit here, I like to see his intellectuell face!“ Gerade die menschlichste Schwäche, die Eitelkeit, ist bei Schopenhauer so sichtbar ausgeprägt.

Neben der Schriftanalyse gibt noch eine an seinem Schädel angestellte phrenologische Untersuchung eine objektive Auskunft über seinen Charakter. Die Messungen der Kopfform haben das folgende Resultat ergeben, bei dem die Ziffern 1 bis 4 die Grade der Anlagen und Fähigkeiten von „sehr groß“ bis „mittelmäßig“ ausdrücken:

Tätigkeits- und Zerstörungssinn: 1,
Geschlechtstrieb: 1,
Eigentumssinn: 1,
Kampfsinn: 2,
Festigkeit: 2,
Rechtsgefühl: 2,
Gewissenhaftigkeit: 2,
Verehrung: 2,
Wohlwollen: 2,
Gestaltsinn: 2,
Tatsachensinn: 2,
Wortsinn: 2,
Schlußvermögen: 2,
Anhänglichkeit: 3,
Verheimlichungssinn: 3,
Hoffnung: 3,
Gegenstandssinn: 3,
Ortssinn: 3,
Vergleichungsvermögen: 3,
Sinn für Neues: 4,
Idealität: 4.

Nach Carus entspricht Schopenhauers Schädelform eher einem Athleten als einem Gelehrten. Tätigkeitssinn, Zerstörungstrieb, Geschlechtstrieb und Eigentumssinn sind nach dem phrenologischen Gutachten, dessen Gültigkeit durchaus nicht überschätzt werden soll, übermäßig stark entwickelt gewesen. Für die ersten beiden und die letzte Anlage liefert die Lebensgeschichte genügend Beweise. Über den stärkeren Geschlechtstrieb liegen eigene Äußerungen Schopenhauers vor. Er hat selbst gestanden, daß er „arg nach den Weibern" gewesen wäre und zum Beispiel in Italien „nicht bloß das Schöne", sondern auch „die Schönen genossen" habe. Der richtige Philosoph, sagt er einmal, müsse nicht nur im Kopf potent sein, wobei er sich eines noch deutlicheren Ausdruckes bedient. Wenn Schopenhauer auch einmal Frauenstädt einige zynische Geschichten erzählt haben soll, „die sich nicht wiedergeben lassen", so vermeidet er doch stets erotische Gespräche weil auf diesem Gebiet die Gefahr, sich zu „encanailliren", zu groß sei. Auch sieht Schopenhauer diese Dinge mit viel zu viel Ernst an, als daß er derartige Scherze hätte goutieren können. Gerade dieser unbedingte Ernst läßt auf eine tiefe, nicht sympathische Befangenheit gegen die Frauen bei ihm schließen. „In der Tat ist die Wollust sehr ernst", heißt es in den Parergis, „denke dir das schönste, liebreizendste Paar, wie sie voll Grazie im schönen Liebesspiel sich anziehen und zurückstoßen, begehren und fliehen, ein süßes Spiel, ein lieblicher Scherz – nun sieh sie im Augenblick des Genusses der Wollust – aller Scherz, all jene sanfte Grazie ist plötzlich fort, ursprünglich beim Anfang des Aktus verschwunden, und hat einem tiefen Ernst Platz gemacht. Was für ein Ernst ist das? Der Ernst der Tierheit. Die Tiere lachen nicht. Die Naturkraft wirkt überall ernst, mechanisch. Dieser Ernst ist der entgegengesetzte Pol des hohen Ernstes der Begeisterung, der Entzückung in eine höhere Welt: da ist auch kein Scherz: in der Tierheit auch nicht – pour ce que rire est le propre de l'homme, sagt Rabelais." In den Worten Rabelais' liegt auch der Schlüssel zu Schopenhauers Einstellung zur Frau.

Es ist eine ernste, gymnasiastenhafte Vorstellung von der mechanischen Funktion an sich, die er auf die Frau überträgt. Er nimmt hier die Natur zu buchstäblich, er sieht in der Frau nur das ausübende Organ des Gattungszweckes, weiter nichts. Die Hintergründe des Genies, die er so deutlich erkannt hat – er sagt von ihm, es sei ein Kniff, „der Kniff ist gleichsam nur ein Loch im Schleier der Natur, ein übermenschliches Stückchen im Menschen" –, diese Hintergründe erkennt er bei der Frau nicht. Alles das, was die Frau durch ihre stärkere Verbundenheit mit der Natur dem Manne zu erschließen vermag, ist für ihn nicht vorhanden. Das eigene Genie ersetzt ihm die Frau, die für den gewöhnlichen Mann die Stelle des Genies einzunehmen pflegt. Schopenhauer fehlt jene Zauberkraft, im weiblichen Gemüt Wetter zu machen, weil er in dieser Fata Morgana bloß eine optische Täuschung sieht, ohne auf die Ursache der Spiegelung zu schließen. Er geht der Sache starrköpfig auf den Grund. „Die aus dem Geschlechtstrieb entspringenden Kaprizen sind ganz analog den Irrlichtern. Sie täuschen auf das Lebhafteste: aber folgen wir ihnen, so führen sie uns in den Sumpf, und verschwinden." Für ihn ist die Sache nur ein toter Sumpf. Da er, aus seiner Zeit heraus, die Gleichwertigkeit der Frau leugnet, bestreitet er auch jede geistige Gemeinschaft mit ihr.

Zum Teil läßt sich freilich diese Beziehung zur Frau bei Schopenhauer ganz einfach aus seinen Jugendeindrücken, aus den damaligen sozialen Verhältnissen und den eigenen Erfahrungen erklären. Auf seiner frühen Reise durch Europa hat der Halbwüchsige in den Jahren der Pubertät die Prostitution an allen möglichen Orten und in allen Spielarten gesehn. Das Elend in Europa hatte sie besonders sichtbar an die Oberfläche getrieben. Die laxe Auffassung der Ehe, die sich zu seiner Zeit in den oberen Schichten in Deutschland eingebürgert hatte und in der Romantik zu besonderer Höhe gediehen war, trug dazu bei, dem scharfblickenden Jüngling keine bessere Meinung über die Frauen zu vermitteln. Friedrich Schlegel schrieb damals: „Fast alle Ehen sind nur Ehen an der linken Hand, oder vielmehr provisorische Versuche und entfernte Annäherungen zu einer wirklichen Ehe." Seine Ansicht, hatte er doch schon bei seinen Eltern ein abschreckendes Beispiel vor Augen, war deshalb die denkbar ungünstigste. Er selbst verspürte gegen die Ehe eine unüberwindliche Abneigung. „Daher wird man finden", heißt es an einer Stelle, „daß fast alle echten Philosophen ledig geblieben sind: so Kartesius, Malebranche, Spinoza und Kant. Die Alten kann man nicht rechnen, da bei ihnen die Weiber eine untergeordnete Stellung eingenommen haben; übrigens ist des Sokrates' Leiden bekannt und Aristoteles ist ein Hofmann gewesen. Die großen Dichter dagegen sind alle verheiratet gewesen, und zwar alle unglücklich. Shakespeare hat sogar doppelte Hörner getragen. Ehemänner sind meistens umgekehrte Papagenos: denn wie diesem sich, mit bewundernswerter Schnelligkeit, eine Alte in eine Junge verwandelt, so ihnen mit bewundernswerter Schnelligkeit eine Junge in eine Alte." Gelegentlich soll er aber über das Ledigsein auch einmal gesagt haben: „So ist es auch nichts." In seinem Manuskriptbuch „Brieftasche", in das er private Bemerkungen einträgt, soll sich auch eine Äußerung befunden haben, die nach seinem Tode von seinem Erben vernichtet wurde, in der Schopenhauer die Übelstände der Monogamie durch die Einführung der Tetragamie abzuhelfen wünscht.

Schopenhauer hat schließlich die Beziehung zwischen Mann und Frau ausschließlich als ein soziales, ja geradezu als ein rein juristisches Problem aufgefaßt. Jede Geschlechtsbefriedigung ohne Übernahme einer Verbindlichkeit sei Unrecht. Und in seinen philosophischen Vorlesungen reiht er die Verneinung des fremden Willens durch die Bejahung des eigenen in der Geschlechtsbefriedigung direkt unter die „Sechs Rubriken des Unrechts" ein. Schopenhauers Auffassung, daß es sich hier um eine juristisch lösbare Aufgabe handle, hat auch im späteren bürgerlichen Zeitalter immer mehr Geltung gewonnen, aber der Versuch der Einordnung dieses Gebietes in eine allgemeine rechtliche Regelung hat auf der anderen Seite zu Auswüchsen unserer Zivilisation geführt. Unter den menschlichen Handlungen sind diese der Sphäre von Recht und Unrecht am weitesten entrückt. Versucht man die Befriedigungen unserer Leidenschaften durch eine alles umspannende Organisation zu bewerten, so treten die paradoxesten Erscheinungen zutage. Bei Stargagen, künstlerischen Honoraren und dem Kampf um die Frau beginnt die Integral- und Differentialrechnung unseres geordneten Kultur- und Wirtschaftslebens. Bei diesem Börsengeschäft mit unterirdischen Instinkten und Wünschen sind zu viel unübersehbare Faktoren im Spiel, als daß es nach der reinen Theorie aufzulösen wäre. Hier stimmt die Rechnung nie, so wie sie beim Genie niemals stimmt, hier grenzt die Praxis ans Metaphysische und die Realität nimmt hier, wird sie ohne Phantasie behandelt, selbst pathologische Züge an. Darum auch ist Schopenhauer auf diesem Gebiet in seiner Charakterbildung nie ins Gleichgewicht gekommen.

Schopenhauer nennt den „erworbenen Charakter“ die möglichst vollkommene Erkenntnis der eigenen Individualität. „Wir müssen erst aus Erfahrung lernen, was wir wollen und was wir können. Bis dahin wissen wir es nicht, sind charakterlos und müssen oft, durch harte Stöße von außen, auf unsern eigenen Weg zurückgeworfen werden. Haben wir es aber endlich erlernt; dann haben wir erlangt, was man in der Welt Charakter nennt, den erworbenen Charakter.“ „Nur wer dahin gelangt ist, wird stets mit voller Besonnenheit ganz er selbst sein ... Er wird alsdann oft der Freude teilhaft werden, seine Stärken zu fühlen, und selten den Schmerz erfahren, an seine Schwächen erinnert zu werden: dies letztere ist Demütigung, die vielleicht den größten Schmerz verursacht. Darum kann man es viel besser ertragen, sein Mißgeschick, als sein Ungeschick deutlich ins Auge zu fassen." Die Übereinstimmung mit sich selbst, der Handlungen mit der eigenen Individualität, macht nach Schopenhauer den Charakter eines Menschen aus. Darum erscheint in Schopenhauers eigenem Charakterbild jede Eigenart, auch seine Eitelkeit und sein lächerlicher Verfolgungswahn, so richtig. Nur in seiner Beziehung zur Frau ist sein Charakter unklar, dunkel, er selbst sucht diese Beziehung zu verbergen, er versucht vergeblich auf diesem Gebiet zu einer Lösung zu gelangen. Er, der das Mysterium der Liebe auf das Mitleid zurückzuführen versucht hat, vermochte eine Frau nicht richtig zu lieben. Entweder sah er in ihr voll Befangenheit das Sexualobjekt, oder sie blieb ihm fremd wie seine Schwester. Das ist der tragische Zug in seinem Wesen und in seinem Leben.

Die Werke eines Menschen, welcher Art immer sie sein mögen, sind nichts anderes als mehr oder weniger gelungene Abzüge, die von seinem Charakter hergestellt und abgenommen werden. Diese Abzüge zeigen bei Schopenhauer ein großartiges eindeutiges Bild. Auch dort, wo das Bild möglicherweise etwas Falsches sagt. Nur an einer Stelle hat er dem Bilde ein wenig nachgeholfen. Mit einem bitteren witzigen Spott, in seinem Kapitel „Über die Weiber".

Wenn nicht jeder ein so ganz übertriebenes Interesse an sich selbst nähme, so wäre das Leben so uninteressant, daß keiner es darin aushielte", hat Schopenhauer einmal gesagt. Jetzt wird dieses Interesse an seiner eigenen

Person auch von so vielen anderen geteilt. Das erleichtert das Leben, rechtfertigt den einzelnen. Die gewohnte Einsamkeit ist da mit einem Male etwas ganz anderes. Überhaupt sind die Hauptrollen im Leben viel leichter zu spielen als die kleinen Episoden.

Der wachsende Ruhm besticht ihn nicht. „Wenn man so ein langes Leben in Unbedeutsamkeit und Geringschätzung zugebracht hat, da kommen sie am Schluß mit Pauken und Trompeten und meinen, es sei was.“ Er führt im großen und ganzen sein stilles, zurückgezogenes Leben weiter. Der Ruhm verändert nichts an seinen Gewohnheiten und Lebensformen. „Das Leben ist eine Lehre, die jedem in seiner Sprache erteilt wird.“ Seine Lehrzeit ist fast zu Ende. Er weiß, daß jeder Mensch zur richtigen Zeit stirbt. Er ist sich nun über die Welt vollkommen im klaren. Sie ist für ihn bloß ein Vorurteil. „Der glückliche Traum eines Bettlers“ ist das Leben im besten Fall.

Er ist jetzt sehr schwerhörig, aber was überhört man schon? Er vermag jetzt auch, da die Weitsichtigkeit des Alters bei ihm eingetreten ist, wieder ohne Brille zu lesen. Bis zum Ende arbeitet er unentwegt an der Vorbereitung der 3. Auflage der „Welt als Wille und Vorstellung“, die ein Jahr vor seinem Tode erscheint, und an der 2. Auflage der „Beiden Grundprobleme der Ethik“, die im Sterbejahr genau an seinem Todestag herauskommt. Er behält Arbeitskraft und geistige Frische bis zu allerletzt, als schon der physische Organismus nicht mehr Schritt zu halten vermag. Die Arbeit erfolgt fast automatisch, der Kopf hat sich sozusagen selbständig gemacht, das Gehirn funktioniert unausgesetzt weiter. Er entwirft in seinem Manuskriptbuch verschiedene Vorreden zu der Neuauflage seines Hauptwerks. Eine, die er wieder verwirft, beginnt mit den Worten: „Nun wohl, jetzt ist es ja überstanden, das Abendrot meines Lebens wird das Morgenrot meines Ruhms, und ich sage in Shakespeares Worten:

Ihr Herren, guten Morgen, löscht die Fackeln aus!
Der Wölfe Raubzug ist gewesen; seht den milden Tag.
Vor Phöbus Wagen schreitet er einher,
Den noch schlaftrunknen Ost mit Grau besprenkelnd."

Als das neue Buch erschienen ist, erhält der Zweiundsiebzigjährige eines Tages einen Brief aus Wien, von Ottilie von Goethe, die ihm schreibt: er habe jetzt das Ziel seiner Jugend erreicht, er sei „der Philosoph seines Jahrhunderts" geworden. Die späte Anerkennung von einer Stimme aus seiner frühesten Jugend. Aber das Gemüt des alten Mannes ist schon zu unbewegt, als daß er diesen Reiz noch verspüren könnte.

Am 1. Juli 1859 übersiedelt er nach 16 Jahren aus seiner Wohnung Schöne Aussicht Nr. 17 in das danebenliegende Haus Nr. 16, in dem er gleichfalls eine Parterrewohnung mietet. Seine täglichen Spaziergänge, die Fußbäder im Main absolviert er bis zum letzten Tag. In den letzten Jahren hatte er einen neuen Freund durch persönlichen Verkehr gefunden, den er gerne sieht, obzwar dieser neue Freund kein bedingungsloser Anhänger seiner Philosophie ist. So sehr ist Schopenhauer bereits gegen die Menschen gleichgültig geworden. Doktor Wilhelm Gwinner, den er im „Englischen Hof" kennen lernt und mit dem er sich, ohne daß Gwinner vorgestellt wäre, gelegentlich in Gegenwart Dritter unterhält, besucht ihn schließlich auch im eigenen Hause und in den letzten vier Jahren pflegt Schopenhauer vertrauten Umgang mit ihm. Ihm vermacht auch Schopenhauer, da Gwinner ein sehr korrekter Jurist ist, nach langen Bedenken seinen philosophischen Nachlaß. Zu den Freunden, die er von früher kennt, hat Schopenhauer nicht das Vertrauen wie zu diesem Fremden. In seine Hand legt er auch endlich sein Testament, das Schopenhauer 1852 verfaßt hat und ein Jahr vor dem Tode ergänzt und abändert. Da er der Letzte seines Namens ist, setzt er zum Universalerben „den in Berlin errichteten Fonds zur Unterstützung der in den Aufruhr- und Empörungskämpfen der Jahre 1848 und 1849 für Aufrechterhaltung und Herstellung der gesetzlichen Ordnung in Deutschland invalide gewordenen preußischen Soldaten, wie auch der Hinterbliebenen solcher, die in jenen Kämpfen gefallen sind," ein. Seinen Rechtsbegriffen trägt er auf diese sehr einfache Weise Rechnung. Außerdem bedenkt er folgende Personen mit Legaten und Erinnerungsgegenständen:

1. entfernte Verwandte, die er auch bei Lebzeiten unterstützt hat, mit Legaten in der Höhe von 2400 Talern,

2. seine Haushälterin Margaretha Schnepp, die neben einer Leibrente von 9000 Talern das gesamte Silberzeug, Mobilar usw. usw. erhält,

3. seinen Pudel Atma, für dessen Verpflegung ein Kapital von 300 Gulden ausgesetzt wird,

4. Caroline Richter-Medon, seine Berliner Geliebte, der er ein Legat von 5000 Talern aussetzt und das diese 20 Jahre hindurch bezieht,

5. Dr. Frauenstädt, der eine goldene Busennadel mit

Smaragd, wissenschaftliche Manuskripte, die mit Papier durchschossenen Exemplare seiner eigenen Werke und das Verlagsrecht zu allen künftigen Auflagen, ferner Kants Werke und Kants Büste erhält,

6. Dr. Bähr, der die nicht gekrönte Preisschrift über Schopenhauer verfaßt hatte und der seine goldene Uhr erbt,

7. Dr. Lindner, der die goldene Uhrkette mit Anhängern,

8. Dr. Asher, der seine goldene Brille erhält,

9. Maler Lunteschütz, dem eine elfenbeinerne Büste seines Urgroßvaters und ein Porträt seiner Mutter auszufolgen sind,

10. Geheimrat Krüger, der das Exemplar der Kantischen „Kritik der praktischen Vernunft“ mit eigenhändigen Anmerkungen des Verfassers zurückgestellt erhält,

11. Dr. Gwinner, der Testamentsvollstrecker, der neben dem philosophischen Nachlaß seine gesamte Bibliothek erbt.

Die Frankfurter Stadtbibliothek erhält die ihn darstellenden Daguerrotypbilder. Letztwillig verfügt Schopenhauer noch, daß auf seinem Grabstein nichts als sein Vor- und Zuname zu stehen habe. Das nachgelassene Vermögen betrug über 70.000 rheinische Gulden, also ungefähr das Doppelte, als das vom Vater ererbte Kapital betragen hatte.

Alles ist in Ordnung gebracht. „Das menschliche Leben ist eigentlich weder lang, noch kurz zu nennen;“ steht in seinen Parerga, „weil es im Grunde das Maß ist, wonach wir alle anderen Zeitlängen abschätzen. Der

Grundunterschied zwischen Jugend und Alter bleibt immer, daß jene das Leben im Prospekt hat, dieses den Tod; daß also jene eine kurze Vergangenheit und lange Zukunft besitzt; dieses umgekehrt. Allerdings hat man, wenn man alt ist, nur noch den Tod vor sich; aber wenn man jung ist, hat man das Leben vor sich; und es frägt sich, welches von beiden bedenklicher sei, und ob nicht, im ganzen genommen, das Leben eine Sache sei, die es besser ist hinter sich, als vor sich zu haben." Wahrscheinlich stirbt auch ein Genie leichter, weil es selbst das Interessanteste geworden ist, das ihm die Welt zu bieten hat. Sein Tod ist ein größerer Verlust für die anderen als der Verlust der anderen für das Genie.

Schopenhauer hat den Tod als das Endziel, als den Zweck des Lebens betrachtet. Für ihn hat der Tod alle Schrecken verloren. In seinen philosophischen Vorlesungen heißt es: „Daher so lange wir von Lebenswillen erfüllt sind, dürfen wir für unser Dasein nicht besorgt sein, auch nicht beim Anblick des Todes. Zwar sehn wir das Individuum entstehen und vergehen: aber das Individuum ist nur Erscheinung, ist nur da für die im Satz vom Grund befangene Erkenntnis. Für diese freilich empfängt es sein Leben wie ein Geschenk, geht aus dem Nichts hervor, leidet dann durch den Tod den Verlust jenes Geschenkes und geht ins Nichts zurück. Wenn wir aber das Leben philosophisch, d. h. nach seinen Ideen betrachten, so werden wir finden, daß weder der Wille, das Ding an sich in allen Erscheinungen, noch das Subjekt des Erkennens, der Zuschauer aller Erscheinungen von Geburt und Tod, irgend berührt werden." „Die beständige Ernährung und Reproduktion ist nur dem

Grade nach von der Zeugung verschieden: und die beständige Exkretion nur dem Grade nach vom Tode." „Die Leiche ist ein bloßes Exkrement der stets bestehenden menschlichen Form."

In denselben Blättern stellt Schopenhauer auch eine Betrachtung über das Nichts an, aus dem das Individuum hervor- und in das es zurückgeht: „Das allgemein als positiv Angenommene, welches wir das Seiende nennen und dessen Negation der Begriff Nichts in seiner allgemeinsten Bedeutung ausspricht, ist eben die Welt als Vorstellung, welche ich nachgewiesen habe als Sichtbarkeit des Willens. Aufhebung des Willens ist auch Aufhebung und Verschwinden der Welt, seiner Sichtbarkeit und seines Abbilds. Erblicken wir ihn nicht mehr in diesem Spiegel; so fragen wir vergeblich, wohin er sich gewendet hat, und klagen dann, er sei ins Nichts verlorengegangen. Ein umgekehrter Standpunkt, wenn er für uns möglich wäre, würde das für uns Seiende als das Nichts zeigen und jenes Nichts als das Seiende. Dieses letztere bleibt aber für uns das Negative und kann von uns nur negativ bezeichnet werden, solange wir eben selbst der Wille zum Leben sind: denn was uns hier alle Erkenntnis benimmt, ist eben der alte und wahre Satz der Pythagoreer, daß Gleiches nur von Gleichem erkannt wird. Würde nun aber dennoch schlechterdings darauf bestanden, von dem, was die Philosophie nur negativ als Verneinung des Willens ausdrücken kann, irgendeine positive Erkenntnis zu erlangen; so bliebe uns am Ende nichts übrig, als auf den Zustand zu verweisen, welchen alle die erfahren haben, die zur Verneinung des Willens gelangt sind, und welchen man bezeichnet hat mit dem Namen Ekstase, Entzückung, Entrückung, Erleuchtung, Vereinigung mit Gott usw.: dieser Zustand ist aber eigentlich nicht Erkenntnis zu nennen, ist auch übrigens nur der eigenen, nicht weiter mitteilbaren Erfahrung zugänglich."

In dem Schlußkapitel seiner Vorlesungen, das er „Eine letzte Frage" betitelt, faßt er seine Betrachtung des Gegenstandes, der mit dem Begriff des Todes in so naher Berührung steht, in folgender Weise zusammen: „Nun endlich zuletzt könnte vielleicht jemand noch so fragen: Woher denn nun aber endlich dieser Wille, der Freiheit hat, sich entweder zu bejahen, wovon die Erscheinung die gegenwärtige Welt ist, oder auch sich zu verneinen und aufzuheben, wodurch wir zwar begreifen, daß diese erscheinende Welt für ihn wegfällt, aber keine positive Erkenntnis haben können von dem neuen Zustand, der dann für ihn eintreten mag; woher überhaupt zuletzt dieses ganze Wesen, das Wille sein kann und auch nicht Wille?

Hierauf wäre nun die erste Antwort diese, daß alles Woher bloß auf dem Satz vom Grunde beruht, der aber nur Form der Erscheinung ist und sonach nur auf dem Gebiet der Erscheinung gilt, nicht darüber hinaus: folglich hier ganz fälschlich das Woher auf das Ding an sich übertragen wird. Inzwischen wollen wir diese ganz richtige Antwort beiseitesetzen und noch eine andere geben. Wenn also jemand so fragte, so sagen wir: Davon ist nicht bloß für uns keine Erkenntnis möglich; sondern überhaupt schlechthin keine, nie und nirgend und unter keiner Bedingung: dies ist nicht etwa bloß relativ unerforschlich, sondern absolut nicht erkennbar. Es weiß es nicht nur niemand, sondern es kann seiner Natur nach nie gewußt werden. Denn die Erkennbarkeit selbst und überhaupt genommen, mit ihrer notwendigen Form von Subjekt und Objekt, gehört bloß der Erscheinung an, dem Äußerlichen, nicht dem Innerlichen, gar nicht dem Wesen an sich weder dieser Welt noch anderer möglicher Welten. Überall, wo Erkenntnis, also Vorstellung ist, da ist auch nur Erscheinung, da sind wir schon auf dem Gebiete der Erscheinung. Darum, was die Welt als Welt sei, haben wir erkannt: sie ist Erscheinung. Das ist aber auch alles, was die Philosophie leisten kann. Verlassen wir aber die Welt überhaupt, sowohl ihrer Erscheinung als ihrem Wesen an sich nach, um zu fragen, woher dieses ganze Wesen selbst; dann haben wir den ganzen Boden verlassen, auf dem allein Erkenntnis irgend möglich sein kann. Denn das innerste Wesen der Welt ist kein erkennendes. Das Wesen an sich steht gar keiner möglichen Erkenntnis offen: weil eben die Erkenntnis überhaupt nur in der Welt ist, wie die Welt nur in der Erkenntnis ist.

Das wäre die letzte Antwort. Hieraus ist einzusehn, daß auf eine Frage, wie folgende: Was wäre ich, wenn ich nicht der Wille zum Leben wäre? es nie und nirgends eine Antwort geben kann. Die Dunkelheit, welche über unser Dasein verbreitet ist, in deren Gefühl Lukrez ausruft:

> Ach, in welchem Dunkel des Seins, in wie großen Gefahren
> Wird jedes Stück des Lebens verbracht!

diese Dunkelheit, die eben das Bedürfnis der Philosophie

herbeigeführt und deren sich philosophische Geister in einzelnen Augenblicken mit einer solchen Lebhaftigkeit bewußt werden, daß sie den andern als beinahe wahnsinnig erscheinen können: diese Dunkelheit des Lebens also muß man sich nicht daraus zu erklären suchen, daß wir von irgendeinem ursprünglichen Licht abgeschnitten wären, oder unser Gesichtskreis durch irgendein äußeres Hindernis beschränkt wäre, oder die Kraft unseres Geistes der Größe des Objekts nicht angemessen wäre; durch welche Erklärung alle jene Dunkelheit nur relativ wäre, nur in Beziehung auf uns und unsere Erkenntnisweise vorhanden. Nein, sie ist absolut und ursprünglich: sie ist daraus erklärlich, daß das innere und ursprüngliche Wesen der Welt nicht Erkenntnis ist, sondern allein Wille, ein erkenntnisloser. Die Erkenntnis überhaupt ist sekundären Ursprungs: darum ist nicht jene Finsternis ein zufällig beschatteter Fleck mitten in der Region des Lichtes; sondern die Erkenntnis ist ein Licht mitten in der grenzenlosen ursprünglichen Finsternis, in welche sie sich verliert. Daher wird diese Finsternis desto fühlbarer, je größer das Licht ist, weil es an desto mehr Punkten die Grenze der Finsternis berührt: ich will sagen, je intelligenter ein Mensch ist, desto mehr empfindet er, welche Dunkelheit ihn umfängt, und wird eben dadurch philosophisch angeregt. Hingegen der Stumpfe und ganz Gewöhnliche weiß gar nicht, von welcher Dunkelheit eigentlich die Rede ist: er findet alles ganz natürlich."

Schopenhauer erzählt kurz vor seinem Tode einem Besucher: Ein „Neunziger in Aschaffenburg wollte eine Weintraube vom Gelände schneiden, als er tot umfiel.

So möchte ich sterben." Und in seinen „Aphorismen zur Lebensweisheit" schrieb er: „Im Upanischad des Veda wird die natürliche Lebensdauer auf 100 Jahre angegeben. Ich glaube, mit Recht; weil ich bemerkt habe, daß nur die, welche das neunzigste Jahr überschritten haben, der Euthanasie teilhaftig werden, d. h. ohne alle Krankheit, auch ohne Apoplexie, ohne Zuckung, ohne Röcheln, ja bisweilen ohne zu erblassen, meistens sitzend, und zwar nach dem Essen, sterben, oder vielmehr gar nicht sterben, sondern nur zu leben aufhören."

Bis zwölf Tage vor seinem Tod ist Schopenhauer wohlauf. Einige Jahre zuvor befiel ihn einmal bei Tisch eine Ohnmacht, die jedoch ohne Folgen blieb. Im April seines letzten Jahres hat er zeitweilig mit Atmungsbeschwerden und Herzklopfen zu schaffen. Im Sommer muß er mitunter auf der Straße stehen bleiben, er kann sich nicht an das langsamere Gehen gewöhnen und überanstrengt sich deshalb leicht. Im August hat er einen Schwächeanfall, er entfärbt sich und hat das Gefühl, als müßte er ersticken. Der Arzt findet keine organische Veränderung, rät aber zu schmaler Kost. Medikamente nimmt Schopenhauer nicht, weil er zu diesen kein Zutrauen hat. In den ersten Tagen des Septembers wiederholt sich der Erstickungsanfall. Am 9. September erkrankt er an einer Lungenentzündung, von der er sich aber so rasch erholt, daß er nach acht Tagen, am 17., schon wieder das Bett verlassen kann und Besuche empfängt. Dem ersten Besucher, es sind vier Tage vor seinem Tode, sagt er jedoch: es sei das Ende.

Am nächsten Tag besucht ihn Doktor Gwinner das letzte Mal. Schopenhauer beklagt sich über intermittierende Palpitationen, über ein mit Unterbrechungen auftretendes Herzklopfen. Seine Stimme ist aber unvermindert stark und er zeigt die gleiche Lebhaftigkeit wie immer. Er spricht mit Gelassenheit von seinem bevorstehenden Tode. Inzwischen hat die Haushälterin die Leuchter ins Zimmer gebracht, weil Schopenhauer das verdeckte Licht der Lampe nicht haben will. Das Gespräch dreht sich jetzt um ein neues Buch, das ihm Gwinner empfohlen hatte und das der Alte energisch ablehnt. Während der weiteren Unterhaltung kommt er immer wieder auf seinen Tod zu sprechen und bedauert, daß er jetzt nicht mehr wichtige Zusätze zu den Parergis machen könne. Auch erzählt er die Entstehungsgeschichte der Parerga und meint, daß einige Stellen daraus in die 3. Auflage seiner „Welt als Wille und Vorstellung" hätten aufgenommen werden müssen. Zum Schluß versichert er dem Besucher, es wäre für ihn eine Wohltat, nun zum Nichts zu gelangen, aber der Tod eröffne leider noch nicht diesen Weg. Aber er habe wenigstens „ein reines intellektuelles Gewissen". Das sind die letzten Worte Schopenhauers, die uns überliefert sind.

Die letzte Eintragung in seinem Mauskriptbuch lautet: „Die Welt ist, und ist wie Figura zeigt: ich möchte nur wissen, wer etwas davon hat?" Der letzte Brief, unmittelbar vor seiner Erkrankung geschrieben, ist an zwei Zöglinge der Artillerie-Kadettenschule in Mährisch-Weißkirchen, Michael Sikič und Camillo Schramek, gerichtet, die heimlich Schopenhauer gelesen hatten und nun Aufschluß darüber verlangten, warum ein verneinter Wille, da doch der Wille in allen

Erscheinungen derselbe sei, nicht überhaupt die Welt aufhebe? Übrigens eine Frage, die auch von anderen gestellt worden war. Schopenhauers Antwort hatte folgenden Wortlaut:

„Meine jungen Freunde,

Daß Sie in jugendlichem Alter, in einer aller Philosophie sehr heterogenen Lage, endlich auch noch in einer entlegenen österreichischen Provinz, sich so ernstlich mit meinen Lehren beschäftigen, hat mich erstaunt und höchlich erfreut, zudem auch mir von Ihnen eine vorteilhafte Meinung gegeben. Daher ich nicht unterlasse, Ihnen zu antworten. Ihr Problem läßt sich sehr leicht zurückführen auf einen Schluß, der formell richtig ist und dessen Prämissen wahr sind, – während die Konklusion eine offenbar falsche Aussage ist. Dies entsteht daraus, daß dabei eine Amphibolie der Begriffe vorgeht, indem der Wille als individuelle Erscheinung genommen, sodann aber wieder in seiner Eigenschaft als Ding an sich gefaßt wird. In dieser letzteren Beziehung wird jedoch der Gegenstand transzendent, d. h. er geht über alle Möglichkeit unseres Verständnisses hinaus; weil über die mögliche Erfahrung hinaus die Formen unsers Intellekts, Raum, Zeit, Kausalität, nicht mehr anwendbar sind. Diese Formen behält jedoch Ihre Argumentation bei, indem sie die Prädikate Ganzes und Teil, Einheit und Zahl, Ursach und Wirkung, auf den Willen als Ding an sich anwendet. Sie fassen ihn z. B. mittelst unsrer Anschauungsform Raum, indem Sie quantitativ von ihm reden und sagen: ‚Da der Wille in jedem Individuo ganz vorhanden ist, muß mit seiner Aufhebung in diesem die ganze Welt aufgehoben sein'. Wenn Sie aber die Sache so rein quantitativ auffassen, hätten Sie, konsequenterweise, höher oben anfangen und sagen sollen: ‚nimmermehr kann der ganze und unteilbare Wille ganz in jedem von zahllosen Individuen sein'. Im gleichen geht Ihre Argumentation eigentlich auch auf die Kausalität, die der aufgehobene Wille auf die Erscheinungswelt ausübt. Ebenso nimmt sie die Zeit in Betrachtung, indem sie sagt: ‚nach dem Eintritt einer Verneinung des Willens muß usw.' Diese gesamte Amphibolie entsteht daraus, daß Ihre Argumentation sich auf die Grenze des unsrer Erkenntnis Zugänglichen und des ihr Unzugänglichen, Transzendenten, gestellt hat und nun die Begriffe über diese Grenze hin und her wirft. Ich meinerseits habe mich vor aller Transzendenz gehütet und immer nur von dem geredet, was sich in der Erfahrung nachweisen läßt: so habe ich den Willen in seiner Bejahung gezeigt, nebst der an dieser hängenden Erscheinung, dieser Welt, als ihrer Folge; sodann das ethische Phänomen seiner Verneinung: hier aber kann ich aut die Folgen nicht weiter schließen, als negativ, und da sind sie für uns Nichts. Ob nun die den Willen bejahenden Individuen und das ihn ausnahmsweise verneinende sich in der Zeit als vor oder nach einander darstellen, macht keinen Unterschied, so wenig wie daß sie im Raum neben einander auftreten müssen. Dies alles geschieht bloß in der Erscheinung und vermöge ihrer Formen. Für den in der Verneinung begriffenen individuellen Willen habe ich die negative Folge ausgesprochen, Bd. 1, p. 452, 3. Auflage, 2. Auflage, p. 432 und damit die äußerste Grenze, zu der unsre Fassungskraft reicht, berührt. Von Herzen wünsche ich Ihnen Glück und Heil in Ihrer militärischen Laufbahn, und daß der philosophische Geist Sie durch das ganze Leben begleiten möge.

Frankfurt a. M. d. 1. Septr. 1860.

Arthur Schopenhauer."

Der letzte Absatz des Briefentwurfes ist weggeblieben, er lautete: „Die Wahrheit ist: für den, der sie will, ist sie stets da; für den, der sie nicht will, ist sie nicht." Das sorgfältige Schreiben mußte Schopenhauer an die beiden tschechischen Kadetten unter Chiffre poste restante senden, damit die Vorgesetzten von der verbotenen Korrespondenz der Schüler nichts erführen.

Am 20. September überfällt Schopenhauer am Morgen ein Brustkrampf. Er fällt zu Boden und verletzt sich leicht die Stirn. Den Tag über fühlt er sich aber wohl und die folgende Nacht, seine letzte, schläft er gut und ruhig. Am 21. September, es ist ein Freitag wie der Tag seiner Geburt, herrscht herrliches warmes Wetter. Die Haushälterin lüftet deshalb das Zimmer und öffnet die Fenster, während Schopenhauer in seiner gewohnten Sofaecke beim Kaffee sitzt. Dann läutet die Hausglocke und sie geht die Tür öffnen. Als gleich darauf der an diesem Morgen erwartete Arzt mit der Haushälterin ins Zimmer tritt, sitzt Schopenhauer etwas zurückgelehnt unter dem Porträt Goethes. Er ist gestorben. Das Gesicht trägt keine Spur eines Todeskampfes, seine Züge haben einen gleichgültigen Ausdruck. Der Arzt konstatiert einen eben eingetretenen Lungenschlag.

Zwei Tage später wird die Leiche, das Haupt mit einem Lorbeerkranz geschmückt, in aller Stille in die Leichenkammer des Frankfurter Friedhofes gebracht.

Seinem Wunsch gemäß findet die Beerdigung erst nach fünf Tagen statt, die Möglichkeit eines Scheintodes war seine letzte Furcht. Am 26. September 1860 regnet es, als Schopenhauer begraben wird. In der kleinen Totenkammer herrscht schlechte Luft, die Leiche hat bereits zu riechen begonnen. Einige der versammelten Personen müssen während der Abschiedszeremonie den Raum verlassen. Drei lange Reden werden gehalten. Der Pfarrer Doktor Basse spricht die üblichen Worte. Gwinner hält einen sehr hochtrabenden, allzu literarischen Nachruf. Er spricht von „mancher Schlacke des Irrtums“ in Schopenhauers Philosophie, er behauptet ganz falsch, der Verstorbene sei der erste gewesen, „welcher das Sittliche zum Absoluten (ein Wort, das Schopenhauer verabscheute) erhoben“ habe, und er sagt dem Toten „Schroffheit in der Äußerung“ und ein „unendlich empfindliches, reizbares Herz“ nach und noch einiges, was man bei solch einem passenden Anlaß vorzubringen pflegt.

Auf dem Heimweg streiten sich die sonderbaren, wunderlichen kleinen Leute, die dem Sarg gefolgt sind, in verschiedenen deutschen Dialekten über Optimismus und Pessimismus.

Eine Biographie ist ein Plädoyer. So ungewiß es ist, ob den Menschen jemals ein Weltgericht erwartet, für einzelne große Täter existiert ein solches im Bewußtsein der Weltgeschichte. Schopenhauer war übrigens selbst dagegen, daß seine Biographie geschrieben werde. Er meinte, die ganze Person sei in seinem Werk enthalten.

Aber das Publikum ist eine sehr hungrige Bestie, die einen Autor, an dem sie einmal Geschmack gefunden hat, wenngleich teils unverdaut, mit Haut und Knochen zu verspeisen wünscht.

Die Biographie Schopenhauers endet nicht mit seinem Tode, ein letztes Kapitel Nachwelt gehört noch zu ihr. Erst die Nachwelt hat die Wirkung seiner Persönlichkeit voll zum Ausdruck gebracht, in einer dem ironischen Charakter seines Lebens entsprechenden Weise. Und eine Pointe dieser Lebensgeschichte ist es, daß sich der Held diesen letzten Ausklang seines Lebens zu erleben erspart hat. Als Doktor Gwinner Schopenhauer das letzte Mal besuchte, hat ihm der Sterbende gesagt: „Daß nun bald die Würmer meinen Leib zernagen werden, das ist mir kein arger Gedanke, dagegen denke ich mit Grauen daran, wie es meiner Lehre unter den Händen der Philosophieprofessoren ergehen wird." Und ein anderes Mal hat er gesagt: „Die Mitwelt betrachtet das Genie als einen Hasen, auf den man bei Lebzeiten schießt, der erst nach dem Tode genießbar und der Zubereitung fähig wird."

Schopenhauer wurde von der Nachwelt in keiner Weise verschont. Tolstoi schrieb zu Beginn der Sechzigerjahre an einen Freund: „Ein unwandelbares Entzücken an Schopenhauer und eine Reihe geistiger Genüsse durch ihn haben mich erfaßt, wie ich sie nie bisher empfunden. Ich weiß nicht, ob ich die Meinung je ändern werde, aber gegenwärtig finde ich, daß Schopenhauer der genialste der Menschen ist. Es ist eine ganze Welt in einem unglaublich kleinen und schönen Spiegelbilde." Und Lombroso hat bewiesen, daß Schopenhauer ein „wahnsinniges Genie“ war, während Iwan Bloch feststellte, daß Schopenhauer in München an der Syphilis gelitten habe. Die im Nachlaß gefundenen ärztlichen Verordnungen ließen es vermuten, das Gegenteil wurde aber nachher einwandfrei festgestellt. Gewiß ist mancher der bedeutenden Männer der Geschichte von dieser Krankheit verschont geblieben, keiner aber von dem Verdacht einer solchen.

Unmittelbar nach seinem Tode steigt der Erfolg steil an und erreicht gegen das Ende des Jahrhunderts seinen Höhepunkt. Anpreisende, widerlegende, kommentierende Aufsätze, Broschüren, Bücher, Preisschriften, Dissertationen erscheinen in unermeßlicher Fülle. Bis zu dem Zeitpunkt, da seine Sämmtlichen Werke in keiner besseren Bibliothek fehlen, von verschiedenen Verlegern gleichzeitig herausgegeben werden und Schopenhauer zur allgemeinen Bildung gehört, erscheinen seine Bücher in der nachstehenden Folge:

1860: 2. Auflage der „Ethik“,
1862: 2. Auflage der „Parerga“,
1. Auflage des „Gracian“,
1864: 3. Auflage der „Vierfachen Wurzel“,
1. Auflage des Nachlasses,
1867: 3. Auflage des „Willens in der Natur“,
1870: 3. Auflage „Über das Sehn und die Farben“,
1873: 4. Auflage der „Welt als Wille und Vorstellung“,
1874: 3. Auflage der „Parerga“,
1. Auflage der Sämmtlichen Werke,
1877: 2. Auflage der Sämmtlichen Werke.

1890 erscheint die sechsbändige Gesamtausgabe der durch

Grisebach auf das sorgfältigste revidierten Werke, in der der Herausgeber nicht weniger als 1669 Verunstaltungen des Textes in der bisherigen Gesamtausgabe, die von Frauenstädt besorgt wurde, nachweist. Binnen zwei Jahren sind 25.000 Exemplare der neuen Ausgabe verkauft. Die Büste Schopenhauers vom Bildhauer Schierholz, nach der Totenmaske hergestellt, findet ungeheure Verbreitung. Schopenhauers Briefe, man zählt heute 307 erhaltene, werden veröffentlicht. 1882 werden 19 Originalbriefe an Lindner mit 511 Mark gehandelt, 1886 wird ein einzelner Brief für 250 Mark versteigert. Kurz darauf taucht ein Exemplar der ersten Auflage der „Welt als Wille und Vorstellung" in einem Frankfurter Antiquariat auf und erzielt einen Preis von schwindelnder Höhe. Gwinner und Frauenstädt, die beiden Erben der Manuskripte und der Bibliothek, veräußern immer wieder einzelne Stücke oder lassen sie versteigern. Ihr frühes Eintreten für Schopenhauer trägt ihnen reiche Zinsen. Nach dem Tode Frauenstädts kommt schließlich der größte Teil der philosophischen Manuskripte in den sicheren Besitz der Berliner Königlichen Bibliothek.

Die Rivalität der Freunde Schopenhauers bildet ein eigenes humoristisches Kapitel. Gwinner, Frauenstädt, Lindner und Asher publizieren Bücher „Von ihm, über ihn", „Neues von ihm und über ihn", „Schopenhauer und seine Freunde", Streitschriften, „Verteidigungen" Schopenhauers, „Erwiderungen" auf diese Verteidigungen usw. Die gegenseitigen öffentlichen Beschuldigungen und Rechtfertigungen zwischen Gwinner auf der einen und Frauenstädt und Lindner auf der anderen Seite erinnern schließlich an die Geschichte jenes Prozesses, bei dem sich zwei Leute vor Gericht immer größerer Verbrechen anklagen. Frauenstädt rühmt sich in einer Broschüre, durch einen Einwand Schopenhauer zu der folgenden Stelle im zweiten Band der „Welt als Wille und Vorstellung", 14. Kapitel, veranlaßt zu haben: „Gegen gewisse alberne Einwürfe bemerke ich ..." Der Hauptstreit beider Parteien geht um ein nachgelassenes Manuskriptheft, in dem Schopenhauer „Persönliches", „Privatverhältnisse zu einigen Personen", auch kleine Schwächen des eigenen Charakters, Klugheitsregeln und Lieblingsstellen einzutragen pflegte. Das 30 Blätter umfassende Heft hat Gwinner geerbt und will es dem angeblichen Willen Schopenhauers gemäß vernichtet haben. Lindner reklamiert es, indem er sich auf eine andere Äußerung des Verstorbenen beruft, daß dieses Manuskript nur „als posthumum" erscheinen dürfe. Frauenstädt erfährt von Gwinner, daß er es verbrannt habe. Als aber 1863 Gwinners Buch „Arthur Schopenhauer, aus persönlichem Umgang dargestellt" erscheint, beschuldigen ihn die beiden anderen in einem gemeinsam veröffentlichten neuen Buche des Diebstahls aus der strittigen Handschrift. Gwinner antwortet in einer Broschüre, Schopenhauer habe ihm seinerzeit aus dem Manuskript vorgelesen, was er wohl verwertet habe, aber er weist mit Entrüstung den Verdacht zurück, er hätte bloß die erste Person der Handschrift in die dritte übertragen. Sieben Jahre später, als Frauenstädt und Lindner nicht locker lassen und voll Pathos den Verlust einer Schopenhauerschen Schrift beklagen, räumt Gwinner ein, „einiges könne sogar wörtlich aufgenommen" worden sein. Frauenstädt gelingt es schließlich, aus dem Stil Schopenhauers das Kapitel „Wer er war“ im Gwinnerschen Buche als identisch mit dem fraglichen Manuskript nachzuweisen. Gwinner gesteht in der Vorrede zur zweiten Auflage seines Buches, daß er in dem betreffenden Kapitel einzelne Züge Schopenhauers zusammengestellt habe, „zumeist mit den eigenen Worten“ Schopenhauers. Auch nach dem Erscheinen der Schopenhauerschen Biographie von Gwinner, es ist die bisher umfangreichste, regnet es Angriffe. Selbst als die Freunde Schopenhauers gestorben sind, dauern die Kämpfe zwischen den Biographen an. Grisebach, der, nebenbei ein Dichter, die beste Lebensgeschichte Schopenhauers geschrieben hat, wird von Gustav Friedrich Wagner in seinem „Enzyklopädischen Register zu Schopenhauers Werken“ heftig angegriffen. Schopenhauers eigene Streitsucht hat sich da auf seine Anhängerschaft übertragen.

Unter den Verehrern und öffentlichen Bekennern für Schopenhauer sind neben Tolstoi Richard Wagner und Nietzsche die berühmtesten. Wagner erklärt sich in seinen Schriften in der Weltanschauung mit Schopenhauer einig. Nietzsche, der seinen „Willen zur Macht“ von Schopenhauers Willen zum Leben übernimmt, hat in den „Unzeitgemäßen Betrachtungen“ über „Schopenhauer als Erzieher“ geschrieben: „Ich gehöre zu den Lesern Schopenhauers, welche, nachdem sie die erste Seite von ihm gelesen haben, mit Bestimmtheit wissen, daß sie alle Seiten lesen und auf jedes Wort hören werden, das er überhaupt gesagt hat ... Solche Schriftsteller fehlen uns. Das kräftige Wohlgefühl des Sprechenden umfängt uns beim ersten Tone seiner Stimme; es geht uns ähnlich wie beim Eintritt in den Hochwald; wir atmen tief und fühlen uns auf einmal wiederum wohl. Hier ist eine immer gleichartige stärkende Luft ... Schopenhauers Ausdruck erinnert mich hier und da ein wenig an Goethe, sonst aber überhaupt nicht an deutsche Muster. Denn er versteht es, das Tiefsinnige einfach, das Ergreifende ohne Rhetorik, das Streng-Wissenschaftliche ohne Pedanterie zu sagen: und von welchem Deutschen hätte er dies lernen können?" Nietzsche hat sich übrigens später von Schopenhauer wieder abgewendet.

Noch mehr als die zahlreichen fanatischen Bekenntnisse für ihn hat die Polemik gegen Schopenhauer seinen Ruhm genährt. Eine eigene Literatur bilden die unzähligen Angriffe nach seinem Tode, von der simpelsten Revolverjournalistik bis hinauf zu ernster Auseinandersetzung und historischer Kritik. Er wird ein „brutaler Geselle" genannt, des „Hochmuts und eitelster Selbstüberhebung" beschuldigt, als „völlig gefühlloser Egoist" und „lächerlichster Philosoph" bezeichnet. Die „Süddeutsche Zeitung" urteilt 1863 über ihn: „Seine Eitelkeit und sein nichts achtender, nichts schonender Ehrgeiz, seine Menschenverachtung und Lieblosigkeit, seine Gemeinheit und Roheit, seine undeutsche Gesinnung, sein Hochmut, endlich sein Fanatismus, dem es nicht um philosophische Forschung und Wahrheit, sondern um Propaganda für seine trostlose Lehre zu tun ist." Andere finden bei ihm: „ein ganzes Nest von Irrtümern, von Erschleichungen und Übertreibungen", sie konstatieren: „diese absonderliche Geisteskrankheit", „ein unehrliches Spiel“ der Gedanken, „schlau geprägte Ausdrücke“, „ein Gewirr von Widersprüchen, von sich gegenseitig verklagenden, vexierenden und aufreibenden Ideen“, „eine abenteuerliche Weltanschauung“, „die gewöhnlichste, ja gemeinste Ansicht von Welt und Leben“, „und gerade aus dieser Mischung erwächst die romanhafte Abenteuerlichkeit, die blendende Paradoxie des in allen Farben spielenden Systems“. Man wirft ihm vor: „spielenden Idealismus“, „ein Bild von abschreckender Häßlichkeit, eine Grimasse“ sei seine Lehre, „nichts aus sich selbst, um es kurz zu sagen, sondern aus den Vorratskammern anderer Philosophen entnahm er das Bauzeug, die begrifflichen Bindeglieder der vereinzelten im eigenen Geiste entsprungenen Aperçus“, er wird zum „Freibeuter an den Lehren Kants, Fichtes, Schellings und der französischen Materialisten“.

Immer wieder taucht der Vorwurf auf, den übrigens auch sein Freund Gwinner ausspricht, Schopenhauer sei in der Theorie der ausgesprochene Pessimist, im Leben aber der raffinierteste Epikureer gewesen. Er habe die Weltentsagung gelehrt, aber dem Hochmut und dem Egoismus gefrönt. Professor Kuno Fischer behauptet, er sei „einer der glücklichsten Menschen, die je gelebt haben“, gewesen. Denn er habe Genie, Gesundheit, Unabhängigkeit und zuletzt auch Ruhm besessen. Ergötzlich ist eine Schilderung von Schopenhauers Privatleben, die 1862 von Karl Gutzkow erschien: „Wohnen in einer eleganten Etage, Aufstehn zwischen sieben und acht Uhr, behagliches Waschen mit dem Badeschwamm, der auf der Maschine selbst zubereitete Kaffee, die Pfeife, das einladende weiche Sofa mit dem beneidenswerten

Luxus interessanter Lektüre, jedem, der die Muße dazu finden kann, ein wahrer Hochgenuß, abwechselnd dann das Auge geschlossen und hineingeschaut in die Ideenwelt, die Feder ergriffen, die Wahrnehmungen der Seele niedergeschrieben, kein Keuchen unter der Last des Lesenmüssens, Schreibenmüssens, kein Buchhändler, der nur fertig gewordene Bücher sehen will, keine lärmende Kinderumgebung, keine Hausfrau, die über die Anschaffungen eine Rechnung bringt, vor deren Höhe der arme Geistesproletarier alle Besinnung verliert, keine Unterbrechung der Muße durch Pflichten der Geselligkeit, keine Musikübungen einer Frau oder Tochter, vor Tisch bläst der Asket selbst behaglich eine halbe Stunde Flöte, nimmt die Besuche der Verehrer und Geschäftsfreunde entgegen und schlendert dann an die Table d'hote des ersten Hotels in Frankfurt, der Universität der Gastwirte. Der fünfte oder sechste Gang der Speisen ist vorüber, jetzt wandelt der von Weltschmerz gedrückte ‚Einsiedler' nach Hause, macht sich wieder seinen Kaffee, stopft wieder seine Pfeife von einem fünf Fuß langen Weichselrohr, welche Länge allein den Rauch gehörig abkühle. Auf dem Sofa ausgestreckt, hat der Asket mit diesem allerdings unbequemen Rohr vielleicht einige Mühe, aber der Tisch liegt voll leichter Lektüre, die der Buchhändler schickt, die Brust dehnt sich, ein Wonnegefühl des Behagens durchströmt den ganzen Körper. Putz, der Pudel, bellt; der Abend naht, der einsame fröhliche Spazierlauf um die Stadt beginnt. Das Theater ist geöffnet, die Oper bringt ein Gastspiel. Der Glückliche, Sorglose geht in die Lesegesellschaft, liest die ‚Times', schlendert wieder in den Englischen

Hof zum Nachtessen und zu einer Flasche Wein. Dann endlich sinkt er nach zehn Uhr sanft in Morpheus' Arme, die ihn fest umschlungen halten. Er genießt das Glück eines gesunden Schlafs."

Ernstere Beurteiler werfen Schopenhauer eine große Anzahl historischer Irrtümer vor, Bildungsmangel auf einzelnen Gebieten, so an speziellen Kenntnissen der Musiktheorie. Foucher de Careil würdigt in seinem 1862 in Paris erscheinenden Buch „Hegel et Schopenhauer" als erster die Bedeutung Schopenhauers als Schriftsteller, worauf eine ganze Anzahl Kritiker nur den Schriftsteller gelten lassen will, bis ein berühmter Rezensent Schopenhauer einen „großen Belletristen" nennt. Die angesehensten Gegner sind die Professoren Paulsen und Kuno Fischer, die versteckte Angriffe gegen das Andenken Schopenhauers unternehmen. Victor Hugo greift ihn in seinem Roman „Les Misérables" an. Ein deutscher Autor spottet über seine „Raum- und Traumlehre", wirft seiner Philosophie vor, daß sie durch einen Trick, indem sich der Wille totstelle, die Welt zu erlösen gedenke. Vielleicht mit Recht wendet dieser Autor ein, daß sich Schopenhauer dem Einfluß der Romantik nicht ganz zu entziehen vermochte. Einer der größten Kritiker Schopenhauers, Rosenkranz, fällt gleichfalls ein negatives Urteil, das sehr beachtlich ist und immerhin ein Körnchen Wahrheit enthält:

„Schopenhauer würde seine Zeitgenossen nicht in dem Grade gefesselt haben, wenn er nicht den Mut besäße, den Hohn gegen das Dasein offen auszusprechen, wenn er nicht der Traurigkeit des Buddhismus die Ironie des Weltschmerzes hinzugefügt hätte. Mit diesem pikanten

Tone, welcher die Welt lächerlich findet, ist er zum Liebling aller blasierten, weltmüden Deutschen geworden; denn die Welt gilt ihm als daseiende Unwahrheit, als konstituierte Anarchie. Die aus tiefer Überzeugung entsprungene Kraft, mit welcher Schopenhauer allem Dasein den Fluch der Erbärmlichkeit entgegenschleudert, ist der Reiz, der so viele gebrochene Geister unserer Epoche an ihn fesselt. Diese vom Ekel an den Widersprüchen des erfahrungsmäßigen Daseins Erfüllten, von den Nieten des Schicksals Abgemüdeten, von ihren falschen Hoffnungen Betrogenen, durch ihre Leidenschaften zu physischem und moralischem Bankerotte Herabgebrachten finden eine unendliche Beruhigung darin, das atheistische Weltall unter der Autorität eines großen Philosophen für eine tolle Fratze erklären zu dürfen, in welcher nichts als das Nichts recht behalte. Erspart ihnen diese Einsicht doch auch die Reue über begangene Torheiten und die Tapferkeit der Arbeit ... Sie ist zwar keine eigentliche Philosophie im Sinne einer systematischen Wissenschaft, aber sie ist eine philosophische Konfession von ungeheuerer Intensität in einer höchst geistreichen Form. Sie sprach den Überdruß an aller Schulphilosophie mit einem so witzigen und heftigen Sarkasmus, oft sogar mit so brutaler Roheit aus, daß das Publikum sich höchlich ergötzte, die Professorenweisheit einmal so gedemütigt zu sehen. Sie zerrte alle philosophischen Berühmtheiten Deutschlands in den Kot und schilderte den Ekel an der Existenz, die Qual der Lebenssattheit, die Sehnsucht der blasierten Verzweiflung nach dem Nichts mit so fesselnder Beredsamkeit, daß sie für die Aristokratie der geistreichen Genießlinge ein wahres Brevier wurde, zumal sie die Frauenliebe mit pikantem Zynismus zu behandeln und die Konsequenz des Selbstmordes, die aus dem Abscheu am Elende des Lebens sich ergibt, sophistisch wieder auszureden wußte. War nun aber auch die Schopenhauersche Spekulation eine krankhafte, so war sie doch Spekulation, und entsprach einer weit verbreiteten Zeitströmung der Ernüchterung, der Enttäuschung und des innersten Widerspruchs mit den laufenden Zuständen."

Diesem durchaus parteiisch geführten Kampf von damals gegen Schopenhauer muß man allerdings zugute halten, daß er als Reaktion gegen eine überschwengliche, mißverstandene und ahnungslose Anhängerschaft auftrat. Denn auch in seiner Anerkennung wurde Schopenhauer Unrecht zugefügt. Es war nicht seine Lehre, sondern meist ein falsches Bild von seiner Lehre, das so große Verbreitung fand. Was vielleicht auch die natürliche Begleiterscheinung eines Falles ist, bei dem ein Philosoph übermäßig populär wird. Schopenhauer ist ja Gegenstand der äußersten Auslaufer der öffentlichen Aufmerksamkeit geworden, er wurde von Helene Böhlau in einem Theaterstück auf die Bühne gebracht, von Wilhelm Raabe in einer Novelle „Eulenpfingsten" höchstpersönlich einem wunderlichen Legationsrat gegenübergestellt, der Held eines Romans von Bartsch „Der große alte Kater", er wurde lange Zeit ein beliebter Gegenstand der Presse, in der selbst ein kleiner Frankfurter Bankangestellter mit seinen Erinnerungen an Schopenhauer zu Worte kam. Es wurden, was die Deutschen so gerne tun, Schopenhauer-Gesellschaften gegründet. Gedenktafeln mit richtigen und unrichtigen

Daten wurden an den Häusern angebracht, in denen er wohnte, eine Kolossal-Bronzebüste wurde von der Stadt Frankfurt errichtet, in der er so lange unbeachtet gehaust hat.

Schließlich hat sich seiner auch die Wissenschaft bemächtigt. Da wurden denn viele schlechte Bücher über ihn geschrieben, über seine Mystik, über seine Weltanschauung, über seine Rechts- und Staatsauffassung, über alle erdenklichen Teilgebiete unter allen erdenklichen Gesichtspunkten, da wurde er als der „meistverleumdete der Philosophen“ anerkannt und ein andermal im Vergleich zu Heraklit, „dem weinenden Weisen des Altertums“, der „schimpfende Philosoph der modernen Welt“ genannt. Seinen Zitaten wurde nachgeforscht, seiner Lektüre, während er in Dresden die „Welt als Wille und Vorstellung“ verfaßte. Jakob Mühletahler hat sich der Mühe unterzogen, die Eintragungen der von Schopenhauer ausgeliehenen Bücher in der Dresdner Königlichen Bibliothek, wie oft und für wie lange er einzelne Bücher entliehen hatte, zusammenzustellen. Den Personen, mit denen Schopenhauer in Berührung gekommen war, wurde nachgeforscht, der Elisabeth Ney, der man nachträglich Beziehungen zu dem König von Bayern nachgewiesen hat, der Schwester und der Mutter, seiner Berliner Geliebten, dem Fräulein Caroline Richter-Medon, über die ein eigenes, inhaltsloses Buch als Frucht jahrelangen Suchens nach verschollenen Dokumenten geschrieben wurde. In den Universitätsarchiven und anderen Ämtern wurde nach Aufzeichnungen gesucht, die sich irgendwie auf Schopenhauer bezogen. P. I. Möbius verglich die ähnlichen Verhältnisse im Hause Goethes mit denen in Schopenhauers Elternhaus: „Ein reifer Mann heiratet ein junges geistvolles Mädchen, das ihn ehrt, aber nicht liebt; beide zeugen einen genialen Sohn und eine gute, gescheite, aber häßliche Tochter. Die Ähnlichkeit zwischen Goethes Vater und dem Schopenhauers ist gar nicht zu verkennen; beide Väter waren altkluge Erzieher, sie bemühten sich um ihre Söhne mit ernstlichem Bestreben, mißachteten aber das Recht der Individualität und wollten ihren Söhnen die Lebensbahn vorzeichnen gegen die Natur. Beide waren sehr für das Reisen eingenommen und erblickten darin das wichtigste Bildungsmittel . . ." Wobei die kleinen Unterschiede beider Verhältnisse, die überall so wesentlich sind, übersehen wurden, diese kleinen Unterschiede haben bei dem einen ein glückliches Dasein, beim anderen ein unglückliches zur Folge gehabt. Endlich wurde auch eine gewaltige wissenschaftliche Ausgabe seiner Werke von Paul Deussen hergestellt, in der sich der Herausgeber, Professor Deussen, wie er gleich auf der zweiten Seite bemerkt, als Gegner der Schopenhauerschen Lehre bekennt und in der er bei Schopenhauer das „eminent Religiöse" rühmt und ihn einen „philosophus christianissimus" nennt. Das Werk, das nach dem Tode Deussens von Professor Franz Mockrauer mit gleicher Mühe und gleichem Fleiß fortgesetzt wurde, umfaßt gegenwärtig zwölf dicke Bände, die vier restlichen sollen im Laufe der nächsten Jahre folgen. Als das allgemein gültige Urteil der Wissenschaft über Schopenhauer darf wohl heute noch die Meinung Kuno Fischers gelten, der in seinem berühmten Buch Schopenhauer unter Vorbehalten zustimmt und der die gefälligste Darstellung, man könnte geradezu sagen eine journalistisch-volkstümliche, von Schopenhauers Philosophie geliefert hat.

Die Kardinalfrage aber, ob Schopenhauers Pessimismus, aus einer krankhaften Anlage entsprungen, abzulehnen sei, ist auch heute nicht ohne weiteres zu beantworten. Überhaupt ist schwer zu entscheiden, ob zum Beispiel eine Äußerung, wie der Satz Schopenhauers: „Das Wahre und Echte würde leichter in der Welt Raum gewinnen, wenn nicht die, welche unfähig sind, es hervorzubringen, zugleich verschworen wären, es nicht aufkommen zu lassen", auf seinen Verfolgungswahn zurückzuführen ist oder auf eine der Majorität der Menschen unzugängliche Erkenntnis einer bestehenden Tatsache. Eines von beiden kann zutreffen, hier wird nur unser Gefühl entscheiden können. Als reine Philosophie hat Schopenhauers Pessimismus nichts anderes getan, als einer im höchsten Maße in Geltung stehenden Religion, dem Christentum, eine wissenschaftliche Begründung ihrer Gebote gegeben. Seine Willensverneinung ist mit der christlichen Erlösung aus diesem Jammertale identisch, seine Mitleidsethik mit der christlichen Nächstenliebe. Diese philosophische Rechtfertigung des Christentums, auf die die Kirche verzichten mag, ist vielleicht nur die Tat eines großen menschlichen Mitleids. So gewertet, wird sich die obige Frage erübrigen.

Schopenhauers Einfluß auf die kulturelle Geschichte des letzten Jahrhunderts steht außer Zweifel. Als erster Philosoph hat er die Bedeutung der Naturwissenschaften erkannt. „In diesem Jahrhundert", sagt er, „ist der Glanz und die Präponderanz der Naturwissenschaften, wie auch die Allgemeinheit ihrer Verbreitung so mächtig, daß kein philosophisches System zu einer dauernden Herrschaft gelangen kann, wenn es sich nicht an die Naturwissenschaften schließt und in stätigem Zusammenhange mit ihnen steht. Sonst kann es sich nicht behaupten." Diese Meinung hat sich bestätigt. Das heutige Übergewicht der Psychologie ist gleichfalls zum großen Teil auf ihn zurückzuführen. Die moderne Psychoanalyse wäre ohne ihn undenkbar. Die ganze Lehre von Freud, der im Grunde nur das, was schon Hesiod, Parmenides und Aristoteles sagten: der Eros sei das erste, das Prinzip, aus dem alle Dinge hervorgehen, methodisch erprobte, diese Lehre ist nichts anderes als die Welt als Unterbewußtsein und Bewußtsein. Beide, Schopenhauer und Freud, haben übrigens das gleiche Mißverständnis von der Welt erfahren, ihre Lehren wurden durch die Verbreitung zu Konfessionen. Am Ausgange der Romantik hat Schopenhauer zur Förderung des Individualismus wesentlich beigetragen, durch das Gewicht, das er dem Individuum innerhalb der gesamten Welt gegeben hat, eines Individualismus, der um die Jahrhundertwende seinen Höhepunkt erreichte und als notwendige Reaktion ein neues Gemeinschaftsgefühl lebendig werden ließ.

Als Einzelschicksal aber, als der engere Gegenstand einer Biographie, zeigt Schopenhauers Leben eine sinnreiche Ordnung in so scharfen und greifbaren Konturen, wie sie nur in einem Leben voll innerer Gärung und äußerer ruhiger Besinnung in Erscheinung treten kann. In welchem sich, wie bei der Demonstration eines chemischen Prozesses oder im Niederschlag eines Kunstwerks, die Ingredienzien unseres Daseins scheiden und absetzen.

Es scheint fast, als wollte uns hier das Leben eines Philosophen über dessen eigenes Fach, über die Philosophie belehren.

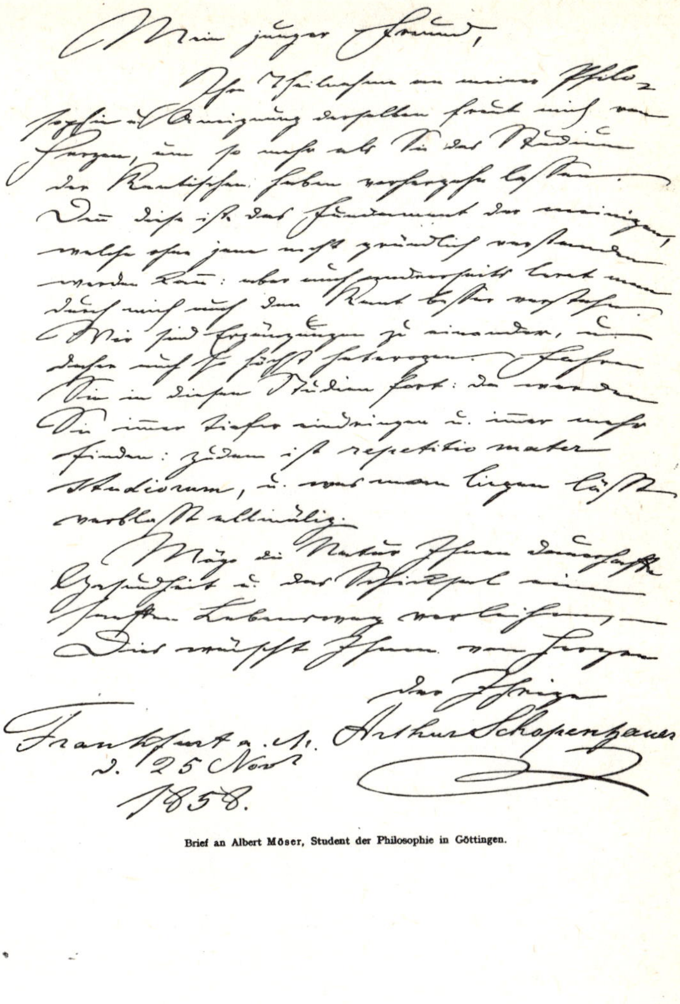

Mein junger Freund,

Ihr Theilnehmen an meiner Philosophie u. Aneignung derselben freut mich von Herzen, um so mehr als Sie das Studium der Kantischen haben vorhergehen lassen. Denn diese ist das Fundament der meinigen, welche ohne jene nicht gründlich verstanden werden kann: aber umgekehrt lernt man durch mich auch den Kant besser verstehen. Wir sind Ergänzungen zu einander, u. daher auch so schroff heterogen. Fahren Sie in diesen Studien fort: da werden Sie immer tiefer eindringen u. immer mehr finden: zudem ist repetitio mater studiorum, u. was man liegen läßt verblaßt allmälig.

Möge die Natur Ihnen dauerhafte Gesundheit u. das Schicksal einen sanften Lebensweg verleihen. — Dies wünscht Ihnen von Herzen

der Ihrige
Arthur Schopenhauer

Frankfurt a. M.
d. 25 Nov
1858.

Brief an Albert Möser, Student der Philosophie in Göttingen.

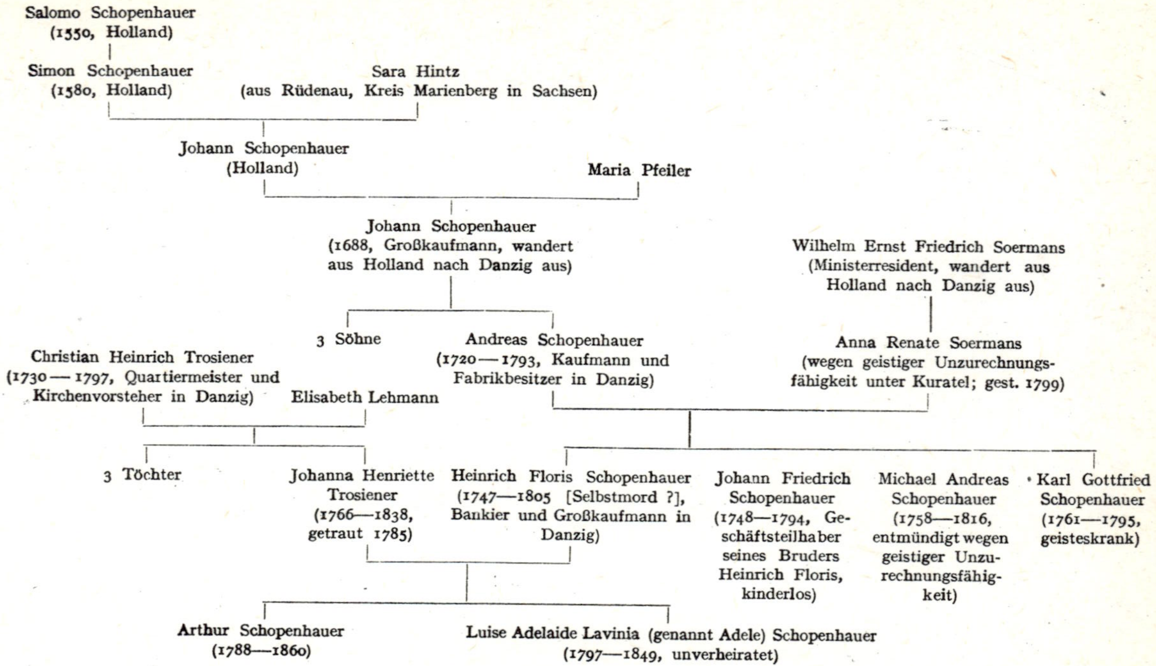

Salomo Schopenhauer (1550, Holland)
Simon Schopenhauer (1580, Holland)
Sara Hintz (aus Rüdenau, Kreis Marienberg in Sachsen)
Johann Schopenhauer (Holland)
Maria Pfeiler
Johann Schopenhauer (1688, Großkaufmann, wandert aus Holland nach Danzig aus)
Wilhelm Ernst Friedrich Soermans (Ministerresident, wandert aus Holland nach Danzig aus)
3 Söhne
Andreas Schopenhauer (1720—1793, Kaufmann und Fabrikbesitzer in Danzig)
Anna Renate Soermans (wegen geistiger Unzurechnungsfähigkeit unter Kuratel; gest. 1799)
Christian Heinrich Trosiener (1730—1797, Quartiermeister und Kirchenvorsteher in Danzig)
Elisabeth Lehmann
3 Töchter
Johanna Henriette Trosiener (1766—1838, getraut 1785)
Heinrich Floris Schopenhauer (1747—1805 [Selbstmord ?], Bankier und Großkaufmann in Danzig)
Johann Friedrich Schopenhauer (1748—1794, Geschäftsteilhaber seines Bruders Heinrich Floris, kinderlos)
Michael Andreas Schopenhauer (1758—1816, entmündigt wegen geistiger Unzurechnungsfähigkeit)
Karl Gottfried Schopenhauer (1761—1795, geisteskrank)
Arthur Schopenhauer (1788—1860)
Luise Adelaide Lavinia (genannt Adele) Schopenhauer (1797—1849, unverheiratet)